자기만의 방

이매진 컨텍스트 29

자기만의 방

고시원으로 보는 청년 세대와 주거의 사회학

지은이 정민우

펴낸곳 이매진

펴낸이 정철수

편집 최예원 기인선

디자인 오혜진

마케팅 김둘미

처음 찍은 날 2011년 6월 14일

두 번째 찍은 날 2011년 11월 14일

등록 2003년 5월 14일 제313-2003-0183호

주소 서울시 마포구 합정동 370-33 3층

전화 02-3141-1917

팩스 02-3141-0917

이메일 imaginepub@naver.com

블로그 blog.naver.com/imaginepub

ISBN 987-89-93985-49-8 (93330)

고시원으로
보는
청년 세대와
주거의 사회학

자기만의 방

정민우 지음

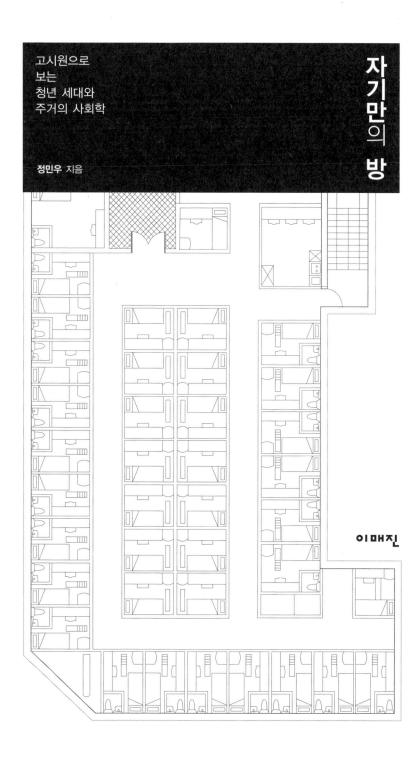

이매진

일러두기

• 인명과 지명은 되도록 외래어 표기법을 따랐습니다.

• 단행본, 정기간행물, 신문에는 겹꺾쇠(《 》)를 썼고, 논문, 영화, 노래 등에는 홑꺾쇠(〈 〉)를 썼습니다.

• 인용문에서 저자가 한 말은 굵은 글씨로 표시했고, 저자가 덧붙인 내용에는 대괄호([ ])를 썼습니다.

• 이 책의 일부는 아래의 글들과 내용을 같이합니다.

정민우·이나영. 2011. 〈'가족'의 경계에 선 청년세대: 성별화된 독립과 규범적 시공간성〉. 《경제와 사회》 제89호.

정민우·이나영. 2011. 〈청년세대, '집'의 의미를 묻다: 고시원 주거 경험을 중심으로〉. 《한국사회학》 제45집 2호.

이 책은 내 석사 학위 논문인 〈청년 세대의 주거와 이동, 정체화의 불/연속성 ― 고시원 사례를 중심으로〉를 뼈대로, 더 많은 독자들에게 말 걸고 대화하기 위해 각진 데를 덜어내고 모자란 데는 살을 찌워 새로 쓴 것이다. 연구(자)의 맥락과 위치를 더 잘 드러내기 위해 논문에서 최대한 감출 수밖에 없던 '나'의 경험과 이야기를 곳곳에 심었고, 내 이야기를 통해 이 책에서 다루려고 하는 집에 관한 열망과 불안이 얼마나 우리의 삶 곳곳에 배어 있는지 드러내려고 했다.

　　　석사 학위 논문이라는 종^種의 지위에 관한 의문 또는 의구심, 주변의 시선은 물론 나 자신의 잣대에서도 자유롭지 못한 글을 내놓게 돼 조심스럽다는 말을 먼저 해야겠다. 석사 학위 논문은 많은 경우 멋모르던 학문적 열정의 씁싸래한 추억이거나, 더 깊이 있는 학업으로 나아가는 중간 기착지로 이해된다. 어떤 경우에도 최소한의 학문적 자격 검증 정도로 여겨지며, 이때 권장되는 것은 기성 학계에서 통용되는 학문 언어의 모사다. 입 또는 손가락을 가졌다는 것이 학문적으로 의미 있는 말하기/글쓰기의 충분조건이 아니라는 것을 인지하고부터, 나는 뛰어난 모사꾼이 되는 법을 연마하는 동시에 늘 그 모방의 실패 또는 잔여 지점에 고여 있었다. 회고적이거나 임시적인 석사 학위 논문의 일반적 지위는 과연 모방을 넘어 좋은 글, 좋은 논문이라는 기대치 않은 이상과 만날 수 있을까, 라는 질문은 지난 2년간 대학원생이던 내 구심적인 화두였다.

이 화두는 2000년대 후반 한국의 인문사회과학 계열 대학원이라는 특정한 시공간에서 나왔다. 대학원생인 나를 맥락화한다면, 나는 IMF 시기에 유년기 또는 청소년기를 보내며 한국 사회의 변화를 어렴풋하지만 생생하게 목격하고, 학생운동의 불씨가 사그라지고 기업이 원하는 스펙 쌓기와 자기계발의 장으로 돌변한 대학을 졸업해, 주로 386세대라 불리는 학문적 세대가 가르치는 제도화된 학문 세계에서 고등 교육을 받은 세대의 일원일 것이다. 외부의 '적'이 사라진 시대, 사회 변화에 투신하기보다 대중문화와 새로운 미디어 테크놀로지의 유연한 흐름에 몸을 던지는 것이 오늘날 대학과 젊은이들의 삶의 일상이 됐다. 배를 곯은 적은 없지만 상대적 박탈감은 어릴 적부터 체득해온 '우리', 계급과 착취보다 해체나 패러디 같은 포스트모던한 언어와 사유 습관과 친한 '우리', 사회에 개입하기 위해서가 아니라 스스로를 설명하기 위해 (또는 단지 선택의 순간을 유예하기 위해) 학업을 시작하는 '우리', 사실 너무 다른 것 같아 우리라고 부르기조차 어려운 '우리'에게 공부란, 공부와 삶의 관계란 무엇일까. 무엇이어야 하며, 무엇일 수 있을까. 이 책은 이런 화두와 내가 대화해온 삐뚤빼뚤하고 불균질한 궤적들 속에서 쓰였다.

달리 말하자면 이 책은 내가 대학 생활, 그리고 이어진 대학원 생활에서 경험한 지적, 정서적인 소통의 부족하고 소박한 결과물이다. 모두가 학생운동의 '막차'를 탔다고 이야기하던 때, 여성운동과 학생운동 사이 어딘가의 덜컹이던 좁은 찻간에서 끈질기게 읽고 회의懷疑하고 토론하고 상처받고 치유하며 또 결심하던 사회대여성주의연대의 지혜롭고 용감한 여성주의자들에게서 배운 언어와 사유의 흔적들은 이 책의 가장 근저에 자리한다. 자기 삶에서 언어를 길어내고, 다시 그 언어로 자기 삶을 변화시키기 위해 투쟁하며, 더 나아가 '나'를 집합적인 '우리'로 끊임없이 확장해가는 정치학을 그 여성주의자들에게 배웠다. 삶에서 괴리된 언어가 아니라 삶에서 오는 언어, 그 삶을 더 나은 방향으로 북돋우는 언어의 힘을 서로에게서 발견할 수 있던 순간들은 내 대학 생활의 가장 인상 깊은 기억 중 하나다.

대학원의 첫 학기이던 2009년 봄에 시작된 두 개의 교실에 관해 이야기해야겠다. 지난 2년간 몸담은 중앙대학교 사회학과는 그 자체로 내게 하나의 커다란 교실이었다. 사회학에 충실하면서도 그것에 갇히지 않는 폭넓은 커리큘럼과 자유롭고 진보적인 수업 분위기, 그리고 학문 공동체로서 대학원을 고민하던 선배와 동료들을 만났다. 학문적 치열함뿐 아니라 사회 변화에 관한 고민과 긍정적인 에너지를 배울 기회를 얻은 것은 내게 큰 행운이었다. 논문을 준비하는 과정에서 졸렬한 원고를 들고 찾아뵐 때마다 폐부를 파고드는 문제의식에 눈뜨게 해주신 백승욱 선생님, 글쓰기의 넘침과 부족함을 정확히 계량해 짚어주신 신진욱 선생님께 특히 감사드린다. 이사 전 연구소의 고즈넉한 풍경들과, 때때로 거실을 가득 메우고 세미나를 하던 풍경으로 이 교실을 따스하게 기억한다.

다른 교실은 서울대학교 여성학 협동과정에서 개설된 '여성주의 문화연구' 수업을 청강하면서 시작된 인연들이다. 김수진 선생님이 진행하신 이 세미나에서, 한국의 후기 식민적 문화/지식 생산의 지형 속에서 식민성을 망각하지 않는 지식, 깨어 있는 지식의 필요성과 가능성이라는 문제의식을 배웠다. 페미니스트 문화 연구에 관해 고민하며 우연히 만나게 된 선배 문화연구자들은 이 교실의 연장선상에 있다. 특히 김예란 선생님, 이기형 선생님, 이상길 선생님께 받은 지적 자극, 후속 세대에게 베푼 아낌없는 배려는 그 자체로 문화 연구라는 학문 기획과 만나는 통로가 됐을 뿐 아니라 한 사람의 연구자가 되는 지난한(할) 과정에 의미 있는 참조점이 됐고, 또 앞으로도 그럴 것이다.

두 교실의 안과 밖, 그리고 그 사이의 공간을 오가며 나름의 학문 네트워크를 함께 만들어온 동료들의 도움과 지지가 없었다면 결코 이 책을 쓸 수 없었을 것이다. 효실, 수영, 보미(김)와 함께한 토요일의 밤들은 한국의 대학원생에게 절실한 것이 물질적 풍요나 육체적 안녕이 아니라 말과 시간을 들여 서로의 삶과 언어에 깊숙이 개입할 수 있는 학문적 동지와 맺는 지적, 정서적 유대라는 것을 알게 해줬다. 일상에서 오는 해석의 가능성, 지식은 언제나 집합적인 사유의 결과물이라는 것을 알려준 현미, 보미(이)와 나눈 공동 작업의 시간들은 홀로 하는 논문 작업에 종종 다시 떠올라 내게 가르침을 주었다. 논문 학기에 나와 함께 수차례 일상적인 일탈을 하면서도 늘 날카로운 독자가 돼준 선규와, 필요할 때면 언제나 봉천동의 카페 한 자리를 내준 원근에게도 진심으로 감사를 전한다. 이 글을 기획하기 시작한 때부터 마지막까지 가장 가까이에서 지켜보고 제언해준 유리와 나눈 대화의 많은 부분들이 이 글의 행간에 놓여 있다. 1년여 가까이 함께 통찰적인 글들을 읽으며 어느새 든든한 공동체가 된 섹슈얼리티 세미나 팀의 주현, 순남, 소인, 하영과, 수업이 얼마나 해방적인 담론 공간일 수 있는지 함께 모색해온 곁의 동료들에게도 마음으로부터 감사를 나누고 싶다.

무엇보다도 이 책이 쓰이기까지 따스한 관대함과 선선한 통찰력으로 지도해주신 이나영 선생님께 감사와 존경, 그리고 동지애를 전한다. 당신과의 첫 만남을 기억해보면, 인연이란 참으로 우연하고도 강한 것이 아닐까 하고 늘 생각한다. 학교를 옮기기까지 그 우연의 순간을 곱씹고 되새김질하던, 떨리고 에던 밤들이 떠오른다. 당신께서는 가시밭길을 함께 걷자 하셨지만, 돌아보면 함께한 걸음걸음마다 배움과 기쁨이 있었다. 경계를 넘고 관습을 교란하며 두려움 없이 걷는 것이 '우리'의 역사적 책무라는 가르침을 오래도록 새기겠다. 대학원생과 지도교수라는 '우리'의 위치와 입장, 관심과 열정의 다름과 닮음을 때로는 좁히고 때로는 확장하면서 학제와 학교를 넘나드는 여정을 통해 만들어온, 그리고 계속해서 만들어갈 학문 네트워크가 더 많은 상호 인정의 방식을 모으고 또 나눌 수 있는 '집'이 될 수 있기를 희망하고 또 다짐한다.

이 책은 각기 다른 판본으로 여러 자리에서 발표되고 출판됐다. 그때마다 크고 작은 비평을 아끼지 않은 여러 선생님들과 동료들이 아니었다면 이 글은 지금보다 더 협소한 글이 됐을 것이다. 특히 논문 계획서 심사 자리에서 '집'이라는 문제의식으로 돌아가라고 권고해준 은애 선배, 연세대학교에서 열린 전국 사회학과 대학원생 학술대회의 발표에서 고시원이라는 공간에 관한 문제의식을 청년 세대의 집합적 정체성에 관한 고민으로 확장해보라고 제언하신 박종일 선생님께 감사드린다. 연세대학교 문화학 협동과정 10주년 기념 학술대회 발표의, 고시원의 주체들이 만들어지는 상이하고 중층적인 방식들에 관한 토론은 이 책의 논의를 다각적이고 섬세하게 다듬는 중요한 자극이 됐다. 서강대학교에서 열린 언론정보학회 발표에서 김동원 선생님과 이범준 선생님의 토론은 이 글의 위치와 입장, 그리고 한계를 파악하는 데 큰 도움이 됐다. 젊은 연구자에게 선뜻 적지 않은 시간을 할애해 이야기할 공간을 마련해준 수유너머 R토회의 정열적인 토론에도 감사한다. 서울대학교 사회학과 대학원에서 열린 '도시사회학' 수업을 기꺼이 청강할 수 있게 해주시고, 이 글의 사회학적 위치 짓기와 함의에 관해 고민할 기회를 주신 정근식 선생님과, 끝까지 계급에 관한 문제의식을 놓치지 않게 마지막 학기의 수업으로 울림을 주신 신광영 선생님께도 감사드리고 싶다.

　때로는 열기에 숨이 막혀, 때로는 입김을 불어 가며 쓴 글자들의 삐뚤빼뚤함과 불투명함은, 어쩌면 그 글자들을 타이핑하기까지 줄곧 손가락에 얹힌 여러 사람의 가난과 불안에서 온 것일 게다. 기꺼이 자신의 이야기를 들려준 사람들을 통해 그 감정의 질감과 결들을 구체화할 수 있었다는 점에서 그 사람들은 이 책의 보이지 않는, 그러나 너무도 선명한 공동의 저자들이기도 하다. 그 사람들에게 나는 '집'을 둘러싼 열망과 불안, 그리고 두려움을 나누어 받았을 뿐 아니라 '우리'의 위치가 결코 같지 않다는 점에서 비롯되는 질문들을 얻었다. 이 책은 '나'와 내가 만난 사람들 사이의 위치의 차이를 발견하고, 그 가깝고도 먼 거리를 언어화하려는 하나의 방식이자 대답이다.

　낯선 타인을 믿고 말하는 일이 그 사람들의 몫이었다면, 그 믿음을 짊어지고 특정한 방식의 재현을 감행할 수밖에 없는 부담이 내가 감당해야 할 두려운 몫이었다. 내가 만난 사람들의 경험과 고민, 질문과 성찰의 풍부함을 충분히 해석하고 언어화하지 못한 모든 책임은 부족한 연구자이자 필자, 매개자이자 번역자인 나에게 있다. 그러나 이 책이 내가 만난 사람들의 이야기의 진실성이나 그것에 관한 내 해석의 일반화 가능성에 관한 것으로 받아들여지기보다는, 우리의 대화와 해석에서 비롯돼 다른 누군가에게 가닿는 힘 있는 말 걸기가 되기를 진심으로 바란다.

　모든 주장에는 방이 필요하다고 생각한다. 이 글의 가장 초벌적인 글 조각들은 내가 살던 고시원에서, 대부분은 목동의 반지하 자취방에서 쓰였다. 그 방들을 선뜻 내준 사람들에게 진심으로 감사한다. 너무나 부족한 글을 출판할 수 있게 제안하고 도움 주신 이매진 출판사와, 서투르고 부족한 내게 언제나 세심한 비평과 제언을 나누어준 예원 씨가 펼쳐준 글

쓰기의 공간에 감사 인사를 전한다. 물리적으로는 가장 멀리 있지만 언제나 가장 가까이에서 삶의 지혜와 믿음을 몸소 보여주신, 나의 가장 깊은 방이신 어머니께 이 책을 바친다.

당신은 어디에 살고 있습니까

나는 목동에 산다. 이른바 '버블 세븐' 지역의 하나인 목동은 서울 안에서도 유달리 높은 집값과 교육열을 자랑하는 동네다. 아파트 단지가 지하철 역 몇 개에 걸쳐 있는, 그야말로 '아파트 숲'에는 대형 마트나 레스토랑부터 영화관, 대형 서점 등 각종 편의 시설들이 빼곡히 구획되어 자리한다. 버스 정류장에서는 종종 각종 공인 영어 시험과 수학능력시험에서 고득점을 약속하는 학원 버스가 희고 반질거리는 얼굴의 아이들을 실어 나르는 광경을 본다. 오후가 되면 인근 시장통 자그마한 식당에서 자녀와 그 친구들, 그 친구들의 친구들의 성적과 대학 진학을 반찬삼아 숟가락을 드는 여자들을 심심치 않게 볼 수 있다. 내가 사는 동네를 조금 더 벗어나면 이름만 들어도 휘황찬란한 영문 단어들이 조합된 주상복합 단지가, 이 동네 아이들은 모두 한 번쯤 거쳐간다는 내입 학원 건물이나 각종 커피 전문점들과 위용을 견주며 도로변을 메우고 있다. 어느 순간부터 TV나 대중교통, 건물의 벽면을 메운 광고의 '대한민국 1퍼센트'를 위한 주거 공간이 바로 여기, 일까.

나는 목동에 있는 반지하방에서 자취를 한다. 2년 전 처음 이곳으로 이사 오던 날, 여러 개의 봉우리를 가진 책 무덤과 이불만이 촛불처럼 오롯이 방을 메운 적이 있었다. 새로 도배한 벽지 풀 냄새와 싸우며, 언제까지고 먼지가 묻어날 것 같던 새 장판을 몇 번이나 훔쳐 닦았던가. 아파트 숲 너머 주택가에 자리한 집으로 오는 여러 갈래 길은 미로 같았고, 방으로 들어오는 입구는 쉽게 길들여지지 않는 어느 낯선 짐승의 아가리 같았다. 이제는 새카만 밤에도 45도 아래로 기울어진 입구를 내려올 수 있고, 방과 대문 사이의 긴 공간에 간신히 자리한 욕실 겸 화장실이 변기며 들통이며 가리지 않고 얼어붙는 요즘 같은 날씨에도 능란히 대처할 줄 알지만, 여전히 퍽 친밀해질 수 없는 것은 내 방을 둘러싼 이 동네의 낯설음이다. 주택가인 이곳의 낮과 밤을 채우는 이들은 교복을 입은 중고등학생이거나, 꼼꼼히 유기농 식품을 고르고 학원 정보에 능통한 그 아이들의 어머니이거나, 아니면 그 어머니들에게 물건이나 서비스를 파는 상인들이다. 주로 중고등학생들이 학교에 있을 오전이나 오후의 애매한 시간, 추레한 차림으로 동네를 오가며 분식으로 끼니를 때우고 늘 1인분씩의 소소한 장을 보는 나는 핵가족을 중심으로 돌아가는 이 동네의 적절한 주민, 가령 '대한민국 1퍼센트'가 아니다.

나는 내가 목동에 산다고 말할 때 많은 사람들이 짓는 표정을 안다. 그리고 목동의 아파트 단지에서 가족과 함께 사는 게 아니라, 혼자 반지하방에서 자취를 한다는 이야기가 그 표정을 의아스럽게 변화시킨다는 것도. 고시원에 관한 논문을 준비하고 쓴다고 할 때 많은 사람들이 내게 어디에 사느냐는 질문을 빼놓지 않고 던졌기 때문에, 나는 그 많은 표정들을 관찰할 수 있었다. 아마도 그 질문은 과연 내가 고시원에 사는지 묻는 것이었다고 생각한다. 그러나 고시원이 아니라 집값 높기로 유명한 목동에 산다는 답은 얼마나 그 기대를 배반하며, 내가 수행하는 연구의 정당성에 관해 의구심을 품게 하는가. 가난이나 불편에 관해서는 아무것도 모르는 중산층의 샌님이 연구자입네 하며 고시원에 사는 사람들을 손쉽게 타자화하는 것 아니냐는 그 불신. 나는 그런 의혹에 답답해하면서도, 다른 한편으로는 내가 '목동 사는 사람'이라는 특정한 상, 그것이 의미하는 계급적 조건과 가족적 배경 따위를 가진 일반화된 종류의 인간으로 분류된다는 것을 은밀히 반기기도 했다. 그러나 종국에 '그' 목동에서 반지하방에 산다는 내 고백은 사람들이 느낀 배반에 다시금 균열을 야기한다.

비슷한 종류의 균열들은 사실, 내가 대학에 진학하기 위해 서울에 와 살아온 지난 몇 년간 늘 있었다. 종종 비수도권에서 서울에 있는 대학에 진학하는 것을 가리켜 '유학'이라는 표현을 쓰는데, 나는 이 표현에 사뭇 진지하게 동의한다. 모든 종류의 유학생이 으레 그렇듯이, '시골' 출신의 '우리'는 끝 음절만 올리면 된다는 낯간지러운 서울 사투리와 서울의 지명, 교통 체계, 물가와 문화적 관습에 익숙해지기 위해 한동안 사투를 벌이지 않으면 안 되는 것이다. 그리고 더는 그 모든 일상이 사투로 여겨지지 않게 되면서 '우리'는 자신을 '서울 사람'이라고 생각하게 되지 않던가. 그러나 이제는 서울 말씨도 서울의 지하철역 이름도 줄줄 꿰는 이들에게 여전히 힘겨운 투쟁의 대상으로 남는 영역이 바로 '집'이다. 대학을 다니며 4년을 산 기숙사를 나는 종종 '집'이라고 불렀는데, 그때마다 친구들은 움찔하곤 했다. 서울에 집이 있는 서울내기들은 자기들대로, 서울로 유학 온 이들 역시 나름으로 기숙사는 '집'이 될 수 없다고 했다. 전자에게 가족과 함께 살아가는 아파트나 주택이 집이라면, 후자에게는 힘들고 팍팍한 타향살이에도 종종 돌아가 심신을 편안히 쉴 수 있는 고향이 바로 집이었다. 그리고 그 둘에게 공히 기숙사는 집의 꼴이나 의미를 갖지 못한 셈이다. 마치 반지하방이 '목동'의 꼴이나 의미를 갖지 못하는 것처럼.

나는 내가 마주해온 이 일상적인 대화와 사람들의 반응이 한국 사회에서 주거를 둘러싼 사회적인 의미의 지형과, 그것이 만들어지는 과정을 잘 보여준다고 생각한다. '집이 어디세요?'라는 평범한 듯 보이는 질문은 이제 사람들의 계급적 조건과 가족적 배경, 교육 환경 등을 꿰뚫는 무서운 질문이 됐다. 서울에 일정 기간 이상 살아온 이들은, 집이 위치한 구와 동에 따라, 아파트의 이름과 평수에 따라 그 사람을 판단하고 분류하는 방식을 자연스럽게 체화하게 된다. 어떤 이들에게 이 질문은 어깨를 으쓱거리게 하는 별 것 아닌 것이지만, 어떤 이들에게는 굳이 말하고 싶지 않은 데를 쿡쿡 찌르는 불편하고 피하고 싶은 것이다. 모든 질문은 일정하게 답변 가능한 항들을 전제하기 때문에, 그 항의 목록을 벗어난 답, 이를테면 목동의 반지하방에서 산다거나 기숙사를 집으로 여긴다는 식의 답은 질문자를 당혹스럽게 한다. 만일 우리가 어디에 사는지에 관한 질문, 혹은 '집'에 대한 질문이 특정한 방식으로 구조화되어 있다면, 나는 이 책을 통해 실제 사람들의 삶에서는 그 질문을 넘어서는 더 많은 당혹스러운, 그리하여 생산적인 답들이 가능하다는 이야기를 하려고 한다.

네 번의 이사와 어디에도 없는 집

지금 살고 있는 반지하방으로 이사 오기 전, 나는 대학 기숙사에서 방만 옮겨 다니며 4년을 살았다. 다들 고향으로 돌아가는 명절과 크리스마스를 낀 연말을 제외하곤 언제나 각양각색의 사람들이 비슷한 모습으로 빨래를 하고, 축구를 하고, 라면을 사 먹고, 야식을 시켜 먹고, 밤을 새던 곳. 새벽 여섯 시면 미화원 아저씨가 하루 동안 쌓인 엄청난 쓰레기를

꾸역꾸역 담고, 열 시면 화장실과 샤워실을 물 범벅으로 만들어놓는 곳. 4
년간 살며 나는 언제부터인가 기숙사의 내 방과 다른 부대시설들을 합쳐
집이라고 여기며 살았다. 그래야 5센티미터 벽을 사이에 둔 낯모르는 이들
과 인사하지 않고 살아도 정을 붙이고 살 수 있었다. 매해, 매학기마다 낯
선 이들이 더욱 낯선 이들로 바뀌는 동안에도 나만은 이곳을 잘 알고 있
다는 자신감이 내가 기숙사에 적응하고 정착하는 방식이었다. 비록 해가
갈수록 짐이 늘어가기는 했지만, 기숙사 안에서 이사하는 일은 여전히 친
구들 두어 명과 함께 박스 서너 개와 캐리어 몇 번 옮기는 것으로 해결할
수 있는 정도의 일이었다.

　　더 큰 이사는 어느 날 갑자기 찾아왔다. 학부 졸업을 기한 안에 끝
내기 위해 정신없이 몇 달을 사는 동안 좁은 기숙사 방은 언제 심상찮은
생명체가 불쑥 하고 튀어나온다 해도 이상하지 않을 정도로 쌓이고, 엉겼
다. 책 무덤이 한 달에 하나씩 솟아났고, 때로 그것들은 무너지고 포개져
일그러진 둔덕을 만들었다. 채 다 읽지도 못한 종잇장들이 책상을 넘어 침
대를 침범하기 시작할 때부터 밤잠을 설치기 시작했다. 졸업을 앞두고 다
른 학교 대학원에 진학하기로 결심하면서 이사는 캐리어가 아니라 트럭이
필요한 사건으로 돌변했다. 이사를 정확히 이틀 앞둔 날, 온종일 폐허 같
은 방을 뒤덮은 과거들을 비웠다. 처음에는 하나하나 골라 쓰레기통에 담
을 것과 방에 남길 것을 구별하다, 어느새 눈길 한 번에 방 밖으로 직행히
는 그것들에서 내가 쏟은 집착과 에너지 따위들을 먼지 털 듯 틸틸 털어
냈다. 피난민의 그것 같은 우악스런 짐 꾸러미들을 가로질러 방으로 들어
오면, 몇 명이나 거쳐 갔는지 모를 얼룩덜룩한 매트리스와 누덕누덕한 벽
지며 책 등살에 허리께가 휜 가엾은 책장까지 온통 쓸쓸함이 담뱃내처럼
스며 있었다.

가구를 주문해 조립하고, 쓸 만한 중고 전자 제품을 서울 곳곳에서 사다 나르며 목동에서 수상한 자취 생활이 시작됐다. 그때 나는 나만의 공간을 갖게 된다는 기대에 퍽 부풀어 있었다. 이사하는 데 소득에 맞지 않는 큰 지출을 했고, 넓지도 않은 방을 꾸미는 데 공을 들여 친구들을 초대했다. 경사진 현관과 방을 잇는 통로 구실을 하는 자그마한 공간은 환기만 잘 시킨다면 부엌 노릇도 충실히 해냈기 때문에 집에서 건강한 식단으로 밥을 먹고 산뜻하고 쌉쌀한 커피를 내려 마시는 일이 꿈은 아니었다. 그러나 점차 문제는 단지 꿈인가 현실인가가 아니라, 꿈을 꿀 수 있는 현실적인 여유라는 것을 알게 됐다. 나는 어느 순간부터 내 작은 방을 보살필 능력을 상실했다. 대학원 생활을 하며 필요한 심신의 휴식은 결코 청소며 빨래며 설거지 같은 격한 가사 노동을 동반해서는 얻을 수 없었고, 결과적으로 보살피지 않은 방 역시 내게 보살핌을 제공해주지 않게 되었다. 강남의 생전 처음 가보는 어느 높다란 아파트 동네에 가서 얻어온 맛 좋다던 중고 밥솥이 언제부터 식어 있었는지 잘 기억이 나지 않는다. 집, 집은 집인데 활력이나 보살핌이 없는 곳, 아무리 보일러 타이머를 맞춰 놓아도 언제나 그 밥솥처럼 식어 있는 방.

동네 대형 마트의 매대를 우물쭈물하며 기웃거리지만 차고 마르고 얼린 것들 말고는 팔지 않는다. 시장에서는 따뜻한 것을 살 수 없다. 카드기가 계산을 완료하자마자 다음 손님을 받기 위해 나는 밀려난다. 허둥지둥 봉지에 산 것들을 주워 담고서, 시장이 시작되는 곳에 초라하게 서면, 언제나 몇 인분어치 장을 보는 사람들 틈바구니에서 나는 낯선 사람이 된다. 방에서 종일 책을 읽거나 글을 쓰며 보내는 날이면 하루에 한 번도 입 밖으로 말을 꺼내지 않을 때가 있었다. 내가 이방인인 동네에서 침묵하지 않고 누군가를 믿어야 하는 순간이 온다면, 테이프로 포장된 투박한 택배

상자를 건네받을 때이거나, 온기로 불어가는 자장면 그릇을 받아 안을 때이거나, 허리춤에는 검침표를 얼굴에는 피로를 주렁주렁 매단 검침원을 좁은 부엌간에 들이는 때인지도 모른다. 물론 나는 검침원에게, 만나본 적도 없지만 내가 사는 방의 실제 명의인이라고 하는 누군가의 가족 행세를 하게 된다. 그 사람들이 내 서명을 받아내는 순간에조차, 사실 나는 이 방에 권리를 행사할 수 있는 어떤 등록 사항도 없는, 믿을 수 없는 존재가 된다.

　　내게 진정 서울에 집이 없다는 사실을 알게 된 것은, 고시원 연구를 본격적으로 시작하기 위해 작년 겨울 한 달간 망원동에 있는 한 고시원에서 필드워크를 수행하기 시작한 때다. 야심차게 결행한, 캐리어를 가득 채운 작은 이사는 첫날부터 삐거덕댔다. 하나가 있으면, 다른 하나가 없는 식이었다. 공간적인 불편함뿐 아니라 연구를 위해 사람들을 관찰하고 기록하며 대화하고 알아가야 한다는 강박은 고시원을 숨쉬기조차 어려운 공간으로 만들었다. 일주일에 한 번씩, 필요한 용무를 위해 목동 방에 들른다는 애초의 계획은 첫 주 방문 때 꽁꽁 얼어붙은 허술한 대문이 고장 나면서 어그러졌다. 몸과 마음을 고시원에 쏟는 동안, 정작 내 집이어야 할 목동의 방은 식어가다 못해 무너지고 있었다. 그렇다고 목동 방에 머무는 시간이 길어지는 것은 고시원 연구의 진정성을 위반하는 행위였기 때문에 결코 편한 일이 못 됐다. 어디에서도 편하지 않고 어디에도 속하지 않은 것 같은 기묘하고 스산한 그 겨울에 버스 정류장 여덟 개 거리의 고시원과 목동 사이를 자질구레한 생활용품이 든 종이 가방을 들고 오가며, 나는 나 자신을 난민으로 여겼다. 한 달이 지나 고시원의 삶에 익숙해질 즈음 짐을 꾸려 나와야 하던 그날, 나는 고시원뿐만 아니라 목동의 방 역시 내가 언젠가 작별을 고해야 할 곳이라는 것을, 내 집이 아니라는 것을 알았다.

방문 입구의 더운 공기와 찬 공기가 만나는 벽 가장자리 벽지가 혹처럼 부풀어 올라 입을 쩍쩍 벌리기 시작하고, 그 사이로 페인트 흙이 진 콘크리트 벽이 허옇게 드러나기 시작하면서 나는 도배를 새로 할 날이 올까 고민하기 시작했다. 2년 전 이사 온 그 방, 공들여 벽지를 바르고 가구를 조립하고 바닥을 닦은 그 방에 무수한 시간의 각질들이 쌓이고, 살점들이 떨어져 나간 자리에는 밉살스레 도톰한 새 살이 차올랐다. 셀 수 없이 훔쳐낸 바닥의 묵은 때가 흠으로 자리를 잡을 때쯤에도 여전히 내가 이 방에 있을까. 졸업이 성큼성큼 다가오면서, 짐을 쌀 걱정에 누워서 천장을 보는 불면의 시간이 늘어간다. 배를 곯아 수챗구멍으로 포도밭에 들어갈 수 있던 여우가 포도로 채운 배 때문에 그 구멍으로 빠져 나오지 못한 것처럼, 마음 놓고 이 방에서 산 지난 2년간 덕지덕지 욕심처럼 불어난 옷가지며 책 무더기를 어떻게 해야 할지 막막했다. 아직 어머니가 살고 있는 고향으로 짐을 부칠까, 하다가도 바쁜 생활로 1년에 한두 번을 겨우 들를까 말까 한 그곳, 내가 대학에 가던 해 어머니 혼자 용감한 이사를 감행했기에 내 방으로 마련된 자리는 어느새 친척 동생들의 공부방이 돼버린 그곳에도 내 몸을 누일 자리만이 아니라 짐을 놓을 자리 역시 없다는 것을 새삼 되새기게 된다.

지금 살고 있는 곳도, 지금까지 살아온 곳도, 심지어 여전히 어머니가 살고 있는 고향의 전세 빌라 역시 마음 놓고 나를 의탁할 집일 수 없다는 부정의 연속. 마산에서 서울로 왔듯이, 서울에서 기숙사와 자취방과 고시원을 계속해서 옮겨 다니고, 또 앞으로도 계속해서 내가 어디에서 살아갈지 모른다는 이 불확실성. 정박할라치면 떠나야 한다는, 늘 머무름이 아닌 간당간당한 상태, 이동을 예비해야 하는 상태에 있는 사람들은 "집이 어디세요?"라는 질문에 어떤 답을 할 수 있을까. 지난 6년 동안 이어진 서울 생활은 내게서 집을 앗아가버린 것일까. 그렇다면 여전히 내가 지금 깨고, 씻고, 먹고, 쓰고, 눕는 이 장소, 방이 집이 아니라면 대체 뭐라는 말인가. 나는 집과 집 아닌 것 사이의 경계는 어디에, 어떻게 그어지는 것일까 궁금했다. 아니, 과연 '집'이라는 게 당최 무엇이기에 우리의 공간적 경험을 판단하고 가늠하는 잣대로 기능하는지, 집 아닌 집에서 살아가는 이들의 이야기는 대체 어떤 집 이야기로 쓰일 수 있을지 말이다. 그것은 이 책에서 다루려고 하는 가장 핵심적인 물음 중의 하나이기도 하다.

집, 꿈 또는 삶

집이 세워지고 이용되며 스러져 가는 역사를 가진 것처럼, 집에서 살아가고 떠나가는 우리의 경험에도 역사가 있다. 내 짧은 삶을 시간에 따라 횡으로 펼쳐놓고 보면 그것은 방에서 방으로 이어지는 끊임없는 이동의 연속이다. 마산의 좁은 골목길 재래식 화장실 하나를 세 집에서 나눠 쓰던 단칸 셋방에서 중학교에 진학할 무렵 방 두 칸의 전셋집으로 옮겼지만, 결국 비밀스런 내 방 없이 학창 시절을 보내야 했다. 서울에 있는 대학에 진학해 2인 1실 기숙사를 거쳐 지금의 목동 반지하 자취방으로 이동하는 사이, 어느새 나고 자란 고향은 행정 구역 개편에 따라 창원이라는 더 큰 시로 통합돼 니도 모르는 새 고향의 이름을 잃은 디아스포라가 되고 말았다. 지금보다 어릴 적에는 '우리 집'이 어딘지에 관한 감각이 확고했다. 그러나 이제 내게 집에 관한 질문은 늘 미끄덩거리는, 불명료한 질문이다. 지금의 주소는 곧 수신자 없는 명세서들이 날아들 잠정적인 주소일 뿐인 것이다. 어디에 살고 있느냐는 질문은 언제고 우리가 이동할 것이라는 사실에 따라, 머무름에 관한 질문이 아닌 이동에 관한 질문으로 번역돼 제기된다.

그래서 우리는 늘 어딘가에 살면서도, 다른 어딘가에 살기를 꿈꾼다. 가장 잘나가는 여배우들이 우아하게 살아가는 모습을 한껏 드러내는 아파트 광고나, 드라마에서 쉽게 찾아볼 수 있는 재벌가의 휘황한 집이 아닐지라도, 가까운 친지나 지인들의 집, 여행을 하면서 잠시 머무른 게스트하우스나 호텔 방 따위의 무수한 방들이 우리가 살고 싶은 '집'을 사고하는 데 동원된다. 한국에서 가장 활발한 인터넷 커뮤니티 중 하나인 디시인사이드의 '룸 갤러리'에서는 어떤 방에서 어떻게 살아야 할지에 관한 무궁무진한 실용적 정보, 방에서 살아가는 갖은 이야기, 그리고 절로 감탄을 자아내는 이상적인 인테리어와 공간 배치를 자랑하는 이미지들을 관찰할 수 있다. 네이버나 다음 같은 포털에는 적당한 집을 구하고 집을 잘 꾸미기 위한 정보들을 공유하는 카페에 수십만 명이 가입돼 있다. 물론 나도 목동 방으로 이사를 준비하며 룸 갤러리와 그런 카페들을 뻔질나게 드나들었지만, 막상 그곳에서 공유되는 정보들을 실현할 수 없었다. 내 것이 아닌 이 방에는 못 하나 제대로 박혀 있지 않다. 하물며 집의 일부를 개조해 틈새 공간을 선반이나 책장으로 활용하고, 쨍쨍한 형광등이 아니라 은은한 조명을 설치하는 일은 번거롭기 이전에 허용되지 않는 일이다.

누군가 내게 목동에서 살며 아이를 키우는 게 꿈이라는 이야기를 했을 때, 비록 아이는 없지만 그 꿈의 주거지인 목동에 살고 있는 나는 조금 황당한 표정을 숨길 수 없었다. 목동 아파트 단지가 꿈이라면, 반지하 방이나 옥탑방, 고시원 같은 주거 공간은 악몽이 아닌가. 그렇다면 나는 꿈의 동네에서 악몽으로 살아가는 사람인가. 진정한 꿈의 실현은 그것이 '우리 집', 즉 자가 주택일 때만 가능하다. 마음에 들지 않으면 언제고 고칠 수도 있고, 아무리 꾸며도 아깝게 버리고 떠날 것을 염려하지 않아도 되는 나만의 아늑한 집, 홈 스위트 홈. 많은 사람들이 꾸는, 편리하고 예쁜 집에 관한 꿈은 사실상 집을 소유하는 데 대한 꿈인 것이다. 이 꿈은 마치 영화 〈인셉션〉처럼, 그 꿈의 실현을 위해 세심히 고안된 대단히 중층적인 여러 겹의 꿈들로 구성돼 있다. 넓고 쾌적한 내가 소유한 집을 홈 스위트 홈으로 만드는 것은 그 집을 함께 채우는 단란하고 오붓한 가족, 돈 잘 버는 정규직 남성과 살뜰한 전업주부 여성, 그리고 영특하기 그지없는 아이 하나다. 또한 이 가족이 언제든지 가까운 대형 쇼핑몰과 백화점으로 이동해 무엇이건 살 수 있게 해주는 자가용 세단이 주차장에, 사랑과 행복을 가져다주는 냉장고와 김치 냉장고, 에어컨과 공기 청정기, 그리고 플라즈마 평면 TV, 홈 시어터 시스템이 집 안에 놓여 있어야만 이 꿈이 완성되기 때문이다.

그러나 극소수의 고소득층이 아니고서는 수입을 저축해 서울에서 집을 산다는 것은 불가능에 가까워, 대다수의 사람들은 부모의 집을 물려받거나 부모의 경제적 지원에 의존해 집을 사고 빌린다. 그래서 부모의 계급, 부모와 맺는 관계가 집을 갖는 데 무엇보다 중요하다. 부모에게 지원받을 수 없는 경우에는 나중의 수입을 담보로 받은 대출로 집을 빌린다. 장기적으로라도 집을 마련할 수 있는 안정적인 수입을 얻으려면 일정한 소득과 정년이 보장되는 정규직이어야 하므로, 비정규직 노동자는 우리가 절대 꿈꾸어서는 안 될 악몽의 이름이다. 수입을 늘리기 위한 최고의 전략은 맞벌이이며, 주택 관련 대출도 아이가 있는 부부에게 우선권이 주어지므로 집을 구하려는 사람들은 결혼이라는 제도로 용감히 골인한다. 물론 그 뒤로 행복하게 오래오래 살았습니다, 라는 디즈니 만화영화의 해피엔딩은 기대하지 않는 편이 좋다. 더 넓은 평수, 더 학군이 좋고 집값이 높은 지역으로, 또는 평수와 집값을 향한 집착을 포기하고 자녀의 미래를 위해 외국으로 떠나는, 집에 관한 꿈을 실현하기 위한 혹독한 여정이 기다리고 있다. 영원히 멈추지 않는 팽이처럼.

언제 팽이가 쓰러질지 모르는 여러 겹의 꿈이 극도로 불안정하듯, 집에 관한 일련의 꿈을 실현하기 위한 수많은 장치의 연속들 역시 불안하기 그지없다. 따라서 꿈은 곧 불안의 다른 얼굴이다. 바늘구멍이 돼버린 취업이라는 관문과, 취업 이후에도 반복되는 이직 또는 실직 속에서 그 불안을 전면적으로 체현하는 사람들은 확실성이 무너진 시대에 처음 사회로 발을 들여놓는 젊은이들이다. 1990년대 말 어린 시절 아버지의 실직과 명예로운 퇴직의 행렬을, 이어진 수많은 가족들의 파탄을 지켜본 이 젊은이들에게 불안은 잠재적인 것이 아니라 외재적이고 실체화된 무엇이다. 눈부신 경제 성장을 배경으로 취업 걱정 없이 '대학생'이라면 학생운동에, 공활과 농활에 참여하는 것이 당연하던 시대는 극도의 불확실성 앞에서 노스탤지어로만 남았다. 오늘날 '대학생' 또는 젊은이들을 대변하는 키워드는 취업, 스펙, 자기계발이다. 아무런 성취 없이 흐르는 시간이야말로 이 시대의 도덕적 범죄다. 외고나 과학고, 자사고로 진학하고, 명문대를 졸업해, 대기업이나 공기업에 취업하거나 '사'자로 끝나는 고소득 전문직이나 공무원이 되며, 학력과 계급과 집안이 '훌륭한' 이성의 배우자와 만나 결혼하고 집을 얻는 것이야말로 진정한지는 모르겠지만 확실한 행복이라는 믿음. 불확실한 시대에 확실성이야말로 최상의 가치이며, 그 확실성을 물리적으로 보장하는 결과물이 바로 자가 주택이다.

그러나 어떤 사람들에게 집은 당연한 것도, 당연히 꿈꾸어야 할 것도 아닌 부재의 현실이다. 경제 신문을 중심으로 매일 보도되는 수도권 집값 변동에 관한 온라인 기사 아래에 달린 "집을 가지고 태어나는 달팽

이마저 부럽다"는 댓글과, 그 댓글을 지지하는 수많은 찬성표는 집에 관한 꿈과 실제 삶으로서 집이 어떻게 어긋나 있는지를 잘 보여주는 광경이다. 태어날 때부터 집을 가진 달팽이하고 다르게 많은 사람들이 끈끈한 맨몸으로 여러 장소들에 흔적만을 남기며 살아간다. 장기하와 얼굴들이 부른 〈싸구려 커피〉의 가사처럼 "눅눅한 비닐 장판에 발바닥이 쩍 달라붙었다 떨어지"는, 종국에는 "장판이 난지 내가 장판인지도 몰라"할 정도로 방바닥에 납작 엎드린 채 끈끈히 살아가는 사람들의 삶이 있다. 겨우 자리를 옮겨도 쉬이 달아나지 않는 그 끈끈함은 어디에서 오며, 또 어디까지 이어져 있는가. 나는 이 책에서 바로 그런 삶들, 그 중에서 특히 2000년대 후반의 한국 사회에서 집 없이 살아가는 청년 세대의 주거와 이동 경험에 관해 이야기하려고 한다.

독립의 기로에 선 청년 세대, 집의 의미를 묻다

청년 세대라는 단어가 풍기는 수상한 군내와 낯간지러움을 무릅쓰고 이 단어를 사용하는 이유는 물론 더 나은 용어가 없기 때문이기도 하지만, 이것이 '20대'라는 생물학적 연령의 사람들뿐만 아니라 오늘날 특정한 생애 단계에 위치한 사람들에게 주어진 사회적 규범과 그 규범이 작동하는 역사적 맥락을 논의하는 데 유용하기 때문이다. 이 용어는 우석훈·박권일의 《88만원 세대 — 절망의 시대에 쓰는 희망의 경제학》이 출간된 뒤 마련된 세대론을 둘러싼 논쟁의 지형에 관한 나름의 견해를 담고 있기도 하다. 다른 세대와 뚜렷하게 구분함으로써 특정한 세대가 단일한 삶의 조건에 놓인 것처럼 동질화하는 위험을 경계하면서(따라서 기성세대의 비난과 기성세대를 향한 비난은 같은 지점에서 만난다), 또한 청년 세대가 놓인 맥락의 복합성을 고려하지 않은 채 (또는 고려하더라도) 특정한 방향의 선택이 더 '나은' 것이라고 강조하는 규범적 요구에서도 거리를 두면서, 나는 불확실성의 시대에 사회적 독립이라는 확실성의 요구 앞에 선 청년들의 삶에 내재한 불안과 공포, 모순과 균열, 열망과 가능성을 드러내 공동의 해석 앞에 열어두는 일이 더욱 필요하다고 생각한다.

이 책을 쓰는 과정에서 내가 만나고 대화를 나눈 청년들은 현재 25~34세로, 출생 시기 1970년대 후반에서 1980년대 중반에 태어난 사람들이다. 유년기인 1997~1998년에 IMF 경제 위기를, 청년기에 접어든 2008~2009년에 금융 위기를 맞고, 각 계기 이후 점차 심화된 사회적인 양극화와 삶의 전 영역에 걸친 재구조화를 경험한 사회 집단이다. 이런 삶의 조건의 변화를 신자유주의라는 말을 빌려 설명할 수도 있겠다. 경제 위기를 해소하기 위해 도입된 규제 완화와 사유화, 노조 무력화 등 신자유주의적인 국가 정책과 그 결과 야기된 노동 시장 유연화, 대량 실업과 대량 해고, 비정규직 증대, 자산의 양극화 등은 이미 이들이 자라는 과정에서 당연시된 친밀한 풍경들이다. 변화는 단지 제도의 차원뿐만 아니라 사람들의 생각이나 가치관에도 다다르기 때문에, 자유로운 경쟁과 상품화, 매매 가능성 같은 가치들 역시 삶에 깊숙이 배어든다. 상품의 목록은 이제 세상의 거의 모든 유·무형의 것들을 아우른다. 교육, 돌봄, 생명, 아름다움, 행복, 자기계발 등등. 그리고 그 목록에 오른 것들은, 마치 새로운 전자 제품이 출시되듯이 빠르게 새 것으로 갱신돼 다른 소비를 촉진한다. 심지어 공공 기관에서도 '시민 고객'이라는 용어가 쓰이는 시대에 고객 아닌 사람들, 소비할 수 없는 사람들은 시민도 아니게 된 사회는 얼마나 익숙한가.

그러나 모든 것이 빠르게 변화하는 속도와 불확실성의 시대에 어정쩡하게 지연되거나 정체되는 것 역시 존재한다. 아동기와 성년기 사이의 과도기, 부모에 의존하는 시기에서 벗어나 새로운 가족을 구성할 것으로 기대되는 시기에 놓인 젊은이들의 독립이 바로 그것이다. 새로이 사회 진입을 준비하고 실천하면서 사회 성원의 지위를 성취하는 일은 젊은이들에게 주어진 가장 기본적인 사회적 과업 중 하나일 것이다. 그러나 경제 위기 이후 청년 실업이 일상화되고 안정적인 일자리에 진입하기 어려워지면서 젊은이들의 경제적 독립도 어렵게 된다. 경제적으로는 자립해도 천정부지로 치솟은 땅값과 집값에다 재개발 열풍까지 겹치면서 자신이 모은 돈으로 주거 공간을 얻어 독립하는 일은 쉽지 않다.

그래서 많은 청년들은 집을 인 달팽이처럼, 또는 어미의 주머니에 든 캥거루처럼 여전히 부모의 집에 머문다. 서구에서 건너온 말인 캥거루족이나, 일본에서 쓰기 시작한 패러사이트(기생적) 싱글이라는 표현이 가슴을 꾹꾹 짓누른다. 교육 기간이 대략 마무리된 20대 중반이 넘어서도 부모의 집에 산다는 것은 직장을 구하지 못한 취업 준비생 또는 백수이거나, 직장을 구했다고 해도 '변변한' 직업이 아니라는 것을 보여주기 때문이다. 그러나 퍽 조건이 좋은 직장에 들어간다고 해도 한 달에 수십만 원을 주거비로 지출하는 것은 결혼 자금이나 집값을 마련하는 데 하등 도움이 되지 않으므로 부모의 집에 머무는 경우도 많다. 아등바등 청약 통장에 돈을 부어보지만 결국 내 집 마련은 두 집안의 돈이 모이는 결혼 즈음에나 가능한 일이라는 것을 어렴풋이 알게 된다.

그러므로 독립 과정에서 취업 다음에 오는 항은 결혼이다. 운이 좋은 경우에는 돈 잘 버는 배우자와 결혼하는 게 웬만한 취업을 대신할 수도 있다. 아, 알고 보니 사회가 요구하는 독립의 내용은 내가 결정하는 게 아니라 이미 각본이 정해진 빤한 드라마 같은 것인가. 글쎄, 그걸 고민하기에는 당장 써야 할 자기소개서가 너무 많다. 취업과 함께 닥친 미래에 관한 불안, 부모에 경제적으로 의존하고 있다는 부끄러움, 크게 잘못한 것도 없이 살아온 자신을 '백수'로 만드는 사회를 향한 분노, 그런데도 미래를 투명하게 전망할 수 없는 자신의 '무능'에 관한 혐오 속에서 얼마나 많은 자기소개서들이 쓰여지는가. 집을 얻어 독립하려면 보이지 않는 작가의 지시를 따르는 것만이 유일한 길이라고 인정하지 않을 수 없는 것이다.

그러나 날 때부터 등에 인 집도, 나고 보니 삼신할미가 점지해준 어미의 주머니도 없는 사람들은 어디에서 살며 또 어디로 가는가? 내 이야기가 그렇듯이, 그런 사람들 중 다수는 비수도권 지역에서 태어나 서울로 이동해온 유학생이거나 이주민이며, 다시 수도권 안에서 기숙사, 옥탑방, 반지하, 잠만 자는 방, 고시원 등 저렴하고 조그만 방들을 전전하며 공간적으로는 독립했지만 그리 독립적인 삶을 영위하지는 못하는 집 없는 청년들이다. 이 청년들에게 지금 머무는 방은 독립의 지표이자 불안의 기표다. 나도 모르는 새 좁고 눅눅한, 따스함도 친밀함도 없는 이불과 컴퓨터만이 덩그러니 놓인 이 방에 이대로 고여 떠날 수 없는 게 아닐까 하는. 독립이란 원래 이다지도 호된 것이었던가, 독립이라고 믿은 게 사실 분리와 고립을 의미하는 것이었던가 하는. 고이지 않기 위해 다른 방으로 이동하지만, 때로는 운 좋게 지인들과 돈을 모아 또는 결혼하고 대출을 얻어 그럭저럭 살 만한 집을 얻게 될 수도 있지만, 사람들이 꿈이라고 이야기하는 궤도를 따라 달리지 않으면 더 나은 집을 향한 이동은 제지리걸음일 뿐일 거라는 강박.

꿈이 일그러지거나 실패한 자리들에 핀 불안의 자취를 엮어 이 글을 쓴다. 나는 그 자리들에 놓인 탄식과 고통, 분노와 부정이 결코 개인들이 감당해야 할 몫이 아니라고 여긴다. 실패한 것은 집이라는 꿈을 위해 독립을 저당 잡힌 청년들의 삶이 아니라, 현실의 집을 꿈속으로 박제한 한국 사회가 아닌가? 아니, 그것은 어쩌면 실패가 아니라 사람들에게 영토와 권리를 배분하며 국민/시민으로 승인하는 사회 시스템이 작동하는 방식 그 자체의 변화를 의미하는 것인지도 모른다. 집을 얻기 위한, 또는 집을 가져본 적 없는 청년 세대의 분투하는 삶에서 나는 '어디에서 사느냐'라는 장소에 관한 질문을, '과연 누가 어디에서 살 수 있으며 어디로 이동할 수 있는가'라는 주거와 삶의 조건과 가능성에 관한 질문으로 전환하려고 한다.

고시원, 집 아닌 집을 통해 집을 보기

대학가 인근 버스 정류장의 표지판이며 전봇대며 게시판이며 벽에는 온통 살 사람을 구하는 방들의 정보가 아우성친다. 주로 보증금 몇 천에 월세 20~40만 원의 신축 원룸이나 미니 원룸이 많지만, 요즘은 찾아보기 힘든 하숙집이나 잠만 자는 방도 없지 않다. 이따금 고시원이나 고시텔의 전단도 보인다. 고시원은 고시생을 위한 공간 아니냐고 묻는 사람이 있을지도 모르겠다. 1980년대 고시원이 처음 만들어질 때는 그랬다고 한다. 대학생이라면 으레 두세 명이서 엉겨 좁은 하숙방에서 지내던 시절, 독방을 쓰는 일은 꽤 사는 집안 자제들에게만 허용되는 일이었다고도 들었다. 그러나 지금 고시원이 우리에게 상기시키는 이미지는 일련의 화재 사건이 보여주는 위험과 빈곤이다. 살기 좋은 꿈의 동네라 불리는 목동에 있는 고시원을 상상할 수 있겠는가? 아니, 버스가 지나는 길에는 고시원이 들어서는 것을 반대하는 주민들이 내건 표어가 나부낀다. 계속된 도시 재개발의 결과로 도시 빈곤층이 집결해 살던 주거 공간들은 번쩍거리는 복합 상가나 아파트 단지, 또는 맑은 물이 억지로 흐르는 개천으로 바뀌었다. 대학가나 고시촌의 하숙집들도 원룸으로 사업을 확장했다. 1980년대 말 꽤 고급한 주거 시설이던 고시원은 이제 노숙과 기초 생활 수급 사이를 오가는 빈곤층이나 불안정 노동자, 지역이나 국경을 넘어온 이주민, 원룸에 살 수 없는 대학생이나 직장인 등 이질적인 사람들이 모여 사는 공간이 됐다.

서울에 있는 고시원에서 살아가는 이 서로 다른 사람들의 숫자는, 조사에 따르면 1000만 서울 인구의 1퍼센트인 10만 명에 이른다고 한다. 고시원에 오래 머무르는 이른바 '장박(장기 숙박)'이 드물고 단기로 거주하는 이들의 순환률이 높다는 점을 고려하면 고시원을 자신이 살 수 있는 여러 가지 주거 공간 중 하나로 여기며 살아가는 사람들은 더 많을 것이다. 그러나 고시원을 '집'이라고 여기는 경우는 찾아보기 어렵다. 고시원에서 실제 고시 공부를 하건 취업 준비나 유학 준비를 하건, 아니면 한국으로 이주해와 공장이나 식당에서 일하건, 나름의 방식으로 성공하면 떠날 채비를 하는 사람들에게 고시원은 장밋빛 미래를 향해 어쩔 수 없이 밟아야만 하는 진흙탕의 디딤대일 뿐이다. 곧 떠날 연인에게 진심을 내주지 않듯, 떠나기 위해 들어가는 공간인 고시원에 사람들은 쉽사리 '집'이라는 이름을 허용하지 않는다. 대신 떠나온 고향의 과거나 미디어에서 재현하는 집의 이미지들, 또는 앞으로 살고 싶은 꿈을 향해 집이라는 애틋한 이름표를 붙여준다. 고시원은 집이되 집이 아니며, 또 아니어야만 하는 공간인 것이다.

현실을 부정하며 오지 않은 불확실한 미래를 위해 머무는 공간이라는 점에서, 고시원은 청년 세대가 놓인 삶의 시간과 닮았다. 고시원이 이행기적 공간이라면, 청년기는 이행기적 시간으로 여겨지지 않던가. 그래서 언제나 임시적이고 일시적인, 버스 정류장처럼 떠나기 위해 필연적으로 잠시 머물러야 하는 시간-공간. 이 유사성은 청년 세대의 삶에서 겹쳐지고 실현된다. 실제로 수도권에서 살아가는 많은 청년 세대가 대학가와 고시촌, 그리고 직장 주변의 고시원에서 살아간다. 고시원은 때로 답답하고 억압적인 가족에서 탈출하기 위한 도피처이기도 하고, 수중에 가진 돈으로 갈 곳이 없어 이르게 되는 종착역이기도 하며, 비용을 아껴 더 나은 주거 공간으로 떠나기 위한 전략적 인내의 공간이고, 때로는 인생에 다시 못 올 (그리고 다시 와서는 안 될) 흥미진진한 모험이기도 하다. 각자가 거쳐온 방의 역사 속에서 고시원은 각기 다른 방식의 공간으로, 고시원에서 살게 된 짧은 시간 역시 각기 다른 종류의 시간으로 자리매김한다. 그 상이한 경험과 인식의 진폭 속에, 모든 것이 유동하는 불확실성의 시대를 사는 청년 세대에게는 살고 싶은 집과 떠나야 할 '집 아닌 것', 그런데도 몸에 익어 떼어내기 어려운 집에 관한 감각들이 뒤엉겨 있다. 현실적으로 '집'을 가질 수 없다는 비관과 냉소, 그렇지만 그 '집'을 얻지 않으면 온전한 어른(또는 시민/국민)이 될 수 없을 것이라는 불안과 강박 사이에 고시원의 삶들이 있다.

이 책에서 나는 고시원 경험을 청년 세대의 주거와 이동의 다양한 궤적들, 그리고 그 과정에서 빚어지는 '집'의 의미들을 들여다보는 일종의 다중 초점 렌즈로 삼으려 한다. 경제 위기 이후 한국 사회 전반에 일어난 여러 변화들이 어떻게 청년들의 공간적 삶을 새롭게 구조화하는지, 또 청년들은 이런 변화를 어떻게 이해하고 해석하며 나름의 방식으로 대응하고 있는지를 살피려고 한다. 고시원 경험은 개개인의 방의 역사 속에서 때로는 의미 있는 것으로 인정되지만, 때로는 그렇지 않은 것으로 취급되면서 통합적이고 아늑한 방의 역사에 불화를 불러일으키는 불/연속적인 경험이다. 그 불/연속의 결들을 한 겹 한 겹 들여다보기 위해, 경험을 맥락과 해석이라는 두 축 위에 놓아보려 했다. 고시원에 관한 이해를 이끈 동시에 그 이해를 통해 정교해진 이론적 맥락, 내가 고시원을 만난 과정인 방법론적 맥락, 마지막으로 청년 세대의 주거가 위치한 구조적 맥락이 한 축이다. 다른 한 축은 진입에서 이동까지 시간적으로 확장된 고시원 경험을 집, 독립, 정치학이라는 주제를 중심으로 해석하고 있다. 이것은 '청년 세대는 왜 고시원에 들어가며, 어떻게 고시원에서 살며, 왜 고시원을 떠나는가'라는 아주 간단한 질문에서 출발해 삶이 붉은 의문들을 감당하기 위해 고안된 서술 방식이다.

학위 논문이라는 탄생 배경에서 알 수 있듯이 이 책은 질문에 관한 답으로 쓰이기 시작했다. 그러나 때때로 나는 내가 쓰고 있는 것이 질문을 버겁게 비집고 나오는 답들, 묻지 않은 것에 관한 넘쳐나는 현실들이라는 것을 알았다. 논문이 책으로 종적 변화를 겪는 사이 고려한 게 있다면, 잉여가 된 답들에서 질문의 방식들을 역추적하는 것이었다. 나는 왜 쓰는가? 나는 무엇에 관해 말하는가? 나는 누구에게 말 걸고 있는가? 우리의 대화 장소는 어디인가? 초월적 저자인 '본고'나 '본 논문'이라는 주어와 안녕을 고하면서, 나는 내가 다만 불확실성의 시대에 청년 세대의 삶의 조건과 전망 속에서 제기되고 또 (다시) 쓰이는 집의 의미와 독립의 방식들을 마주했고, 그것을 매끄럽지 못한 상태나마 기록하고 해석할 수 있는 위치를 잠시 점유했을 뿐이라는 것을 수긍했다.

어쩌면 매끄럽시 않은 모든 기록이 그렇듯, 이 책은 명확한 답보다는 더 많은 질문에 가까운 내용을 담고 있는지도 모르겠다. 나는 마침표로 끝나는 답을 주는 사람이기보다 끝나지 않은 물음표로 이어진 질문들을, 그것도 혼자서는 아무리 끙끙대도 도무지 해결할 수 없는 질문들을 더 많은 사람들과 나누려고 하는 사람이 되고 싶은지도 모르겠다. 그것은 단지 내가 유일한 정답이 있다는 전제를 믿지 않기 때문만은 아니다. 서로 다른 자리에서도 함께 질문을 고민하고 해석하는 과정에서 가능해지는 무엇, 그 무엇의 순간들을 믿기 때문이다. 그러므로 나는 이 글을 읽는 당신들이 청년 세대의 주거 문제에 고개를 끄덕이고 그 해결만 고민하기보다, "어디에 사세요?"라는 질문에서 출발한 이 이야기들을 자기 자신을 향한 질문으로 바꾸어갈 수 있는 힘, 나와 우리, 그리고 세계에 대해 질문하는 힘을 얻을 수 있기를, 그리하여 그 질문들을 다시금 당신의 말로 바꾸어 세상에 뱉어내주기를 바란다. 질문하는 방식을 새롭게 쓰는 것이 가능한 답변의 항들을 바꿀 것이다.

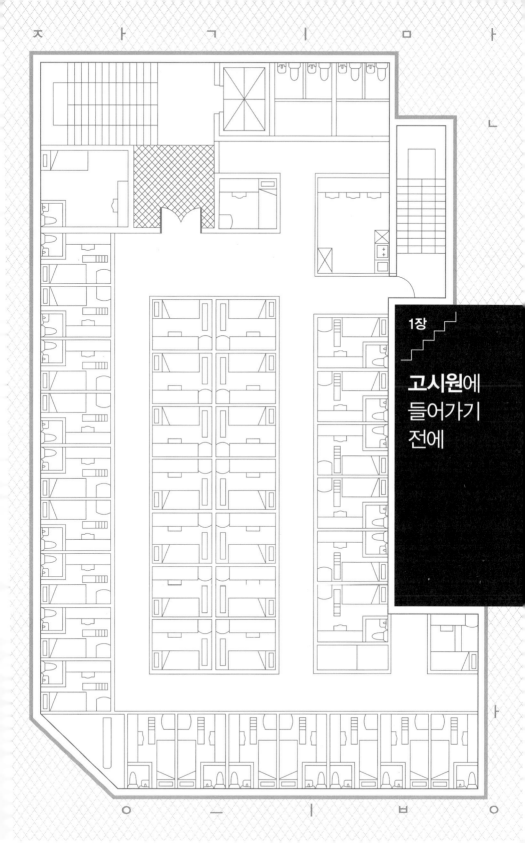

1장

**고시원에
들어가기
전에**

대개의 이야기는 텍스트 자체로만 구성되는 게 아니라 텍스트가 쓰인 맥락이 만들어낸 이야기의 구조 속에 놓이며, 그 구조가 이야기의 의미를 풍부하게 생성하는 구실을 한다. 이 장은 이를테면 우리가 시작하려는 청년 세대의 주거와 이동, 그리고 고시원에 관한 이야기의 구조 또는 뼈대를 확인하기 위해 쓰인 장이다. 프롤로그가 이 책을 쓰게 된 개인적인 맥락을 주로 담고 있다면, 이 장은 이 책을 구상하고 쓰는 과정에서 문제의식을 끌어내기도 하고, 질문을 제기하고 답하는 과정에서 계속해서 다져지기도 한 응축물인 개념과 개념, 그리고 그것들 사이의 관계인 이론을 담고 있다. 이 이론들은 문장과 문단, 절과 장으로 구성된 전체 이야기들이 외따로 흩어지지 않게 모아 이야기에 흐름을 만들어주며, 이야기의 호흡과 의미를 이해하는 데 도움을 주기 위해 다시 쓰이고 배치됐다. 단지 어렵고 추상적인 외국 학자들의 말을 베껴 전달하거나, 그 어려운 말을 알고 있다는 것을 과시하기 위해 여기에 놓이지 않았다. 오히려 나는 그 개념과 이론들이 어떤 삶의 자리들, 경험과 인용이 경합하는 그러나 또한 분리될 수도 없는 지대에서 온 것이라는 점을 그리려고 했다.

모든 사람이 이 장을 꼼꼼히 읽고 이해할 필요는 없을지도 모른다. 그래서 이 장을 건너뛴다고 해도 그리 이상한 일은 아니며, 실제로 나름의 독립성을 지닌 이 책의 다른 장을 읽는 데 큰 문제는 없을 것이다. 때때로 필요할 때 펼쳐 참고해도 될 일이다. 그러나 또한 나는 모든 사람이 이 장을 읽고 싶어하지 않을 것이라거나 이해하기 어려워 할 것이라는 섣부른 판단 역시 하지 않겠다. 오히려 나는 내가 쓴 부족한 글이 현실을 이해하려고 하는 독자들의 열망과 능력에 미치지 못할까 더 두려워하기 때문이다. 복잡한 현실은 단순하게 풀리지 않는다는 것을, 복잡한 현실을 살아가는 평범한 사람들은 몸으로 체득한다. 교양서와 학술서 사이의 거리는, 어쩌면 이 책에서 질문하려고 하는 고시원과 평범한 '집' 사이의 거리 같은 것은 아닐까. 자, 이제 그 거리에 관해 또는 그 거리에서 이야기를 시작하자.

장소, 위치, 정체성 — 집과 집 없음의 의미

1. 고시원을 어떻게 볼 것인가 — 장소의 재개념화

고시원은 국가 고시를 준비하는 수험생들이 머무는 장소로 이해되는 경우도 많지만, 언론과 학계의 관심은 경제 위기 이후 노숙이나 쪽방 등의 연속선상에 있는 빈곤층의 주거 형태 중 하나로 고시원을 문제화하는 데 있었다.[1] 대부분이 실태 조사 차원에 그치는 상황에서 유일한 학술적 연구인 이정봉의 논문 〈빈곤의 형성과 재생산에 관한 연구 — 고시원 거주 도시빈곤층의 사회적 배제를 중심으로〉(2006)는 빈곤화 과정의 역동성과 다차원성에 주목하는 사회적 배제 관점에 기반을 두고, 경제 위기 이후 고시원으로 유입된 도시 빈곤층의 빈곤화 과정, 사회적 배제 양상, 그리고 사회적 배제 요인들 사이의 관계를 분석한다. 세밀한 참여관찰을 통해 고시원의 공간적 특성과 고시원 거주민들의 일상생활을 기술한 점이 이 연구의 장점이지만, 고시원에서 살아가는 사람들을 '도시 빈곤층'으로 단일하게 명명하고, 거주민들이 고시원에 이르게 된 복합적인 과정을 '빈곤화 과정'이라는 고정된 틀로 분석함으로써 고시원을 사회적 빈곤이 수렴되고 고착되는 지점으로 응결시킨다는 점은 문제적이다.

이런 접근이 문제가 되는 이유는 크게 세 가지다.

첫째, 노숙인을 포함한 도시 빈곤층은 고정된 주거 공간을 갖기보다 거리와 쉼터, 쪽방, 상대적으로 안정적인 주거지(대표적으로 고시원) 사이에서 진입과 이탈을 반복한다.[2] 저소득층의 주거 형태에서 정착보다는 반복적인 주거 이동이 두드러진다는 사실이 이 점을 뒷받침한다.[3] 이렇게 볼 때, 개인이 고시원 공간과 관계를 맺는 방식을 장소에 고착된place-bound 것으로 보는 시각은 적절하지 않다. 오히려 이동 속에서 주거와 공간의 의미가 어떻게 구성되는지를 살필 필요가 있다.

둘째, 고시원의 배제의 역학에만 주목하는 것은 주체의 행위와 의미화 실천을 통해 작동하는 권력의 생성적productive 작용을 비가시화하며, 권력을 일방향적으로 이해한다는 점에서 한계가 있다.[4] 푸코Michel Foucault가 권력을 법-담론적으로 재현하는 메커니즘을 비판하면서 제안한 것처럼, 근대의 권력은 국가의 법이나 금지만이 아니라 가장 사사롭고 일상적인 수준에서 특정한 육체와 정신을 '정상적인 것'으로 승인하고 훈육하는 기제들을 통해 작동한다.[5] 따라서 주거 공간과 연관한 권력 관계는 단지 계급이나 지역 같은 거시적인 변인으로 축소 또는 환원될 수 없으며, 구체적인 주거 상황에 놓인 주체의 경험과 인식 속에서 비로소 드러날 수 있다. 인간 주체의 경험과 의미 세계는 바로 권력의 구조와 개인의 미시적 삶이 만나는 장이며, 권력 관계는 삶의 일상세계에 틈입해 들어와 있기 때문이다.[6]

마지막으로, 이 연구는 고시원이라는 주거 공간을 국가, 자본 등 거시적인 사회 역학의 결과물이자, 그 역학을 담는 고정된 그릇container으로 이해한다.[7] 공간을 물화시킨다는 것은 공간을 시간의 역동성에 대비시켜 종속시킨다는 것이며, 곧 공간에서 변화와 정치학의 가능성을 탈각시킨다는 것을 의미한다.[8] 그 결과 공간 또는 장소와 역동적으로 관계를 맺고 사회적 관계를 변화시키는 행위 주체로서 인간은 이 논의에서 사라져버린다.

따라서 일상적 삶에서 겪는 주거 경험은 우리가 '장소'를 어떻게 이해하며, 특정한 장소로서 주거 공간과 인간의 경험과 주체성을 어떻게 연결시키는가에 따라 다르게 분석될 수 있을 것이다. 많은 이론가들이 공간space과 장소place를 대립적인 것으로 병치해온 경향을 비판하면서, 지구화 시대 글로벌한 상호 연결성의 증대 속에서 둘을 변증적이고 통합적으로 이해할 것을 제안한다.[9] 그러나 개념상 공간은 국가, 도시, 마을, 학교, 시장처럼 관념적이고 형이상학적인 개념이며, 장소는 광화문, ○○대학교, ○○고시원처럼 구체적인 실체를 가리키는 유물론적이며 현상학적인 개념이다.

몇몇 지리학자들은 장소가 갖는 구체성에 주목하면서 장소가 경험되는 방식, 장소를 기반으로 사회적 범주와 사회 관계가 구축되는 방식을 중요하게 평가한다.[10] 이 학자들은 장소와 정체성의 상호 연관 관계에 주목하면서, 장소의 개념을 지리적 지역area, region 또는 경계가 물리적으로 고정된 영토territory의 개념과 구분한다. 장소를 다양한 공간적 층위에서 작동하는 흐름과 상호 작용들의 교차점으로 개념화하면서, 인간이 위치하는 장소와 정체성을 불가분의 것으로 연결시킨다.[11]

문화이론가인 스튜어트 홀Stuart Hall은 본질적, 고정적, 완결적인 정체성identity 개념을 문제삼으면서, 정체성은 재현 체계 속에서 끊임없이 구성되는 과정의 산물이자 잠정적인 봉합의 불안정한 지대로 이해돼야 한다고 주장하며 정체화identification라는 개념을 제안했다.[12] 도린 매시Doreen Massey나 린다 맥도웰Linda McDowell 같은 지리학자들의 장소 개념은 바로 이런 정체화의 개념과 만난다. 장소는 단지 물리적 실체가 아니라, 그 장소에서 머무르고 또 이동하는 정체화의 한 국면이라는 것이다. 따라서 특정한 장소에 관한 분석은 누군가가 위치하고 있는 물리적 공간이나 그 공간에 붙박인 고정된 정체성을 분석하는 것이 아니라 사람들이 수행하며 또한 변화하는 사회-공간적 실천들의 교차 지점을 분석한다는 것이며, 나아가 이 지점에서

장소의 경계와 정체성이 어떤 식으로 규정되고 변형되고 있는지 살펴보는 작업이 된다.[13]

　　장소를 이런 방식으로 재개념화하는 작업은 페미니스트인 에이드리엔 리치Adrienne Rich가 확립한 위치의 정치학politics of location 아래 위치location의 개념을 새롭게 쓰려고 한 이론적 시도들과 맞물려 있다. 미국 백인 페미니스트들이 당연하게 받아들여 온 페미니즘의 의제나 우선순위가 다른 조건이나 지리적 위치에 놓인 여성들에게는 다르게 이해될 수 있다는 점을 지적하기 위해 제기된 리치의 위치 개념은, 그 뒤 몇몇 이론가들을 거치며 고정된 것이 아니라 그 자체로 논쟁적이고 역동적인 것으로 자리매김됐다.[14] 인류학자인 제임스 클리퍼드James Clifford는 위치를 구체적인 상황 속에서 의미 있는 차이가 무엇인지 아는 것에 관련해서 이해한다.[15] 탈식민주의 페미니스트인 찬드라 탈파드 모한티Chandra Talpade Mohanty는 제3세계 여성의 탈식민 정치학에 관한 글들을 통해, 위치가 불연속적이며 다양한 사회 구성체를 통해 다중적으로 구성되고, 또한 횡단하는 것이라고 본다.[16] 모한티는 서로 다른 위치들은 권력과 그 역사적 효과를 통해 구성됐다고 주장한다.

　　이제 위치는 고정된 장소에 관한 것이 아니라, 불균등하고 불연속적이며 열려 있는 시간적으로 공간화된 위치a temporally spatialized location가 된다.[17] 이것은 역사적이고 다중적인 권력의 교차 지점에 놓인 정체성을 이해하는 데 도움을 준다. 또한 이런 위치 개념은 다중적인 축들을 통해 동시적으로 작동하는 지배 체제를 분석할 수 있게 한다. 젠더화된 주체성을 역사적으로 구성되는 의미화의 관계 지대로 제안한 린다 알코프Linda Alcoff [18]이래 페미니스트들과 문화이론가들은 위치의 개념을 물적, 지리적 장소에 한정되지 않고 상징적, 상상적, 정치적 자리매김positionings을 아우르는 위치성positionality, locationality의 개념으로 점차 이동시켜왔다.[19]

이런 이론적인 맥락에서 주거 공간은 단순한 물리적인 건축물이나, 비평가가 그 속에서 사회적 관계를 손쉽게 읽어낼 수 있는 투명한 거울 같은 텍스트일 수 없다. 오히려 주거 공간은 인간이 맺고 있는 생생한 관계들의 장소이며, 문화와 사회를 연결하는 핵심적 지점이자 사회적 위치와 지위의 구체적인 표식으로 이해해야 한다.[20] 주거 공간은 주거에 관한 문화적 상징체계가 어떻게 작동하는지를 드러내는 지점이며,[21] 또한 구체적인 공간 체험이자 개인의 정체성을 구현하는 삶의 양식인 것이다.[22] 따라서 주거 공간과 관련한 경험을 살피는 작업은 단지 물리적인 구조물에 관한 분석이 아니라, 그 장소와 인간이 맺고 있는 상징적 관계와 상상적 관계, 그리고 그 관계에서 생성되는 의미화의 지점으로서 위치성의 이동과 재배치에 관한 분석이 돼야 한다. 주거 공간을 살아가는 사람들의 기억과 사람들이 만드는 서사는 장소를 이해하는 데 주요한 해석의 준거가 될 수 있다.[23]

2. 집이란 무엇인가 — 서구와 한국의 집

'집'이라는 개념은 소소한 일상어가 아니라 나름의 논의와 논쟁의 역사를 지닌 이론적인 개념이다. 집home은 주거 경험이 개인들에게 구체적인 의미로 구현되는 가장 대표적인 방식이자, 장소와 인간이 맺는 긴밀한 관계를 적시한다.

서구의 철학 전통에서 집은 외부의 위험에서 신체를 보호하고, 휴식을 취하거나 잠을 자고 일상생활을 영위하는 기처라는 물리적 차원에 한정되지 않는다. 'home'이 집만이 아니라 고향으로 번역될 수 있다는 점이 이것을 잘 보여준다. 하이데거Martin Heidegger의 《존재와 시간》, 바슐라르Gaston Bachelard의 《공간의 시학》 같은 저작이 말했듯이, 서구에서 집은 편안함, 안정성, 소속감 등 인간 주체의 실존이나 자아와 관련된 것으로 논의

돼왔다.[24] 이를테면 바슐라르의 논의에서 집은 거주자인 인간 자아의 한 측면을 상상적으로 구성함으로써 자아의 일부가 된다.[25] 지리학자인 에드워드 렐프Edward Relph의 말처럼, 서구에서 집은 "개인으로서 그리고 한 공동체의 구성원으로서 우리 정체성의 토대, 즉 존재의 거주 장소"로 이해된 것이다.[26]

집에 관한 이런 이해는 단지 철학 전통이나 사상가들의 책에 죽은 글자로만 남아 있는 게 아니라, 현대의 서구 사람들이 일상적으로 집을 생각하는 방식에도 널리 퍼져 있다. 집과 집 없음homelessness의 의미를 개념적으로 분류하고 있는 주거(정책)학자인 피터 서머빌Peter Somerville이 이런 점을 잘 보여준다. 표 1에서 서머빌은 각 핵심 기표들의 조합이 집과 집 없음의 의미를 만든다고 주장한다. 보금자리shelter는 괜찮은 물질적 조건을, 난로hearth는 정서적이고 신체적인 안녕, 마음heart은 사랑하고 보살핌을 주고받는 사회적 관계, 프라이버시는 통제와 사생활, 뿌리roots는 개인의 정체성 감각, 체류지abode는 생활과 수면의 장소, 낙원paradise은 일상생활의 집과 분리된 '이상적 집'에 상응한다.[27] 물론 서머빌은 이것을 일종의 순수한 개념적 분류로 제안하면서 집과 집 없음이 단순한 역관계에 있지는 않다고 하지만, 이 도식은 집이 갖는 존재론적 의미가 얼마나 강력한 영향을 미치고 있는지 잘 보여주는 사례다.

그러나 1970년대 중반 이후 존재와 자아가 거주하는 장소로서 '집'의 의미가 점차 상실되고 있다는 논의가 대두했다. 렐프는 근대 이후 집이라는 장소에서 인간이 계속 소외돼왔다고 주장한다. 사람들에게 의미 있는 장소와 '진정한 장소감'이 사라지는 한편, 사람들 사이에서 장소가 가진 의미를 인정하지 않으려는 태도가 증대하면서 장소 상실placelessness이 확산하고 있다는 것이다.[28]

표 1 | 집과 집 없음의 의미

핵심 기표		일반적 함의		안전의 감각		자아와 맺는 관계		타자와 맺는 관계	
집	집 없음	집	집 없음	집	집 없음	집	집 없음	집	집 없음
보금자리	보금자리의 부재	물질성	물질적 박탈	신체적		보호	노출	지붕 있음	지붕 없음
난로	난로의 부재	따뜻함	차가움	생리학적		이완	스트레스	아늑함	소외
마음	무정함	사랑	무관심	감정적		행복	불행	안정성	불안정성
프라이버시	프라이버시의 부재	통제	무력	영토적		소유	감시	배제	취약성
뿌리	뿌리 상실	정체성의 근원	아노미	존재론적		감각	감각 없음	참조	상실
체류지	체류지의 부재	장소	장소 상실	공간적		휴식	불안	생활/수면 공간	(불가능)
낙원	연옥	이상적		영적		기쁨	괴로움	비-존재	

자료: Somerville(1992: 533)의 〈Table 1a〉, 〈Table 1b〉를 통합.

　　서구 역사에서 빚어진 근대성의 변형이나 그것과 연결된 국면으로서 지구화에 관한 논의들 중에서도 집의 의미가 상실되고 있다는 논의는 서술 방식만 다를 뿐 반복적으로 관찰된다. 가령 근대성의 구조 변동과 지구화를 연결한 문화이론가 존 톰린슨John Tomlinson은, 오늘날 지리적 영토와 문화 사이에 가정해온 '자연스러운' 관계가 상실되고 있다고 보고 이것을 탈영토화deterritorialization라는 개념으로 서술한다.[29] 톰린슨에 따르면 교통과 통신의 발전으로 가능해진 지구적 차원의 복합적인 연결성은 먼 곳의 영향력을 개별 지역 세계로 침투시키며, 지역 세계에 있는 사람들이 기반을 두는 장소와 문화 사이의 고유한 결속을 약하게 한다. 이 과정에서 많은 사람들이 장소에 근거해 자신의 존재를 정의하는 힘을 잃어버리고 있다는 것이다.[30] 사회학자인 지그문트 바우만Zygmunt Bauman 역시 자신이 액체 근대liquid modernity라고 부르는 오늘날의 유연화된 근대에서 대두하는 독특한 공간적 양식들인 비장소non-places와 빈 공간들empty spaces에 관해 논의하면서, 장소와 문화 사이의 결속이 약화되는 현상을 유연화된 근대의 징후로 진단하고 있다.[31]

그렇지만 이때 상실되는 '집'은 과연 누구의 집인가? 존재와 자아의 거주 장소로서 집을 가질 수 있던 사람은 누구인가? 집을 가질 수 없던 사람들에게도 상실은 동일하게 적용될 수 있는 것인가? 페미니스트 지리학자인 도린 매시는 이렇듯 횡행하는 '새롭고, 불안한 장소 상실' 담론에 회의를 드러낸다. 매시는 오늘날 탈구/탈장소화를 느끼고 호소하는 사람들이 과연 누구인지 질문하며, 이런 호소가 엘리트의 시각에서 비롯된 것이라고 지적한다.[32]

이미 오래 전부터 마르크스주의자들과 페미니스트들은 '집'을 주체의 안정성이나 확실성과 동일시하는 담론이 특권화된 주체의 표명 방식이라는 점을 각기 다른 방식으로 지적해왔다. 가령 마르크스Karl Marx는 1800년대 중반에 이렇게 말했다.

가난한 사람의 지하 주거는 적대적인 "낯선 힘을 가지고 있는 주거, 그가 피가 뚝뚝 떨어지는 살점을 내줄 때에만 주어지는 주거", 그가 자신의 고향 ― 나는 지금 여기 나의 집에 있다고 마지막에 말할 수 있는 곳 ― 이라고 간주할 수 없는 주거이거니와, 그 집안에서 오히려 그는 타인의 집, 낯선 집에 있는 것이요, 날마다 잠복해 있다가 그가 임대료를 지불하지 않는 날에는 언제든지 그를 내쫓고야 마는 타인의 집에 있는 것이다. 마찬가지로 그는 자신의 주거가 그 질적인 측면에서 보면 피안의 주거, 부의 천국에나 있는 주거, 상주할 수 있는 인간적 주거와 대립함을 알고 있다.

칼 마르크스, 《경제학–철학 수고》 중에서

놀랍게도 마르크스의 이 말은 오늘날 한국에서 고시원 주거 경험을 설명하는 것이라 해도 믿을 수 있을 정도다! 가난한 세입자에게 집은 삯을 지불하지 않으면 언제고 쫓겨날 위기에 놓이는, 따라서 '고향'으로 간주할 수 없는 적대적이고 낯선 경험이다. 앞에서 본 서머빌의 분류표를 들이댄다면 집이 아니라 집 없음에 가까운 셈이다. 마르크스는 암묵적으로 집과 집 없음의 경계가 계급에 따라 나뉜다는 것, 빈자와 노동계급은 안정적이고 통합적인 자아 정체성의 출처로서 집을 가질 수 없다는 것을 이미 오래 전 지적한 셈이다.

페미니스트들 역시 집에서 누릴 수 있다고 여겨지는 편안함과 아늑함이 여성이 일상적으로 수행하는 가내 노동의 결과라고 지적하면서, 여성들에게는 집이 자아의 안정적인 거처가 아닌 (또 하나의) 일터라고 주장해왔다.[33] 서구 철학 전통에서 일상적 인식까지 널리 퍼진 집 관념은, 빈자들과 여성들처럼 사회적으로 주변화된 집단에게는 애초부터 상실되어 있던 셈이다. 그렇다면 20세기 후반에야 제기된 집의 상실을 둘러싼 푸념과 호소는, 이전까지 자연스럽게 '집'을 가질 수 있던 서구 백인 이성애 남성 주체가 가진 특권의 약화를 의미하는 것일 테다.

이 점에 관해 저명한 퀴어 이론가들인 데이비드 엥David Eng과 데이비드 카잔지언David Kazanjian은 흥미로운 주장을 제시했다. 엥과 카잔지언은 오늘날이 근대와 탈근대 그 자체가 상실되는 시기라고 진단한다.[34] 20세기를 특징짓는 역사적인 상흔과 유제, 이를테면 혁명, 전쟁, 집단 학살, 노예제,

탈식민화, 망명, 이주, 통일, 지구화, 에이즈 등을 마주하면서 상실의 감각이 도드라진다는 것이다. 이런 역사적 상흔 속에서 '실제로' 집을 잃어버린 사람들은 홈리스, 난민, 이주민들이지만, 그것이 현재화되는 방식들 속에서 집은 서구가 잃어버린 '욕망의 신화적 장소'[35]로 대두한다. 따라서 집 또는 장소의 상실에 관해 오늘날 서구 이론의 관심이 커지고 있는 것은, 자신의 관점을 일반화하고 보편화할 수 있는 권력을 가진 특권화된 주체들의 불안정을 드러내는 징후이자, 또한 그 불안정을 감추고 환부를 숨기기 위해 고안된 이론적 산물로 보는 게 옳을 듯하다.[36]

　　서구에서 '집'의 의미를 독점해온 특권 집단이 이성애 중산층 백인 남성이었으며, 20세기 후반 부상한 집의 상실에 관한 담론이 서구 백인 남성성, 그리고 그것과 결부된 근대성의 위기를 드러내는 징후라는 비판은 한국에서 '집'이 누구에게 무엇인지 질문하는 데 좋은 참조가 된다. 나는 한국에서 경제 위기 이후 부동산 보유와 투자에 관한 규제를 완화하는 흐름이 나타나고, 주식 정보와 함께 언론에 매일같이 보도돼 사람들의 관심을 끌고 흥분과 불안을 유도하는 '내 집 마련'을 둘러싼 담론이 증대하는 현실에서 집의 상실의 징후를 읽는다. 주택 또는 전세 가격의 오르내림, 내 집 마련의 호기와 악재를 둘러싸고 정부의 주택 정책과 언론 보도, 건설사의 광고가 일상적으로 우리 곁에 자리하게 된 것은 사실 얼마 되지 않은 일이기 때문이다. 그런 상황에서 집을 획득해야 한다는, 달리 말해 집을 상실하지 말아야 한다는 강력한 사회적 요구가 반복적으로 상연된다. 그렇다면 이때의 '집'은 누구의, 어떤 집인가?

　　서구와 달리 한국에서 '집'이라고 할 때, 이상적으로 떠올리게 되는 이미지들의 합은 실존적 차원보다 특정한 물리적 공간과 이 공간을 공유하는 사회적 관계라는 측면이 더 강조되는 듯하다. 나는 그것이 자가 소

표 2 | 2004년 최저 주거 기준

① 침실 등 방의 개수와 총 주거 면적	② 필수적인 설비
1인 가구(3.6평): 방 1+부엌 부부(6.1평): 방 1+식사 가능 부엌 부부+자녀 1(8.8평): 방 2+식사 가능 부엌 부부+자녀 2(11.2평): 방 3+식사 가능 부엌 부부+자녀 3(12.4평): 방 3+식사 가능 부엌 노부모+부부+자녀 2(14.8평): 방 4+식사 가능 부엌	수도·지하수 이용 시설을 갖춘 전용 입식 부엌과 전용 수세식 화장실, 목욕 시설
	③ 구조·성능과 환경 기준
	건축법, 환경관련법 등 개별법에 규정

자료: 건설교통부(2004), 《2004년 주택업무편람》, 송시형(2009: 66)에서 재인용.

유의 아파트에서 살아가는 정상 가족을 가리킨다는 잠정적인 결론에 이르게 됐다. 이것은 사회에서 정상적이라고 여기는 집의 이념형이자, 그것을 달성하기 위해 많은 사람들이 자신의 삶을 설계하고 꾸려 나가는 집에 관한 꿈이다. 이것을 앞으로 '규범적 집', 또는 '대문자 집Home'이라고 부르려고 한다. 규범적 집의 의미를 구성하는 세 차원, 즉 아파트-자가 소유-정상 가족을 하나씩 살펴보자.

먼저 방의 개수와 주거 면적, 설비와 주거 환경 등 물리적이고 형태적인 요소와 관련해 집의 이상적 의미를 떠올릴 수 있다. 가령 건설교통부에서는 '최저 주거 기준'을 제시하고 있다.

사람들은 정부가 정한 '최저 주기 기준'이 있다는 사실에, 그리고 그 내용이 실제 많은 사람들이 살아가는 집을 '최저 기준 이하'로 만들고야 만다는 사실에 실소를 보내곤 한다. 실제로 저소득층 중에서 많은 사람이 최저 주거 기준에 미달한 주거 환경에서 살아가며, 그 비율은 특히 서울을 포함한 수도권에서 높게 나타난다.[37] 사람들의 실제 주거 조건과 경험에 맞지 않는 정부의 기준은 한국 사회에서 지배적으로 공유되는 집에 관한 관념이 어떤 공간적 실체를 정상적이라고 가정하는지 잘 보여준다.

'국민주택' 역시 주거 환경의 기준을 제시하고 있다. 주택법 제2조 3항에 규정된 내용에 따르면 국민주택은 국민주택기금의 지원을 받아 건설되거나 개량되는 주택으로, 1호 또는 1세대 당 85제곱미터(25.7평) 이하인 주택으로 정의된다. 이것은 '대한민국의 국민이라면 누구나 이 정도 규모의 집에서 살아야 한다'고 국가가 생각하는 평균적 주거 환경을 의미한다고 한다.[38] 국민주택은 단지 이상적인 기준만이 아니라 국민주택 공급 계획, 국민주택 기금 지원 규모, 부가세 면제나 취득·등록세 감면 등 조세 혜택 기준을 결정하는 데도 영향을 미치는 실질적인 기준이다. 한국토지주택공사가 공급하는 주택을 비롯해, 영구 임대 주택, 국민 임대 주택, 장기 전세 주택 등 공공 임대 주택과 분양 주택 역시 국민주택 규모를 채택하고 있다.[39] 그러나 그 내용을 보면 알 수 있듯이, 사실상 이때 국민주택의 '주택'이 가리키는 것은 아파트다. 이것은 한국 사회에서 정상적 집의 관념이 도시 공간의 핵가족에 최적화된 일정 평수 이상의 아파트 모델에 기초하고 있다는 점을 보여준다.[40]

둘째, 한국에서 이상적인 집은 경제적 차원에서, 즉 집 그 자체가 주요한 부동산 자산이자 자산을 증식하기 위한 수단이라는 점에서 규정된다.[41] 한국의 근대화와 산업화 과정과 겹친 경제 성장 시기 동안, 자가를 갖는다는 것은 개인의 보유 자산 가치를 유지하거나 증식할 수 있는 최소 요건으로 자리잡았다.[42] 근대화와 산업화는 곧 부동산 자본의 재개발을 앞세운 도시화와 밀착돼 있었으며, 경제 성장 과정에서 급상승한 지대 덕분에 땅과 집을 가진 사람들이 막대한 이익을 보게 된 것이다. 따라서 중하층 계급에게 내 집 마련은 중산층으로 발돋움하기 위한 필수적인 디딤

돌이자, 그 자체로 중산층의 표식으로 여겨졌다. 지금도 여전히 수도권 내 집 마련이 모든 결혼한 부부의 숙원이자 주요한 생애 과업으로 여겨지고 있다는 것이 이런 점을 잘 보여준다. 또한 서울과 수도권을 비롯해 땅값과 집값이 높은 지역에 집을 갖는 것은 그 자체로 자산이면서, 지역 간 불균등한 집값 상승률 격차에서 얻는 자산 가치의 증대를 의미한다는 점에서 한국에서 주요한 계급적 표지로 기능한다.

그러나 실제로 한국 사회에서 주택을 자산 증식의 수단으로 삼아 경제적 안정을 확보할 수 있는 일종의 주거 계층housing stratum은, 실증 연구에 따르면 아주 일부의 특권층만 해당한다.[43] 오히려 중산층 이하 가구에게 집은 자산이 아닌 빚인 경우가 많다. 자산으로서 집을 얻기 위해 적지 않은 규모의 주택 담보 대출을 감수하는 가계가 늘고 있기 때문이다.[44] 실제로 2002년 이미 주택 보급률은 100퍼센트를 훌쩍 넘어섰지만, 2005년 행정자치부에서 조사한 한국의 무주택자 비율은 45.4퍼센트에 이른다.[45] 극소수 특권층들이 주택을 과잉 보유하고 있기 때문이다. 서울의 경우 309만 채 주택 중에서 57.3퍼센트인 177만 채가 전세나 월세 주택이라는 사실은 이 점을 잘 보여준다.[46] 주택 가격이 폭등하면서 주택 소유의 경제적 의미는 점차 커지고 있는 한편, 경제적 의미에서 이상적인 집은 일부 특권 계층의 소유로 공고해지고 있다.

셋째, 한국에서 이상적 집의 의미를 완성하는 것은 개인에게 편안함, 안정성, 소속감 등을 부여하는 가족이다. 한국 사회에서 가족은 기본적으로 혈연적, 제도적, 경제적 결속으로 이해돼왔지만, 현대 사회에서는 점차 가족 안의 정서적 관계와 친밀성을 추구하는 방향으로 조금씩 변화했다고 볼 수 있다. 물론 이때의 가족은 한국 국가가 제도적으로 인정하는 정상 가족 결합체로, 이성애 부부를 중심으로 한 핵가족을 주로 의미한다. 너른 평수의 자가 소유 아파트에서 화목하게 살아가는 직장인 아버지, 주부 어머니, 그리고 딸 하나 아들 하나의 조합은 우리가 흔히 가족을 상상할 때 떠올리는 것이지만, 동시에 '집'을 상상할 때도 정확하게 겹쳐진다.

서구 페미니스트들의 비판을 빌리지 않더라도, 한국에서 이런 정상 가족과 집을 등치하는 사유 방식을 정상 가족 이데올로기로 명명하면서 비판해온 페미니스트들의 작업은 오랜 역사를 갖는다. 그러나 실제 정상 가족에 야기된 균열은 이론적 비판이 아니라 정치경제적 또는 사회적 맥락과 조응해 일어났는데, 그 주요한 계기는 1997년 경제 위기다. 경제 성장의 신화에 걸린 급제동은 장기화된 경제 불황과 고용 불안으로 이어졌으며, 화이트칼라 사무직 남성 노동자들의 고용 불안이 증대하면서 가족 부양자로서 남성의 지위가 심각한 타격을 받고, 남성 생계 부양자 모델이 위협받게 된 것이다.[47] "아빠, 힘내세요~"로 선명히 기억되는 이 시기의 부권 위기 담론은 정확히 정상 가족의 위기를 보여준다. 그러나 페미니스트 사회학자인 조은은 부권 위기 담론에서 '부권'이 그동안 가족의 생계 부양을 책임졌거나 책임질 능력이 있던 중산층 계급의 부권을 가리킨다고 지적하면서, 이 담론이 한국 사회 전체 가족이 아닌 중산층 가족의 위기에 관한 것이라고 분석한다. 한국에서 이상적 집과 동일시되는 정상 가족은 중산층 가족이되, 경제 위기 이후에는 그 중산층 가족 역시 위기를 경험하고 있다는 이야기다.

정리하자면, 한국 사회에서 규범적 집은 인간의 육체적 재생산과 관련된 물리적 차원의 아파트, 경제적 재생산과 관련된 자가 소유 여부, 정서적 재생산과 관련된 정상 가족이라는 세 가지 요소의 결합으로 구성된다. 이것은 중산층 이성애 가족 이데올로기와 상호 보완적인 관계를 맺고 있다. 그러나 경제 위기 이후의 상황을 보면, 이제는 중산층도 더는 이 규범적 집 또는 대문자 집을 확보하기 어려워졌다는 것을 알 수 있다. 집의 규범성에 균열과 불안이 야기됐다는 증거는 도처에 있다. 한국판 서브프라임 모기지 사태를 예측하게 하는 높은 주택 담보 대출 규모, 집값을 잡고 전세 대란을 해소하겠다는 정부의 선전에도 절대 사그라들어서는 안 되는 강남 불패의 신화, 국가와 사회 발전을 위한 기본 단위로서 가족의 중요성을 강조하는 이미지를 폭넓게 유포하고 활용하는 한편 비규범적 가족(이를테면 비출산 가족, 1인 가구, 동성애 커플 등)을 도덕적으로 비난하는 정부와 기업과 학교의 수사들.

무엇보다 나는 한국 사회의 규범적 집 관념에 야기된 균열을 청년 세대의 삶과 주거 경험에서 찾으려 한다. 사람들은 집에서 태어나, 집에서 자라고, 집을 떠나 또 다른 집을 구성함으로써 생을 전개한다. 그러나 나고 자란 집을 쉽사리 떠날 수도, 그렇다고 해서 새로운 집을 쉽사리 마련할 수도 없는 오늘날의 청년들이 놓인 역설적인 상황은 기존의 규범적 집, 대문자 집에 관한 관념의 실패를 가장 선명히 드러내기 때문이다. 한편 최저 주거 기준에도 미치지 못하고, 자산 가치도 지니지 못하며, 단독 주거 전용 공간이라는 점에서 가족의 정서적 친밀성을 확보하기 어렵기 때문에 이상적 집의 관념에서 철저히 유리돼 있는 듯 보이는 고시원 역시, 대문자 집 관념으로는 포착되거나 설명되기 어려운 장소다. 내가 고시원에 들어가고, 살며, 나오는 청년들의 삶에 주목하는 까닭은 바로 청년 세대와 고시원의 기묘한 교차 지점에 집의 규범성의 실패와 새로운 집 이야기의 가능성이 놓여 있다고 보기 때문이다.

3. 위치에 관한 질문 — '집'과 '집 없음'의 경계를 문제삼기

그렇다면 집의 규범성을 넘어서는 가능성들은 어디에서 어떻게 찾아야 할까? 집의 규범성이 실패한다고 했을 때, 청년 세대와 고시원은 집 아닌 지점에 놓일 수밖에 없는가?

사실 이상적 집을 구성하는 의미 차원들과 별개로, 어디까지가 집이고 어디까지가 집이 아닌지 집의 범위를 판정하는 것은 생각보다 간단하지 않다. 한국 사회에서 이것은 오히려 집이 없는 것이 무엇이냐는 질문을 통해 파악될 수 있는데, 예를 들어 집 없음의 가장 구체적인 상황이라고 쉽게 떠올리는 홈리스의 범위를 어디까지로 볼 것인지를 둘러싼 정책적 곤란은 집의 범위가 모호하다는 것을 잘 보여준다. 한국에서는 노숙인의 정의는 상당히 협소해 거리 노숙인, 부랑인, 쉼터 이용 노숙인에 국한된다.[48] 실제 주거 상태를 고려할 때 불안정한 주거의 범위는 명시적 노숙인뿐 아니라 저렴한 가격의 임시적 주거 공간, 친척이나 친구 등의 주거 공간에 얹혀살거나 세를 내지 못해 퇴거의 위협을 받는 불안정 거주자 등 감춰진 노숙인hidden homeless 또는 잠재적 노숙인latent/cyclic homeless을 포괄한다.

한국의 노숙인 정의를 미국이나 영국의 홈리스 정의와 비교해보면 그 협소함이 더 선명히 드러나는데,[49] 이것은 노숙인 정의의 범위가 사회가 집과 집 없음의 경계를 어떻게 설정하느냐에 따라 달라진다는 것을 의미한다. 다시 말해 한 사회에서 집과 집 없음을 어떻게 보느냐에 따라 어디까지를 안정적이고 정상적인 주거 또는 집으로 볼 것인지 역시 달라진다는 것이다. 이를테면 그림 1에서 세 번째 영역의 경우, 물리적 공간이 있는데도 주거 조건이 불안정한 경우는 한국의 주거 시스템이나 복지 체계 속에서 홈리스로 여겨지지 않지만, 실제 재현의 영역에서는 집의 지위를 인정받기 어렵다. 따라서 이 영역은 집과 집 없음의 사이 공간에 있는 영역이

그림 1 | 불안정 주거의 범위

자료: 김수현 외, 2009: 104.

며, 집과 집 없음 사이의 경계를 질문하는 영역이다.*

집과 집 없음의 개념을 분석해온 학자들은 이 개념들이 모두 특정한 역사적, 지리적 맥락 속에서 사회적으로 구성되며, 사회적 권력 관계가 작동하는 이데올로기적 구성물이라고 지적한다.[50] 특히 '집'은 집 없음이라는 부정적 항을 경유해서 구성되므로, 많은 연구자들은 이런 이분법의 내용을 그대로 받아들일 게 아니라 이 둘 사이의 경계가 그어지는 지점에서

---

* 오늘날 도시 빈민의 주거지로 알려진 쪽방이나 비닐하우스촌, (반)지하 등하고는 달리, 고시원은 서울시 인구 통계나 보건복지부, 건설교통부 등에서 주관하는 주거와 관련한 정부의 공식 통계 영역에서 의미 있는 범주로 포착되지 않는다.

작동하는 권력을 읽어야 한다고 제안한다. 정치철학자인 캐슬린 아널드 Kathleen Arnold는 오늘날 공간적 탈구dislocation와 불안정성을 국민국가의 약화와 자본주의의 불안정성이라는 사회역사적 맥락에 위치시키면서, 이것이 어떻게 사회적 타자를 창안하고 형상화하는 방식으로 동원되는지를 홈리스와 이주자, 그리고 난민의 사례를 통해 살핀다.[51] 아널드는 이런 거시적 조건을 특히 시민권과 관련지어 분석하기 위한 전략으로, 집 없음을 통해 역설적으로 집의 의미를 탐색할 것을 제안한다. 집은 언제나 집 없음이라는 부정적인 대립항을 통해서만 거울처럼 자신을 드러내기 때문이다. 지리학자인 에이프릴 베네스April Veness 역시 집과 집 없음의 경계들이 개인들의 구체적인 의미 세계 속에서 경합하며 구축되는 방식 그 자체에 더 주목해야 한다고 역설한다.[52]

이주 연구자들의 연구 성과는 오늘날 집의 경계와 의미가 어떻게 다시 그어지고 만들어지는지를 더욱 복합적으로 볼 수 있게 도와준다. 이주 연구자들은 이주민들의 경험을 통해, '집'이 개인적일 뿐 아니라 정치적인 차원에서 작동하는 포섭/배제의 과정과 끊임없이 타협, 갈등, 협상하면서 이주민들이 정체성을 구성해가는 일상적 경험이라고 이야기한다.[53] 국경을 넘은 이주자들에게, 떠나온 곳과 낯선 곳 사이에서 집은 가족, 고향, 고국, 민족을 가리키지만, 또한 쉽사리 채워질 수 없는 부재의 경험이기도 하다. 이 지점에서 집의 의미는 단지 개인적 경험이 아니라, 개인-가족-국가라는 세 가지 장치/회로registers를 오가는 사이에 형성된다.[54] 아널드 역시 집은 고정된 것이 아니라 관계적인 개념이라고 주장하면서, 시민권citizenship의 정체성과 겹쳐지기도 하고 그것을 넘나들기도 하며, 그 정체성을 맥락화하는 권력의 역학을 드러내는 지점이라고 말한다.[55]

집은 누군가의 정체화 국면에서 어떤 사회적 관계와 권력이 작동하는지를 들여다볼 수 있게 하는 창이며, 그 자체로 누군가의 위치성에 관한 은유다. 집에 관한 질문은 이제 곧 집과 집 없음의 경계에 관한 질문이며, 집이라는 꿈과 삶을 만들어내는 사회적 장치에 관한 질문이 된다. 위치에 관한 질문은 문화, 주체, 정체성을 생산하는 복합적이고 변동하는 사회 관계에 관한 것일 때, 또한 그 관계를 구성하는 권력에 관한 것일 때 가장 유용하다고 누군가 그랬던가.[56] 이렇게 본다면 청년 세대와 고시원에서 우리는 쉽사리 집이라는 단어를 삭제할 수 없다. 오히려 청년 세대와 고시원은 한국 사회에서 정상적이고 규범적인 '집'과 '집 없음'의 경계에 관해, 그리고 그 경계를 구성하는 가족-국가를 포함한 권력 역학에 관해 의문을 제기하는 위치다. 이 위치에서 발견되는 규범적 집의 균열과 실패가 모든 집의 불가능성을 이야기하는 것은 아니다. 오히려 규범성의 틈새에 더 많은 집 이야기들을, 더 많은 위치성들을 새겨 넣을 수 있는 가능성을 삶에서 발견해야 할 것이다.

삶과 욕망의 규율 — 생애 과정과 규범적 시공간성

　　규범적 집은 단지 저기 어딘가 먼 곳에 있는 남의 이야기가 아니라, 내 삶에서 달성해야 할 마땅한 목표이자 삶의 성공의 척도로 지리매김한다. 철이 들려면, 어른이 되려면 또는 인생의 안정기에 접어들려면 아파트를 얻어야 하고, 빚을 내서라도 아파트를 사야 하고, 아파트를 함께 누릴 가족이 있어야 한다는. 또는 가족을 만들고, 부부와 온 가족이 힘을 합쳐 아파트를 사야 한다는. 우리의 삶과 욕망은 규범적 집과, 그리고 규범적 집을 구성하는 사회적 시선과 권력의 규율 효과와 결코 무관하지 않다. 규범적 집의 의미를 구성하는 여러 차원들은 단지 물리적 주택에만 미치는 것이 아니라 인간 삶의 경제적, 사회적, 정서적 차원에도 밀접하게 닿아 있기 때문에 그 규율 효과는 우리 삶 전체에 속속들이 배어 있다. 나이와 성별에 따라 사람들의 삶과 욕망을 특정한 방식으로 규율하고 또 만들어 내는 권력의 작동 방식에 관해, 그 작동의 배경에 관해 살펴보자.

1. 생애 과정 접근과 재생산적 시간성

1990년대 이후 등장한 사회학의 흐름 중에 생애 과정life-courses을 연구하는 흐름이 있다. 인류학이나 여성학 등 인접 학문의 영향을 받아, 생애 과정 접근은 사람들의 삶에 단편적으로 접근하는 것이 아니라 사람들이 태어나고 자라고 사회화된 생애사적 과정에 관심을 갖는다. 개인이나 집단의 삶이 시간의 흐름에 따라 어떻게 다르게 조직되는지, 그 속에서 사람들의 경험은 거시적인 사회 구조와 역사적 사건과 어떤 관련을 맺는지, 사람들은 그것을 어떻게 해석하고 대응하는지가 이 연구 흐름의 주된 관심이었다. 생애에 걸친 계급 이동이나 성 역할 변화, 가족의 변화와 노년의 의미 등이 주로 탐구됐다.

생애 과정의 관점에서 청년 세대를 정의하는 것은 단지 연령에 기반을 두고 특정 집단을 세대로 명명하는 것보다 유용하다. 세대가 구성되는 복합적인 개인적, 사회적, 역사적 맥락을 잘 드러내주기 때문이다. 먼저 청년 세대는 생물학적 연령에 기반을 둔 개인적 생애 시간의 차원에서 이야기될 수 있다. 다음으로 개인적 생애 시간의 개별성에도 불구하고 그것을 출생, 교육, 취업, 결혼, 출산, 육아, 이직·승진 등의 일련의 역할과 단계들로 조직하고 배치하는 사회적 규범이 존재한다는 점이 중요하다. 이것은 생애 과정의 사회적 시간표라고도 불리는데, 한 수업이 끝나고 다음 수업으로 넘어가듯, 그리고 그 수업마다 각기 배우고 평가받는 내용이 다르듯 인간의 일생이 여러 역할과 단계의 조합으로 구성된다는 것이다. 마지막으로 개인적 생애 시간의 흐름과 이것을 사회적 역할과 단계로 구분하는 방식들은 역사적, 지리적 맥락에 따라 다르다.[57] 아동기나 청소년기, 성년기 같은 범주들이 서구 근대의 발명품이라는 사실은 이미 널리 알려져 있다. 마찬가지로 특정 시대의 어떤 사회에서 세대 또는 특정한 생애 단계의 의미는 맥락적으로 구성된다.

이 책에서 청년 세대는 생물학적 연령과 그 연령에 따른 한국 사회의 지배적 규범, 그리고 그 둘의 의미를 만드는 역사적 맥락 속에서 복합적으로 형성되는 느슨하고 잠정적인 범주다. 대략 현재 20~30대, 1970년대 후반에서 1980년대 후반 사이 출생한 사람들 중의 일부라고 할 수 있는데, 단일하고 동질적인 집단으로 묶을 수는 없지만 이 집단이 놓인 생애 단계의 조건을 만드는 사회적 규범과 역사적 맥락은 중요하다. 현재 청년 세대는 정치적 민주화와 급속한 경제 성장, 전지구화의 조건 속에서 유년기를 보냈지만, 1990년대 후반 IMF 경제 위기를 직면하면서 급속히 재편된 사회 분위기(사회적 양극화의 심화라고 할 수도 있고, 신자유주의화라고 할 수도 있는)를 일상적으로 경험한 집단이다. 한편 청년기에 부과된 사회적 규범 역시 중요하다. 그것은 이 시기를 아동기와 성년기 사이의 과두기적 시기로 위치시키면서, 부모 의존에서 '독립'으로 나아가야 한다는 사회적 관념이다.[58]

나는 생애 과정의 관점을 빌려 청년 세대를 정의하면서도, 그 생애 과정의 관점이 자연스럽고 정상적인 것으로 가정하는 역할과 단계, 규범에는 의문을 던지려고 한다. 생애 과정 접근은 특정한 인구 집단의 삶의 연속성을 개인과 구조, 현실과 역사 사이의 관계 속에서 일련의 국면으로 파악할 수 있다는 점에서 의미를 갖는다. 그러나 왜 특정한 인구 집단은 이런 생애 과정을 밟고 다른 인구 집단은 그렇지 않은지, 이 '정상적' 생애 과정을 벗어난 삶은 사회적으로 어떻게 위치하고 있으며, 또 어떻게 이해될 수 있는지에 관해서는 말하지 않는다.

생애 과정의 정상성과 규범성에 관한 전제를 강력하게 비판하고 나선 이들은 퀴어 연구자들이다. 이 연구자들은 LGBT[Lesbian, Gay, Bisexual and Transgender]라는 사회 집단에 관한 연구에서 더 나아가, LGBT 집단을 '비정상'으로 만들고 낙인찍는 이성애 규범성[heteronormativity]*을 포함한 모든 종류의 정상화하는[normalizing] 전략과 체계를 비판적으로 인식하고 그것에 도전하려고 했다. 대표적으로 퀴어 이론가인 주디스 할버스탐[Judith Halberstam]은 《퀴어 시간과 장소에서[In a Queer Time and Place]》라는 책에서, 기존의 시간과 공간에 관한 서구의 논의들이 어떻게 특정한 시간/공간이 '자연스러운 것'이 되는지, 시간과 공간에 관한 헤게모니적인 구성 방식이 어떻게 성별화되고[gendered] 성애화되는지[sexualized]에 관심을 갖지 않았다고 비판한다.[59] 이를테면 근대 세계사를 단선적인 발전 단계로 서술하면서 서구를 발전의 공간으로, 동시대의 비서구를 '미발전'의 과거를 살아가는 공간으로 형상화하는 방식이나,[60] 후기 자본주의의 특성을 시공간 압축이라고 보는 방식 등이 비판의 대상이 된다.

할버스탐의 비판은 정교하고 체계적인 이론 구성으로 나아가지

---

* 이성애 규범성은 이성애에 순응하는 공적 계약(결혼 계약)을 인간이 살아가고 존재하는 유일한 방식으로 강제함으로써 노동, 성적 실천, 재생산, 정서적 차원 등을 포괄하는 사회적 삶의 영역을 규율하는 이데올로기적 체계다(Bhattacharyya, 2002: 21).

는 않지만, 곳곳에서 의미 있는 통찰들을 드러낸다. 할버스탐은 전통적 형태의 공동체, 소속, 정체화를 구성하는 규범성을 재생산적 시간성reproductive temporality의 중산층 논리라고 명명한다. 재생산적 시간성을 구성하는 것은 세 가지의 시간이다. 첫째, 가족의 시간. 기혼 커플, 그리고 그 자녀 양육과 동반해서 일상적 삶을 조직한다. 둘째, 상속의 시간. 가족의 소유물, 부, 가치, 도덕 등은 한 가족에서 끝나는 것이 아니라 다음 세대로 전승돼야 한다. 셋째, 민족의 시간. 이런 규범적 가족의 재생산은 사회 전체의 차원에서는 민족의 과거와 미래의 안정성과 연결된다. 재생산적 시간성의 시간들을 지배하는 것은 '출산 가능한 몸'으로 여성의 몸을 평가하는 생물학적 시계, 중산층적인 체통, 장수長壽 등이다. 요컨대 재생산적 시간성은 사회와 민족의 재생산을 목적으로 가족-이성애-재생산이라는 제도에 따라 시간과 공간을 규범적으로 구성하는 방식이다.

이렇게 본다면, 이른바 '정상적'이라고 가정되는 일련의 생애 과정, 즉 출생-교육-(정규직) 취업-결혼-출산·양육-정년퇴직-노후-죽음은 가족, 사회, 민족을 안정적으로 재생산하기 위한 재생산적 시간성의 담론적 효과라 할 수 있다. 담론이라고 해서 그것이 언어적이고 추상적인 차원만을 갖는다고 오해해서는 안 된다. 이 '정상적' 생애 과정의 밖에 존재하는 사람들을 생각해보라. 정규적인 교육을 '충분히' 받지 못한 사람들, 비정규직 또는 미취업자, 일정 연령 이후의 미(비)혼자, 결혼한 지 일정한 시간이 지났지만 자녀가 없는 부부 등이 한국 사회에서 어떤 시선 속에 놓이는지를. 규범성의 밖에 존재하는 사람들은 개인적으로는 '미성숙'하며 사회 전체로 봐서 가족과 국가를 해치는 '위험한' 존재들로 여겨지지 않는가. 시선뿐 아니라 제도적으로 받는 불이익도 상당하다. 따라서 담론의 효과는 충분히 실제적이다.

할버스탐은 정상적 생애 과정의 밖에 존재하는 것이 단지 게이, 레즈비언, 바이섹슈얼, 트랜스젠더만이 아니라고 이야기한다. 오늘날 금융 안전망이나 안정적 직업, 집 등 소수 특권층을 위해 확립된 시간과 공간의 조직 밖에 있는 모든 사람들을 비규범적인 삶으로 명명하는 담론 체계를 문제시하는 것이다.[*61] 이런 비판은 오늘날 한국 사회의 청년 세대가 놓인 시간과 공간을 논의하는 데에도 유용하다. 보수와 진보를 막론하고 세대론이라는 방식으로 청년들을 동질적으로 명명하고, 판단하고, 방향을 제시하는 여러 담론들은 청년 세대의 삶이 어떤 시공간적 규범성과 직면하고 있는지를 간과한다. 나는 '집'이 바로 그 규범성과 청년 세대의 대응이 맞물리는 담론적 분투가 벌어지는 현장이라는 점을 강조하면서, 청년 세대의 생애 단계를 관통하는 규범성을 문제화하고 또 분석하려고 한다.

2. 규범적 시공간성의 제도적, 상징적 차원

집과 장소, 위치에 관한 질문에 초점을 맞출 때, 재생산적 시간성의 개념은 공간이라는 차원을 충분히 다루지 못하는 것 같다. 이런 문제의식에서 나는 시간성과 공간성을 특정한 방식으로 조직하는 규범성을 규범적 시공간성normative spatio-temporality이라고 부르려고 한다. 규범적 시공간성은 개인의 생애 과정을 시간에 흐름에 따른 선형적이고 순차적이며 위계적인 여러 단계들로 나누고(생애 과정의 시간화), 이것을 특정한 공간적 삶의 방식

<hr />

[*] 할버스탐은 생애 경험의 패러다임적인 표식들의 밖에 놓인 논리들에 대안적인 시간성을 논의하려고 하면서, 부르주아적 재생산과 가족, 장수, 위험/안전, 그리고 상속이라는 시간적 틀을 넘어선 지점에서 비롯되는 시간성의 특정한 모델을 퀴어 시간(queer time)으로, 공간에 관한 새로운 이해를 퀴어 공간(queer space)으로 개념화한다. 퀴어 시간과 공간은 가족, 이성애, 재생산의 제도를 통해 작동하는 재생산적 시간성의 규범적 가치들을 탈안정화한다. 이것은 삶과 위치, 그리고 변혁을 향한 새로운 고려를 위한 것이다.

들(대표적으로 주거 형태)과 적합한 것으로 짝지으며(생애 과정의 공간화), 각 단계를 획득하기 위해 성별이나 연령 등에 따라 적절히 수행해야 할 생애 과업을 생산하고, 그것을 승인하는 규범 체계를 통해 작동하고 재생산되는 담론 체계를 가리킨다.

다음 예들 중에서 무엇이 자연스럽고 무엇이 어색하게 느껴지는지 생각해보자. 40대 부모의 아파트에 함께 사는 여자 고등학생은 자연스럽지만, 70대 노모의 아파트에 함께 사는 50대 비(非)혼 남성은 소설의 소재가 될 법하다.[62] 부모에게서 독립하는 일은 20~30대 무렵에 달성해야 할 사회적 과업으로 여겨지기 때문이다. 혼자 반지하에서 자취하는 20대 남자 대학생은 대학가에서 흔히 찾아볼 수 있는 모습이지만, 혼자 반지하에서 자취하는 10대 여자 중학생은 신문 사회면에 보도될 것 같지 않은가. 지역에 따라 다르겠지만, 아이가 둘인 30대 부부가 반지하에 세 들어 산다면 이웃들의 시선은 어떨까. 아이 없는 40대 부부가 단독 주거 전용 공간인 고시원에 산다면? (실제로 내가 만난 연구 참여자 한 사람은 이런 사례를 소개했다.) 불안정한 주거 공간에 거주하는 상황을 사회적으로 자연스럽다고 용인할지, 아니면 가난과 위험으로 받아들일지는 거주하는 사람의 성별과 연령, 가족 구성에 따라 달라지는 것이다. 자기 명의의 아파트에서 혼자 사는 40대 전문직 여성은 그럴싸하지만, 자기 명의의 아파트에서 혼자 사는 20대 비(非)혼은 왠지 낯설다. 보통 자가를 얻는 연령대는 30대 중후반에서 40대 사이로 여겨지며, 이 시기에 앞서 자신의 집을 갖는 것은 특권적인 계급의 표식이되 권장되지는 않는다. "그 넓은 아파트에 왜 혼자 살아, 애도 남편(부인)도 없이!"라는 아줌마들의 수다가 들리는 것 같지 않은가. 그러나 또한 우리는 이 자연스럽거나 자연스럽지 않은 현실'들'이 사회 곳곳에 동시에 존재한다는 걸 알고 있다.

생애 과정 접근에서 정상적인 것으로 가정하는 사회적 사건과 역할, 단계의 연쇄는 시간의 흐름에 따라 자연스럽게 발생하는 것이 아니다. 시간성 그 자체를 위계적으로 공간화하는 규범적 시공간성의 효과가 이 연쇄를 정렬한다. 이 정렬의 방식은 우리가 살아가는 한국 사회와 미국, 일본, 스웨덴 등 상이한 지역과 역사적 맥락에 따라 많은 차이를 보인다. 따라서 규범적 시공간성이 초지역적, 초역사적으로 단일하게 작동해온 것이 아니라, 해당 사회의 제도와 역사, 규범의 조합과 변용에 따라 서로 다르게 만들어지고 또 실제 힘을 갖게 된다는 것을 알 수 있다.

그렇다면 한국 사회의 규범적 시공간성은 어떻게 작동하고 있는가. 나는 이것이 제도와 상징의 차원에서 동시에 작동하는 권력 장치라고 본다.

먼저 규범적 시공간성은 국가의 법과 제도를 통해 작동하고 재생산되는 제도적 현실이다. 지금까지 한국 정부의 주된 주거 정책은 집을 갖지 못한 사람들에게 집을 제공하는 방향도 아니었고, 그렇다고 계급에 중립적이지도 않았다. 주거 정책은 부동산 자본을 활성화해 경기를 부양하기 위한 수단이었으며, 공공 자원은 주로 이미 중산층에 편입된 사람들의 자가 구입과 증식 능력을 촉진하는 데 투자됐다.[63] 이 책에서 다룰 내용과 관련해, 다음의 표들은 현재 서울시의 주택 공급 관련 제도와 정책이 어떻게 연령과 가족 구성(가구) 형태에 따라 집에 관한 제도적 권리, 즉 혜택과 제한, 불이익을 배분하고 있는지 잘 보여준다.

분양 주택 공급 제도의 청약 가점제를 비롯해, 서울시가 공급하는 각급 임대 주택의 입주 자격에서 우선순위가 어떻게 달라지는지 살펴보자. 국가유공자나 장애인, 철거 지역 주민 등을 제외하고 우선순위를 갖는 집단은 서울에 오래 거주한 사람들, 갓 혼인해 자녀를 낳은 사람들, 부양 가족(특히 미성년 자녀)이 많은 사람들, 세대주의 나이가 많은 이들이다. 반면 입주 자격조차 갖지 못하는 사람들은 나이가 어리고, 부양 가족이 없는 1인 가구다. 서울시 장기 전세 주택을 비롯해 주거취약계층 전세임대 지원 사업*이나 저소득층 근로자 대상 월세 소득공제**, 국민주택기금 수요자 대출***, 역모기지 제도 등 연관 주택 공급 제도나 정책에서도 35세 미만의 단독 세대주는 신청 자격에서 제외된다. 예외적으로 국민 임대 주택의 경우 40제곱미터 이하 주택은 단독 세대주가 입주할 수 있지만, 이 규모의 소형 임대 주택은 공급이 매우 저조하다. 단독 세대가 주로 거주하는 소형 주택 의무 비율 역시 완화되면서 1인 가구의 주거 공간 자체가 제도적으로 축소되고 있다는 것을 알 수 있다.[64]

따라서 서울시의 주택 공급 관련 제도와 정책의 효과는 크게 세 가지로 정리할 수 있다. 첫째, 실질적으로 빈곤층이 아닌 서울 시민을 가구주로 하며 부부와 자녀로 구성된 이른바 '정상 가족'에 관한 주택 지원·공급의 성격을 가진다. 둘째, 서울로 이주해 살아가지만 서울 시민으로 '등록'되지 않은 국내외 이주민, 부양 가족이 없는 1인 가구, 특히 35세 미만의 비(미)혼 청년 세대는 서울시의 공식적인 주택 시스템에서 배제된다.

---

* 관련 법규는 쪽방·비닐하우스·고시원·여인숙 등에 거주하는 주거 취약 계층을 대상으로 한다고 명시하고 있지만, 지난 5월 국토부가 발표한 공문에 따르면 전세 임대의 공급 기준은 2인 이상이며 1인 가구는 장애인과 65세 이상만 예외적으로 인정하고 있다(〈정부, 전세임대 지원한다더니… 쪽방 주거 지원, 1인가구는 제외〉, 《한겨레》, 2010년 10월 18일). 본래 이 사업은 2007년 '쪽방·비닐하우스 거주가구 주거 지원 사업'에서 시작해, 2010년 '고시원·여인숙 거주자'로 입주 대상이 확대되면서 '주거취약계층 전세임대 지원 사업'으로 변경됐다(〈쪽방 거주가구는 배제당해도 좋은가〉, 《한겨레》, 2010년 10월 23일).

** 최근 신설된 저소득층 근로자 대상 월세 소득공제는 명시적으로는 국민주택 규모 이하의 월세 주택에 거주하는 총 급여 3000만 원 이하의 무주택 세대주를 대상으로 하지만, 여기에는 배우자나 부양 가족이 있어야 한다는 조건이 붙는다(〈월세도 소득공제… 미용·성형수술비 제외〉, 《한겨레》, 2010년 12월 8일).

*** 35세 미만 단독 세대주는 신청 자격이 없으며, 근로자서민주택전세자금의 경우 1인 가구의 주요 주거 공간 중 하나인 오피스텔(원룸)이 대상에서 제외됐다(더지, 2010: 9).

표 3 | 서울시 분양 주택 공급 대상

일반 공급	특별 공급
입주자 저축 가입자 (청약 저축)	대상자별 비율에 따라 모집 – 국민 주택 특별 공급(10%): 국가 유공자 등, 북한 이탈 주민, 주택 사업을 위해 철거되는 주택 소유자, 일본군 위안부 피해자, 장애인 등, 시·도지사가 고시한 자 등 – 민영 주택 특별 공급(10%): 철거 주택 소유자, 국가 유공자 등 – 다자녀 특별 공급(3%): 3자녀 이상 무주택 세대주 (단, 공공은 10%) – 신혼부부 특별 공급(10%): 혼인 5년 이내 자녀, 소득 100% 이 하, 3년 이내 자녀는 1순위(단, 공공은 15%) – 생애 최초 특별 공급(20% 안에서 추첨): 저축액 600만 원 이 상(선납 포함), 혼인 또는 자녀, 5년 이상 소득세 납부자, 소득 100퍼센트 이하인 자 – 국가 유공자 특별 공급(5%, 임대 10%) – 노부모(65세) 부양 특별 공급(5%)

표 4 | 서울시 청약 가점제 적용 기준

가점 항목	구분과 점수
무주택 기간	1년 미만(2점), 1~2년(4점) (…중략…) 15년 이상(32점)
부양 가족 수	0명(5점), 1명(10점), 2명(15점), 3명(20점) (…중략…) 6명 이상(35점)
입주자 저축 기간	6개월 미만(1점), 6개월~1년(2점) (…중략…) 15년 이상(17점)

셋째, 이런 점은 주택 시스템에서 배제된 사람들이 혜택을 받을 수 있는 서울 시민, 기혼자, 유자녀 가구 등의 '정상 가족'으로 진입하도록 제도적으로 유인한다. 여기에서 확인할 수 있는 것은, 주택 관련 정책이 단지 장소나 공간에 관한 것만이 아니라는 점이다. 이것은 특정한 인구 집단의 연령과 가족 구성 형태, 그리고 암묵적으로는 성별을 포함하는 논리에 따라 각 인구 집단에게 '적합한' 주거 공간(곧 영토)을 허용, 규제, 할당, 배치하

표 5 | 서울시 임대주택별 입주 자격

구분	입주 자격 순위
영구 임대 주택 (23~39m²)	1. 수급권자 2. 국가 유공자 3. 위안부 피해자 4. 저소득 한부모 가정 5. 북한 이탈 주민 6. 장애인 7. 저소득 65세 부양자 8. 시장이 인정하는 자 9. 아동 복지 시설 퇴소자
공공 임대 주택 (84m² 이하)	1. 택지 개발 철거 세입자 2. 도시 계획 철거 세입자 3. 임시 이주자 4. 시장 승인(유공자, 북한 이탈 주민) 5. 청약 저축 가입자
재개발 임대 주택 (59m² 이하)	1. 당해 정비 구역 세입자(3개월 이상) 2. 당해 구역 내 주택 분양의 권리를 포기한 자 3. 타 정비 구역 세입자(3개월 이상) 4. 인접 도시 계획 철거 주택 소유자 등
국민 임대 주택 (59m² 이하)	무주택 세대주로서 소득과 자산 기준 해당자 - 소득 기준 70퍼센트 이하, 토지 5000만 원 이하, 자동차 220만 원 이하로 청약저축 가입 순위에 따라 공급 (1순위 24회 이상 납입) - 동일 순위시 가점 기준: 세대주 나이, 부양 가족수, 서울시 거주 기간, 미성년 자녀수, 65세 이상 부양
장기 전세 주택	서울시 무주택 세대주 대상: 1순위(1년 이상 서울시 거주), 2순위(서울시 거주) 동일순위 내 경쟁시 가점 기준 - ① 세대주 나이: 30~40세(1점), 40~50세(2점), 50세 이상(3점) - ② 부양 가족수: 1인(1점), 2인(2점), 3인(3점) - ③ 서울시 거주 기간: 1~3년(1점), 3~5년(2점), 5년 이상(3점) - ④ 미성년 자녀수: 0~1자녀(1점), 2자녀(2점), 3자녀이상(3점)

는 국가의 통치 방식의 일부다. 특히 유자녀 이성애 가족에 관한 강한 강조는, 한국 사회에서 안정적인 주거 공간을 제도적으로 할당받을 수 있는 집단이 가족-이성애-재생산의 제도에 편입된 집단이라는 점을 보여준다.

규범적 시공간성은 일상적인 경험과 실천, 의미를 재현하고, 인지하며, 가치 판단하는 상징 체계이자 담론적 현실이기도 하다. 이른바 정상적인 생애과정의 트랙을 따르면서 그 생애 단계에 적합한 공간이자 관계로서 규범적 집을 획득했거나 획득해가는 사람들과, 이 규범적인 트랙을 이탈한 사람들의 범주는 존재론적으로 구분된다. 가족-이성애-재생산 제도에 부합하는 주거 공간(영토)을 점유한 사람들은 사회적으로 '적절한' 시민이자 국민의 범주로 포섭되지만, 성별과 연령 규범에 적합한 시공간성의 관리와 운용을 수행하지 못하거나 수행하지 않는 사람들은 비시민이자 비국민으로 배치된다. 즉 재현 불가능한 존재이거나, 재현되더라도 해석 불가능한 존재가 된다. 가깝게는 지난 2009년 1월 재개발 사업 과정에서 일어난 용산 참사의 피해자들을 보라. 죽어간 희생자들을 추모하는 한 작가의 말은 어떤 존재론적 구분이 용산 참사 유족과 '일반 시민' 사이에서 일어나는지를 정확히 짚어내고 있다.

어릴 적 살았던 변두리 동네처럼 낮익고 정겨운 그곳, 그러나 그 표면 아래를 깊이 들여다보면 용산은 역시, 이유 없이 살해된 영아의 얼굴처럼 무구한 천진과 기괴한 원한이 늪처럼 고인 비장소로 남아 있다는 것을 알 수 있다. 망루에서 죽었으나 죽지 못한 그들과, 망루 아래 살고 있으나 살아 있지 못한 유족들이 머무는 곳이다. 언어와 체계에 의해 통합되지도 애도되지도 못한, 어느 시간 어느 차원에도 존재하지 않는 비존재들이 유폐된 곳이다. '여기 사람이 있다!'는 섬뜩한 비명이 침묵으로 메아리치는 곳이다. …… 용산을 말하는 일은 산 채로 박제된 생명들 혹은 유령들에 관해 말하는 것이며, 이 시대 진실의 가장 으스스한 대목을 건드리는 일이며, 용산을 벌거벗고 화상당한 그 모습 그대로 번화한 서울의 중심부에 현현하도록 하는 일이다. 화사하게 치장된 서울의 표면이 다만 화농의 열매를 줄줄이 매단 피딱지에 불과함을 증명하는 일이다. '나는 아직 살아 있고, 결코 저들처럼 되지 않아야 한다'는 무의식의 보호

68

벽, 저 단단한 격리의 차단벽을 뚫어야 하는 일이다. 누가 그것이 뚫리길 바라겠는가. 누가 비존재와의 경계가 허물어지길 바라겠는가. 누가 감히 눈 똑바로 뜨고 우리가 만들어낸 우리 속의 비존재를 응시할 용기를 내겠는가.

권여선, 〈용산, 그곳은〉 중에서

도심 재개발 사업과 고급 주택지화^{gentrification} 과정에서 필연적으로 만들어질 수밖에 없는 철거민들과 도시 빈민들을 국가는 국민이나 시민으로 인정하지 않았다. 마땅히 '집' 같은 집에 살지 않았다는 이유로, 규범적 시공간성의 논리에 배치되는 주거 공간에 살았으며 살고자 했다는 이유로 죽어간 사람들의 존재는, 규범적 시공간성의 회로 바깥에 있는 사람이 어떤 자리에 놓이는지를 가장 극단적으로 보여준다. 그러나 규범적 시공간성의 안과 밖의 경계는 단지 보상을 둘러싼 국가의 법적 판결에만 있는 게 아니라, 실제로 '시민'인 우리들 중에 누구도 쉽사리 용산의 철거민이 되고 싶어하지 않는다는 점에서 우리의 집합적인 내면을 가로지른다. '결코 저들처럼 되지 않아야 한다는 무의식의 보호벽'은 어느새 '그들'을 비존재이자 비시민으로 만듦으로써 '일반 시민'인 '우리'의 '존재'를 확인하는 것이다.

조금 더 가까운 사례로는, 앞으로 자세히 살펴보겠지만, 20~30대 청년기의 사회적 규범들을 드러내는 언론이 여러 가지 명명들을 들 수 있다. 성인이 돼서도 부모에게 주거와 식시 등을 경제적으로 의존하는 젊은 이들을 가리키는 '캥거루족'은, 그 비난 섞인 논조에서 20~30대의 독립이 사회적인 영향력을 행사하는 규범이라는 점을 확인할 수 있게 한다. 청년 실업의 시대에 취업을 대체하는 여성들의 결혼을 조롱하듯 가리키는 '취집'이라는 표현은 어떤가. 사회적 규범으로 요청되는 독립의 가능한 방식들이 성별에 따라 어떻게 다른지를 보여주지 않는가. '취집'하거나 아니면 '알파걸'에서 출발해 '골드미스'로 살아남는 것이 20~30대 여성들의 가능한 생애 전략이다. 그러나 이 '골드미스'라는 명명은 또한 결혼하지 않은 여성이 얼마나 사회의 비난 섞인 시선의 노골적인 대상이 돼야 하는지를 잘 보여준다.

규범적 집 관념에 야기된 균열이 보여주는 것은, 그것이 기반하는 규범적 시공간성의 논리 역시 더는 공고하지 않다는 점이다. 비정규직과 비혼 인구의 증대, 저출산 등의 사회 변동은 가족-이성애-재생산 제도 그 자체의 재생산을 의문시하며, 규범적 시공간성의 생애 궤도가 더는 '정상적'인 것으로 유지되기 어렵게 만든다. 가령 경제 위기 이후 기업의 구조조정과 정리 해고가 일상화되며 드러난 노동 시장의 구조적 변화의 결과는 '평생직장' 개념의 붕괴다.[65] 생산직뿐 아니라 사무직에서도 조기 퇴직이 확산되면서 평균 근속 연수는 OECD에서 가장 낮은 수준인 5.6년으로 떨어졌다.[66] 고용 불안정의 심화는 한국에서 비정규직의 증대와 자영업의 증대라는 이중적 결과를 낳았다. 비정규직과 자영업은 (대)기업의 정규직이라는 규범적인 직업 트랙에서 벗어났을 때 주로 대두되는 두 가지 선택지인 셈인데, 특히 자영업은 경제 위기 이후 한국 기업 문화에서 40대 초·중반 명예퇴직이 일반화되면서 생긴 명퇴자들이 퇴직금을 활용해 가질 수 있는 몇 안 되는 직업이다. 그러나 자기계발 서적과 함께 베스트셀러를 다투는 여러 창업 성공기들은, 오히려 얼마나 많은 사람들이 창업에 도전했다 실패하는지 증명하고 있지 않은가.

따라서 규범적 시공간성의 균열이 갖는 효과는 양가적이다. 청소년기에서 청년기로 나아가는 이행 역시 그렇듯, 생애 과정의 다음 단계로 나아가는 이행을 규정하는 제도와 체제의 영향력이 다변화되면서 개별 생애 시기는 탈표준화되고 있다.[67] 그렇다고 해서 무엇이 이상적인 규범이냐를 가르는 기준이 사라지는 것은 아니다. 오히려 규범성은 더욱 강화되기도 한다. 기업에서 퇴직해 자영업에 도전하지만 성공하는 사람은 극소수에 불과하다는 현실 속에서, 창업 성공 신화들 또는 재테크의 신화는 규범적 생애 트랙에서 한 번 벗어나면 결코 쉽사리 복귀할 수 없다는 공포를 반영한다. 경제 위기 이후 지금까지 유행하고 있는 취업·실업에 관한 대중 담론이 단지 특정한 생애 시기(또는 세대)만을 가리키지 않는다는 점에 주목하자. '이태백(20대 태반이 백수)', '삼팔선(38세쯤 퇴직)', '사오정(45세면 정년퇴직)', '오륙도(56세까지 있으면 도둑)' 등은 특정한 불안의 시기나 단계를 넘으면 안정될 것이라는 믿음, (정규직) 취업만 하면 성공이라는 믿음을 완벽하게 조롱한다. 일생의 전 생애과정이 실업에 관한 공포의 체계로 엮이게 되는 것이다.

따라서 경제 위기 이후 실제로 현실에서 가능해진 생애 과정의 경로'들'은 늘어난 반면, 정작 그 경로들이 경제적 또는 사회적 안정성을 보장하지 못하면서, 실제 사람들이 진입하려고 하는 경로로 들어가는 입구는 아주 좁아졌다. 안정성을 보장할 것으로 기대되는 공무원 시험과 교원 임용 시험, 고시와 로스쿨, 의·약학 전문 대학원 시험에 젊은이들이 몰려드는 것은 이 사회적인 불안과 공포의 하중이 청년층에 쏠리고 있다는 점을 보여준다. 생각해보라. 경제 위기 이후 심화된 경제적 불안이 남은 일생을 가늠하는 데 영향을 미친다고 할 때, 60대와 40대와 20대 중 누가 가장 불안해할지를. 일생의 어느 시기에 닥칠지 모르는 퇴직의 위협 앞에서, 직업은 이제 얼마나 길어질지 모르는 실업의 여생을 보낼 비용을 최대한 마련하지 않으면 안 되는 생존 경쟁의 장이 됐다. 그리하여 이제 더욱 표면적이 줄어든 규범적 시공간성의 궤도에 진입하려고 하는 경쟁이 심화되는 현실은, 규범적 시공간성 그리고 연관된 이상적 집의 영향력이 강화되고 있다는 것을 의미한다.

따라서 규범적인 집과 규범적 시공간성에 관한 질문은 삶의 현재뿐 아니라 미래를 포함하며, 현재와 미래를 가로지르는 우리의 욕망과 불안, 공포와 강박에 관한 것이다.

신자유주의 문화 논리의 안과 사이에서 경험하고 말하고 듣기

마지막으로 집, 장소, 위치와 규범적 시공간성에 관한 이 책의 질문이 제기되는 사회적, 문화적 맥락을 살펴보자. 모든 질문은 맥락 속에서 의미를 가진다. 지금까지 이상적 집 관념에 야기된 균열이나 규범적 시공간성의 흔들림과 강화 등을 논의하기 위한 사회적 배경으로 'IMF 경제 위기 이후'라는 시점을 강조했지만, 구체적인 설명을 덧붙이지는 않았다. 여기에서 그 문제를 간단히 살펴보자.

한국에서 1997년 경제 위기는 한국 자본주의 경제 체제는 물론 정치적, 사회적, 문화적 재구조화의 거대한 전환이 일어나는 기점으로 이야기된다. 또한 그 뒤의 시기를 어떻게 명명할 것인지, 또는 이후 변화한 한국 사회의 성격을 어떻게 규정할 것인지를 두고 다양한 논쟁이 진행됐다. 신광영은 외환위기의 실물적 효과가 얼마나 심원한 사회경제적 변동으로 이어졌는지를 '97년 체제'라는 키워드를 통해 설명한다.[68] 권위주의, 발전국가 시기의 사회 통제의 산물인 한국의 불평등은 87년 이른바 민주화 이행 이후 임금 불평등과 가구 소득 불평등에서 점진적으로 약화된다.[69] 그러나 경제 위기 이후 IMF와 세계은행의 요구에 따라 신자유주의 세계화가 진행됐고, 이 흐름을 견제할 수 있는 정치 세력이나 사회 세력이 부재한 상황에서 경제와 사회의 틀이 큰 변화를 경험하게 되면서 '97년 체제'가 형성됐다는 것이다.[70] '97년 체제'는 외환위기, 구조 조정, 대량 실업, 비정규직 확대, 근로 빈곤층 증대 등 일련의 사회 변화 속에서 한국 사회의 구조적인 속성을 변화시키고 있다.[71]

경제 위기 이후 한국 사회의 구조적 차원의 변화가 이렇다면, 그 변화 속에서 변화의 결과들과 마주하며 또한 그 변화를 만들어가고, 변화시키는 사람들에게는 어떤 일이 일어났는가? 서동진은 《자유의 의지 자기계발의 의지》(2009)에서 경영 담론과 자기계발 담론 분석을 통해 경제 위기 이후 본격화된 한국의 신자유주의적 변화 속에서 살아가는 사람들의 감정 구조 또는 주체성의 변형 양상에 주목한다. 서구에서 이른바 통치성[72] 학파로 불리는 학자들의 논의에 동조하면서 정부의 사회경제적 개입 반대, 사유화, 규제 완화, 누진과세 철폐, 노조 무력화 같은 정책들과 그 부정적인 효과로서 노동 시장 유연화, 대량 실업과 해고, 비정규직 고용 증대, 자산·소득 불평등의 심화와 양극화 등 사회경제적 변화 속에서 살아가는 주체들의 삶에 체현된 신자유주의의 문화적 측면에 관심을 갖는 것이다.[73] 다시 말해, 신자유주의는 단지 국가 정책의 기시적인 독트린으로 축소될 수 없으며, 일종의 인식론이자 사회적 에토스, 그리고 사회문화적인 논리로 이해돼야 한다.[74] 홀이 영국의 대처리즘 담론 정치를 분석하며 지적한 것처럼, 신자유주의는 다양한 사회경제적 전략들만이 아니라 삶을 재구조화하면서 개념 틀과 상식을 재구축하는 헤게모니적인 정치 프로젝트이기 때문이다.[75]

가령 김홍중은 '육화된 신자유주의incarnated neoliberalism'라는 개념을 통해, 신자유주의가 행위자들의 규범, 가치관, 미학적 취향에 영향을 미치며 행위자의 몸과 마음에서 일종의 아비투스habitus로 체현된다고 본다.[76] 이처럼 신자유주의는 단지 제도적 차원뿐만 아니라 보건, 교육, 관료제, 직업 등 일상생활의 여러 영역들에서 자유롭고, 자기 관리적이며, 자기 경영적인 개인들이 될 것을 요구하는 헤게모니적인 문화 논리다.[77] 신자유주의 문화 논리 속에서 사람들은 '자유'라는 이류(만)으로 세계를 해석하고 살아가며, 모든 사고와 행동 양식을 시장 영역으로 환원시킬 것을 요구받는다.[78] 따라서 신자유주의 문화 논리 속의 개인은 '인격'을 가진 개인이 아니라 시장 경제의 적극적 행위자로서 '재산'을 가진 개인이다. 개인의 자유로운 소비와 축적 권리만이 유일한 권리가 되면서, 교육이나 돌봄같이 사회적 재생산에 필수적인 공공재부터 생명, 아름다움, 행복, 자기계발, 치유와 같은 비물질적 가치마저 투자와 매매가 가능한 상품이 됐다.[79] 신자유주의는 '자유'라는 이름으로 어느새 우리 곁에 위험스레 자리한 '친밀한 적'인 셈이다.[80]

경제 위기 이후 한국 사회의 구조적, 문화적 재편을 신자유주의라는 방식으로 분석하는 작업의 유용성을 인정하면서도, 나는 모든 개인적 사유와 실천, 그리고 사회적 제도와 사건들을 신자유주의의 책임으로 돌리는 '신자유주의 깔대기론' 또는 신자유주의를 주체화하는 논의에 동의하지 않는다. 신자유주의 역시 사람들의 손으로 빚은 불완전한 제도와 담론, 문화적 현실이지, 그것 자체로 주체 없는 과정으로 작동할 수는 없는 것이다. 앞서 말한 규범적 집의 관념이나 규범적 시공간성 같은 개념들은, 신자유주의 문화 논리 속의 사람들이 실제로 어떻게 현재를 살아가고 미래를 전망하는지에 관한 더 구체적인 의미 작용을 탐구하기 위해 제안

되었다.

　　같은 맥락에서 나는 신자유주의 시대라 불리는 요즘 청년 세대의 삶이 자기계발 담론과 스펙 쌓기 등으로만 채워져 있다고 보는 관점에도 동의하지 않는다. 신자유주의적 변화의 맥락 속에서도, 가족과 (대)학교, 일터와 여가 등 서로 다른 자리들을 오가는 젊은이들의 삶과 일상은 결코 능동성/수동성, 정치성/탈정치성 같은 이분법으로 온전히 포착될 수 없는 순종, 타협, 저항의 이질적인 태도들이 교차하고 협상하고 갈등하는 과정이지 않은가.[81] 따라서 필요한 것은 신자유주의 문화 논리에 완벽히 포획되는 게 아니라 그 안과 밖, 사이에서 줄타기하듯 나름의 경로들을 만들어가는 주체의 경험과 의미화 실천에 주목하는 일이 아닐까. 구조에 짓눌리지 않는 삶의 역동성과 여백, 또는 잉여를 읽어내는 데서 사회 분석은 시작돼야 할 것이기 때문이다.

　　그래서 나는 때때로 협상negotiation이라는 표현을 사용한다. 주로 문화연구자들이나 페미니스트들이 많이 사용하는 협상이라는 개념은 체제에 협력하거나 상존하는 권력 관계에 순응한 결과인 타협과 다르다. 협상은 체제나 구조를 총체적으로 변형시키는 것은 아니지만, 그 작동 방식을 미세하게 변형하고 이동하면서 내부의 균열이나 모순, 틈새를 가시화하는 사유와 실천을 의미한다. 이 개념은 기존의 구조나 체제의 변화를 가능하게 하는 행위자의 결정, 반성, 적용, 거부, 상상, 교섭의 힘과 능력을 포괄하는 개념인 행위성agency과 연결돼 있다.[82] 주디스 버틀러Judith Butler의 사유를 빌리자면,[83] 협상의 잠정적인 결과는 체제나 구조는 완벽하고 매끈하게 작동하는 게 아니라 부분적으로 실패하며, 또한 재배치될 수 있다는 가능성을 발견할 수 있게 한다.

　　그러나 또한 나는 손쉽게 특정한 사람들을 신자유주의에 맞서는 저항적 주체로 읽어내려는 이론에 기운 관점에도 거리를 둬야 한다고 생각한다. 우리 삶이 지닌 가능성들을 놓치지 않는 분석은, 언제나 기존 체제의 공고함을 비관적으로 또한 적확하게 인식하는 일과 맞닿아 있어야 하기 때문이다. 이런 맥락에서 이 책에서는 유독 불안과 징후라는 표현이 많이 등장한다. 불안과 징후는, 개인적인 심리 상태나 병리의 증상을 일컫는 것이 아니라 사회적인 차원의 현실이 어떻게 개인의 삶과 실천, 사유와 전망 속에서 드러나는지 보여주는 개념이다. 이것은 이 책의 관심이 신자유주의 문화 논리 속의 개인들이 그것에 공모하는지 또는 저항하는지 밝히는 데 있지 않고, 그 논리가 작동하는 불완전한 방식들과 오류 가능성들을 어떻게 폭로하느냐에 놓여 있다는 것을 의미한다.

그러나 비관적 현실과 삶의 역동성 사이에서 균형을 잡는 일은 말처럼 쉽지 않았다. 나는 좀처럼 무게 중심을 잡지 못해 기우뚱거렸고, 너무나 상반되는 평가를 동시에 들으며 혼란에 빠지기도 했다. 그것은 역시 어떤 위치에서 보는가에 따라 상황은 달라진다는 것을 보여준다. 그래서 나는 이 책의 해석들이 모든 사람이 동의할 만큼 타당성을 갖고 있다거나, 또는 그래야만 의미를 갖는 지식이라고 주장할 생각은 없다. 오히려 이 해석들이 내가 딛고 선, 그리고 때때로 이동하는 특정한 위치에서 비롯됐다는 것을 더 적극적으로 설명하려 한다. 해석은 언제나 책임을 동반하는 작업이며, 해석자의 위치를 선명히 드러낼 때 감추어진 다른 해석의 위치들 역시 밝혀지리라 생각한다. 하나의 해석에 관해 어떤 반응이 일어나는가가 위치의 차이를 드러낸다. 그리고 그 차이(또는 거리)를 확인하는 순간 해석의 정치학이 시작될 것이다.

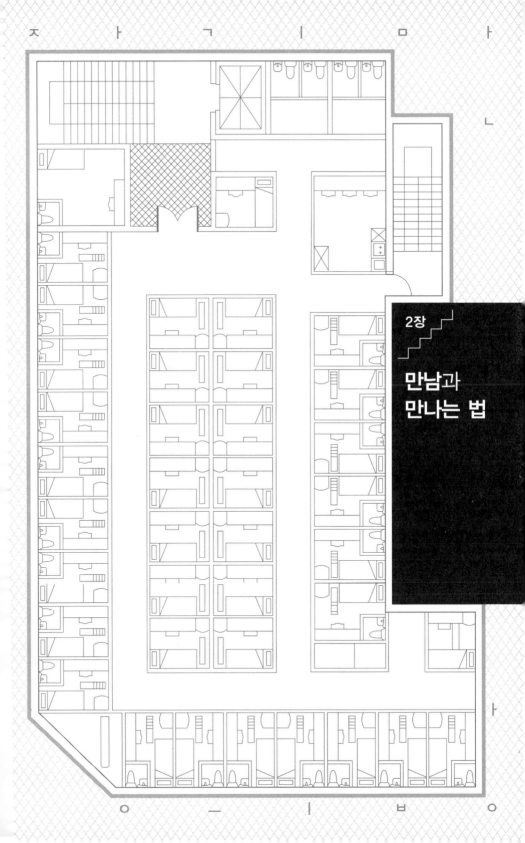

2장

만남과
만나는 법

고시원에 들어가기까지

공간이라는 '질문'은 2009년 여름, 우연히 대중문화 공간으로서 이태원에 관한 연구를 시작하게 되면서 내게 다가왔다. 개인적으로 시작한 작업이 아니라 이태원의 역사와 현재를 그리는 집단 프로젝트의 일부였고, 그 안에서 내가 맡은 몫은 이태원의 크고 작은 클럽들에 관해 쓰는 것이었다. '관해'라는 말은 클럽에 관한 것이기만 하면 어떤 것이든 상관없다는 의미였고, 서울에 온 지 몇 년이 지나도록 터키 음식을 먹기 위해 한 번인가 들른 적을 빼곤 발걸음한 적 없는 이태원을, 그것도 이태원의 클럽을 연구해야 하는 상황에 놓인 나는 그저 막막했다. 무작정 클럽에도 가보고, 이태원의 업소에서 일하는 MTF 트랜스젠더 '누나'들도 만났으며, 지금보다 이태원이 잘 나가던 시절 이태원에서 좀 놀았다던 사람들도 만났다. 화려하고 시끌벅적한 클럽을 뻔질나게 드나들 자신이 없던 탓일까, 나는 이태원의 잘 나가던 과거가 궁금해졌다. 그 연구는 현재가 아니라 한국전쟁 이후부터 1980년대까지 이태원 클럽과 대중문화사에 관한 글이 됐다.[1]

자신과 다른 사람과 연애를 해본 사람들은 알 것이다. 뒤돌아보면 그 다름이 자신에게 얼마나 큰 흔적을 남기는지를. '연구자'라는 위치에서 처음 특정 지역을 대상으로 현장 조사를 수행한 경험, 특히 그것이 이태원이라는 낯선 공간이었던 것은 이제 막 대학원생으로서 이런저런 '감'을 익혀가던 내게 공간, 문화, 권력 사이의 관계라는 큰 문제의식의 날카롭고 산뜻한 그러나 미진한 일부를 보여주었던 것 같다. 한편 여러 연구 경험을 통해 의욕 있게 대학원 생활을 하던 나는, 논문이야 그저 공부 열심히 한 것을 정리하는 정도면 훌륭하다는 주변 사람들을 놀라게 해주리라 마음을 먹고서는, 일찍부터 학위 논문 준비에 들어가야겠다는 생각에 연구 주제를 잡기 위해 이리저리 펜대를, 아니 마우스를 굴리고 있었다.

그러던 어느 날이었을까. 언제나처럼 방 한구석에서 책을 읽고, 드라마를 보고, 인터넷을 하고, 라면을 끓여 먹으며 뒹굴던 그 겨울날, 나는 내 일상의 대부분이 내 방에서 일어난다는 평범한 사실을 처음으로 또렷이 깨달았다. 그때 쓴 마구잡이식 에세이에는 그 사소한 발견에서 오는 놀라움과 흥분이 잘 드러나 있다.

모든 것은 나의 '방'에서 출발한다. 나의 내밀한 공간이기도 한 동시에, 내가 끊임없이 침잠하기도 하고, 나의 모든 '생산'들이 이뤄지기도 하며, 인터넷이라는 뉴미디어를 통해 내가 '사회'와 연결되는 거점이기도 하다. 하지만 나는 늘 이 '밖'으로 나가지 않으면 안 된다. 그래서 학교에 가고, 학회에 가고, 홍대며 이대나 서울대 쪽에서 친구들을 만나지 않으면 안 된다. 최소한 장이라도 봐주러 '씻고' 밖으로 나가야 한다. …… 방은 마치 '몸' 같다. …… 우리가 늘 몸 담고 있는 방, 그 몸이 눕고, 앉고, 나서고, 들어서는, 그 안락한 동시에 지루하고 끔찍한…… 방.

…… 나는 인간에 대한 연구를 하고 싶다. 그 인간의 삶을 이루는 필수적인 차원으로서의 공간인 방에 대한 연구를 하고 싶다. …… 나는 주요하게 '방'이라는 관점을 가지고 사람들의 삶을 재조직하고 싶다. 나만 해도 대단히 폐쇄적인 블로그에 '방'에 대한 이야기를 얼마나 많이 쓰게 되는지 모른다. 오늘날의 인터넷에 능숙하고 가난한 사람들은 이 작은 사각형의 공간에서 하루에 몇 시간씩을 보내는가? 그것이 우리가 소위 '공적인 영역'이라고 부르는 노동 세계의 영역보다 과소하게 평가되어야 할 이유는 무엇인가? 이것은 공/사 영역에 대해 질문을 던지는 하나의 방식이 될 것이다.

나는 자본주의, 가부장제, 식민주의, 민족주의를 연결시키는 동시에 그것을 페미니스트 문화연구자의 관점에서 비판하는 작업들을 하고자 했다. 그것은 이태원과 같이, 독특한 질적 성격을 가진 '공간'을 대상으로 했을 때에만 가능한 것인가? 아니, 이태원이라는 공간도 기실 무수한 방들로 이루어진 것이 아니던가? 이태원의 좁은 후커힐도, 더 좁디좁은 성냥갑 같은 방들에서 어떤 실천들(성적, 문화적, 노동……)이 이루어지는가에 따라 그 '방'의 의미가 달라지는 것이며, 게이힐도, 종교적 의례 장소도, 외국인 음식점도 마찬가지다. …… 그렇다면 나 또는 우리의 '방'이 자본주의, (이성애주의) 가부장제, 식민주의, 민족주의와 같은 중층적인 모순들을 체현하지 못할 이유는 또 무엇인가? 우리의 삶들이 그것들을 체현하는 것을, 그리고 그 모순들을 지지하는 동시에 균열을 내는 것을. 개인들의 삶이 근본적으로 사회적인 것을 배태한다는 W 선생님의 꾸준한 강조는, 기실 그 역사성(시간적 차원)과 공간성을 각기 다른 방식으로 드러낸다. 우리의 삶 역시 일정한 '고향'과 '유산'을 갖는, '뿌리 없는' 따라서 '뿌리를 엮어내고자 하는' 것 아니던가…….

나는 빈곤과 외로움, 억압과 슬픔에 대해서가 아니라 연대에 대해 이야기하고 싶다. 마치 호미 바바가 1994년의《문화의 위치》의 서론을 토니 모리슨의 글 중 "I want to join……"이라는 표현으로 마무리했듯이, 나는 나의 방의 '밖'으로 나가고 싶으면서도 동시에 이 방을 반드시 필요로 하는 어떤 삶의 조건, 안과 밖을 뒤집는 것, 실낱같은 뿌리들이 엮이는 방식, 또는 경계들이 다르게 절합되고 우리들의 위치가 달라지는 방식에 대해 이야기하고 싶다. 방에 대한 연구는 곧 거리, 시장, 광장에 대한 연구일 것이다.

2009년 12월 14일 새벽, 〈'잉여짓'하다 자기 전에〉

지금 읽기에는 부끄럽기 짝이 없는 문구들로 가득하지만, 그 새벽 '방'이라는 문제의식에 관한 깨달음은 지금도 여전히 생생하게 남아 있다. 지도 교수는 '방'이 가진 추상성을 염려하면서, 더 구체적인 연구 대상을 선정하라고 했다. 단지 학문적 적합성 여부만이 아니라 지나치게 '자기 이야기'로 빠지게 될까 염려하신 것이리라. 그래서 나는 내 경험 대신에 어떤 장소의 경험을 선택하기로 했다. 연구자들의 관심이 많이 닿지 않아 식상하지 않은 장소, 사회적 권력 관계에 관해 이야기할 수 있는 장소면 어떤 곳이든 상관없다고 생각했다. 이태원 연구를 계속 하던 참이었으므로, 이태원의 이질적인 이주 지형을 드러내는 이주민들의 주거 경험을 연구할까도 생각했고, 다음 학기에 지도 교수의 섹슈얼리티 관련 수업을 수강할 예정이었기에 다양한 사람들의 모텔 이용 경험을 연구할까도 생각했다. 고시원은 그중 하나의 선택지였다.

논문 주제를 한참 고민하던 즈음, 내 주위에서는 《한겨레21》의 특별 기획 〈노동 OTL〉이 화제였다. 안산의 난로 공장에서 갈빗집, 감자탕집, 마석의 가구 공장, 서울의 대형 마트까지, 평범하고 일상적인 노동의 현장에서 '노동자'로 산 기자들의 글이었다.[2] 대상과 거리를 두고 쓰인 수많은 기사들을 쓴 기자들과 달리 이 기자들은 스스로 노동 현장으로 들어가 노동하고, 살며, 글을 썼다는 점에서 흥미로웠다. 문화연구 영역에서 민속지화ethnography 방법론을 모색해온 경희대학교의 이기형 선생님은 이 기획을 읽고 한 가지 제안을 했다. 이 기사들에서 얻은 영감을 연구자의 시각에서 민속지학 생산자 연구라는 방식으로 풀어내보라는 것이었다. 더 구체적으로는 편의점이나 패스트푸드점에서 한 달 정도 아르바이트를 하면서 수기를 작성한 뒤 일상화된 파트타임 노동을 분석하면 어떻겠냐는 것이었다.

기자라는, 비록 경찰서와 살인 현장 등 '험한' 자리들을 오가지만 그래도 정규직이고 번듯한 직업을 가진 사람들이 자신과 전혀 다른 배경을 가진 사람들과 같은 현장에서 노동자로 산 이야기에 나는 기묘한 매혹과 두려움을 동시에 느꼈다. 벌써부터 학계의 문법과 습성에 익숙해가던 내게 노동이란 단어가 들어설 자리가 사라져버린 것은 아닌가 하는 자책과, 민속지학 방법을 실천하기 위해 쪼갤 여유 시간이 있을까 하는 실용적인 계산이 맞부딪쳤다. 더군다나 이 제안은 논문의 방법론을 구상하는 문제와 맞물려 그 매혹과 두려움을 동시에 극대화시키는 것이었다. 그때 쓴 논평 중 일부는 그 혼란스러움을 잘 보여준다.

나는 학교를 쉰 적이 없다. 헤아려보면 18년째 학교에 다니는 중이다. 대학을 졸업하고, 대학원을 다른 학교로 옮기던 작년 2월에 잠깐 '학생'이라는 공식적 지위를 잃어버린 때가 있었다. 늘 학생이었고, 학생이기 때문에 기숙사에 살았고, 학생이어서 수입이 없어도 괜찮았던 '나'는 학생이라는 지위가 그토록 안정적으로 내 삶을 에워싸고 있었다는 걸 그때 처음 알았더랬다. 얼마 전 편의점이나 패스트푸드점에서 아르바이트를 해보지 않겠냐는 제안을 받고, 다시금 내가 '학생'이라는 안정적 지위에 얼마나 젖어 있었는지를 절감했다. 그 제안은 며칠째 메아리처럼 머릿속을 흔들었다. 슬리퍼를 신고 장을 보러 나서는 길에도, 동네의 재래시장의 입구로 발을 들이미는 데 기묘한 이물감을 느낀다. 너무 반듯하게만 살아와 오히려 뒤틀리기 쉬운 '나'의 세계가 문득 두려워지는 순간이다. 내가 '일'을 할 수 있을까. 서울 지역의 '명문' 대학 출신으로 대학원에 다니는 나는, 한 번도 스스로가 '노동자'가 될 것이라거나 될 수 있다고 생각한 적이 없었던 듯도 싶다. 그것은 단지 지금까지의 '나'를 넘어서는 일일뿐 아니라, 그 '나'가 존재하기 위해 쳐둔 경계를 위협하고 허물어뜨리는 일인 것만 같았다. 시장으로 접어드는 길에 나는 한없이 편협하고 취약한 인간으로 선다. 시장의 오후를 준비하는 상인들의 활력은, 어떤 비정함에도 고꾸라지지 않을 것처럼만 보인다.

2010년 1월 20일, 〈'우리'의 현장은 어디인가〉

다른 한편으로 노동자들이 있는 '그곳'을 '현장'으로 명명하면서 그 현장으로 갈 것을 종용하는 언어에 나는 반발하기도 했다. 현장이 대체 뭐지? 내가 선 이 자리는 현장이 아닌가? 그런데도 끊임없이 그 자리 밖의 다른 곳에 갖게 되는 부채감의 정체를 좀체 해명할 수 없어 고통스러웠다. 이른바 '명문' 대학 출신으로 꼬부랑 글자로 쓰인 글들을 능란히 읽는 일에만 능통한 대학원생이라는 점 때문이었을까. 당장 맥도날드에, 패밀리마트에 몸을 던질 수 있는 여유 시간인 겨울방학은 점점 흘러갔지만, 민속지학 방법을 써보라는 제안은 논문을 구상하는 과정에서 계속 주요한 고려의 대상으로 남아 있었다. 나는 나와 내 주변의 삶의 이야기 역시 중요한 '현장'이라는 믿음을 끝내 포기하고 싶지 않았다. 그런데도 나는 '나'라는 범주를 넘지 않으면 안 된다는 생각에 딜레마에 빠져 있었다.

어떤 선택들은 우연과 우연의 연쇄 속에서 일어나 제 스스로 사건이 되기도 한다. 나는 1월 말까지 모텔의 역사와 각기 다른 집단의 모텔 이용 경험에 관한 관심을 버무린 연구 계획서의 초고를 이미 완성한 상태였다. 하나를 알려면 관련된 참고 문헌을 모조리 수집하고 분류해 읽지 않으면 마음이 편치 않은 모범생 근성으로 공간에 관한 여러 이론들을 읽기 시작하던 때이기도 했다. 그런데 꼭 그 즈음 《한겨레》에 고시원 관련 기사가 나왔고,[3] 내가 고시원에도 관심을 가지고 있다는 것을 아는 지인들이 그 사실을 알려줬다. 방향이 급작스레 바뀌었다. 같이 공부하던 친구가 고시원에 퍽 오래 살았다며 이런저런 정보를 알려주었다. 자기보다 훨씬 더 오래 산 다른 친구를 소개해줄 수 있다고도 했다. 마침 모텔 연구의 경우는 성 경험을 편히 나눌 연구 참여자를 만나기 어렵지 않을까 고민하던 때였다.

운 좋게도, 술자리에서 만난 가까운 친구는 할아버지 때부터 고시원을 운영하고 있다고 했다. 빈 방이 있는지, 2월 한 달 동안 지낼 수 있는지 알아봐주겠다고 했다. 여러 방들로 구획된 공간 경험이라는 점에서 내 처음 문제의식에도 더 맞닿아 있을 것 같았고, 내 또래 젊은이들만이 아니라 일용직 노동자나 이주 노동자 등 나와 '다른' 사람들이 살아가는 공간이라는 점에서 '현장'에 갖고 있는 부채감을 조금은 덜어줄 것 같았다. 살아보자. 사람들을 만나고 친해지자. 1월의 끝자락이었다. 나는 '방'이라는 문제의식, 필드워크의 필요성, '현장'이 어디인가 하는 물음, '명문' 대학 출신이라는 한계를 넘어서지 않으면 안 된다는 자격지심인지 조급증인지 모를 뒤엉킴 속에서 고시원을 연구하겠다는, 그래서 고시원에 살며 필드워크를 하겠다는 결심을 어렵사리 했다. 2월 1일 오전, 나는 짐을 싸서 마포구 망원동의 한 고시원으로 향했다.

다음은 내가 2010년 2월 한 달간 고시원에서 살며 기록한 필드노트를 정리한 것이다. 무선 인터넷이 잡힐 듯 말 듯 하는 좁은 고시원 방에서 글을 읽고 쓰는 것 말고는 크게 할 수 있는 일이 없었으므로, 최대한 많은 것을 기록하려고 했다. 공유할 필요가 없는 내용들을 덜어내고 등장하는 사람들의 실명을 영문 이니셜로 처리했지만, 나중에 덧붙인 내용은 없다. 어쩌면 충분히 준비되지 않은 무모하고 우연적인 시작이었던 것 같기도 하다. 그러나 이 경험은 고시원이라는 장소뿐만 아니라 공간과 인간이 맺는 관계에 관한 값진 통찰을, 나를 비추어 '현장'을 사고하는 법을 알려주었다.

누가 어디에서 누구를 만날 수 있는가
— 고시원에서 보낸 기록

2010년 2월 1일, 오전 11시 23분

어제 싸둔 캐리어를 끌고 '집'을 나섰다. 처음엔 여행을 가는 기분이 들다가, 이 짧은 여행 아닌 여행의 낯선 종착점에 도착하고서야 왠지 정신이 든다. 행운고시원. 대학가도, 고시촌도 아닌, 6호선 마포구청역 인근 주택가에 섬처럼 위치한 이 고시원은 과연 어떤 종류의 행운과 연결되어 있을까. S가 안내해준 방으로 들어가니 드디어 고시원에 살게 됐다는 실감이 엄습한다. 2층 건물의 2층, 복도를 따라 들어가 좌회전을 하면 있는 두 번째 35번 방. 처음에는 S가, 그 다음에는 주인 아주머니께서 침대 아래며 바닥이며 쓸고 닦는다. 방에는 오래된 TV 하나, 작동하지 않는 냉장고 하나, 그것들이 놓인 책상 하나와 천장에서 내려와 걸린 작은 장 하나, 방의 절반을 차지하는 1인용 침대 하나가 있다. 방의 입구에는 작은 소화기 하나가 놓여 있고, 문짝에는 초록색 비상문 표시가 붙어 있다. 고시원에서 일어난 일련의 화재 사건들이 자연스레 환기된다. 입구 쪽 천장에 거의 면하게 쇠로 된 봉이 하나 걸려 있어 옷을 걸 수 있게 되어 있다. 아주머니께서 먼지가 잔뜩 쌓인 의자를 하나 가져다주신다. 나는 방이 따뜻해서 좋다고 이야기한다.

S와 인근 식당에서 밥을 먹는다. 졸음인지 불안인지 모를 상태로, 그래도 찬이 맛나다며 밥을 우걱우걱 쑤셔 넣는다. 내가 여기에 들어와 무엇을 보고, 듣고, 또 만나며, 이야기할 수 있을지 백 퍼센트 확신할 수 없다는 사실이 너무도 불안하다. 그것은 방의 크기나 모양새에 관한 것이 아

니다. 다만 나와 전혀 다른 삶의 맥락에 있는 사람들의 삶의 지평과 어떻게 만날 것인가 하는 두려움, 또는 불확실함이다.

이 고시원의 1층에는 장기 투숙을 하는 사람들이 몇 있다고 했다. 예전 중동에서 처음 독서실을 고시원으로 개조한 때부터 살다 이곳으로 옮길 때 찾아온 노인이 있었는가 하면, 2002년 이 고시원을 처음 개원할 때부터 지금까지 사는 사람들도 있다고 했다. 1층에는 주인 아주머니와 S를 제외하고도 3~4명의 여성이 있다. 2층은 거의 남자들 차지다. 2층은 관리가 잘 안 되는 데가 있다고 한다. 방에서 몰래 담배를 피우는 사람들도 있고, 너무 지저분하게 방을 사용하는 경우도 있다고.

2층에 진입하는 입구 쪽에는 신발장이 있고, 정수기와 쓰레기통과 휴지가 나란히 놓여 있으며, 제일 첫 칸 문 둘은 각기 화장실 겸 샤워실, 그리고 식당으로 이어진다. 화장실과 샤워실이 서로 마주보고 있는 형태는 다소 민망스럽기는 하지만, 학부 동안 4년을 산 기숙사의 그것과 비슷해서 그리 불편할 것 같지는 않다. 아직 식당 문을 열어보지는 않았다. 아침마다 주인 아주머니께서 밥을 해두신다고 하니 하루에 한 끼 정도는 밥을 먹어줘야 할 성싶다.

여전히 잘 모르겠다. 내가 여기에 들어온 것, 살려고 하는 것 자체가 맞고 틀리고 하는 문제는 아니다. 내 마음을 압박하는 것의 정체가 무엇인지는 시간이 지나면 밝혀지지 않을까. 어쩌면 그것을 규명하는 것이 내게 필요한 일인지도 모르겠다.

2010년 2월 1일, 오후 1~2시 지하철로 이동하면서, H와 통화

정체 모를 불안감이 제한된 시간과 비용이라는 연구 설계의 근본적인 조건에서 비롯된다는 것을 알았다. 한 달 안에 '적절한' 필드워크를 수행해야 하고, 사람들과 관계를 맺고, 라포rapport(연구 참여자와의 신뢰 관계)를 형성하고, 인터뷰를 위한 조건을 마련해야 하고……. 연구 문제와 연구 질문을 형성하는 과정과 연구자의 위치성이 변화하는 과정을 대단히 압축적, 동시적으로 진행해야 할 것이라는 예상이 부담으로 작용하는 것 같다.

2010년 2월 1일, 오후 6시 10분, 방에서

퇴근 시간이 지나서 그럴까. 익명의 사람'들'이 이제 고시원 2층을 함께 점유하고 있다는 걸 알 수 있다. 낮은 음성의 통화 소리, 주방에서 전자레인지 돌리는 소리, 뚜벅뚜벅 복도를 걷는 소리. 아마 내가 지금 노트북 자판을 두드리는 소리도 다른 방의 누군가에게는 소음일 터다. 한동안 기숙사에서 살며 타인과 공존하는 데 익숙해졌다가 다시 1년 동안 '혼자임'을 공간적으로 보장받게 됐는데, 다시 이렇게 되다니.

지금 통화를 하는 옆방 남자는 목소리로 미루어보건대 상당히 젊은 나이인 것 같다. 아까 뭔가를 전자레인지에 데워온 남자.

불규칙한, 예측 불가능하며 출처를 알 수 없는 소음들이 두렵다기보다는 나를 무기력하게 만든다. 나 또한 이 소음의 행렬에 동참하고 싶지가 않아, 자꾸만 좁은 침대 위에 몸을 웅크리고 소리를 죽이고 싶어진다. 그저 잠들고 싶다. 연구자로서 끊임없이 깨어 있고 기록해야 한다는 강박이 무섭다. 나는 이제 나만의 '방'에서도 결코 편하지 않다.

점심 무렵 고시원을 나서며 화장실에 갔어야 했는데, 한 번 참았더니 밖에 나가서도 마음 편히 볼일을 볼 데가 마땅치 않았다. 돌아오니 사람들이 가득이라 화장실에 갈 엄두가 안 난다. 뱃속은 슬슬 신호가 오는데, 처음 한 번이 문제다. 이제는 가야지.

2010년 2월 1일, 오후 6시 40분, 방에서

방에서는 기묘하게 편안한 냄새가 난다. 그래서인지 방에 들어오면 졸음이 올 것 같다. 아니, 졸음이 온다. 방에서 침대가 차지하는 비율이 커서 그럴까.

옥상에 올라갔다 왔다. 옥상은 방보다 훨씬 넓지만, 훨씬 횅뎅그렁하다. 인근의 주택가와 오피스텔이 올려다 보이는, 3층에 있는 나지막한 지붕이다. 누군가 1층에서 담배를 피우러 나오는 모습을 보고, 지켜보면 왠지 수상하게 느껴질 것 같아 고개를 든다. 어두운 밤이 빨리 찾아오고, 나는 왠지 못 견딜 것 같아 친구에게 밤마실 약속을 받아낸다. 졸리다.

2010년 2월 2일, 새벽 3시, 방에서

너무 덥다. 나는 온도나 습도를 통제하지 못하면 몹시 스트레스를 받는 편인데, 또 두렵다. 몸에서 열이 너무 많이 난다. 글을 잘 읽을 수 없고, 그저 잠만 온다.

2010년 2월 2일, 새벽 4시, 방에서

화장실을 다녀오는 길에 깨달았다. 공간적 이동은 주체성의 변화를 요구하는 일이라는 것. 화장실에서 볼일을 보고, 복도를 성큼성큼 걷고, 소리 나지 않게 타이핑을 하고, 휴대폰을 무음으로 설정하고, 방으로 들어와 이 방의 좁은 크기를 가늠하며 그것에 익숙해지는 것.

2010년 2월 2일, 오전 10시 25분, 방에서

아침이다. 아니, 실은 아침인지 아닌지 도무지 알 수가 없다. 화들짝 놀라게 한 벨소리가 아니었다면, 그나마 비몽사몽으로 계속 확인하며 긴장하지 않을 수 없던 휴대폰 시계가 아니었다면, 끝도 없이 잘 수 있을 것만 같았다. 그야말로 칠흑 같은 어둠이다. 빛이 없다는 게 이런 거구나.

2010년 2월 2일, 오후 9시 30분, 서울대입구역 한 카페에서

아침에는 정신없이 씻고 집을 나섰다. 아, 이제 '집'이 되었다. 공용 욕장에서 샤워를 하고 공용 화장실에서 배변을 하는 경험은 그 공간을 '집'으로 느끼게 한다. 열 시 즈음 잠을 깼을 때, 계속해서 키보드를 두드리고 마우스를 끌고 있던 오른쪽 방 남자를 제외하고는, 2층은 고요했다. 사람들은 다 어디로 간 걸까. 어느 일터로, 어느 노동의 장소로 이동한 것일까. 새벽같이 나서는 사람들로 앞으로도 내 아침은 소란스러울 게다. 그리고 나는 빠릿빠릿하게 그 어두운 데서 빠져나오려, 볼일을 보고 또 벅벅 씻을 게다.

선생님과 논문 관련한 면담을 하고 나서, 씻은 듯이 마음이 편안해졌다. 약손을 만난 기분이랄까. 너무 지나친 강박증이 늘 문제가 되는 것 같다. 마음을 편하게 가져야겠다. 조금 장기적인 시간 감각을 가지고 말이다. K가 통화에서 이야기한 것처럼, '프로페셔널하게' 내 위치를 잊지 않는 것이 중요하다.

2010년 2월 3일, 새벽 3시 5분, 방에서

배탈은 아닌데, 이상하게 계속 배가 아파 오늘만 벌써 세 차례나 화장실을 들락날락하고 있다. 화장실에 앉아 있다 보니, 새삼 금세 익숙해졌다는 생각이 든다. 논문 계획서를 준비하고, 발제를 준비하고, 쪽글을 쓰고, 리딩을 하고, 하는 나의 일과의 빡빡함 때문일까? 어제는 모든 상황에 다 민감했는데, 이제는 어떻게 되어도 좋다는 심산이다.

이 층에 있는 사람들은 대부분 중장년 남성들인 듯싶다. 들어오는 복도의 거의 맨 끝 방에 있는 아저씨는 새벽 2시 반 정도에 들어와, 이제 들어왔다며 큰 소리로 누군가와 통화하다가, 화장실에서 나오는 나와 잠시 스치며 문을 나섰다. 아마도 담배를 한 대 태우시는 거였겠지. 나는 차마 말을 걸거나, 담배를 나누어 피우자는 등의 적극적인 제스처를 취하지는 못했다. 내가 조금 덜 바쁘다면 괜찮을까. 세미나며 리딩을 다 접어두고 고시원, 내가 처한, 내가 걸어 들어온 이 상황에만 집중할 수 있다면 좋겠다 싶기도 하다. 한편으로는 세미나며 리딩이 내가 여기에 빠져나올 수 없을 만큼 끔찍하게 빠지는 것을 막아주는 안전장치처럼 여겨지기도 한다.

방은 어제보다는 덜 덥고, 덜 건조하다. 날씨가 추워진 탓일지. 오늘도 늦게 잠든다.

2010년 2월 3일, 오전 9시, 방에서

다른 사람(들)의 인기척, 온도, 냄새, 존재와 함께 살아가기.

일어나자마자 다른 사람들의 대화를 듣는다. 아, 이 사람들도 대화를 하는구나. 이야기를 나누는구나. 나는 일부러 낯간지러운 최신 인기곡으로 알람을 설정해둔다. 부끄러워서 깨지 않을 수 없게 하려는 것도 있지만, 어떤 식으로건 나를 알리기 위한 의도도 있다.

이놈의 싸구려 침대 매트리스는 소리며 진동을 하나도 흡수하지 않고 다 드러내서 내 위치를 폭로하고야 만다.

아, 나도 나가서 사람들의 대화에 끼고 싶다. 같이 담배를 피우고 싶고, 같이 끼니를 때우고 싶고……. 이 방에 남아 있다는 건 참으로 불완전한 혼자 있음을 보장받는 것이다.

옆방 남자는 연신 코를 훌쩍이는 듯도 하고, 아니면 아침부터 라면 같은 것으로 '면식'을 하는 듯도 한 소리를 규칙적으로 낸다. 얄팍한 벽 하나를 사이에 두고 있는 '우리'. 하지만 그 남자에게 말을 걸지는 않는다. 왠지 그 사람 역시, 50대 이상이 많은 이 2층 고시원에서 혼자 있는 것을 택한 사람 같아 보여 마음이 쓰인달까.

친구 H가 제안한 것처럼, 이사 떡이라도 돌릴 걸 하는 생각을 하루에 몇 번 한다. 이제 이사한 지 이틀째니, 그렇게 나쁠 것도 없지만. 떡보다는 차라리 이사 담배나 이사 컵라면 따위를 돌리는 게 더 실용적이라고 느껴질지도 모른다고 생각한다. 이 나이대의 남자들은 주로 어떤 담배를 피울까. 이런 생각들을 한다.

2010년 2월 3일, 오후 2시 10분, 참여사회연구소

집에서 나와 동네 식당에서 밥을 먹고, 처음으로 동네에서 버스를 타며 생각했다. 이제 조금은 마음이 편해진달까. 처음에는 그저 낯설고, 두렵더니, 조금 익숙해지니 '함께 사는' 다른 사람들이 익명의 위협적인 타인이 아니라 관심이 가기 시작하는 존재가 된다. 내가 나오기 직전 마주친, 배를 깐 아저씨는 어떤 사람이기에 오전에도 시간을 비우고 있는 것일까.

라포라는 것이 단지 '고정된' '그들'과 '나'가 갑자기 이야기를 할 수 있는 조건이 만들어지는 게 아니라, '나'의 인식과 태도의 변화를 조건으로 할 때에만 만남의 가능성이 마련될 수 있다는 생각이 들었다. 처음 하루 이틀 나는 무진장 불안했다. 그 불안이 어디에서 기인한 것이건 간에, 나는 연구자로서, 고시원에 제 발로 걸어들어온 사람으로서, 나 자신에게 떳떳하거나 충분히 익숙해지지 못했다. 즉 일차적으로 '나'는 고시원에 관한 연구를 하는 '나'에 관한 라포를 만들지 못했던 것이다. 하지만 어제 지도교수와 대화하면서 연구하려는 마음을 다잡은 뒤, 이제는 조금 마음이 열린다는 느낌을 받는다. 이제 나는 고시원에 관한 연구를 하는 사람이며, 고시원이라는 풍경과 고시원에서 살아가는 사람들에게 말걸기를 시도하는 사람이다. 나는 나에 관한 라포를 이제 만들기 시작했다.

2010년 2월 4일, 새벽 1시 45분, 방에서

왜 고시원의 새벽은 이리도 조용한가? 심지어 TV를 보는 사람도 없다. 나는 새벽에 주로 글을 읽거나 쓰고, 노트북을 두드리는 대학원생이다. 지금 이 시각 여기는 자판 두드리는 소리가 어떤 소음보다 더 크게 들려와 내 마음을 옥죈다. 그렇다. 모두 다음 날을 준비해야 하므로, 새벽에 깨어 있는 것은 어리석은 짓인 게다. 이것은 내가 주로 일어나는 오전 9~10시 경이 한산한 것과 같은 맥락이다. 내가 다 씻고 나서 나갈 준비를 하는 11~12시 경 밥을 먹으려고 준비하는 몇몇 사람들을 제외하고는 건물을 빠져나가고 없으므로. 어떤 사람들은 일용직이고, 어떤 사람들은 그래도 매일 나가는 정기적인 일터를 가지고 있을 게다. 사실 나는 이 층에 몇 명의 사람들이 살고 있고, 몇 개의 방이 비어있는지도 아직 모른다.

왜 고시원에서는 공부가 잘 안 될까? 오늘도 읽어야 할 거리들이 있어 카페들을 전전하다 피곤에 절어 들어온 나. 고시원 방에 달린 형광등 하나로는 책상까지 빛이 충분히 미치지 않고, 기본적으로 내가 답답한 공간보다 트인 공간에서 글을 읽고 쓰기를 편해 한다. 그러고 보니 고시생도 막상 고시원에서 공부한다는 이야기는 못 들었다. 독서실이나 도서관에 다닐 테지. 고시원은, 그저 몸을 누이고 잠을 청하기 위해 설계된 공간이기 때문이다.

2010년 2월 4일, 새벽 4시 반, 방에서

나도 자연스럽게 그렇게 되었고, 소리에 귀 기울이면 다들 그런 것도 같은데, 이 좁은 방을 드나들 때 웬만하면 문을 잠그게 되는 것 같다. 특히 방으로 들어올 때 습관적으로 문을 잠근다. 왜 그럴까? 어차피 남의 방문을 열어볼 가능성이 아주 희박할 텐데 말이다. 무엇을 지키려고 하는 것일까.

2010년 2월 4일, 새벽 5시 55분, 방에서

나는 왜 여태까지 깨어있담……. 5시 50분이 되니 이 방 저 방에서 나오는 소리, 대중가요로 설정된 알람 소리가 울린다. 사람들이 깨어나기 시작하는 시각. 다들 어디로 가는 것일까.

2010년 2월 4일, 오후 1시 30분, 방에서

확실히 며칠째 잠을 푹 못 자고 있다. 오늘은 새벽에 잠들어서 그런지, 계속 깨고, 나고, 드는 사람들의 인기척에 잠을 잤다는 생각이 전혀 들지 않을 정도로 뜬눈으로 오전을 났다.

그래도 일어나 열심히 키보드를 두드리며 발제를 하고 있는 걸 보면, 여기에서도 공부가 된다는 사실이 조금은 신기하고, 여전히 오늘도 점심때 나가서 함께 밥 먹고 말 걸고 싶은 마음이 들지만 나는 쉬이 방 밖으로 나서지 못했고……. 이 좁은 방에서 발을 떼기가 왜 이리 어려운가!?

2010년 2월 4일, 저녁 9시, 방에서

오후에 집을 나서면서, 기합이 바짝 든 신입 사원처럼 고시원의 삶을 살고 있다는 생각이 들었다. 내가 잠을 자는지, 잠이 나를 스치는지 모를 정도로 잠이 부족해졌고, 세미나에서 만난 동료들은 다크서클이 볼까지 늘어져 있다며 놀라워했다. 피곤할 만도 하지. 돌아오는 길에 차가 좀 막혀 피곤함이 더해진다. 2호선을 타고 오는데, 당산역에서 내리면 집인데, 원래는 내려서 잠깐 속옷이며 목도리며 먹을 것들 좀 챙기려고 했는데, 잠깐이라도 들르면 늘어지고 눌러앉게 될 것만 같아 그냥 다음 역인 합정역에서 내려 6호선으로 갈아타기로 한다. 한강을 지난다. 나는 강의 남쪽에 살던 사람이었는데, 지하철 한 정거장으로 북쪽에 사는 사람이 된다. 세미나를 같이 하는 D는 그냥 편하게 하라고, 일주일에 두어 번만 가서 살고 그냥 집에서 다니라고, 왜 사서 고생을 하냐고 한다. 나는 왠지 잠은 거기서 매일 자야 할 것 같아서, 라고 대답해놓고 왜 이렇게 범생이 같은 대답을 했나 싶었다. 그래도 잠은 꼭 '여기'에서. '여기'가 내 새로운 집이 되어야 한다고 생각한다. 그러지 않고서야, 내가 어떻게 '여기'를 집으로 삼고 사는 사람들과 만날 수 있을까. 내 원칙은 일주일에 한 번 빨래와 우편, 그리고 과외 때문에 들르는 것 말고는 항상 '여기'로 온다는 것. 일과를 마무리하고, 잠을 청하는 것.

2010년 2월 4일, 오후 12시, 방에서

첫 날 보고 못 보던 S를 오랜만에 만났다. 이야기를 나누면서, 나는 계속해서 변해온 내 마음의 그래프를 그려 주었고, 연구하면서 어려울 것이라고 예상되는 점들을 털어놓았다. 2층에 사는 왜소한 몸집의 한 아저씨는 자잘한 일을 도우며 방세를 조금 덜고 있다고 했고, 오래 살아 고시원 사정에 밝으니 친해두는 게 좋을 거라고 했다. 담배를 나눠 피우면 좋을 거라고, 여름이면 방문을 열어둬 서로 얼굴을 보고 간혹 술을 같이 마실 수도 있어 좋을 텐데, 라며 아쉬워했다. 사람들은 깡소주를 마신다고 했다. 대부분 건설 일용직 노동자이고(그래서 복장이 다들 등산화에 점퍼로 비슷했다), 간혹 택시기사도 있는데, 여하간 정규적이지 않은 직종에 종사하고 있다고 했다. 사람들과 이야기를 나눌 때는 '주인 집 뒷담화'를 하며 같은 위치라는 걸 부각시키는 게 좋다고도 했다. 고시원 주인인 S의 어머니와 같이 밥을 먹기로 했다.

처음에 나는 이곳에 2주, 15일가량을 있을 요량이었다. 하지만 이제는 한 달을 채울 생각이다. 15일이 뭐냐. 한 달도 사람들과 '만나기'에는 짧다. 여전히 누가 누구를 어떻게 말할 수 있는가는 고민스럽기만 하다.

2010년 2월 5일, 새벽 1시 40분, 방에서

고시원에 관한 거의 유일하다시피 한 선행 연구인 석사 논문 하나를 살피다가 왠지 실소가 나왔다. 도시 빈곤층으로 고시원 거주민들을 '이미' 정의하고 들어가는 이 사회복지학 석사 논문을 내가 지금 고시원이라는 공간에서 읽고 있다니. 사실 나는 조금 전까지도 남은 대학원 생활을 경제적으로 어떻게 지속할지를 머리를 싸매고 궁리하던 참이었다. 사실 대학생이라는 내 위치나 그것에 기반을 둔 인적 네트워크, 그리고 이 사이에서 향유되는 소비 중심적 문화를 제외하면, 통장에 든 잔액 액수로 치자면 나도 여기 사람들과 전혀 다를 바가 없다. 오늘은 왠지 어렵사리 당산역을 지나쳐 마포구청역에서 내려 집으로 걸어올 적에, 생각보다 괜찮은 교통 편에 나쁘지 않은 가격이며, 나는 그래도 어쨌건 조금씩 적응하며 살고 있으니, 정말 운 좋게 목동에 살게 되지 않았더라면 나는 고시원에 살았어야 했을 거라는, 그런 생각이 문득, 아주 강하게 들었던 것이다. 가만히 생각해보면 내 가구와 옷가지와 책들이 자리잡은 목동의 그 방 역시 반지하방이다. 껄껄.

2010년 2월 5일, 새벽 3시 10분, 방에서

어쩌면 나는 지금 고시원에 들어와 있다는 사실만으로 연구 방법과 주제의 정당성을 익명의 누군가(들)에게 인정받고 싶어하는지도 모르겠다는 생각이 번뜩 든다. 결국 쓰기 전까지는 모르는 일이며, 모르게 되는 게 당연한 것을. 응원 받고 싶은 마음과, 정당화하고 우쭐대고 싶은 마음은 얼마나 다른 것일까. 잘 모르겠다.

2010년 2월 5일, 오후 5시 5분, 방에서

머리가 지끈거리게 잔 것 같다. 아아. 최근 며칠 잠을 설친 탓인지, 늦잠을 자고 11시가 넘어 일어나 점심을 먹고 돌아오자마자 또 곧바로 무섭게 잠이 들었다. 마왕을 쓰러뜨린 자가 마왕이 되는 꿈을 꾼다. 내가 고시원에 있다는 사실이 조금은 무섭다. 이렇게 무섭도록 잠이 몰려드는 것도.

2010년 2월 6일, 오후 12시 40분, 목동 방에서

거의 일주일 만에 찾은 방은 싸늘하게 식어 있다. 입구부터 왠지 나는 환영받지 못한 느낌이었다. 대문 열쇠가 헛돌아 주인집을 통해 집에 들어갔고, 열쇠는 여전히 대문에 꽂힌 상태로 빠져 나오지 않고 있다. 배가 아파 들어간 화장실은 변기에 물이 얼어 연신 뜨거운 물을 부어대야 했고, 보일러를 켜니 실내 온도가 13도라고 했다. 키보드를 두드리는 손이 시리다. 화요일인가에 도착한 택배는 문 앞에 널브러져 있었고, 상자에서 꺼낸 내용물은 마치 사체처럼 차갑다. 생수병에 남은 물에는 철 성분인지, 먼지인지, 곰팡이인지 모를 것들이 떠다니고 있어 버린다. 다른 생수병 몇을 확인해 보니 절반은 그렇고, 절반은 말끔하다. 휴.

두 개의 방을 갖는다는 게 내게는 결코 안정감 있는 일이 아니다.

둘 다 내가 관리하고 돌봐야 하는 장소라면. 집을 난방하고, 택배를 받고, 청소를 하고, 설거지를 하고, 빨래를 하고……. 휴. 한숨이 나온다. 춥다.

왠지 마음이 약해진다. 열쇠 문제를 해결하기 전까지는, 여기를 떠날 수가 없게 됐다.

2010년 2월 7일, 새벽 2시 5분, 목동 방에서

어제는 대학원 엠티 때문에 천장이 높은 낯선 집의 소파에 몸을 뉘었는데, 오늘은 대문이 고장 나 이러지도 저러지도 못하고 내가 세운 원칙을 지키지 못한 채로 이 집에 남았다. 대문이 고장 나고, 변기에 물이 얼어 고생한 것만 빼면, 일주일 내내 식어 있던 방을 데우느라 한참을 이불을 끌어안고 있어야 한 걸 빼면 그래도 밝고, 넓고, 편하다. 음악을 큰 소리로 들어도 괜찮고, 인터넷 속도도 원활하고, 읽어야 할 책들이 제자리에 꽂혀 있다. 마음이 안정된다는 게 이런 기분이겠지. 침대는 적당히 딱딱해 삐걱대는 소리가 나지 않는다. 누가 들을까봐 몸을 조심스레 뒤척이지 않아도 되고, 통화할 때 목소리를 낮춘 채 반팔 바람으로 밖으로 뛰어나갈 필요도 없다. 왠지 연구를 하기로 결심한 몸이 아늑함에 녹아내린 것 같은 기분이다. 쓸쓸하고 피곤하다.

대문이 고장 난 채 13도로 차게 식은 방에 발을 들일 때 깨달은 것은, 두 개의 방, 여러 개의 장소들, 다중적인 정체성multiple identities은 다른 하나의 방이 그 자신의 책임이나 보살핌의 대상이 아닌, 다른 누군가의 보살핌care 노동이 투여된 공간일 때만 가능하다는 점이다. 인터뷰에서 한 달 동안 학교 근처 고시원에 산 누군가는, 마치 여행 온 것 같은 기분으로, 자신의 방을 두 개 가졌다는 기분으로 살았다고 이야기했다. 하지만 그런 여행의 감각, 다중적인 정체성의 감각, 이동과 트랜스의 감각은 누구에게나 동등하게 허용되는 것이 아니다. 나는 두 개의 방을 가졌다. 두 배의 방세를 지불하고, 두 배의 보살핌을 수행하지 않으면 결코 방의 안락함을 누릴 수 없다.

2010년 2월 7일, 저녁 7시 30분, 목동 방에서

이제 나갈 채비를 해야 한다. 옆집 고등학생과 과외를 하고 다시 고시원으로 돌아갈 때가 되었다. 지난달에 마산에 내려갔다. 제대하고 임용고시를 준비하는 친구는 군대에서 겪은 끊임없는 단절과 상실의 경험에 관해 이야기했고, 나는 그것을 기록하며 들었지. 그 친구는 인간관계의 계속되는 단절에 관해 이야기했지만, 다른 사람은 그것을 휴가-복귀로 경험하기도 할 테지. 왠지, 잠깐의 휴가를 나왔다 다시 부대로 복귀하는 심정이 이럴까 싶다. 고시원으로 다시 돌아가기 3시간 전.

2010년 2월 7일, 밤 10시 20분, 다시 고시원 방에서

옆방 남자가 통화를 한다. 매일 격하게 마우스를 움직이는 소리가 들려서 나는 그 남자가 온라인 게임을 즐겨하는 20대 후반이나 30대 초반일 거라고 생각했는데, 찬찬히 들어보니 더 나이가 든 듯도 하다. 옆방 남자는 매일 밤낮없이 키보드를 두드리는 옆방 사람인 '나'를 어떻게 생각할까. 고시원이라는 공간에 산다는 이유만으로 일종의 동질감을 느끼고, 이야기를 쉬고 싶어할 거라는 생각부터 잘못된 전제인지도 모른다는 생각이 문득 든다. 오히려, 고시원이기에, 더욱더 '사생활'이 보장이 안 되고, 보여줄 수 있는 것이 없기에 오히려 더 그 '사생활'을 지키고 싶어하지는 않을까. 그래서 늘 방으로 들어갈 때마다 사람들은 문을 잠그는지도 모르겠다.

인류학과 대학원에 다니는 누나 J와 아주 오랜만에 수업 때문에 잠깐 통화하면서, 그 과에서는 석사 논문을 위해 최소한 6개월은 필드워크를 나가 있어야 한다고, 2년 졸업은 불가능하다는 이야기를 들었다. 고작 1개월, 여름방학을 이용한다 해도 최대 3개월 정도의 필드워크를 수행할 내가 어떤 이야기를 할 수 있을까. 인류학자들의 시각에서 이런 종류의 필드워크는 어떻게 평가받을 수 있을까. 여러 생각이 든다.

2010년 2월 8일, 새벽 1시 5분, 방에서

배가 아파 화장실에 다녀왔다. 이 시각에도 두 칸씩인 샤워실과 화장실(사실 슬리퍼는 세 켤레 뿐이다)에 사람들이 끊이지 않고 들락날락 한다. 내가 배에 힘을 주면, 옆 칸에서는 한 남자가 괴성을 내며 힘써 소변을 보고, 또 곧 있다 누군가는 방귀를 몇 차례나 뀌고 간다. 샤워실에 있는 남자는 말없이 씻는다. 나는 볼일을 보고 버튼을 눌러도 물이 내려가지 않아 고심한다. 양변기 덮개를 열어보니 물이 더 차 들어오지 않아 그렇다. 휴지가 둥둥 떠 있는 변기를 그대로 두고 나와 누가 볼까 빠른 걸음으로 방으로 들어온다. 웬일인지 왼쪽 방문이 이십 센티미터 쯤 열려 있다. 방의 주인(엄밀히 말해 주인이 아니라 세입자겠지만)은 깜깜한 어둠 속에서 키보드를 두드리고 있다. 사실 그 사람과 나의 차이는 고작 하나인 형광등을 켜놓느냐 꺼두느냐일 뿐이기는 하지만.

2010년 2월 8일, 새벽 2시 50분, 방에서

방이 좁다는 건 심하게 내 행동, 몸과 동작의 움직임과 심지어 크기까지 제한한다. 침대에 누워 조금만 뒤척여도 얄팍한 벽 뒤의 익명의 누군가를 귀찮게 할 수도 있고, 책상에서 조금만 팔을 뻗어 스트레칭이라도 할라 치면 다른 쪽 벽에 팔이 닿는다.

2010년 2월 8일, 오전 9시 25분, 방에서

오늘은 월요일인데, 이상하게 9시 전후에도 사람들이 밥을 먹고, 씻고, TV를 보고, 수다를 떤다. 복도 끝 모퉁이에 있는 방문이 살짝 열려 있고, 최소한 2~3명의 사람들이 모여 이야기를 나누고 있다. 아마도 건설업 이야기를 하는 듯한데 무슨 이야기일까 궁금해 하며 나는 자다 깨다를 반복한다. 또 방은 후텁지근하고 건조하다.

2010년 2월 8일, 오전 11시 55분, 방에서

문득, 고시원에 관한 연구는 결국 이곳의 거주민들이 가지고 있지 않은(것으로 예측되는?) '집home'이라는 이상적 관념에 관한 우회적인 분석이 될 수도 있겠다는 생각이 든다.

2010년 2월 8일, 5시 45분, 방에서

너무 피곤해서 카페 같은 데 들르지 않고 바로 집으로 들어왔다. 너무 피곤해서, 어디라도 몸을 누이고 싶었던 탓이다. 여기라도 어디람, 싶은 생각이 든다. 그저 꽉 막히는 퇴근 시간을 피해 돌아왔다는 게 다행스럽게 여겨진다.

주인 아주머니가 청소를 한다. 5시 50분에서 6시 사이, 정도이려나. 진공청소기로 복도를 쓸고 다니는 소리가 바로 옆인 양 들린다. 바로 옆이기는 하다. 얇은 베니어 합판 칸막이 때문에 볼 수 없어 그렇지. 아줌마도 사람들이 많은 시간을 피해 청소를 하는 걸까.

2010년 2월 9일, 새벽 0시, 방에서

7시부터 지금까지 잤다. 그것도 새하얗게 밝은 형광등 바로 아래서, 거의 다섯 시간이다. 못 받은 전화가 한 통.

2010년 2월 9일, 새벽 1시 30분, 방에서

글을 쓰다 숨이 턱턱 막힌다. 바람이 들지 않는 방은 마치 고인 우물 안 같다. 화장실에서 돌아오는 길에 애써 문을 열었다 닫았다 해보지만, 크게 달라지는 것은 없다.

2010년 2월 9일, 새벽 5시 30분, 방에서

고시원에 관한 선행 연구를 읽으면서 깨달은 것이지만, 어쨌거나 사람들의 벨소리는 5시에 울렸다. 정작 나가는 소리가 많이 들리지 않은 건 내가 충분히 집중하지 않은 걸까. 아니면 사람들이 컨디션이 좋지 않다거나 과음을 해서 일어나지 못한 걸까.

페미니스트 연구를 읽으면서, 새삼 필드워크 과정에서 연구자인 '나'의 위치가 생각보다 복합적일 수 있으며, 이것이 내가 어떤 이야기를 들을 수 있는지에 영향을 미치고, 또 그 이야기의 해석과 분석에 내 위치가 영향을 미칠 수 있다는 생각이 들었다. 어제 저녁 좁은 화장실 앞에서 마주친 작은 몸집의 아저씨에게 '나'는 어떤 존재일까. 단지 젊은 학생이기도 하지만, 어찌 보면 움츠리지 않은 건강한 육신으로 보일 수도 있고, 깔끔하고 단정한 차림일 때는 중산층으로 보일 수도 있다. 왠지 이런 생각을 하다 보니 왠지 머리가 지끈지끈 아파온다. 나는 이런 위치들을 가지고, '이 사람들'을 만날 수 있을까? 만난다면, 어떤 이야기를 들을 수 있을까?

필드워크가 실패로 끝날 수도 있다는 생각을 처음부터 안 한 것은 아니지만, 걱정이 종종 되는 게 솔직한 심정이다. 이러다가 정말 내 주변, 기껏해야 대학생들에 관한 연구로 끝나지는 않을까, 하고.

2010년 2월 10일, 새벽 00시 25분, 방에서

이제 방에 들어오면 씻지 않은 채로, 돌아오는 길에 읽다 만 논문을 마저 읽고, 컴퓨터를 켜서 인터넷을 한참 하게 된다. 이 방에 익숙해진 것일까, 아니면 이 고시원 공간의 세면 구조가 영 불편한 걸까.

오랜만에 만난 B와 이야기를 하면서, 오늘 본 영화의 티켓을 주겠다는 제안을 거절한 이유는 '둘 곳이 없어서'였다. 목동의 내 방에는 티켓을 둘 장소, 이를테면 서랍 두 번째 칸 왼쪽 같은 장소가 지정되어 있고, 그것은 내 방의 여러 체계 또는 규칙들 중 하나인데, 이 고시원 방에는 그런 규칙이나 체계가 아직, 또는 언제까지고 잡히지 않은/않을 것이다. 그런 체계가 없다는 것은 단지 이 방에 서랍이 없기 때문이 아니라, 내가 이 방에 익숙해지거나 체계를 세워 정을 붙이는 것을 두려워하기 때문인지도 모르겠다. 내가 더 많은 물건들을 가지고 나오지 않은 채 달랑 캐리어 하나만 챙겨서 나온 것도.

2010년 2월 10일, 새벽 3시 35분, 방에서

점점 잠드는 시간이 늦어지고 있다. 생활이 불규칙해진다는 방증일까. 목동의 '방'에서 생활하던 것에 견주면, 뭐랄까, 오히려 좀더 규칙적이 된 것도 같다. 어쨌거나 나는 꾸준히 글을 쓰고, 책을 읽고 있다. 연구를 하는 필드에 직접 와 있고, 그 필드에 관한 글을 계속 읽어 그럴까. 여하간 이전에 살던 목동의 그 방은 편안했고, 피곤하거나 할 때면 언제나 대형 쿠션이 놓여 소파 같은 침대에서 뒹굴면서 노트북을 한 손에 들고 TV를 보거나 인터넷을 했다. 그러나 여기에서 그런 일은 쉽지 않다. TV가 한 대 있지만 나는 아직 TV를 집중해 보기보다는 드라이어를 사용할 때처럼 소음이 발생하는 경우를 대비한다거나, 샤워를 하고 나와 옷을 갈아입고 외출 준비를 할 때 잠시 켜놓는 정도다. 이전에 살던 방에는 TV가 없었고, 대신 인터넷으로 영어 라디오 프로그램을 늘 켜놓고 들었다. 그 방에서 소리가 자유로웠다면, 이 방에서는 TV의 이미지만이 자유롭다.

며칠째 계속 안 좋아진 피부 때문에 고민이다. 고민 때문에 여드름이 돋는지 여드름 때문에 고민이 느는지 모를 정도로 커다란 화농성 여드름이 하룻밤 지나면 하나씩 돋아난다. 왼쪽 팔 한쪽에는 전에 없이 각질이 부스스 일어나 있다. 내가 환경 변화에 예민해서 그렇기도 하고, 고시원의 이 방이 건조해서 그렇기도 하다. 방은 건조한데, 난방은 대개의 경우 지나칠 정도다. 그렇다고 나는 딱히 물을 떠다놓거나 젖은 수건을 걸어놓거나 하는 수고를 하지는 않는다. 그런 수고로움을 감내하기에는, 이 방은 여전히 일시적인 공간으로 이해되기 때문일까.

2010년 2월 10일, 새벽 5시, 방에서

또 벨소리가 울린다. 일어날 시간이라며 기계음이 외친다. 양 옆방에서 나 같은 올빼미족들이 여태 자지 않고 컴퓨터 키보드를 두드리는 소리가 들린다. 기묘하다. 벽을 다 트고 평면으로 깔아두면 참으로 좁디좁을 공간을 서로 다른 시간성과 공간성을 가지고 살아가고 있다니. 졸리고, 배가 아프다.

2010년 2월 10일, 오전 10시 45분, 방에서

배가 너무 아파 일찍 깼다. 어젯밤부터 연신 복통에 설사다. 양변기에 앉기 전에 휴지로 청소하는 습관이 있는데, 변기 안쪽과 바깥쪽에 진하게 묻어나는 것이 뭔가 했더니 담뱃재와 담뱃진이다. 바닥에도 담뱃재를 비벼 끈 자국이 선명하다. 아, 이 아저씨들, 참. S가 2층은 관리가 잘 안 된다며 몰래 담배 피우는 아저씨들이 많다는 이야기를 한 게 정말이었구나.

2010년 2월 10일, 오후 5시, 방에서

이틀째 비다. 점심때가 지나서야 정신을 차리고서 끼니를 챙겨 먹으러 근처 식당으로 나섰다. 나가는 김에 근처 조용한 카페에서 공부나 할까 하고 읽을거리를 바리바리 싸 들고 나갔는데 주변에 하나 있다던 카페는 한 달 사이 문을 닫았단다. 궁여지책으로 프랜차이즈 제과점에 딸린, 최신 가요가 쿵짝쿵짝 흘러나오는 작은 공간에 앉아 책을 읽는데, 영 잘 안 읽히고 쓸데없는 노래 가사만 귀에 꽂히는 것이었다. 1시간을 조금 넘게 버티다 나와 들어오는데, 왠지 고시원에서 몇 번 마주친 듯한 마르고 작은 몸집의 아저씨가 고시원으로 접어드는 골목 어귀에서 비스듬히 큰길 쪽을 내다보고 있었다.

마시던 아메리카노 종이컵을 고시원 건물 앞 쓰레기통에 넣자니 왠지 이상한 기분이다. 이런 커피를 마시는 사람이 이 고시원에 또 살까. 내가 버린 쓰레기가 다 드러나는 쓰레기통이 왠지 얄궂다. 2층으로 올라오니 비릿한 냄새가 퍼져 있다. 입구의 쓰레기통 옆에는 빈 꽁치 통조림 캔이 하나 놓여 있다. 누군가 저녁을 준비하는 모양이다.

나는 너무 졸려 방으로 들어왔다. 왼쪽 방 남자는 내가 가방에서 열쇠를 찾는 동안 쿨럭거리고, 들어와 컴퓨터를 켜고 있자니 오른쪽 방 남자는 여전히 TV를 튼 채다. 비오는 날이어서 그럴까.

2010년 2월 10일, 밤 11시 45분, 방에서

주인 아주머니에게 1시간 정도 고시원에 관한 여러 이야기를 들었다. 이제 좀 뭐가 보일까. 여전히 걱정은 남는다. 설에 집에 내려가지 않을 계획이니까, 어떻게 사람들과 부대낄 계기가 없을까 하고 생각한다. 선임 기자가 너는 자질이 없으니 나가라고 해서 어찌할 줄 모르며 내게 상담을 요청해 온 신입 기자 K와 나는 이른바 '숫기'가 없다는 점에서 참 닮았다. 체력이 약하다는 것도. 아, 피곤하다.

<u>**2010년 2월 11일, 새벽 1시 35분, 방에서**</u>

책을 읽다 피곤해 뭉그적대다 S와 함께 잠깐 산책을 다녀왔다. (참, S의 방은 참 좋은 공부방이다.) 자주 가는 우리식당 쪽 길로 나가다 나오는 편의점에 들러 음료와 담배를 샀다. 편의점에서 밤새 일하는 남자는 고시원에 사는 사람이다. S가 "고시원에 사는 분이시죠?"라고 웃으며 말을 건네니 수줍게 "예, 26호에 살아요"라고 한다. 나도 왠지 모르게 "저는 35호에 살아요"라고 소개를 하며 말을 건네는데, 26호 남자는 어색한 표정이다. 나와서 조금 걸으며 S는 26호 남자도 고시원에 사는 사이끼리 그런 식으로 통성명을 해본 적은 없었을 거라며 껄껄 웃는다. 26호 남자는 밤 11시부터 오전 10시까지 일한다고 했다.

근처에 자동차 정비 공장이 있어서 고시원이 하나 더 있다고 했다. 예전에 S가 어머니와 경쟁 고시원 답사 차 가봤는데, 시설도 좋고 가격도 비쌌다고 한다. 입지가 애매한 곳이지만 그래도 교통이 좋아 사람들이 어떻게든 찾아오는 것 같다고 했다. 2002년 월드컵이 열리기 진, 그러니까 약 10년 전만 해도 허허벌판이었는데, 지금은 이렇게 아파트 단시와 상암 DMC가 들어선 곳이 되었단다. 나는 이 장소의 역사성을 어떻게 다뤄야 할지 조금 고민이 된다고 말했다.

아, 또 방에 들어오니 졸리다. 어쨌거나 오늘은 S의 어머니하고도, 26호 남자하고도 얼굴도 말도 튼 날이다. 하하. 하하.

2010년 2월 11일, 오후 3시 40분, 방에서

세미나가 취소되어 긴장이 풀린 건지 거의 10시간 가까이 잤다. 중간에 전화가 와서 잠깐 받은 것을 빼면……. 실은 잠에서 깨도 뭘 해야 할지 몰라 난감한 마음도 있었다. 정말 이 방에서는 아무리 자도 개운하지가 않다. 공기가 드나들지 않아 그럴까. 집에 좀 가고 싶다.

2010년 2월 11일, 밤 9시 55분, S의 방

오후 느즈막이 일어나서 S와 사무실에서 또 밥을 먹었다. 두 마리 강아지들은 여전히 나를 경계하지만 어제처럼 사납게 굴지는 않는다. 주식 그래프를 매의 눈으로 쏘아보시는 S의 어머니도 익숙하다. 밥을 먹고, 커피와 담배를 조금 하고나서 S의 방에서 계속 공부를 한다. 입구 쪽에 있는, 정확히 말하자면 입구에서 두 번째 방이자 화장실과 주방을 마주보고 있는 이 방은 사람들이 드나드는 게 유달리 선명히 느껴진다.

S의 방에는 학부 때부터 지금까지 S가 모으고 읽은 책들이며 자료들이 가득하다. 내 목동 방에 있는 규모의 책들이 고시원 방 하나에 들어차 있으니 묘한 기분이다. 어쨌거나 여기는 잠자는 방이기보다 일종의 서재이고, S는 여기에서 주로 공부하고 글을 쓴다고 한다. 이런 두 개의 방이 나는 대단히 매혹적이라고 생각한다. 물론, 부럽기도 하거니와. 그리고 잠깐의 고시원 생활을 기억하며 또 하나의 방을 가졌다고, 여행을 온 것 같다고 여긴다고 말한 사람을 떠올린다.

2010년 2월 12일, 새벽 5시 15분, 방에서

요즘은 생각이 흩어져 날아가는 경우가 많은 것 같다. 내가 이제 이 고시원 공간에 익숙해져서 새롭고 신선하며 낯설게 포착되는 것이 점점 줄어서인지, 아니면 정말 점차 지쳐가는 탓인지, 아니면 방만해서인지, 잘 모르겠다. 이 참여관찰을 계속 지속할 필요가 있는지, 물론 당연히 연구 참여자들을 만나기 위해서라면 필요하겠지만, 10일이 넘게 여기에 있었는데 아직 사람들과는 얼굴도 제대로 모르는 사이이고, 나는 매일 글을 읽거나 쓰는 삶의 패턴을 유지할 수밖에 없는 상황에서 뭐가 어떻게 될지 가늠이 안 되는 건 사실이다. 계속 여기에 '사는' 게 맞는 걸까.

양말과 속옷이 이제 다 떨어졌는데, 세제가 없어 여기에서 빨래를 할 수 없다는 걸 깨달았다. 어서 집에 가고 싶어진다. 빨래가 목적이지만, 사실은 핑계인 듯도 싶다. 삶에 안정감이 하나도 없다. 새로 읽을거리를 프린트하거나 복사하거나 도서관에서 책을 빌리거나 하는 모든 일이 사소하게 내 신경을 자극해 불안감이 커진 것은 안 그래도 좁은 고시원 방에, 안 그래도 조그만 트렁크에 우겨 넣을 짐이 많아진다는 불안이었다. 나는 혈혈단신이고 싶은데 마음처럼 그렇게 되지 않고, 내가 통제할 수 있는 것 밖의 모든 것들은 다 짐처럼 느껴진다. 새벽 5시 20분, 잠시 뒤면 첫차가 다닐 게다. 이 글을 쓰는 이유도 그때까지 기다리기 위한 걸까. 하룻밤이라도 더 지새우는 게 힘들고, 잠을 자도 푹 잔 것 같지 않고, 얼굴 상태가 날로 악화돼서 힘들다. 하루라도 푹, 편히, 마음 놓고 자고 싶다. 집으로 바로 가는 버스가 있을까. 아, 모르겠다. 아무튼 잠들고 싶지가 않다. 마음을 좀 놓고 싶다

2010년 2월 14일, 오후 6시 35분, 목동 방에서

섣불리 필드워크를 결정한 게 잘못이었을까. 이틀 전인가, 사흘 전인가, 새벽에 버스를 타고 무작정 집에 돌아온 것이 왠지 아득하다. 나는 아직 이 방의 리듬에 적응을 못 했다. 이틀 동안 잠을 참 많이 잤고, 여드

름이 몇 개가 더 나고 사라졌으며, 고시원 방에서는 느린 인터넷과 소음 때문에 들을 수 없던 재즈 라디오 채널을 하루 종일 들었다. 종일 하릴없이 인터넷을 하고, 쓸데없는 주전부리들을 계속 입에서 끊지 않으면서. 정말 도망쳐 나온 느낌, 이를테면 시집살이가 힘들어 못 참고 친정으로 도망온 기분이랄까. 하지만 여전히 죄책감이 든다. 한 달의 절반이 지났고, 나는 이제 고시원에 '산다는 것'만으로는 새로운 무언가를 낯설게 볼 능력을 잃었고, 아직 사람들하고 제대로 인사도 나누지 못했다.

원래 주말에 집에 와야 했던 이유는 빨래와 읽을거리 챙기기, 그리고 옆집 고등학생의 과외 때문이었다. 설 연휴라 마지막 일이 펑크 났는데도 굳이 여기에 와서 이렇게 죽치고 앉은 것은 무엇 때문일까. 삐걱대는 소리가 나지 않는 침대, 밝은 전등들, 내가 마음 편히 사용할 수 있는 냉장고와 세탁기, 스피커로 음악을 마음껏 들을 수 있는 자유. 아, 모르겠다. 그저 어렵다. 피곤하다.

2010년 2월 15일, 새벽 6시 50분, 고시원으로 돌아가는 버스에서

4일을 꼬박 집에 있었다. 정확히 96시간, 그중 40시간 정도는 잠만 잔 것 같다. (나중에 살피니 3일, 72시간을 목동 집에 있었다. 잠시 목동 집에 가 있는 동안 시간 감각마저 마비된 것 같다.) 돌아올 때의 새벽 버스 노선을 그대로 거슬러 다시 돌아간다. 이젠 내가 어디에 속하는지, 속해야 하는지도 잘 분간이 안 된다. (흥미롭게도, 이 필드의 경우에는 필드 내부인/외부인을 인정하는 체계가 존재하지 않는다. 삶 자체가 개인화되어 있기 때문에, 스스로 살면 내부인인 것이고 아니면 아닌⋯⋯.)

주말 안에 끝내려던 아르바이트용 통계 작업은 질문지가 없어 마무리를 못 하게 됐다. 또 통계 작업을 평계로 주말을 목동에서 보내게 될까, 감각이 포화됐다는 느낌을 받았다. 고시원에 '산다'는 것만으로 더 새롭게 감각할 것은 없는 것만 같다는. 이 포화 상태를 다른 국면으로 전환시킬 것이 관계일 텐데, 나는 사람들과 대화 한 번 제대로 나눈 적이 없었다는 데서 끝없는 벽을 느낀다. 내가 너무 소심해서 문제인 걸까. 바빠서 삶의 패턴을 맞추지 못한 것도 왠지 핑계처럼 느껴진다. (맞춘다면 그건 또 어떤 의미일까, 새벽에 함께 일어나서 씻는 데서라도 마주치는 것?) 어쩌면 그렇게 패턴을 맞추고 자주 마주치는 것 자체가 필드워크의 일부일 것이다.

으쌰, 하고 큰맘을 먹고 돌아가는 길인데도 자신이 없고 두렵다. 동이 슬슬 터오는데, 피곤에 이가 욱신거린다. 그래도 고시원 방은 어둡고 삐걱대고, 아늑하겠지.

2010년 2월 15일, 오후 3시 25분, 방에서

얼마나 잤는지 모르겠다. 아침엔 그렇게 잠이 올까, 싶어 뒤척였는데 막상 잠이 들고 나니 비몽사몽에, 엄마에게 전화가 왔는데 제대로 받지도 못 했다. 아침에는 웬 아이와 젊은 여자의 소리가 들려 꿈결인가 했는데, 너무 가까워 계속 헤매다 보니 이 고시원에 사는 누군가를 찾은 가족인가 싶었다. 가족, 이라. 고시원의 삶과 가족은 어찌 보면 가장 먼 단어다. 가족이 있는데도 고시원에 들어오는 것은 어떤 '사연'이 있기 때문이다. 명절은 그래서 이상한 기분을 불러일으킨다. 오늘 오전에 조금 더 일찍 들어왔더라면, 사람들이 다시 일터로 니기는지 볼 수 있었을까. 오후의 고시원은 여지없이 조용하다. 몇 사람이 고향으로 향하고, 몇 사람이 일터로 향했을까.

나는 이제 오른쪽 옆방 남자의 뒤통수를 알 수 있을 것 같다. 매일 (나처럼) 컴퓨터만 두드리고 있는 남자. 같은 직업에 종사하지 않으면서 자연스럽게 얻을 수 있는 친밀감이란, 결국 뒷모습 정도인 걸까.

2010년 2월 15일, 오후 7시, 방에서

잠결에 목소리를 들었던 가족이 이제 집에 들어오는 소리가 들린다. 콩콩콩콩 뛰어다니는 아이와, 뛰지 말라고 주의를 주는, 아마도 고시원 거주민일 아빠. 고시원에서 가족과 함께 명절을 보내는 건 어떤 심정일까. 방음이라고는 되지 않는 다른 방들에서, 저 아이의 소리를 듣는 다른 중년의 남자들은 어떤 생각들을 할까.

2010년 2월 15일, 저녁 9시, 방에서

아이는 아이다. 무슨 일인지 모르게 자꾸 밖에 나와 아빠에게 칭얼댄다. 계속 같이 갈 거냐고 묻는 아이는 대체 어디를 가리켜 같이 가자고 조르는 것일까. 저 가족 사이에는 대체 어떤 이야기가 있을까. 나는 화장실에 가고 싶은데, 삼십 분 넘게 참고 있다. 아이를 보는 게 왠지 민망해서일까. 아니면 아빠를 보는 게 민망해서일까.

아이의 끊이지 않는 말소리는 고시원의 침묵, 사적인 공간을 드러내지도, 파헤치지도 않는 침묵에 균열을 일으킨다.

조용한 틈을 타 용기를 내 화장실에 다녀오다가, 잡힐 듯 들리던 선명한 소리가 한 번도 문이 열리는 것을 본 적이 없는 바로 앞방에서 난 소리라는 걸 알게 된다.

2010년 2월 16일, 새벽 1시 50분, 방에서

S가 커피를 마시라고 준 컵들이 3개째가 되자, 이젠 돌려줄 때가 됐다 싶어 씻으러 갔다가 요즘 방이 건조한 게 떠올라 물을 가득 받아와

놓아두었다. 문득 아무리 건조해도 젖은 수건 하나 널어놓지 않고 버티고, 짐을 최소화하기 위해 별것 가져오지 않고 살던 생활을 새삼 되돌아보게 됐다. 방을 변화시키려는 노력, 공간을 변화시키려는 노력은 내가 이곳에 있다는 것에서 가능해진다.

2010년 2월 16일, 저녁 8시 20분, 서울대입구역 스타벅스에서

지도교수와 면담을 하면서 왠지 모를 감정이 북받쳐 울먹였다. 고시원에 산다는 것 그 자체에서 비롯된 것이라기보다는, 연구자로서 내가 마주하고 있는 무수한 경계들과 협상하는 과정에서 나온 감정이었으리라. 나는 비록 지금의 참여관찰 방법이 실패하더라도, 연구자로서 내게 충분히 의미 있을 것이라고 이야기했다.

치과에 들렀다. 친구를 만나기 위해 버스를 타고 서울대로 접어드는 길에서 내가 이렇게 온전히 고시원이라는 하나의 문제에 집중할 수 있는 상황이 참으로 신기해 갸우뚱했다. 필드에 있다는 것, 그 자체가 일종의 감응적sensitizing 실천 또는 수행일까.

왠지 어제 새벽 내가 화장실에 가랴, 샤워를 하랴, 정수기에 가랴 들락날락하는 동안 반쯤 열려 있던 왼쪽 방문 안에서 곤히 자던 어둠 속의 남자를 기억한다. 남자는 생각보다 젊은 나이였고, 침대를 제외한 딱 그만큼의 공간은 자질구레한 옷가지들로 가득 차 있었고, 그것들에는 어둠이 짙게 드리워져 있었다.

2010년 2월 16일, 밤 11시 40분, 방에서

고시원에서 바뀐 밤낮이 다시 반 바퀴를 돌아, 36시간 정도를 깨어 있다. 이런 상태에서는 지하철이나 버스에서 깜박만 졸아도 단잠이다. 물에 적신 수건같이 무거운 몸을 이끌고 돌아와 찌뿌드드한 마음에 샤워를 하는데 그동안 쓰던 여행용 샴푸와 바디클렌저가 동나 조각 비누를 써야 하는 상황은 이제 '여행'이 끝났다는 걸 알게 해주었다. 이제는 더 큰 용량의 샴푸와 바디클렌저가 필요하다. 어느 호텔에서 가져온 얄팍한 천 슬리퍼는 이미 찢어질 위기에 놓인 지 오래다. 그런데도 나는 새 슬리퍼며, 샴푸며, 바디클렌저를 여태 사지 않고 있다.

2010년 2월 16일, 밤 11시 55분, 방에서

잠들기 전 잠깐 이야기나 나누려고 S네 방에 쭐레쭐레 찾아갔다가 S가 통화를 하고 있어 방에 돌아와 있으면서, 뭐랄까, 내가 이곳을 마치 기숙사처럼 대하고 있다는 생각이 들었다. 필요하면 친구들을 찾아갈 수 있는, 오순도순 여럿이 함께 모여 사는 공간. 이런 이해는 그 자체로 대단히 특권적인지도 모르겠다는 생각을 하게 된다. 표면상의 단절과 개인화가 고시원의 공간적 배치의 특징이라고 할 때, 나는 들어올 때부터 별다른 노력 없이 이미 알고 있는 사람, 그것도 '주인집 딸'과 맺은 관계를 통해 그 경계를 쉽사리 넘을 수 있었다. 우리가 각기 안쪽 코너로 들어온 방과 입구 쪽 방이라는, 상당히 먼 거리에 있는데도 서로 문을 두드리며 인사를 건네고 방에서 함께 이야기하고 공부를 할 수 있다는 것 역시 그렇다. 잘, 모르겠다. 내가 이런 자원을 가진 것이 어떤 의미인지.

배가 너무 아파 화장실에 갔는데, 두 칸 밖에 없는 화장실 안 쪽 칸을 누군가 이미 사용하고 있었다. 다른 한 쪽은 사람들이 주로 서서 소변을 봐 지린 오줌 때 같은 것들이 칠갑된 그런 곳이었는데, 목마른 사람이 우물을 파듯 급하니 내가 거기를 깨끗이 치우고 일을 보게 됐다. 목마른 사람이 우물을 파는 게 고시원의 원칙이라면, 나도 이제 그 원칙의 자장 안에 들어와 살게 된 것이다.

2010년 2월 17일, 오전 8시 30분, 방에서

자다 일어나서 씀. 고시원 방의 좁은 침대에 몸을 누이는 것은 계속해서 모서리에 몸을 누이는 것이다. 침대의 얄팍하고, 쏟아질 것 같은 모서리.

2010년 2월 17일, 오후 1시 35분, 방에서

2시까지 참여연대에 가야 하는데, 오전에 말짱하게 깼다가 다시 스르르 TV를 켠 채 잠이 들어버렸다. 일어나니 지금 시각.

주인 아주머니가 몇 차례 새로운 사람에게 방을 소개하느라 2층을 들락날락했다. 꿈결에 소리를 들은 소개받던 사람과 지금 소개받은 사람이 같은지는, 잘 모르겠지만, 지금 올라온 사람은 부산에 살기에 컴퓨터를 가져올지 안 가져올지 몰라 인터넷을 연결할까 고민 중이라고 했다. 몇 사람들이 아주머니에게 (아마도 돈 문제로) 말을 걸었는데 아주머니는 늘, 대부분의 사람들에게 "사장님"이라며 참 깍듯하게 대했다. 어쩌면 그게 말걸기의 방식일까.

15일치 방세를 내고 들어왔는데, 날짜가 지나버려 아주머니를 뵙는 게 민망해졌다. 돈을 안 낸 사실이 떳떳치 않고, 내자니 내가 참 돈이 없는 이 상황. 고시원에서는 너무도 '보편적인' 상황이려나. 그래서 아주머니의 기척이 사라질 때까지 방에서 꼼짝 않고 기다리는 이 마음.

2010년 2월 17일, 저녁 8시 10분, 경복궁역 근처 스타벅스

참여연대 세미나에서 처음으로 고시원 주제를 연구한다고 이야기를 꺼냈다. 쓰고 있던 논문 계획서를 발제했고, 좋은 코멘트를 많이 들었다. 세미나가 끝나고, 밥과 술을 곁들여 먹고 나오는데 간사님께서 오늘 행사에서 남은 과자들을 싸서 주시며 고시원에 있으니 생각이 나서 챙겼다고 했다. 젠더 세미나팀 사람들에게 고시원으로 옮겼다고 했을 때도 E 누나가 (E누나는 고시원에 산 경험이 있기는 하지만) 괜찮으냐고, 몸은 어떠냐고, 밥은 잘 챙겨 먹느냐고 걱정했는데. 사실 자취하는 거나 고시원에 있는 거나 먹는 게 부실한 건 비슷하다. 자기 냉장고가 있느냐 없느냐 정도의 차이는 있겠지만……

새삼, 계속 기록하고 싶던 거지만, 나는 여태 (벌써 2주가 넘었건만!) 엄마에게 고시원에서 살고 있다는 이야기를 한 적이 없다. 고시원에 있을 때 전화가 오면 일부러 받지 않거나, 추위에 떨며 밖으로 나가서 전화를 받거나 했다. 한 번은 내가 작은 목소리로 고시원에서 전화를 받았더니 왜 이리 작은 목소리로 전화를 받느냐고 물은 적도 있다. 아직 엄마에게 말하기 어려운 건, 연구를 위해 (그것도 '멀쩡한' '내 집'을 두고) 고시원에 산다는 게 엄마에게 너무 '오버스럽게' 보일까 걱정돼서일까, 그래서 이 상황과 연관된 건강 문제나 끼니 문제에 관한 걱정과 염려, 참견을 듣기 싫어서일까, 아니면 고시원이라는 공간에 관한 낙인 찍기가 내 안에서 작동하고 있기 때문일까, 아니면 여전히 고시원을 연구하는 자신에 관한 라포가 충분히 쌓이지 않았기 때문일까.

2010년 2월 17일, 밤 10시 55분, 방에서

경복궁 쪽에서 마포구청으로 오는 버스를 약간의 시행착오를 거쳐 타고 오는 길이 무척 졸렸다. 집 앞에서 내려 고시원에 있을 S에게 전화를 걸었는데 내가 잠을 깨운 것 같았다. 담배 한 대 나눠 피자고 했는데 피곤하다며 잔다고 해서 끊고 보니, '우리'가 같은 고시원 공간에 살아서 어찌 보면 S에게도 보장돼야 마땅할 '사생활'을 본의 아니게 침범하게 되는 상황이 여러 번 연출되는 것 같아 왠지 마음이 복잡해졌다.

세미나 뒤풀이 자리에서도 계속 담배가 피우고 싶었다. 차마 W선생님께 담배를 빌리기가 민망해서 참았는데, 아까 스타벅스에서 누군가 흘린 거의 새 것에 가까운 말보로 레드를 피우자니 라이터가 없었다. 계속 그 생각을 하며, S도 못 본다고 해서 아쉬운 찰나 누군가 걸어오며 라이터를 켜 담배에 불을 붙이는데, 편의점에서 일하는 26번방 아저씨다. 아, 일이 10시부터라고 했었지. 담뱃불을 빌려야 했다는 생각이 들면서 늦게 알아본 것을 살짝 후회했다. 자연스럽게 알아가게 되는구나, 정말.

2010년 2월 18일, 밤 9시 50분, 방에서

고시원을 연구하는 '나'의 이야기를 아직 많은 사람들에게 꺼낸 적은 없다. Y, 어제 참여사회연구소 세미나팀 구성원들에게, 그리고 지도교수인 L선생님께. 몇 번의 이야기를 하면서 내가 입에 올린 말들 중 새삼 어제 기억에 남은 건 "고시원에 살며, 고시원을 읽고, 고시원에 관해 쓴다"는 이 독특한 경험(사실 바로 지금이 그런 순간이다!)이었다.

또 하나, 스스로 이야기하면서 깨달은 것은 2006년《한겨레21》기사가 보여주듯 고시원에 사는 사람들은 재개발에도 '주민'으로서 합당한 지위를 부여받지 못한다는 것. 이것은 고시원이 실질적 주거 '형태'인데도 사회적으로 주거 공간으로 인정받지 못한다는 것을 보여준다. 그리하여 내가 사는 방 번호인 '35번 방'은 호수도 아닌, 그야말로 무슨 죄수 번호 같은 '방 번호'일 뿐이지만, 그렇다고 이 서로 다른 방'들'이 한 '집'에 사는 것(그런 감각)이라고 보기도 어렵다. 베니어 합판을 다 들어내면, 각기 좁은 공간에 똬리 틀고 살아가는 십 수 명의 사내들이 한 층에 산다.

2010년 2월 18일, 오전 11시 5분, 방에서

어제 N과 최근 화장실 에피소드 이야기를 하면서 "화장실에도 라포가 필요한" 상황을 설명했다. 심지어 샤워실에 관해서도. 아까 화장실에 다녀오는데, 사람들이 수시로 담배를 피워 변기나 바닥에 담뱃재와 담뱃진이 잔뜩 묻어 있어 아픈 배를 부여잡고 그것들을 닦아내야 했다. 처음으로 '사람들'에게 '짜증'이 났고, 볼일을 보고 나니 그 짜증이 갑자기 신기해졌다. 여기에 와서 사람들을 '알아야' 해서 짜증 같은 종류의 '개인적인' 감정은 배제돼야 한다고 생각해왔다는 생각도 든다. 처음 짜증이 났다, 라. 나도 짜증을 낼 권리를 자신에게 부여한 것일까. 내가 이 고시원이라는 현장과 맺고 있는 관계가 조금 바뀐 것을 보여주는 것인지도 모르겠다.

2010년 2월 18일, 저녁 8시 15분, 방에서

S와 저녁을 먹고 들어오는 길이다. 동네에 있는 유일한 카페가 없어진 줄 알았더니, 또 하나를 발견했다고 해서 자분자분 걸어가 위치를 확인하고 돌아왔다. 이제는 꽤나 친숙한 '우리식당'(점심도 여기서 먹었다!)에 가는 길에 목동 방만 아니면 여기에서 계속 살고 싶다고 이야기했더니, S는 수저를 들기 전에 "여기에서 산다고 생각하냐?"라고 물었다. 나는 당연히 그렇다, 고 이야기했다. 실제로 그렇다. 사는 건 사는 거지. 이제는 여기에서 공부하는 것도 그렇게 어렵거나 낯선 일이 아니어서, 사실 공부할 수 있는 '외부'가 그렇게 절실하지 않은 상황에 카페를 발견한 게 조금 슬프기도 하고.

식당 아주머니는 S와 몇 차례 함께 오기도 했고, 비슷한 차림새로 늘 와서 그렇기도 하고, 아무튼 나를 알아보는 것 같아 눈을 마주치고 반 갑게 인사를 드리고 밥값을 건넸다. 이 동네에 정이 간다.

늘 그렇듯이 논문에 관해, 지도교수(들)에 관해, 한국 학계에 관해, 미국에 관해, 다시 고시원에 관해, 식당에 관해, 누구에 관해, 블라블라, 이 렇게 이야기를 이어 나갔다. 이게 '우리', 그리고 나의 삶이 된 것 같다. 학 생이라 공부를 하고 연구를 한다는 내용이 바뀌지는 않았지만 그 삶의 형 식 중 하나인 주거 공간이 바뀌었다는 것, 그리고 나는 이렇게 '적응'이랄 지 '변용'이랄지, 해나간다. 참, 신기하지.

정말 더 살 수 있다면 좋겠다. 방값과, 학기의 (수업들의) 무게와, 그 런 것들이 좀 덜어진다면 좋으련만.

2010년 2월 18일, 저녁 8시 45분, 방에서

피곤해서 혹시 잠이 들지도 몰라 세수를 하고 발을 씻기 위해 욕실 겸 화장실에 갔는데, 온통 수증기로 자욱하다. 누군가 샤워를 하고 있는 듯, 비누향이 훅 끼쳐왔다. S가 알려준 팁이 생각나 칫솔을 들고 주방으로 가 이를 닦았다. 그런데 주방에는 아까 저녁 먹으러 나가기 전의 김치찌개 냄새가 아직도 진동하고 있었다. 그것도 꽁치 김치찌개인 것 같은, 비린내. 싱크대의 벽에는 공용 비치품인 숟가락과 젓가락을 가지고 가지 말라는 주인 아주머니("사무실 백")의 권고문이 붙어 있고, 수저통에는 젓가락이 하 나도 남아 있지 않다. 사실 젓가락 한 벌은 지난 설 연휴 때 S가 가져다준 남은 명절 음식을 먹기 위해 내가 쓰고는 아직 가져다놓지 않았다. 챙겨두 려는 게 아니라 설거지가 귀찮았다는 게 더 정확하지만, 어쨌거나 나도 숟 가락과 젓가락을 방에 몰래 챙겨둔 '그 사람들' 중 한 명이 됐다는 사실에, 아주머니에게 죄책감을 느꼈다.

사실 방세 때문에라도, 아까 집에 들어올 때 잠깐 "오랜만에" 뵌 아주머니(아주머니가 먼저 오랜만이라고 인사를 건네셨다)가 마냥 편하지만은 않은 것이다. 원래 15일을 있기로 하고 방세 10만 원을 드렸는데(할인받은 가격이다!), 15일 즈음 드려야 하는 방세를 아직 못 드리고 있다. 어영부영 이렇게 시간이 갈수록 나는 부담감에 견딜 수 없을 것 같다.

여하튼, 꽁치 비린내가 진동하는 주방에서 세수를 하기가 뭣해 다시 수증기가 자욱한 화장실로 들어가 얼굴에 물을 끼얹었는데, 물이 그다지 따뜻하지가 않았다. 갑자기 옆에서 샤워를 하던 아저씨가 "아, 왜 찬물이 나와!" 하며 낮은 목소리로 짜증을 냈다. 틀림없이 옆 칸에서 갑자기 물을 튼 내가 들으라고 한 소리다. 내가 샤워할 때도 옆 칸에 누가 없는데 찬 물이 나온 적이 한 번 있어 그냥 그런가 보다, 싶어 가만히 세수를 했는데 왠지 짜증이 전해지는 것 같아 물살을 낮춰 고양이 세수를 했다. 물은 찬 물과 더운 물을 오갔다. 옆 칸에서는 샤워를 중단한 모양이었다. 아니면 내가 나갈 때까지 기다리기로 작정한 거였는지도. 나는 꼼꼼히 이중 세안을 하느라 그렇게 금세 나가지 못했다. 어쨌거나 내가 몇 번 헛기침을 하는 동안 옆 칸에서는 샤워를 중단한 채 가만히 서 있는 모양이었다. 내가 그때 말을 걸었다면 어떻게 됐을까. 글쎄.

2010년 2월 18일, 밤 10시 5분, 방에서

늘 불안한 무선 인터넷을 부여잡고 잠깐 웹서핑을 하던 중 오랜만에 들른 당대비평 웹진을 스윽 읽다, D선생님 책에 관한 어느 석사 과정 학생의 글이 상당히 유려하게 쓰인 것을 보고, 갑자기 또 불현듯 소설을 읽어야 하는데, 하는 마음이 불쑥 솟아나다가도 이런 마음이 참 사치스러운 것이구나, 라는 생각이 연쇄적으로 들었다.

사치스럽다, 라는 것은 단지 그 행위가 이런 조건에서 불가능하다 거나 그래서 알량하다거나 우습다거나 한 게 아니라, 뭐랄까, 지금 현재 내게 소설 읽기라는 것이, 그것도 단지 문장을 좀더 유려하게 만들기 위한 참조 지점으로서 소설 읽기라는 것이 무용하다는 것, 내가 지금 있는 이 '현장'에 주목하는 것, 이 현실과 직면하고 사투를 벌이며 현장과 내가 함께 변해가는 것, 그것이 더 중요한 일이라는 것이었다.

그럼에도 끊임없이 글을 써야(만) 하는 내 위치, 또는 내 정체성은 간혹 영화나 문학에 관한 갈증을 터뜨릴 때가 있다. 그것 역시 내가 감당해야 할 몫이다.

2010년 2월 19일, 새벽 1시 30분, 방에서

아, 인터넷이 1메가로 잡혀 겨우 텍스트만 볼 수 있고, 그것도 수시로 끊겨 메일 하나 보낼 수 없는 상황이 너무 답답하다! 급하게 보내야 하는 메일인데, 이 답답함을 어디 하소연할 데도 없다. 빠른 인터넷 속도에 너무 익숙해진 세대에게 이건 좀 가혹하다.

S의 어머니가 내가 처음에 들어올 때 하나 주워다 주신(?) 의자를 잘 닦아 쓰고 있는데, 이제는 슬슬 엉덩이가 아프다. 식당용 의자라 하루에 몇 시간씩 앉아 공부하기에는 적합하지 않은 게다. 오른쪽 방 남자는 어떤 의자에 앉아 저리 열심히 게임을 하는 건지.

2010년 2월 19일, 새벽 3시 25분, 방에서

피곤하지만 자기가 아까워 참고 문헌 정리를 하고 있는데(엄청난 타이핑 소리가 난다) 더워서 문을 절반쯤 열어두었다. 그런데 쾅 하고 부딪히는 소리가 나서 돌아보니 앞방 아저씨가 문을 열고 나오다가 걸린 거였다. 내가 "아이구" 하며 죄송한 마음에 뒤돌아보니 아저씨는 "괜찮아요" 하고 자상한 표정으로 복도를 걸어 나간다. 아, 내게 먼저 말을 걸어 주었다는 데 감사한 마음과 방구석의 풍경을 '들켰다'는 기분이 동시에 들어 왠지 불편하기도 하고 다행이기도 하고, 이상한 마음이다. 문을 다시 닫을까 하다 너무 더워 그냥 열어두기로 한다. 나중에 들어올 때도 일부러 방 안쪽을 보지 않으려 조용히 다시 들어간 느낌을 받았는데, 사생활(너무 취약해서 얼마든지 드러날 수 있는)을 존중해주려고 하는 것 같았다.

가만 생각해 보니, 저 아저씨, 설 연휴 때 아이와 아내가 찾아왔던 그 아저씨다. 왠지 표정이 자상해 마음이 가는 아저씨다. 어떤 사연이 있는 사람일까. 담배라도 나눠 피우자고 청하고 싶다. 안 그래도 라이터가 없는 참인데, 한 번 물어볼까 하다가도 마음이 확 하고 일지 않네. 참, 어렵다.

2010년 2월 19일, 새벽 4시 5분, 방에서

자려고 누웠다가, 문득 내가 늘 몸을 뒤척이다 침대가 좁아 본의 아니게 치게 되는 오른쪽 방 벽에서 자다 뒤척이다 쿵 하고 이쪽 벽을 치는 것을 보고, 우리 잠자리가 실제로는 몇 센티미터 떨어지지 않았다는 것을 확실히 알았다. 그때 문득 이대로 필드워크를 끝낼 수는 없다는 생각이 들기 시작했다.

사실 문제는 돈이다. 두 개의 방을 유지하는 일이, 내게는 사실 버겁다. 지금도 수입이 일정하지 않은 대학원생으로서, 한 달에 25만 원의 추가 비용이 발생하는 것은 정말 버겁다. 아, 다시 생각해도 버겁다. 앞으로 6개월 정도를 더 산다면 150만 원. 어떻게 안 되는 돈은 아니지만……. 어떻게 보면 연구비로 150만 원이 들어가는 셈이다. 엄마는 깜짝 놀라겠지. 뭐 그런 연구가 다 있냐고…….

또 하나 걱정은 학기 중의 과제나 책, 읽을거리들의 분량과 기타 등등을 고려할 때 과연 고시원 생활이 가능하냐는 것. 사실 안정적인 공부는 안정적인 공간의 확보와 거기서 오는 안정감feel homely이 중요하다는 생각을 지난 1년 간 했다. 그렇다고 주중에는 목동 집에 있고, 주말에는 고시원에 나와 있는 것도 이상한 것 같고……

여하간, 고민을 좀더 해봐야겠다. 아주머니와 담판(?) 또는 협상을 벌여서 6개월 일시불 100만 원을 요청할까. 100만 원이라니, 누구 집 개 이름도 아니고. 한숨이 절로 나오기는 하지만…….

모르겠다. 아무튼, 이대로 떠날 수는 없다.

사람들과 '만날' 수 있을 것 같다. 시간과 여유와 '돈'만 좀더 보장된다면…….

2010년 2월 19일, 오후 1시, 방에서

샤워를 하는 도중에 옆 칸에 누가 들어왔는데, 뜨거운 물이 안 나온다거나 하는 일은 없었지만 수압이 낮아서 물을 계속 나눠 쓴다는 느낌을 받았다. 버튼을 잡아 당겨야 샤워기를 쓸 수 있는데, 옆 칸에서 (서로) 물을 세게 틀면 수압이 낮아져서 버튼이 되돌아갔기 때문이다. 내가 좀 먼저 들어와 있기는 했지만, 어쨌거나 내가 샤워를 마치고 몸을 닦기 시작하자 옆 칸에서 물을 트는 느낌을 받았다. 배려 받은 느낌이릴까. 나오면서 보니 다소곳이 놓인 실내화는 자주 보던 것이다. 사실 이 층에서 실내화를 신는 사람은 정말 몇 없다. 거의 저 사람과 나.

돌아와 방에 들어갈 때 보니 바로 앞 문 아저씨 방문이 조금 열려 있고, 어두운 방에 TV가 켜 있다. 저 아저씨였나. (그런데 왜 다들 어둡게 사는 걸까……) 왠지 친밀하다.

경희대에서 열린 문화연구 쪽 포럼에 H와 같이 갔다가, 회기역 인근에서 밥을 먹었다. H에게 이런 저런 이야기를 하다 보니 새삼 이 연구를 둘러싼 내 상황이나 고민들을 털어놓게 됐는데, 스스로 이야기하면서 정리가 됐고, 또 좋은 조언도 많이 받았다.

이를테면, 계속해서 고시원에 살지 말지는 물론 방세, 대학원 생활과 병행할 수 있는지도 연관되어 있지만, 더 큰 문제는 내 '욕심'이라는 생각이 들었다. 대학원에 진학한 지난 1년간 짧은 시간에 많은 글을 쓰고, 그중 일부는 논문으로 출간되면서 생긴 글에 관한 욕심. 물론, 한 글을 특정 기간에 집중해서 쓰는 건 맞지만, 문제의식은 계속해서 축적되는 것인데⋯⋯. 고시원에 살까 고민하기 시작한 때부터 지금까지 3주 넘는 시간 동안 고시원이 아닌 다른 주제를 거의 고민하지 못했다는 게 나로서는 참 신기하기도 하고, 두렵기도 한 거다. 내가 벌써 본의 아니게 체득해버린 학계 안의 '생산성'에 관한 요구를, 이 연구가 지속되는 상황은 사실 위협하고 있는 게 맞다. 당장 민족주의 글도 마무리를 못 하고 있고, 공동 프로젝트들도 진척이 없다. H는 내가 다른 고민을 거의 못 하는 이 상황도 이 연구를 통해 내 생활 패턴이나 삶의 방식, 사유의 패턴이 변해가는 걸 보여주는 좋은 사례라고 했지만, 이 상황이 마냥 불안하지 않은 것은 아닌 게다. 사실 이 욕심은 이중적이다. 석사 논문을 허투루 쓰고 싶지 않고, 이론과 사례 분석뿐 아니라 정교하고 치밀한 질적 방법론 기술과 실천에도 욕심이 나는데, 또 다른 문제의식들로 논문을 쓰는 것을 놓을 수도 없는 상황. 게다가 나는 생계를 위해 돈도 벌어야 한다. 어떤 방식으로건. 아휴. 군대 가기 전에 영어 공부도 해야 하고⋯⋯.

H와 나눈 대화를 한참 기록하고 있는데, 몇 분째 통화하고 있는

오른쪽 방 남자가 "나도 인제 마흔 하나인데……"라는 말을 하는 걸 듣는다. "우리 엄마가 32년생인데……", "나중에 전화할게, 사랑해~"로 끝나는 전화는, 중간에 나온 '누나'라는 호칭을 고려할 때 연인일 가능성이 크다. 와! 나는 이 공간에 사는 사람들을 여러 차원에서 주변화된 사람들로 '전제'했기에, 섹슈얼하게도 그럴 것이라고 막연히 가정했다는 걸 지금 깨달았다. 아…….

2010년 2월 21일, 새벽 2시 10분, 목동 방에서

침대에 두터운 쿠션을 기대고 누워보는 일이 참 오랜만이다. 고시원 벽에는 기댈 곳이 없어 늘 엉거주춤하게 삐걱대는 침대에 걸터앉거나, 아니면 30분만 앉아 있어도 엉덩이에 땀이 차고 엉덩이뼈가 욱신거리는 낡은 의자에 앉아야 했다. 그것도 안 되니 이불에, 베개에, 파카까지 겹쳐 무덤을 만들어놓고 그 위에 기대 TV를 보지. TV를 본다는 것도 내게는 큰 변화였다. 그래도 작년에는 TV 없는 방에서도 각종 쇼며 시트콤까지 실시간으로 받아 봤지만, 1월부터는 그것도 다 흥미를 잃었는데. 요즘은 아침과 밤의 구분이 모호한 오전, 막 일어난 멍한 상태에서 방을 나설 때까지 TV를 켜 둔다. 동계 올림픽 시즌이라 그럴까.

아, 굳이 컴퓨터를 켜서 기록하려고 한 것은, 이제 목동 방에 오는 게 그렇게 애틋하다거나 하지는 않다는 것. 오히려 그냥 주말이구나, 싫기도 하고(이게 주말을 맞는 직장인의 자세일까?), 좀 덤덤해졌달까. 그만큼 고시원 방에 익숙해졌다는 의미이기도 하겠지만, 다른 한편으로는 목동 방도 나에게서 탈중심화되고 있다는 게 조금은 슬프다. 여기 있는 가구들 하나하나 다 고르고 조립하고, 텅 빈 방에 그것들을 채우고, 중고 물품 사이트에서 냉장고며 세탁기를 산 기억 하며, 그런 방인데, 내가 참 아끼던 방인데. 이제는 내가 어디에서 자건, 어디에서 썻건, 어디에서 볼일을 보건 그저 살아 있을 수 있다는 것을 알게 돼서, 아, 사람 사는 게 그렇구나, 싶다.

열두 시가 넘어 생뚱맞게 온 전화는 K였다. 위기를 넘기고, 사수도 바뀌고, 관할 구역도 바뀌어서 조금은 생글생글한 목소리지만, 여전히 택시로 이동 중인 시간을 타 전화를 한 거고, K는 잠자는 시간이 조금 늘어 평균 3시간을 자고, 경찰서와 병원을 오가며 쪽잠을 자는 삶을 2개월째 이어가고 있다. 사람 몸은 금세 익숙해진다. 나 역시 그렇고.

물론 목동 방에 오면 조금 늘어지게 되는 건 사실이다. 기본적으로 고시원 무선 인터넷이 너무 느려 제대로 못 본 사이트들을 느릿느릿 찾아보다 (사실 밖에서도 찾아볼 수 있는 것들이 대부분이라 새로울 건 없지만, 그저 이런 빠른 인터넷 속도를 남의 시선 없이 즐길 수 있다는 안도감이랄까……) 시간이 또 한참 간다. 내일 오전 과외를 위해 지금쯤은 자야 하는데. 하루에도 몇 번이나 환승을 하며 지하철을 타고 버스를 타고 하다 보니 너무 피곤해서, 오늘은 계속 환승을 해야 한다는 긴장감에 정신이 바짝 들어 있었는데도 한 정거장마다 졸다 깨다 졸다 깨다 했다.

2010년 2월 23일, 새벽 1시 20분, 목동 방에서

정말 목동 방은 '휴가'처럼 여겨지는 것 같다. 어제도 오전에 과외가 끝난 뒤로 내내 침대에 누워 쓸데없이 인터넷 커뮤니티들을 방황하고, 쇼 프로를 보다 자고, 저녁 이후에는 내내 속탈이 나서 화장실을 들락날락거렸다. 고시원에 있었더라면 속탈도 편하지 않았을 터다. 그런데도 웬일인지, 저녁에 깜빡 잠이 들어 2시간 정도를 침대에 기대어 자는데 평소에 잘 꾸지 않는 악몽이어서, 그 공포가 서서히 스미는 것을 뿌리치고 일어나 통계를 다시 돌리고 앉았다. 아, 이 방도 완전히 편한 휴양지일 수만은 없구

나. 지금 내게 목동 방은 휴양지인 동시에 일터이며, 필드워크에서 벗어나는 도피처인 동시에 그 도피 때문에 마음의 자책을 느끼는 가시방석이다.

게으름을 피운 탓에 목동 방에 있는 노트북으로만 할 수 있는 통계 작업이 이제야 끝났다. 핑계거리가 하나 사라진 셈인데, 방학도 거의 마무리라 핑계가 없다고도 할 수 없다. 나는 읽고 정리하기 위해 가져온 산더미 같은 자료들을 꺼내놓고는, 아주 오랜만에 팩을 하기로 하고 세수를 했다. 거의 한 달 만인 것 같다. 그래도 1~2주에 한 번씩은 팩을 했는데, 피부 관리가 낙은 아닐지언정 가끔은 해줘야 한다는 생각이었는데, 삶의 터전을 옮긴다는 건 정말 사소한 데서부터 많은 변화를 가져오는 것 같다는 걸 새삼 또 느꼈다.

이제 곧 다시 이 방을 떠난다. 토요일 저녁에 왔으니, 만 이틀 만이다. 이제 다시 돌아올 때에는 캐리어로 한 짐 들고 와야 할까. 그걸 잘 모르겠다. 그래서 문제다.

2010년 2월 23일, 저녁 9시 반, 지하철에서

논자시(논문자격시험) 준비 자료들과 논문 자료, 책들을 그야말로 한 짐 싸서 학교에서 나오니, 어디로 가야 할까. 막막한 기분이 든다. 9호선을 탔는데 당산역에서 내려 합정역으로 갈아탈지, 그냥 그대로 마을버스를 타고 집으로 향할지, 흔들거린다.

박사 논문도 아닌데 그렇게 힘쓸 거 없다고, 그 정도면 충분하다고 한 지도교수의 말이 면죄부처럼 어른거린다. 고시원에서 마음이 슬슬 뒷걸음질 쳐 나오는 소리가 들린다. 며칠이라도 더 붙들고 싶은데.

2010년 2월 23일, 밤 11시 20분, 목동에서 고시원으로 가는 버스에서

미련이 잔뜩 남은 채로 차가운 방에 보일러 한 번 틀지 않고 머물다 나오니 문득, 내가 다시 여기로 돌아올 땐 정말 "다녀왔어요"라고 하면 그만인 걸까. 필드워크는 끝났고, 이걸로 충분했다고 자위할 수 있을까. 찜찜함, 미진함, 불충분함. 그런데도 현실적 판단을 해야 하는 것, 그게 연구구나. 불충분함을 바꾸기 위한 건 운동일지도 모른다.

미련스레 목동 방에 놓고 오리라 들고 간 짐의 절반을 다시 고시원으로 들고 들어간다. 오늘 새벽 첫차를 탔던 6714번을 다시 타고. 이 학교 저 학교마다 입학과 졸업이 한창인지, 이 밤의 목동사거리에는 젊은이들이 학기 초 분위기를 잔뜩 내고 있었다.

나는 이 방, 방들에 이상스레 분배된 마음의 조각들을 안고 목동에서 망원동으로, 다시 목동으로 버스를 타는 수밖에 없다.

2010년 2월 24일, 새벽 3시 15분, 방에서

S랑 옥상에서 별을 보며 줄담배에, 맥주 한 캔씩을 마셨다. 발이 한참 시리다.

…… 옥상에서 한참 줄담배를 피우다 내려와 겉옷에서 나는 냄새를 맡으니, 이 냄새 묘하게 이불에서 나던 냄새다. 아, 그랬구나.

2010년 2월 24일, 낮 12시, 방에서

방에서 TV를 너무 많이 본다는 생각이 든다. 동계 올림픽 때문일까. 이 방의 공간성과 시간성에 내가 너무 익숙해지고 있다는 느낌이다. 늦잠을 자고, 느지막이 우리식당에서 미장이 인부들과 회사원들과 조선족 식당 아주머니들과 함께 점심을 먹고, 다시 돌아와 올림픽을 본다. 오늘은 웬일인지 고시원에서 처음 보는 얼굴을 여럿 마주친다. 이제 그 낯섦이 익숙한 풍경이다.

2010년 2월 24일, 저녁 6시 25분, 방에서

한참 TV를 보다가 한참을 잤다. TV와 침대가 내 '정상적인' 삶을 갉아먹는 걸 느낀다. 오늘 또 누가 왔는지, 아주머니가 방을 안내해준다. 좀 젊은 사람인가…….

2010년 2월 24일, 저녁 7시 50분, 방에서

"세탁기에 하이타이 사용하시는 분, 복도에 하이타이 사용한 거 버리지 좀 마세요." 아주머니는 공지사항을 2층 전체에 확성기에 대고 말하듯 전한다. "분" 다음에 아주 작은 한숨이 더해진다. 나는 침대에 누워 넷북을 두드리다 그 공지를 건성으로 흘려듣고는, 문득 다른 사람들은 어떻게 들었을까 궁금해졌다.

2010년 2월 24일, 저녁 9시 20분, 방에서

코너 쪽 방에서 아저씨 둘이 밥을 먹는데 문이 빠끔 열려 있었다. TV를 보고 있는 듯했는데, 한참 닫혀 있다 누가 문을 똑똑 조심스레 두드린다. "내일 몇 시에 나가?" 3명이서 이야기를 나눈다. 같이 일을 하는 사람들인 걸까. 직업 정보를 나누고 있다. 내일은 5시 50분쯤 나가자고, 사소한 10분, 20분을 두고 논의 중이다. 10분, 20분.

샤워를 하다 문득 목동 방이었나 아니면 여기였나 자다 꾼 꿈이 떠오른다. 축축한 진흙 바닥에 움막인지 천막인지 모를 것들을 치고 겨우 살아가는 수많은 사람들. 그건 서울의 어떤 과거이거나, 또는 〈아바타〉 같은 SF 영화에서 묘사하는 지구의 근미래이거나, 여하간 내 불안과 두려움이 투사된 장면인 것만은 틀림없었다. 축축한 진흙 바닥에 비닐이나 박스 한 장도 없이 자는 사람들을 보고, 여기에서 거주하면서 참여관찰과 필드워크를 해야 하나 한참 고민했다. 지도교수와 함께 걸어가면서. 잠에서 깼는데도 꿈과 현실의 경계는 모호했던 것 같다. 이제는 꿈과 현실과, 목동의 방과 성산동의 고시원 방의 경계도 모호하다. 어떤 사건이 어디에서 일어났는지 잘 구분이 안 된다.

샤워를 하고 돌아왔는데, 이 좁은 방들 사이에서도 어쨌건 문을 열어두고(날씨가 따뜻해졌는데도 난방이 그대로 돼서 방이 무척 건조하고 덥다), 함께 TV를 틀어두고 밥을 먹는 사람들이 있어서, 옆방의 자판 두드리는 소리만이 아니라 두런두런 들려오는 말소리, 밥을 씹어 삼키는 소리가 들린다는 게 좋았다. 사람 사는 데 같다는 느낌이 들어서.

샤워를 하고 돌아오니 또 아주머니는 공지사항을 알리고 간다. "차량번호 6217 차 좀 빼주세요!"

2010년 2월 25일, 새벽 1시 15분, 방에서

온 2층 고시원에서 김연아가 쇼트 프로그램에서 배경 음악으로 사용한 〈007 제임스 본드 메들리〉가 몇 번이나 울리는지, 이제 횟수를 헤아리기 어려울 지경이다. 물론 모든 TV 프로그램이 이걸 반복해 보여주는 것도 있지만, 실제로 고시원 사람들이 그걸 반복해 보는 건지 아니면 서로 다른 사람들이 각기 다른 시간대에 보고 있는 건지는 잘 모르겠다. 여하간, 김연아 덕분에 어떤, 그런 마음, 함께 김연아를 보고 있다는 마음, 이든다. 신기하고 우습고, 또 신기하다.

2010년 2월 25일, 낮 12시 10분, 방에서

이제는 너무 많이, 실컷 자서 문제다. 이틀을 이렇게 통으로 날리다니! 마산에 있는 고향집에 내려갔을 때랑 비슷하다. 할 건 많이 짊어지고 왔는데, 끊임없이 TV 채널을 돌리다 실컷 자게 되고 말이다.

2010년 2월 25일, 저녁 7시, 방에서

낮에 외국인 남자의 목소리를 틀림없이 들은 것 같은데, 고시원에 외국인은 없단다. 내가 들어오기 전 잠깐 살던 중국 여자만 있었단다. 글쎄, 잠결에 들은 소리는 아닌데 말이다.

우리식당에서 점심 겸 저녁을 먹고 돌아오는 길에 2층에서 일을 도와주시는 왜소한 아저씨를 만나 인사를 했다. 아, 이제는 인사도 그렇게 대수롭지 않은 일인지 방에 들어오자마자 기록하는 일도 잊었더랬다.

2010년 2월 26일, 새벽 5시 35분, 목동 방에서

4시가 조금 넘어서 택시를 타고 목동에 왔다. 논문 쓰는 데 필요한 짐을 두 손 가득 들고. 피곤하고, 이제 고시원 방에 있어야 할 필요가 없다는 생각이 든 것 같기도 하고. 이틀 정도 폐인처럼 방 안에 있었던 내가 싫기도 했고.

필요한 것을 한 짐 싸서 오니 상대적으로 편하기는 한데, 그냥 그렇다. 여러 모로 좀 감당이 안 돼서 미루고 싶은 마음만 든다. 논문 계획서 파일을 열어본 지가 너무 오래된 느낌이다.

2010년 2월 28일, 밤 11시 40분, 목동 방에서

쌓인 문자를 정리하다 마포구청에서 이동하는 교통편에 관해 S가

보낸 문자를 지우며 이상한 기분을 받는다. 나는 지금 뭘 지우고 있는 걸까. 뭘 지울 수 있을까.

2010년 3월 1일, 오후 3시 45분, 목동 방에서

어제 P누나랑 D씨랑 함께 공간 세미나를 통해 서로 연구 계획을 재검토한 뒤, 술자리에서 P누나가 "그래서 살아보니 어때?"라고 물었다. 나는 거기에, 이렇게 답했는데, 그게 맞는 이야기 같다. 고시원에 살면서 어떤 관계와 신뢰를 쌓을 수 있을 것으로 기대했는데, 그런 관계 자체를 형성할 수 없는 공간이 고시원이라는 걸 알게 됐다고. 그런 의미에서 한 달이 채 안 되는 필드워크는 실패한 것이 아니다. 오히려 대단히 핵심적인 질적 측면을 포착하는 데 성공한 거다.

2010년 3월 1일, 오후 11시 10분, 목동 방에서

성산동 고시원 방에서 나머지 짐들을 다 가져왔다. 지난 26일 새벽에 읽을거리들 위주로 한 번 대이동을 했는데도, 캐리어 하나로는 모자라 작은 손가방을 가득 메울 짐들이 남았다. 살기만 하는데도 짐은 는다. 삶의 부피가 늘어난다. 그것들을 캐리어에 밀어 넣고 낑낑대며 지퍼를 잠근다.

예전에 S에게서 대접(?)받은 명절 음식을 담은 접시 둘과 머그컵 3개를 뽀득뽀득 소리가 나게 씻었다. 좁고 냄새나는 주방을 이제야, 처음 이용해 본다. 아주머니께 가져다드리니 왜 씻어왔냐며 핀잔을 주신다. 건네는 잔금 15만 원도 돈 없는 학생이 이럴 필요 없다며 한사코 거절하신다. 감사하기도 하고 죄송하기도 하다. 고생했다고 말씀하시지만, 정작 내가 민폐를 끼친 것 같아서 그렇다.

앞으로도 계속 찾아뵙겠다고, 사람들과 만날 수 있도록 소개도 부탁드린다는 말을 잊지 않았다. 아주머니는 소개라는 말에 약간 표정이 변하시는 듯도 했지만, 그런 소개보다는 그냥 직접 지나갈 때 부탁해서 우리식당에서 밥이라도 사면서 청하면 쉽게 만날 수 있을 거라고 하셨다. 그래, 그것도 내 책임이고 내 몫이다.

캐리어를 끌고 나오는데 왠지 마음이 이상하다. 이사를 가는 기분 같기도 하고. 처음 캐리어를 끌고 여기에 올 때는 어떤 마음이었던가. 택시를 타려다, 그냥 버스를 탄다. 덕분에 오며가며 2시간이 넘게 걸렸다.

집. 나는 목동에 산다. 편안한 아파트들이 즐비한. 나도 편안하게 살고 싶다. 아늑하고 따뜻한, 집에서 살고 싶다.

이제는 나도 내 집을 치울 차례라고 생각한다. 거의 쓰레기장 수준이 된, 방학 내내 밀려 있던 재활용 쓰레기와 일반 쓰레기를 구분해 각기 동네 구석에 내놓는다. 생수가 다 떨어져 주인집에서 물을 받아온다. 바닥의 머리카락들을 진공청소기로 치운 뒤, 물걸레질로 먼지를 훔친다. 하지만 여전히 산더미가 되어 이제는 방바닥까지 몇 봉우리로 솟은 읽을거리들, 종잇장들은 어찌할 수가 없다. 아, 나는 글을 쓰는 사람이다. 어서 글을 써야 한다.

타자에 관한 참여관찰에서 나와 우리, 그 거리에 관한 이야기로

한 달. 어떤 사람들에게는 너무 짧고 부족한, 별것 아닌 시간으로 보일지 모른다. 맞는 말이다. 내가 고시원에서 만난 '그 사람들'을 연구하려고 했다면 말이다.

처음 나는 고시원에 살고 있을 '그 사람들'을 만나기 위해 고시원에 들어갔다. 문명 없는 척박하고 오염되지 않은 오지로 떠나는 19세기 어느 백인 인류학자 같은 심정이었을지도 모른다. 내 계획은 처음 한 달간은 라포를 충분히 쌓고, 학기 중에는 고시원에 사는 학생들과 심층면접을 진행하며 더 준비를 해서 여름 방학에는 제대로 두 달 정도를 살면서 인터뷰를 진행하리라는 것이었다. 겨울과 여름이라는 서로 다른 계절에 고시원의 삶은 어떤지, 어떤 사람들이 살고 떠날지, 그리고 반년이라는 시간이 흐르는 동안 사람들은 어떻게 변화할지에 관한 지극히 인류학적인 관심이었다. 지금 생각하면 나는 나와 '다른' 사람들의 삶에 관해 쓴다는 (또는 써야 한다는) 것에 조금은 강박적이었던 것 같다.

그러나 나는 고시원에 사는 '그 사람들'과 쉽사리 말을 섞거나 자리를 함께할 수 없었다. 주인 아주머니는 사람들이 함께 모이는 장소가 있으면 술이나 마시고 행패를 부릴까 염려해 고시원을 처음 만들 때부터 주방도 최대한 좁게 설계하고 휴게실도 없앴다고 했다. 그러나 나는 내 저어함이 그런 공간적 배치 탓만은 아니라는 것을 알았다. 그곳에서 고시원을 운영하는 집안의 딸이자 내가 그곳에 살 수 있게 주선한 S를 제외하고는 '젊은' '학생'은 나밖에 없다는 점이 생각보다 나를 크게 위축시켰다. 캐주얼한 옷차림, 왁스로 매만진 머리 모양, 로션을 발라 반들거리는 낯빛이며 몸에 밴 조심스런 습관들까지, 고시원 2층에 주로 사는 40대에서 60대 사이의 중장년 남성이자 임시직 노동자인 '그 사람들'과 나는 너무도 다르다고 나는 생각한 것이다. 나는 점차 숫기를 잃은 것 같다. '그 사람들'과 나의 다름이라는, 고시원의 베니어 합판으로 된 벽보다 더 두꺼운 벽을 넘어가 말을 건네고 공간과 공기를 뒤섞을 만큼의 담대함 말이다. 아, 이게 읽고 쓰는 것 말고는 할 줄 아는 게 없는 내 한계인가보다, 라고 뼈저리게 절망하고 자신을 원망한 순간들이 있었다.

기록할 때는 깨닫지 못했다. 어느 순간부터 필드노트는 고시원의 '그 사람들'이 아니라, 고시원에 살게 된 '나'를 이야기하고 있었다. 연구를 위해 자발적으로 고시원에 방세를 치르고 살러온 나, 고시원에서 고시원에 관해 읽고 고시원에 관해 쓰는 나, 옆 방 남자들과 편의점의 26번 방 남자에게 말을 걸고 싶지만 선뜻 입이 떨어지지 않는 나, 여느 고시원 주민들처럼 방에 들어가기도 싫고 방 밖으로 나가기도 싫은 무기력증에 빠져버린 나, 고시원에 사는 내내 어머니에게 그 사실을 이야기하지 않으려는 나, 싸늘하게 식은 목동 방의 상대적인 따스함과 편안함을 내내 그리워하는 나, 그 그리움 탓에 자책하는 나, 고시원에 계속 머물며 연구를 진행하고 싶은 나, 방세가 두려운 탓인지 아니면 고시원에 계속 머무르고 익숙해진다는 사실 자체가 두려운 탓인지 고시원을 떠나고야 마는 나.

지금에야 내가 그곳에 살며 느낀 지독한 낯섦이, 고시원이라는 공간이나 고시원에 사는 '그 사람들'이 아닌 나에게서 비롯되었다는 것을 알았다. 그 불편함은 '이곳'이 아닌 '그곳'에 있는 나 자신에 관한 낯섦이었고, 부정이었으며, 정당화의 전략이되 끝내 정당화될 수 없는 불화였다. 고시원의 방과 목동의 방을 오가며, '집'에 관한 질문되지 않던 믿음이 흔들리며, 나는 나를 인정하는 일이 두려웠다. 고시원 연구를 위해 고시원에 들어온 나와, 삶을 살기 위해 목동의 반지하방에서 살고 있는 나 사이의 분리가 아닌 연속을, 그러나 화해가 아닌 불화를, 연구라는 미명 아래 취하고 있는 거리두기가 실은 내 빈궁한 처지에서 시선을 회피하려는 뻔뻔스러운 책략이라는 것을. 내가 남긴 기록들이 '그 사람들'에 관한 것이 아니라, 연구자이자 서울의 이방인인 내 분열적인 위치성에 관한 기록이었다는 걸 이제는 안다.

그 분열 중에서 고시원은 '그 사람들'의 문제가 아니라 내 문제로 조금씩 전유된 것 같다. 2월은 내가 고시원에 살며 고시원과 공간에 관한 글들을 찾아 읽던 시기이기도 했지만, 고시원 거주 경험을 가진 사람들과 심층 면접을 시작하던 때이기도 했다. 내 주변에서 시작한 그 인터뷰들은 내가 분투해야 할 '현장'이 다른 어딘가가 아닌 나와 내 주변의 삶들에 있다는 사실을 깨닫게 해줬다. 방향을 선회해야 한다고 강하게 느꼈다. 내가 오가던 고시원 방과 목동 방 사이의 여덟 정류장만큼의 거리, 그 가까움과 멂, 우리가 결코 살고 싶어하지 않으며 어서 탈출하기를 염원하는 고시원과 진입하기 위해 애쓰는 목동 사이의 거리를 직시하지 않으면 안 된다고 생각했다. 나는 더 많은 사람들을, 내 또래와 또래의 또래들을 만났다.

첫 인터뷰는 내게 고시원에 관한 이런저런 정보들을 알려준 가까운 친구부터 시작했다. 만날 수 있는 사람들부터 만나야 했다. 학교에서만 지낸 내 인적 네트워크의 협소함을 너무도 잘 알기에, 고시원 연구를 시작했다는 사실을 여기저기 알리고 다니며 경험을 들려줄 수 있는 사람들을 구했다. 친구나 동료들에게 그 친구나 선후배, 직장 동료 등을 소개받았다. 학생이나 직장인이라는 사회적 지위나 연령대는 쉽게 파악되지만, 정작 어떤 집 경험을 해왔는지, 그리고 그것이 어떤 가족 관계와 계급적 배경 속에서 일어났는지를 미리 가늠하기는 어려워 내가 사람들을 만나는 원칙은 무작정, 그리고 최대한이었다. 일곱 달에 걸쳐 스무 명을 조금 넘는 사람들을 만나고서야 이만하면 됐다 싶은 기분이 들었다.[4]

내가 만난 사람들은 고시원에서 머문 적이 있는 사람들이다. 짧게는 1개월에서 길게는 4년까지 고시원에 머문 시간은 다 달랐고, 거주한 고시원이 있는 지역도 방세도 각기 달랐다. 학생도 있었고, 취업이나 고시 등을 준비하는 사람, 불안정한 독립 예술가로 활동하는 사람, 상대적으로 안정적인 직업을 가진 사람, 이직을 준비하는 사람도 있었다. 닮은 점이 있다면 대부분 자신의 주택을 갖거나 결혼을 통해 가족을 꾸리지 않은 상태에 있다는 것이었다. 사회적으로 안정기라고 말하는 시기에 아직 접어들지 않은, 여전히 '집'이라는 기준이 압력으로 다가오는 삶의 단계가 서로 다른 사람들의 삶을 가로지르고 있었다. 특정한 대학 출신, 특히 내가 다녔거나 다니고 있는 대학 사람들에게 치우치지 않도록 고려했지만, 여전히 내가 만난 사람들 중 다수는 서울에 있는 대학에 다니는 학생이거나 대학을 졸업한 사람들이다. 그런 의미에서 이 책이 기반을 두고 있는 삶은 편향된다.

그러나 모든 이야기는 편향되지 않던가. 어떤 발화도 전체를 조망하는 전지적 시점에서 진행될 수 없다. 모든 발화는 어딘가에서 일어난다. 중요한 것은 그 발화의 위치와 맥락을 아는 것이다. 일반성은 모든 사람들이 동일한 방식으로 살아간다는 데서 비롯되는 게 아니라, 많은 사람들이 공감하는 데서 획득되는 가치라고 생각한다. 나는 내가 만난 사람들의 구체적인 삶과 이야기 속에서 요즘 시대 젊은이들의 불안과 욕망을 관통하는 일반성을 찾을 수 있다고 믿는다. 내가 만난 사람들 중 다수는 소개를 받아 처음 만난 자리에서, 나고 자란 이야기부터 지금까지 살아온 궤적들을 집이라는 주제로 엮어 이야기해주었다. 서로 잘 알지 못하는 낯선 사람들이 만나고 기꺼이 이야기를 나눌 수 있게 해준 힘은 '우리'가 동일한 경험을 가지고 있다는 데서 오는 것이 아니라, 상대의 관심과 경험에 귀 기울이고 말을 건넬 수 있는 맥락의 유사성에서 왔다고 생각한다.

그래서 나는 이 책에서 어찌 보면 닮았지만 매우 다른 결들을 가진 맥락들로 독자들을 초대하려 한다. 지금 이 책이 만들어낸 해석의 공간에는 서로 다른 시간과 공간에 위치한 나와, 내가 만난 사람들의 경험과, 언젠가 또 어딘가에 있을 독자들이 함께 마주하고 있다. 나는 이 마주침, 우리 각자의 사이에 놓인 불투명한 거리들, 삶의 의미에 관해 공동의 해석을 요청하려 한다.

내가 만난 사람들

2010년 2월에서 9월 사이 22명의 사람들을 만났다. 계급적 조건과 가족적 배경, 그리고 주거 경험이 유사한 사례들을 분류하고, 그 가운데 경험의 의미를 더 선명하고 풍부하게 드러내는 10명의 사례를 추렸다. 이 사람들의 이야기와 그 이야기에 관한 해석을 중심으로 책의 나머지 부분이 전개될 것이다.

* '지금'은 2010년 2월에서 9월 사이 우리가 만나고 대화한 인터뷰 시점을 가리킨다.

미영　1984년생 대졸 여성. 서울 중랑구의 아파트에서 가족과 함께 살다 취업 준비를 위해 학교 인근 20만 원짜리 고시원에서 6개월 동안 살며 처음 부모에게서 공간적으로 독립했다. 지금은 부모의 집에 돌아가 취업을 준비하고 있다.

지연　1982년생 대학원생 여성. 서울 영등포구의 반지하에서 아버지와 함께 살다 '출가'하면서 월 13만 원의 고시원에 서너 달을 살게 됐다. 지금은 전세 빌라에 살고 있지만, 새개발 때문에 이사를 준비하고 있다.

영현   1984년생 대졸 여성. 부산에서 가족과 함께 살다 대학 때문에 서울로 왔다. 대학을 졸업하고 취업했지만, 대학원 진학을 준비하면서 졸업한 학교 인근 월 29만 원의 고시원에 살게 됐다. 지금은 회사를 다니며 8개월 째 같은 고시원에 거주 중이다.

예은   1982년생 대졸 여성. 서울에서 가족들과 함께 살며, 대학 기숙사 생활을 통해 처음 가족과 분리된 생활을 누렸다. 대학 '5학년'을 다니며 기숙사에서 살 수 없게 돼 학교 인근의 20만 원짜리 고시원에서 6개월 동안 살았다. 졸업한 뒤 전문직으로 일하며 '독립 자금'을 모으기 위해 부모의 집에서 살고 있다.

명한   1984년생 대졸 남성. 통영에서 가족과 살다 기숙사가 있는 중고등학교로 진학하며 처음 공간적으로 독립했다. 대학 진학 시험을 위해 고3 때 서울의 고시원에서 두세 달 머물렀고, 다시 서울로 대학을 오게 되면서 학교 인근 월 16만 원짜리 고시원에서 1년 6개월 동안 살았다. 제대한 뒤 또 다른 고시원에서 6개월 더 살았다. 지금은 전세 연립 반지하방에서 4년째 살며 창작 활동을 하고 있다.

기석   1982년생 대졸 남성. 마산에서 가족과 함께 살다 대학 진학 때문에 서울로 왔다. 대학 때도 학교 근처 25만 원짜리 고시원에서 한 학기를 살았지만, 취업을 하고 전세 비용을 모으기 위해 직장 근처 23만 원 짜리 고시원에서 1년, 몇 개월 뒤 22만 원 짜리 고시원에서 또 4개월을 더 살았다. 지금은 직장 생활을 하며 대출을 받아 얻은 전세 반지하방에서 살고 있다.

규태 1985년생 고졸 남성. 부산에서 태어나 자랐지만 집이 싫어 혼자 서울에 왔다. 여기저기 얹혀살기를 반복하다 갈 곳이 없어지자 30만 원짜리 고시원에 두어 차례 몸을 의탁했다. 지금은 연립 옥탑방에서 세 명의 하우스메이트와 공동 생활을 하며 창작 활동을 하고 있다.

승강 1984년생 대학생 남성. 전주에서 자라다 고등학교를 기숙학교로 진학하며 처음 부모에게서 공간적으로 분리됐다. 대학을 서울로 진학한 뒤 기숙사 입사에 실패했을 때 월 17~18만 원의 고시원이나 고시원과 유사한 '잠만 자는 방'에 오랜 기간 머물렀다. 지금은 다섯 명의 하우스메이트와 함께 월세 주택에서 공동 생활을 하고 있다.

정훈 1980년생 대졸 남성. 울산에서 가족과 함께 살다 대학 진학 때문에 서울에 왔다. 학교 인근의 30만 원 짜리 고시원에서 1년 정도 살다, 제대한 뒤 고시 준비를 하면서 신림동 고시촌의 여러 고시원에서 살게 됐다. 지금은 취업하고 회사 기숙사에서 생활 중이다.

상태 1983년생 대학원졸 남성. 일본 오사카에서 태어난 재일교포 3세로, 한국에 있는 대학에 진학하기 위해 서울로 왔다. 대학원에 진학하며 학교 인근의 45만 원 짜리 고시텔에서 살게 된 뒤 4년째 거주하고 있다. 석사 학위를 받은 뒤 지금은 취업 준비 중이다.

3장

마이
제너레이션,
서울에서
살기 위하여

수능이 끝난 2004년 겨울, 대입 논술 시험을 치르기 위해 서울에 올라와 시험 준비는 나 몰라라 하고 영화를 보러 다녔다. 내가 살던 소도시에는 낡고 어두운 소규모 극장 서넛과 이제 막 그것들을 집어삼키며 하나 둘 들어서기 시작한 멀티플렉스 영화관이 있었지만, 상영하는 영화들은 기껏해야 흥행에 따라 상영 기간이 달라지는 그런 영화들뿐이었다. 나름 시네키드의 꿈을 키워가던 촌놈에게 서울은 영화였다. 스크린에서 좀체 구경하기 어려운 낡고, 작고, 가난하며, 불온한, 그래서 더욱더 반짝거리던 영화였다. 1~2주 정도 사촌 형 방에 민폐를 끼치기로 한 나는, 혼자 낯설고 광활한 시내를 쏘다니며 종로3가 낙원상가의 아트시네마나 지금은 자리를 옮겼다가 그 이름마저 사라진 시네코아 같은 극장에서 영화를 보곤 했다. 그중 한 편이 〈마이 제너레이션〉이었다.

영화에서 스물다섯 살의 병석은 카드빚을 얻어 산 보물 1호이자 거의 유일한 재산인 비디오카메라로 영화가 아니라 결혼식 비디오를 찍으러 다니며 돈을 번다. 그러나 병석은 늘 결혼식의 화사한 웃음이 아니라 울음만을 찍는다. 울음이 병석이 보는 세계다. 대개의 알바족들이 그렇듯, 주말에 결혼식만 찍어서는 밥벌이가 힘드니 갈빗집에서 숯불을 피우기도 하고, 선배를 따라 도로에서 호객을 하며 성인 비디오를 팔기도 한다. 병석의 연인인 재경은 사채업자 사무실에 취직하지만 우울하게 생겼다며 하루 만에 해고당한다. 홈쇼핑 회사에 겨우 취직하지만 알고 보니 다단계. 갑자기 생긴 빚을 갚기 위해, 자신을 하루 만에 해고한 사채업자 사무실을 찾아 카드깡을 부탁해야 한다. 병석의 형은 병석의 이름으로 빚을 지고, 그 빚을 갚기 위해 병석은 자신의 꿈이자 노동 수단인 카메라를 팔아야 한다.

자취방과 불안정한 노동의 공간을 오가며 나름대로 열심히 살았는데, 어느새 자기도 모르는 새에 빚쟁이가 돼버린 이 청춘들이 카메라를 팔고 카드깡을 하기 위해 서울의 어둡고 스산한 골목을 서성이는 장면들을 바라보는 영화의 시선은 담담하고 건조하다. 흑백의 세상 속에서 선명한 색깔을 가질 수 있는 것은 병석의 카메라에 담긴 세계다. 병석은 카메라를 10만 원 싸게 팔기로 하면서 하루만 더 갖고 있기로 하고, 카드깡을 하고 돌아온 재경을 카메라로 비춘다. 재경은 눈물을 흘린다. 왜, 무슨 일 있어? 카메라 끄면 말할게. 이제 화사한 칼라의 세계는, 병석과 재경의 꿈처럼 끝이 나야 한다. 오 헨리의 유명한 단편인 〈크리스마스 선물〉의 마지막 장면에서 애틋하게 엇갈린 것이 시계와 시곗줄, 빗과 머리칼이었다면 병석과 재경에게 부당하게 엇갈린 것은 삶과 꿈이다. 영화는 카메라에 담긴 선명한 삶은 결코 꿈이 될 수 없다는 것을, 삶과 꿈을 등가교환하지 않으면 결국 20대부터 빚쟁이로 출발할 수밖에 없을 것이라는 비판을, 그것이야말로 오늘날의 '마이 제너레이션'이라는 것을 흔들리는 카메라로 담는다.

서울의 고급한 문화를 엿보기 위한 들뜬 여정은 맥없고 심란하게 끝이 났다. 신전처럼 세워진 외국어 학원들이 즐비한 거리를 가로지를 때, 이런 잘 알려지지 않은 영화를 혼자 보러 온 잘난 취향의 서울 사람들이 적지 않다는 걸 확인했을 때의 놀라움과 그 놀라움을 감추고 싶은 마음은 그저 버석거렸다. 서울은 영화제와 홍대와 대학로 공연장을 허하는, 축제와 다양성의 도시가 아니던가. 영화가 비추는 20대들과 서울의 스산한 골목 풍광들은 대체 어디에 자리한다는 말인가. 몸에 익지 않은 지하철을 타고 친척 집으로 돌아오는 길 내내 불투명한 불편함에 깔끄러웠다. "서울을 알아가는 일은 여전히 힘들구나." 2004년 12월 23일의 나는, 그렇게 쓰고 있다. 몇 달 뒤 나는 서울에 올라와 일종의 '유학생'으로 생활하기 시작하면서, 영화의 그 스산한 풍광들이 내 자리가 되었다는 것을 알았다. 나도 저 '제너레이션'과 그리 멀리 있지 않다는 것을, 서울의 견고한 집값과 생활비는 서울에 발을 들인 이방인들의 어깨를 무겁게 한다는 것을.

노동석 감독이 〈마이 제너레이션〉에서 그린 2000년대 초중반 젊은 이들의 잿빛 삶의 조건은 조금쯤 달라졌을까. 아니 적어도 병석이나 재경의 삶은 조금쯤 나아졌을까. 로또에 당첨되지 않은 이상, 병석과 재경은 여전히 실업과 불안정 노동의 사이 어딘가에서 꿈을 팔고 삶을 간신히 호흡하고 있을 것이며, 어쩌면 가느다랗게 이어진 둘 사이의 관계 역시 끊어졌을지 모른다. 생애 단계에서 안정화되기 이전 단계를 청년기라고 한다면, 병석과 재경의 불안정한 삶은 언제까지 청년기여야 할까. '마이 제너레이션'이라는 명명은 특정한 시점에서 포착한 '20대'가 아니라, 경제 위기 이후 '청년'이라는 불운한 덫에 걸린 채 아직도 빠져나가지 못한 이들부터, 갓 대학을 졸업하고 취업 준비생, 알바생, 백수, 잉여 같은 이름으로 차곡차곡 그 뒤에 줄을 서야 하는 사람들이 놓인 공통의 맥락을 가리키는 것이 아닐까?

나는 그 공통의 맥락이 청년 세대가 고시원을 비롯한 여러 하위 주거트랙을 전전해야 하는 현실을 둘러싼 사회구조적인 조건이라고 생각한다. 그것은 크게 세 가지 차원에서 논의될 수 있다. 첫째, 경제 위기 이후 주거를 둘러싼 사회적 불평등이 심각하게 증대했다. 더구나 부동산 자산이 계급 재생산에 행사하는 영향력이 커지면서 청년 세대 내부의 계급 격차가 더욱 심화되었다. 둘째, 전반적인 노동시장 유연화와 비정규직의 증대의 와중에 청년 실업이 심화되었다. 안정적인 일자리로 가는 높고도 좁은 출구 때문에 취업-결혼으로 이어지는 생애 단계 전반이 유예되면서 불안정한 '청년기' 자체가 연장되었다. 셋째, 수도권에 저렴한 주택이 부족한데도 젊은이들은 끊임없이 수도권으로, 서울로 이주하고 있다. 사회직 불평등과 청년 실업의 증대는 교육, 노동, 문화 등 여러 영역에서 지역간 분배 구조를 악화시키는 탓에 많은 젊은이들이 더 나은 기회를 좇아 지역간 이동을 하게 됐다. 그 복합적인 결과로 서울에서 중하층 계급 청년 세대가 주거 비용을 부담할 수 있는 주거 공간은 몹시 제한되며, 고시원은 그중 가장 주요한 선택지 중 하나가 되었다.

누가 서울에서 집을 가질 수 있는가
— 주거 불평등의 심화와 부동산 자산의 세대 이전

어린 시절부터 고교 때까지 살던 해안가 작은 소도시는, 내가 대학을 졸업하는 그 몇 년 사이 상당히 다른 곳으로 변했다. 일제 강점기 때부터 놓인 오래된 철로와 나지막한 주공 아파트들이 있던 자리에는 푸르다던가 붉다던가 하는 아파트 단지가 빽빽하게 들어섰고, 낡아빠진 극장들이 있던 자리는 말쑥한 신시가지로 변했다. 대학에서 4년을 산 기숙사는 어떤가. 서울의 많은 대학들이 그렇듯이 이제 기숙사는 민간 자본을 유치해 학생들을 대상으로 장사하는 곳이다. 여전히 낡고 허름한 건물들이 남아 있지만, 벤치에 앉아 물끄러미 보면 퍽 구경하는 재미가 있던 운동장 자리에는 주상 복합 건물의 주차장 입구 같은 모양을 한 시커먼 홀이 번쩍이는 아가리를 벌리고 서 있다. 입기를 장식하는 건 모던하고 아늑한 카페와 24시간 편의점들이다.

재개발은 요즘 시대의 일상이 되어버렸다. 서울 시내 어디를 가도 공사 중이지 않은 곳을 찾아보기 어렵다. 허둥지둥 서구를 좇아온 짝퉁 근대화의 부산물을 정비하려는 것일까. 이제는 모던이 아니라 글로벌 스텐다드라거나 하는 따위 말들로 짝퉁이라는 것을 속이기 위해 덧칠에 덧칠을 하는 걸까. 이 덧칠은, 이명박 정부가 기반하고 있는 (신)개발주의 이데올로기가 그렇듯 1960~1970년대로 거슬러 올라가야 한다. 한국의 근대화와 산업화는 공간적으로는 도시화와 병행되는 과정이었다. 노후한 불량 주택지는 아파트 숲으로, 전통적인 도심은 현대화하는 재개발 사업은 그 시기 도시화의 산물이었다.[1] 그러나 용산 참사에서 확인할 수 있듯, 재개발은 그 '불량' 주택과 구도심에 사는 사람들의 강제 철거를 조건으로 했다. 도심에서 밀려나고 공공 임대 주택 같은 저렴한 주거 지역으로 배치돼야 하던 도시 빈민의 삶을 담보로, 발전국가와 결탁한 부동산 자본의 초과 이윤이 마련되었다. 토지나 주택은 그저 땅이나 집이 아니라, 부의 원천이자 표식이 되어갔다.

경제 위기는 여기에서도 주요한 결절점으로 등장한다. 외환위기 이후 침체된 부동산 경기의 회복은 김대중 정부에게 주요한 과제여서 각종 부동산 규제 완화 정책들을 펼치게 된다. 주택 담보 대출이나 부동산 펀드 등 부동산 관련 금융 자본이 급속히 팽창한 것이 이때이며, 리츠REITs(부동산투자신탁회사) 같은 금융 제도도 활성화됐다. 2002년 이후 서울시의 뉴타운 조성 계획을 중심으로 한 새로운 재개발 사업 역시 부동산 투기 자본을 끌어들이며 지금까지 진행 중이다. 시장 맹신과 투기 자본에 무제한의 자유를 보장한 신자유주의 경제 논리를 기반으로 한 부동산 경기 회복 정책의 결과는 서울과 수도권을 중심으로 한 주택 가격의 폭등이었다.[2]

집값과 지가의 상승은 지역에 따라 차등적으로 일어났다. 특히 교육이나 주거 환경이 좋은 지역의 땅값, 집값은 폭등했다. 초고층 주상 복합 아파트 단지가 우후죽순 등장하기 시작한 것도 이때였다. 서울 강남 지역을 중심으로 주거 공간은 점차 고급화됐다.[3] 차별적인 라이프스타일과 소비, 여가 문화를 즐길 수 있는 '강남'에 관한 인식이 강화됐다. 교육과 문화를 핵심적인 축으로 하는 서울 대 나머지, 그리고 강남 대 강북이라는 상징적인 구도는 실제 주택 매매가와 전세가 등 부동산 자산의 분화를 기반으로 한 것이었다.[4] 경제 위기는 단지 부동산 경기를 회복시킨 게 아니라, 지역간, 그리고 수도권과 서울 안의 부동산 자산의 불균등을 심화하는 효과를 낳았다.[5]

주거 불평등을 가르는 선은 주택 소유뿐만 아니라 주택의 가치에 있다. 자가 소유 계층과 무주택 계층 사이의 주택 자산 차이는 평균 3배에 이르며, 평균 주거 면적이나 가구원 1인당 평균 주거 면적 등 주거 환경에서도 뚜렷한 분화를 관찰할 수 있다.[6] 사회학자 장세훈은 서울 강남과 경기 일부 지역을 최상위로 하고 비수도권 농촌 지역을 최하위로 하는 이런 주거 지역간 주택 가격 편차를 전국적 규모의 주거지 격리 현상이라고 부르기도 했다.[*] 주력 산업이나 인력 분포 등 경제 구조가 수도권에 과잉 집중된 상황에서, 경제 위기 이후 경제 재구조화 과정에서 서울을 포함한 수도권 지역은 빨리 회복했지만 수도권 이외 지역은 장기적인 경기 침체를 경험하면서 수도권 대 비수도권, 강남 대 비강남의 구도가 공간적으로 더욱 강력히 재생산되었다.[7]

그 결과 주택은 한국의 중산층 이상이라면 마땅히 소유해야 할 자산 목록 1호이자, 또한 절로 가치를 불리는 재테크 수단 1호로 등극했다. 주택이 자산 재생산의 핵심 수단으로 자리매김한 것이다. 그러나 나는 여기에서 '재생산'의 의미를 단지 자산 증식으로만 사용하지 않는다. 이것은

---

[*] 주택 가격은 단지 수도권 대 비수도권의 구도가 아니라, 서울 강남과 경기 일부(이른바 '버블 세븐' 지역)〉서울 강북〉기타 수도권〉광역 대도시〉비수도권 중소도시〉비수도권 농촌의 순으로 서열이 매겨지고 있다(장세훈, 2007: 217).

주택을 소유한 가구 안에서 세대간 계급 재생산을 동시에 의미한다.[8] 이것은 곧 주거 불평등의 사회적 심화가 세대 안 계급 격차로 전이되고 있다는 점을 보여준다. 부동산 자산을 통한 불평등의 세대 효과는 명확하게 관찰된다. 손낙구는《부동산 계급 사회》(2008)를 통해 한국의 자산 불평등에 부동산 자산의 기여도가 대단히 높을 뿐 아니라, 부모 세대에서 자식 세대로 부동산 빈부 격차가 대물림된 결과 부동산 자산이 빈부 재생산의 핵심에 있다고 지적한다. 예컨대 국세청의 통계 연보에 따르면 1987년에서 2006년까지 30년 동안 부모가 자식에게 물려준 재산의 75퍼센트가 부동산 자산이다.[9]

세대 간 부동산 자산 이전이 점차 공고한 계급 재생산의 고리가 됐다는 것은 일차적으로는 사회 전체적인 불평등 구조가 공고해졌다는 것을 의미한다. 한 세대 안의 소득 자산으로도 해소되지 않는 차이분이 부동산 자산이라는 형태로 강하게 존재하기 때문이다. 따라서 그 결과 부모 세대의 부동산 자산에 의존적인 청년 세대 내부의 계급 격차 역시 더 심화되었다. 고만고만한 직업군과 소득군에 진입하더라도, 부모의 부동산 자산 증여 여부나 정도에 따라 청년 세대의 계급이 과잉 결정되는 것이다. 청년기에 부모 세대의 부동산 자산에 따라 일어나는 계급 분화는, 소득 자산을 투여하는 대상을 다르게 결정지어 그 뒤의 생애 과정에도 지속적이고 장기적인 효과를 미친다. 서울에 주택을 소유하지 않은 부모의 자녀 세대는 여간해서는 평생 노력해도 자력으로 집을 살 정도의 계급으로 이동하기 어려워졌다는 것이다.

개인의 자유로운 경제 능력과 자기계발을 찬양하는 이들은 말한다. 능력을 키우고 열심히 돈을 벌어 집을 사면 되지 않느냐고. 그런 말을 많은 젊은이들은 냉소한다. 자신의 삶이 이미 그 불가능성을 예증하고 있

표 6 | 주택 가격과 소득 분위별 PIR (2010년 6월)

(단위: 만 원, 배)

	평균 주택 가격 가구 연소득		1분위	2분위	3분위	4분위	5분위
			7,134	12,822	19,235	29,285	56,086
전국	1분위	1,276	5.6	10.1	15.1	23.0	44.0
	2분위	2,744	2.6	4.7	7.0	10.7	20.4
	3분위	3,806	1.9	3.4	5.1	7.7	14.7
	4분위	5,089	1.4	2.5	3.8	5.8	11.0
	5분위	8,394	0.8	1.5	2.3	3.5	6.7
	평균 주택 가격 가구 연소득		1분위	2분위	3분위	4분위	5분위
			22,006	33,919	44,646	59,242	98,910
서울	1분위	1,295	17.0	26.2	34.5	45.8	76.4
	2분위	2,757	8.0	12.3	16.2	21.5	35.9
	3분위	3,830	5.7	8.9	11.7	15.5	25.8
	4분위	5,136	4.3	6.6	8.7	11.5	19.3
	5분위	8,534	2.6	4.0	5.2	6.9	11.6

자료: 《연합뉴스》, 2010년 9월 5일.

기 때문이다. "뼈 빠지게 돈 벌어야죠. 근데 서울에서 집 사는 건 솔직히 안 돼요. 5억이 누구 집 개 이름도 아니고." 어린 시절 캐나다로 이민해서 약사가 됐다가 다시 한국에서 살기 위해 돌아온, 중산층 이상의 가족에서 자라난 것이 분명한 한 20대 후반의 남자의 입에서 나온 말이었다. 영어권 국가에서 유년과 대학 시절을 보낸 사람들 특유의 자신만만함이 몸에 밴 그 사람이 뱉은 부정적인 전망은 엄살이거나 생색일 수도 있다. 그러나 적어도 그 사람이 생각하는 평범한 서울의 집값이 5억 정도라는 것, 그리고 그걸 한 사람의 수입으로 감당하는 게 불가능하다는 것만은 사실이다.

주거 비용 지불 능력housing affordability은 크게 두 가지 지표로 구성되는데, 여기에서 나타나는 사회적 분화가 그 불가능성을 증명한다. 먼저 PIR$^{Price-to-Income Ratio}$(주택 가격 대비 연소득 비율)을 살펴보자. 이것은 간단히 말해 연간 소득을 모두 투여해 주택을 구매할 수 있게 될 때까지 걸리는 기간을 나타내는 지표다.

국민은행이 2010년 6월을 기준으로 조사한 전국과 서울의 주택 가격과 소득 분위, 그리고 PIR 값은 흥미로운 결과를 보여준다. 앞서 지적한 것처럼 전국과 서울 사이 주택 가격의 편차는 심각한 수준이다. 전국적으로 3분위, 즉 중간 정도 수준의 주택을 구매할 수 있는 비용으로는 서울에서 가장 싼 1분위 주택도 살 수 없다. 내가 살던 지역에서 한 가족이 살 만한 적당히 작은 아파트를 구매할 수 있었던 돈은 서울에서는 원룸 전셋값에 불과하다. 그러나 전국과 대비해 볼 때 서울 지역의 가구 소득은 높다고 할 수 없는 미미한 차이만을 보일 뿐이다. 그 결과 서울에서 소득만으로 주택을 구매하기에 걸리는 시간은 훨씬 길어지고 있다.

서울에서 중간 정도 수준의 소득(연 3830만 원)을 가진 가구에서 중간 정도 집값의 주택(4억 4646만 원)을 구하는 데 걸리는 기간은 11.7년이다. 그것도 소득 중 단 한 푼도 쓰지 않고 모아 집값에만 쏟는다고 할 때 걸리는 기간이다. 소득 수준이 더 낮은 경우에는 어떨까. 동일한 주택을 구하는 데 1분위 소득 가구(연 1295만 원)는 34.5년, 2분위 소득 가구(연 2757만 원)는 16.2년이 든다. 기준을 낮추어 싸고 허름한 2억 2006만 원짜리 집을 구한다고 해보자. 그래도 1분위 소득 가구는 17년, 2분위 소득 가구는 8년이 걸린다. 주목할 것은 개인 소득이 아니라, 맞벌이를 포함한 가구 소득으로 집을 사는 데 이 정도 기간이 소요된다는 것이다. 수도권 집값의 변동에 왜 그렇게 많은 사람들의 눈이 쏠려 있는지, '내 집 마련'이 왜 그토록 많은 사람들의 숙원인지 알 수 있는 대목이다.

그래도 2분위 소득 가구 정도는 될 수 있다는 생각이 든다면, 주거 비용 지불 능력의 또 다른 지표인 RIR$^{Rent-to-Income\ Ratio}$(임대료 대비 월소득 비율)을 살펴보자. 2008년 주거 실태 조사 자료를 통해 빈곤층의 주거 비용 지불 능력을 연구한 결과, 서울에서 빈곤층이 주거 임대에 투여하는 비용은 월소득의 53퍼센트에 해당한다.[10] RIR은 월소득에서 주거에 드는 비용의 비율을 의미한다. 주거 임대 비용 부담 역시 서울, 경기도, 비수도권 광역시, 비수도권 시·도 순서로 위계화되어 있다. 지역별로 위계화된 임대료 부담은 수도권에 거주하는 사람들에게 다른 비용을 주거 비용으로 이전하게 만들어, 장기적으로 비용을 모아 전세 자금을 마련할 수 있는 능력을 제한하는 효과를 낳는다.[11]

　　그러나 주택 가격과 소득 수준에 따라 복합적으로 결정되는 주거 비용 지불 능력은 한국의 통계 시스템 아래에서는 가구를 기준으로 추산되고 있다는 점을 주의할 필요가 있다. 수도권에서 사고팔 대상이 아니라 '살' 집을 구하기 위해 분투하는 것은, 이미 집을 가진 사람들이 아니라 집을 구해야만 하는 상황에 놓인 청년들이기 때문이다. 그리고 청년들이 집을 구하려고 하는 상황은 청년 실업이라는 상황과 밀접하게 맞물려 있다.

언제쯤 안정이 올까요
─ 청년 실업 증대와 생애 단계의 불안정화

　　2008년 한국고용정보원의 직업 세분류별 고용 구조 조사 결과에 따르면 바텐더, 시민운동가, 텔레마케터는 근속 연수가 짧다는 점(각 1.1년,

1.7년, 2.7년)에서 공통적인 직업이다.[12] 숙박 시설 서비스원, 중식 조리사, 경비원 역시 언뜻 보기에 닮은 점이 없지만, 주당 평균 노동 시간이 가장 긴 직업군(각 72.3시간, 67.4시간, 65.8시간)이라는 점에서 함께 묶일 수 있다. 노동의 세계를 가로지르는 시간성은 이렇게 모순적이다. 오래 일하라, 그러나 빨리 떠나라. 경제 위기 이후 전면화된 노동 시장 유연화의 서글픈 시간성이다.

　　노동 시장 유연화[flexibilization]란 기업이 피고용자들, 즉 노동자들에게 평생의 직업 안정을 보장하기보다, 노동자들을 편리하게 재고용하고 재배치할 수 있도록 고용 관계를 유연하게 변화시키는 경향을 가리킨다. 유연화되는 것은 고용 관계요, 유연성을 행사하는 주체는 기업이되, 유연성이 실천되는 장은 노동자의 몸이다. 이것은 자본주의 생산 양식이 고도화되면서 자본의 이윤 축적 방식이 변화했기 때문이다. 데이비드 하비[David Harvey]는 서구의 1970년대 후반부터, (서구) 자본주의 생산 양식이 포드주의 모델에서 포스트 포드주의 모델로 점차 변화하기 시작했다고 주장한다.[13] 포드주의 모델이 이윤 창출, 생산, 유통, 소비에 걸쳐 노동자가 곧 자신들이 생산한 상품의 소비자가 되는 대량 생산 체제를 의미했다면, 포스트 포드주의 모델 또는 하비가 유연적 축적 체제라 부르는 체제에서는 경기 변동에 적절히 대처하기 위해 기술 발전과 다품종 소량 생산, 그리고 노동력의 신속한 배치와 수급 조절을 위한 임시 고용, 파트타임 노동 등이 확대된다. 더불어·후기 산업사회의 국가 역시 국영 기업을 민영화하고, 복지 수혜를 줄이는 등 기업가적 구실을 하게 된다.[14]

　　유연화된 노동 세계에서 사라지는 것은 고용 안정성이다. 기업이 원하는 능력과 생산성에 따른 평가·보상 체계가 확대되면서 CEO나 펀드 매니저 등 극소수의 노동력은 엄청난 고소득을 보장받을 수 있게 되었다.

그러나 이것은 동시에 기업의 생산성 기준에 미달하거나 비껴나는 노동력은 얼마든지 저임금 고용이나 퇴출로 이어질 수 있다는 것을 의미한다. 그 결과가 비정규직의 증대다. 전체 고용의 절반 이상을 차지하는 비정규직, 그리고 직접 고용이 아닌 간접 고용은 노동력을 유연하게 관리하려는 기업의 고안물이다.

　　한편 경제 위기 이후 경기 침체에 대응하기 위해 기업의 고용 관행 역시 변화했다. 명예퇴직 같은 방식으로 인력 규모를 축소하는 데 그치지 않고, 경력직을 선호하는 경향이 강해지면서 신규 채용 규모를 대폭 줄인 것이다.[15] 그러나 노동 시장으로 새롭게 진입하려는 인구는 꾸준히 증가했다. 대학 진학률은 2000년대 중반 이후 이미 80퍼센트를 넘었고, 새로 노동 시장으로 진출하는 노동력의 대다수가 대졸 이상의 고학력자다. 그러나 일자리의 전반적 질은 경제 위기 이후 심각하게 나빠졌다. 처음 노동 시장으로 진입하는 사람들이 첫 직장에서 가지는 종사상 지위가 임시직, 기간제 고용 등 비정규 형태인 경우가 50퍼센트 이상이다.[16] 따라서 같은 세대에서 고학력층이 양적으로 증가하는 현상은 사회적으로 한정된 자원인 '괜찮은decent' 일자리를 둘러싼 경쟁의 심화로 이어진다. 더불어 그 경쟁에서 실패한 실업 인구 역시 특정 세대에서 증가하게 된다. 그 세대가 바로 경제 위기 이후 변화한 노동 시장을 맞닥뜨린 오늘날의 청년 세대다.

　　물론 청년 실업은 어느 시기에나 존재하는, 청년기라는 이행기적 생애 단계 그 자체에 특징적인 현상일 수도 있다. 그러나 1988~2008년 동안 연령별 실업률의 추이를 나타낸 **그림 2**는 경제 위기를 계기로 형성된 독특한 실업 구조를 보여준다. 2008년 15~29세 사이 청년층의 실업률은 8.6퍼센트로 경제 위기 시기 때보다는 낮아졌지만 여전히 이전 시기보다는 높은 수준을 유지하고 있으며, 다시 안정화 추세로 들어선 전체 실업률에

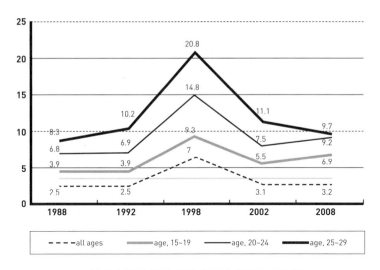

그림 2 | 한국 청년 세대 실업률 (1988~2008)

자료: 한국노동연구원(2004); 통계청(2009), 이성균(2009: 573)에서 재인용.

견줘 월등하게 높은 수치를 보이고 있다.

통계상으로 실업은 노동 능력을 가지고 일자리를 찾고 있지만 일할 수 없는 사람들을 집계하는 것으로, 15세 이상 인구 중 일할 의사가 없는 학생이나 주부, 일할 능력이 없는 환자, 군인 등은 비경제 활동 인구로 분류되어 통계에서 제외된다. 또 하나 제외되는 범주는 자발적으로 구직 행위를 포기한 사람들이다. 이 사람들을 '실망 실업자'라고 부른다. 청년 세대와 관련해서 언론에서 많이 쓰는 표현이 구직 포기 청년층을 가리키는 니트족NEET. Not in Education, Employment and Training이다. 2009년 현재 15~29세 니트족은 29만 7000명에 이른다고 한다.[17] 괜찮은 일자리로 진입하기 위해 계속해서 취업 준비 전선에 대기하고 있는 청년층도 적지 않다. 대학생들은 졸업 학점을 다 채웠는데도 일부러 F 학점을 받아 졸업을 미루고, '대학생'이라는 지위를 유지하면서 자신을 '취업 준비생'이라고 명명한다. 지망하는 일자리에 따라 준비 기간이 어느 정도 될지를 대학생들은 이미 알고 있다. 니트족과 취업 준비생을 포함하면 실제 청년 세대의 실업률이 20퍼센트에 육박할 것이라는 계산을 내놓는 사람도 있다.[18]

다시 말해 청년 실업은 노동 시장 유연화와 비정규직 증대, 그리고 기업 고용 관행의 변화가 가져온 복합적인 산물이다. 이런 현실 속에서 극소수는 대기업 정규직, 각종 고시와 법학·의학 전문 대학원 입학, 공무원이나 교사 등 '괜찮은' 일자리에 진입하는 데 성공해 취업 경쟁에서 '승리'하지만, 다수는 취업 준비와 실업, 생계형 아르바이트와 비정규직 취업 사이를 반복해서 오가며 이 시대가 원하는 탄력적이고 유연한 노동력으로 바뀐다. 불확실하기 짝이 없는 삶을 건 베팅을 하지 않으면 안 되는 청년들의 고군분투는 '대학생'이나 '20대' 같은 키워드를 포털 검색창에 입력해 보면 일종의 인지 지도cognitive mapping처럼 드러난다.[19] 취업, 공모전, 영어 캠프, 인턴, 자기계발 등. 이것들은 대학 이후의 취업과 삶을 조직하는 데 필수 항목이 돼버린 이른바 '스펙 쌓기'의 기본적 실천 의례들이며, 이 의례들의 목록은 곧 '괜찮은' 일자리 앞에 놓인 진입 장벽이 이 청년들에게 얼마나 높고 두터운 것으로 다가가는지를 보여준다.

청년 실업이 일반화된 사회에서, 청년 세대의 평균적인 노동 시장 진입 연령은 늦춰진다. 높은 대학 진학률이 보여주듯, 대학 졸업은 더는 '고학력'이 아니다. 이런 상황은 노동 시장 진입을 시도하는 연령대를 높였을 뿐 아니라, 고학력을 요구하는 직군을 희망하는 사람들 사이에 학력 경쟁을 유도함으로써 과거보다 더 많은 사람들이 취업을 목적으로 대학원에 진학해 석·박사 학위를 받게 만들었다. 또한 과거보다는 짧아졌지만 군 의무 복무 기간은 동년배 여성들에 견줘 평균 2년 정도 남성들의 노동 시장 진입 시기를 늦춘다.

이것은 더 나아가 취업-결혼으로 이어지는 '정상적' 생애 단계 전반을 유예시키는 결과를 낳았다. 요즘 대학가에서 가장 희귀한 종種의 하나가 4년 졸업자들이다. 어학연수, 교환 학생, 공모전 준비, 인턴 등 다양한 스펙을 쌓기 위해 휴학과 복학을 거듭하는 게 대학 생활의 일반적인 패턴이 되면서 대학생들이 졸업하는 데 걸리는 평균 기간은 계속해서 늘어나고 있다. 교육이 끝났다고 해도 안정적인 노동 시장 진입이 어려운 상황에서 청년 세대는 사회로 진출하는 시기를 의두적으로 유예한다.[20] 교육 기간이 연장되고, 뒤이어 취업 준비기가 연기되면서 개인이 가족에 의존하는 청소년기의 특성이 청년기로 전이되고 있는 것이다.[21] 전상진과 정주훈은 이런 특성을 가진 청년 세대를 '후기 청소년 세대post-adolescence'라고 부른다.

취업과 결혼은 연속적이지만, 그 순서가 뒤바뀌기 어려운 단계적인 생애 단계로 여겨진다. 따라서 취업의 유예는 결혼의 유예이기도 하다. 통계청에 따르면 2009년 한국의 남녀 평균 초혼 연령은 남자 31.6세, 여자 28.7세라고 한다.[22] 1999년 평균 초혼 연령이 남자 29.1세, 여자 26.3세였던 것을 고려한다면 10년 만에 평균 2.5세 정도 상승한 것이다. 또한 임시직이 1퍼센트 많아지면 결혼이 330건 줄어들고, 실업률이 1퍼센트 늘어나면 결혼이 835~1040건 감소하며, 전셋값이 1퍼센트 오르면 100건, 집값이 1퍼센트 오르면 78건이 감소한다고 한다.[23] 특히 일과 가족의 양립이라는 이중적인 사회적 요구 속에서 결혼과 출산은 여성이 노동 시장에서 갖는 지위와 경력을 위협하기 때문에, 고학력 여성들의 결혼 기피 또는 유예는 더욱 도드라진다. 따라서 취업 준비생의 증대는 곧 비혼 인구와 1인 가구의 증가와 체계적으로 연결된다.

청년기에 놓인 생애 단계의 가장 큰 규범성은 교육-취업-결혼-출산·육아로 이어지는 일련의 사회적 과업의 실현이다. 이것은 나고 자란 집을 떠나 새로운 집을 획득하는 것으로도 표현될 수 있다. 그러나 청년 세대의 삶의 조건 속에서 이제 이 규범은 정상적이거나 표준적이지 않다. 집값은 상승하고, 취업은 어려우며, 결혼은 미뤄진다. 청년기에 획득해야 할 새로운 집의 이상적 조건, 즉 아파트-자가 주택-정상 가족은 동시에 점차 멀어지고 있다. 언제 현재가 될지 쉽사리 가늠하거나 예측하기 어려운 불확실한 미래로, 미래로. 청년기의 생애 단계 자체가 지연과 유예, 불안정으로 점철된 방식으로 '유연하게' 재조직되는 것이다.

서울로, 서울로 — 구조화된 도시적 욕망과 수도권 이주

생애 단계가 불안정해지는 현실에 맞선 청년 세대의 대응은 어떠할까? 유연하게 재편되는 사회 구조 아래 누구보다 더 유연하게 이동하는 것 역시 젊은이들이다. 이동만이 더욱 안정적인 삶 또는 예측 가능한 삶을 약속할 것이라는 기대 속에서, 짐 꾸러미와 긴장과 불안을 안은 소년 소녀들이, 젊은이들이 서울로 가는 버스와 기차에 오른다.

2006년 사회통계조사에서는 '분산 가족'이라는 통계적 범주가 등장했다. 분산 가족은 '직장, 학업 등의 이유로 배우자나 미혼 자녀가 다른 지역에 살고 있는 가구주 가족'을 의미하며, 분리된 지역에 따라 국내와 국외로 나뉜다.[24] 국외 분산 가족의 현실을 대표하는 말은 '기러기 아빠'다. 지구화가 창출한 글로벌한 교육과 취업의 기회에 편입하기 위해 자녀와 아내의 (조기)유학, 어학연수를 경제적으로 뒷받침하는 중산층 가족의 가부장들이 바로 '기러기 아빠'다.[25] 물론 워킹 홀리데이나 해외 취업을 위해 국경을 넘는 젊은이들도 있다.[26] 그러나 무엇보다 놀라운 것은 2006년 현재 한국 전체 가구의 19.4퍼센트에 이르는 국내 분산 가족의 규모다. 그리고 그중 대부분은 가족에서 분리된 미혼 자녀와 겹쳐질 것이다. 현재 서울 소재 대학에 재학 중인 대학생 26만 9000명 중에서 타향살이를 하는 학생이 14만 1000명에 이른다고 하지 않는가.[27] 그리고 아마 그 학생들 중 대다수가 서울 전체 가구의 22.4퍼센트를 차지하는 1인 가구(76만 8457가구)로 편입될 것이다. 또는 아예 전입하지 않고, 집계되지 않은 채로 서울에서 살아갈 것이다.

다시 말해 국내 분산 가족을 대표하는 현실은, 곧 비수도권에서 교육과 직업, 문화적 기회를 좇아 서울로 이주하는 청년들이다. 최근 10여 년간 이주 노동자와 결혼 이주민이 많아지면서 이주라는 표현이 국경을 넘는다는 뉘앙스를 풍기는 경우가 많지만, 이주는 개별 국가 안의 지역간 이동domestic migration 역시 포함하는 개념이다. 분산 가족 개념의 정의가 잘 포착하고 있듯, 서울로 이주하는 목적은 크게 두 가지다. 하나는 대학 진학이나 고시 준비 등 학업과 관련된 경우다. 내가 만난 사람들 중에도 지역에 있는 대학을 다니는 중인 경우나, 졸업한 뒤 고시 준비를 위해 상경한 경우가 적지 않았다. 다른 하나는 노동 시장으로 진출하거나 진로를 모색하는 경우다. 한국 전체 인구의 절반 정도가 살아가는 서울과 수도권으로 이동해 더 나은 일자리를 얻으려고 하는 것이다. 그렇다면 '비수도권에서 서울로'라는 이 이동의 방향성은 어디에서 오는가?

먼저 한국 사회에 뿌리 깊게 구조화된 자원의 수도권 집중과 지역 불평등을 이야기하지 않을 수 없다. 표 7은 한국의 수도권 집중 현상을 수치화해서 보여주고 있는데, 특히 정치·경제 분야의 집중도가 높은 수준이다. 전 국토에서 수도권이 차지하는 면적은 11.8퍼센트에 불과하지만, 인

표 7 | 부문별 수도권 집중도

구분		전국(A)	수도권(B)	집중도(B/A)
국토	km²	99,646	11,730	11.8
인구	천 명	49,268	23,782	48.3
산업	취업(천 명)	22,699	11,153	49.1
	지역 총생산(10억 원)	787,796	375,875	47.7
제조업	사업체	113,310	64,124	56.6
	종업원(천 명)	2,798	1,297	46.3
서비스업	사업체	759,591	365,029	48.1
의료 기관	사관 수(개)	47,378	24,189	51.1
금융	예금(10억 원)	561,946	381,040	67.8
	대출(10억 원)	613,922	409,655	66.7
공공 청사	소계(개)	403	344	85.4

자료: 통계청(2007), 이두휴(2007: 142)에서 재인용.

구의 48.3퍼센트, 사업체의 56.6퍼센트, 기업 종사자의 46.3퍼센트, 금융 거래 비중의 약 70퍼센트가 수도권에 집중돼 있으며 국가 공공 기관의 85.4퍼센트가 수도권에 위치한다. 이런 부문별 수도권 집중이 유기적으로 연계돼 있는 것은 물론이다. 더 많은 공공 일자리와 기업 일자리는 더 나은 일자리와 삶의 기회를 찾아 이동하는 청년 세대의 수도권 이주를 이끄는 넓은 구조적 기반을 형성한다고 할 수 있다.

그러나 실제로 청년 인구를 수도권으로 이끄는 강력한 동인은 교육 분야의 수도권 집중이다. 수능을 비롯한 한국의 교육 제도를 경험한 사람들이라면 거의 누구나 알고 있는 대학 서열은 사실 서울에 있는, '인 서울' 대학 서열이지 않던가. '인 서울' 대학에 공적 자원이 집중되고, 상위권

성적 학생들이 집중되며(2003년 기준 수능 성적 상위 4퍼센트 학생의 68.8퍼센트가 수도권 대학에 진학했다[28]), 그 학생들이 다시 사회로 진출해 괜찮은 일자리를 독식하고, 사회 지배층이 돼왔다. 전국 각지에 수많은 사립 대학들이 세워지면서 대학 진학률이 80퍼센트를 넘는 동안에도, 수도권 안 대학만은 1980년대부터 정부의 수도권 인구 집중 억제 정책에 따라 신설이나 증설이 억제됐기 때문에 이 서열 체계와 진입 장벽이 굳건히 유지된 것이다.[29]

소위 'SKY'를 정점으로 한 대학 서열은 단지 '입결(입시 결과)'만이 아니라 '아웃풋(출신 학생들의 진로)'의 반영이자, 다시 그것에 영향을 행사하는 요인이다. 취업 시장에서 'SKY'가 VIP 카드라면, '인 서울'은 체크카드, '지잡대'는 잔액이 얼마 남았는지 두려워 꺼내기 어려운 카드다. 그리하여 대학 서열 체계는 노동 시장에 진입할 때 벌어지는 상징적 차별을 정당화하는 이데올로기적 기제로 작동한다. 비수도권 대학 출신자들의 평균 임금은 수도권 대학 출신자들에 견줘 11.5퍼센트가 낮다.[30] 양적으로는 대학 정원의 34.8퍼센트를 차지하는 수도권 대학 출신자들이 전체 대학 졸업자의 5.2퍼센트만이 들어갈 수 있는 한국 100대 기업 취업자의 57.8퍼센트를 차지하고 있다.[31] 비수도권 대학 출신이 해당 지역에서 일자리를 구하기에는 너무 많은 일자리와 자원이 수도권에 집중돼 있고, 임금 수준 역시 상대적으로 낮은 편이다.[32] 그래서 일찌감치 중고생들은 '지방대 출신'이라는 낙인을 피해 '인 서울'이라는 목표를 세우고, '지방대 출신'이 된 학생들은 편입을 통해 '인 서울'을 시도한다.

또한 문화 영역의 수도권 집중을 언급할 수 있다. 약 3만 개에 이르는 각종 문화 관련 단체의 59.6퍼센트가 수도권에 밀집해 있으며, 매출액 기준으로는 수도권이 84.5퍼센트를 차지하고 있다.[33] 공연 예술의 경우를 보면, 수도권은 공연 시설의 54.5퍼센트, 공연 단체의 53.8퍼센트를 차지하고 있고, 공연 일수의 61.4퍼센트, 공연 단체의 자체 수입에서는 96.4퍼센트를 차지한다.[34] 비수도권 지역에서 연극, 뮤지컬, 오페라, 클래식 등 각종 공연을 비롯해 영화제나 예술제 등 문화를 향유할 기회는 턱없이 제한돼 있으며, 증대하고 있는 문화 예술 산업에서 일하려면 반드시 서울로 진입해야 한다.

그러나 숫자들보다 더 중요한 것은 사람들이 아주 자연스럽게 '인 서울'을 욕망하게 하는 기제다. 명한은 서울에 온 이유를 말하며 사람은 서울로 가야 해서 왔다고 하지 않았던가. 도시를 향한 이 강한 선망은 어디에서 오는가. 마산에서 유년기부터 고등학교 졸업 때까지 살던 내게 서울이 점차 의미 있는 실체가 된 방식은, 모든 TV 프로그램의 시청자 엽서 응모지의 주소가 서울'특별'시 영등포구 여의도동으로 시작한다거나, PC 통신 동호회의 오프라인 모임이 다 강남 코엑스에서 열린다거나, 좀 산다 하는 친구는 매달 그 코엑스에서 하는 코믹페어에서 일본어 만화 '원서'를 전리품처럼 사온다거나, 마산에서는 절대 상영할 리 없는 이른바 아트하우스 영화들을 서울 여기저기에서 즐길 수 있다거나 하는 것이었다. 어머니와 함께 서울의 친척 집에 가며 훔쳐본 서울의 풍광들, 이를테면 입이 쩍 벌어질 만한 크기의 빌딩숲이며, 번화가며, 극장이며, 서점이며, 영어 학원 같은 것들은 일종의 신전처럼 여겨졌다. 내게도 서울은, 서울로 간다는 것은 질문돼서는 안 될 당연함의 영역이었다.

그것은, 이를테면 성석제의 단편 소설 〈첫사랑〉에서 묘사되는 것처럼 '지옥구 지옥동'에서 탈출하기 위한 발버둥은 아니었던 것 같다. 오히려 서울은, 경성에 사는 식민지 조선의 지식인들이 꿈꾸던 동경과 더 닮아 있다. 시계탑이며, 역사며, 대학이며, 차림새며, 화장이며, 식료품 등 모든 것들이 더 크고 선명하며 화려한 원본의 모양을 하고 있는 것 같은 매혹. 그 모든 요소들이 모여 만들어내는 도시적 스펙터클. 그러나 서울에 와서야 그 모든 매혹이 실은 미국과 유럽과 일본을 베낀 짝퉁의 괴기스런 조합일지도 모른다는 것을 어렴풋이 알았다. 경성역보다 크고 화려한 동경역이, 실은 암스테르담의 중앙역을 축소시켜 놓은 또 다른 모형에 불과하다는 것을 알게 된 식민지 조선의 지식인이 그랬듯이. 그래서 또 더 매혹적인 원본을 향해, 미국으로 일본으로 호주로 어학연수를, 워킹 홀리데이를, 유학을, 노동 이주를, 가족 이민을 떠나려 한다. 경제 '위기危機'가 증명하듯 위험危으로 연결된 지구는 또한 기회機로 연결된다는 것을 많은 사람들이 알게 됐기 때문이다. 이런 이동 회로들의 상상 가능하고 이동 가능한 범위는 가지고 있는 자원과 위치한 계급에 따라 달라지지만, 중요한 것은 모두 중심이라고 생각하는 곳을 향한다는 것이다.

경제 위기 이후의 지구화된 세계 속에서, 서울은 단지 대학으로 대표되는 고등 교육, 더 많고 좋은 일자리, 문화적 경험의 기회 구조가 밀집된 지리적 실체만이 아니다. 그것은 한국이라는 국경 안에서 모든 주변이 머리를 들이미는 중심이며, 위계화된 도시적 욕망의 정점을 가리키는 상징이다. 아시아 지역의 하위 계층 노동자들과 결혼 이민자들을 끌어들이는 글로벌 도시일 뿐 아니라, 국내에서 젊은이들을 끊임없이 불러 모으는 한국 안의 식민 모국, 메트로폴리탄이다. 이런 서울의 권력은 사람들이 가진 물질적, 상징적 자원에 따라 승인되기도 하고 부정되기도 한다. 어린 시절부터 서울에 있는 부모 소유의 집에서 자란 미영은 "강북민의 비애"를 가지고 있다고 이야기하면서, 자신이 사는 곳이 "뭐 서울이야" 하는 주변의 시선 때문에 집 주소를 이야기할 때 창피하다고 했다. "우리한테 서울은 강남"이라는 미영의 이야기에서 우리는 서울 안에서 중심, 또다시 중심의 중심을 만들어냄으로써 유지되는 서울의 권력을 본다. 그러나 유학을 통해 미래의 삶의 전망을 더는 한국에 두지 않는 사람들에게 서울은 그저 지나가는 중간 기착지일 뿐이다. 서울을 중간 기착지로 만드는 것은 서울보다 더 큰 서울, 서울보다 더 서울 같은 뉴욕이거나 런던이거나 파리일 것이며, 그것이 곧 우리를 욕망하고 이동하게 만드는 초국적인 차원의 공간적 위계 구조를 형성한다.

중요한 것은 모두 일단 서울로 온다는 것이다. 더 많은 자원을 얻기 위해서건, 더욱더 많은 자원을 얻기 위해 떠나기 위해서건. 그러나 글로벌 시티 서울은 또한 발전주의의 망령에 다시 사로잡힌 재개발의 도시이기도 하다. 과거의 하숙집도 자취방도 대부분 원룸이나 오피스텔로 변해버린, 기숙사가 민영 자본의 고급 시설로 탈바꿈한 서울에서 국내 이주민인 이 젊은이들이 갈 수 있는 곳은 매우 제한될 수밖에 없다.

돌고, 돌고, 돌고
— 반복적 주거 이동과 주거 트랙의 분화

당신은 서울에서 태어나지 않았고, 서울에 부모의 집이 있어 서울에서 자란 것도 아니다. 용케도 서울에 있는 대학으로 진학한 당신은 남들처럼 취업을 준비하기 위해 토익 학원에 다니고, 스펙을 쌓기 위해 봉사활동이며 경제 동아리 활동이며 공모전에 열심이다. 또는, 용케도 비수도권에 있는 대학을 나왔으면서도 고시를 준비하기 위해 또는 취업을 위해 서울에 왔다. 또는, 당신은 대학 근처에는 별로 가본 적도 없고 관심도 없지만 태어나고 자란 곳보다는 먹고 살 길이 많을 것 같아 용케도 서울에 왔다. 어쨌거나 당신은 '용하게도' 혼자 서울에 온 이주민이자 이방인이다. 당신은 어디에 살고 있는가? 어디에 살 수 있겠는가?

당신이 대학생이라면, '인 서울'한 당신을 너무 사랑한 나머지 부모가 서울에 아파트나 주택을 선뜻 마련해줄 수도 있겠다. 아니면 비수도권 지역에서 자그마한 아파트를 구할 비용을 들여 산뜻한 원룸 하나를 챙겨줄 수도 있겠다. 당신의 부모가 당신을 향한 사랑을 증명할 만큼의 재력을 가지고 있다면 말이다! 그러나 사랑과 통장 잔고 사이에 애틋한, 그러나 결코 좁힐 수 없는 강이 흐른다면 당신은 부모가 당신을 위해 어린 시절부터 차곡차곡 모아둔 적금 통장을 깨고, 친척들에게 아쉬운 소리를 해가며 돈을 빌려 당신의 서울 살이 보증금을 마련하는 모습을 볼 수 있을 것이다. 그것조차 힘든 경우에는 쌈짓돈을 모아 만든 기백만 원과, 매달 당신의 부모가 먹고 입을 것을 아껴 당신의 통장으로 입금할 수십만 원의 용돈이 당신이 기대할 수 있는 전부일 것이다. 또는, 부모에게 받은 것도 줄 것도 없는 자립적인 사람이거나, 더 받을 것은 없는데 줄 것만 많은 (유사) 가장이라면 당신은 조금 더 골치가 아프다.

어떤 경우든 서울에서 살 곳을 구하려고 고민해야 하는 경우라면, 당신에게 주어진 선택지는 그리 많지 않다. 당신이 '인 서울'하는 데 성공한 대학생이라면 상대적으로 가격이 저렴한 기숙사[35]를 고려할 수 있을 것이다. 물론 그 대학이 충분한 기숙사 시설을 갖추고 있는 경우에 한해서 말이다. 2009년 현재 서울 지역에 분포한 대학들의 기숙사 수용률은 약 12퍼센트에 불과하며,[36] 서울 소재 대학 중에서 전체 학생 대비 기숙사 수용률이 20퍼센트를 넘는 곳은 없다.[37] 당신이 성적순이건 무작위건 기숙사생 선별에서 행운과 불운을 번갈아 맛보는 동안, 어느새 기숙사 가격은 비싸졌다. 2006년 건국대를 시작으로 각 대학이 민영 자본을 통한 기숙사 재건축 붐을 타면서 기숙사 가격이 다른 주거 공간에 견줘 더는 매력을 갖기 어렵게 된 것이다.

　　대체 이 기숙사 재건축 사업이 어디에서 시작됐는지 투덜대며 당신은 대학 근처의 하숙집이며 자취방을 알아보기 위해 발품을 팔기 시작할 것이다. 당신이 대학생이 아니더라도 그나마 교통이 좋은 곳들에 견줘 상대적으로 대학가의 집값이 쌀 거라고 당신은 기대한다. 아, 그런데 요 몇 년 사이 대학가에서 하숙집을 찾기 어렵게 됐다. 주거 임대도 일종의 사업이라 오래 사업을 해온 이들은 이제 같은 업종에서도 더 돈이 되는 사업을 원한다. 대학가를 우후죽순 둘러싸기 시작한 것은 원룸이거나 오피스텔이다. 업주들의 욕심만은 아니다. 2002년부터 진행된 뉴타운 사업은 서울 시내 거의 모든 대학가를 허름한 하숙집과 자취방이 아니라 말쑥하게 정돈된 건물들로 빽빽이 둘러싸인 용감하고 새로운 세계로 만들고 있다.[*] 새로 지은 주거 시설의 업주들은 뉴타운 덕분에 오른 땅값을 다름 아닌 바로 당신에게서 보상받으려 틈새 없는 진지를 구축하고 있다. 그렇다고 겨울에는 춥고 여름에는 덥기로 소문난 옥탑방의 가난한 낭만도, 습기가 차 여름 방학 한 달 집을 비운 사이 옷장의 옷이 모조리 썩어버렸다는 반지하의 흉흉함도 당신은 두렵다. 옥탑도 반지하도 어쨌건 집은 집인지라 보증금 역시 만만치 않다.

　　대학가 골목을 돌아다니다 지친 당신의 눈에는, 며칠 전부터 세

---

[*] 구체적으로는 북아현·아현 뉴타운과 가재울 뉴타운(연세대, 이화여대, 서강대, 홍익대), 이문·휘경 뉴타운(외대, 경희대, 고려대), 길음·미아 뉴타운(성신여대, 국민대), 흑석 뉴타운(중앙대), 전농·답십리 뉴타운(시립대), 왕십리 뉴타운(한양대) 등을 들 수 있다(〈뉴타운 광풍, 20대들 "어디서 살지?" 먼동네, 지하방, 고시텔로 연쇄이동〉, 《레디앙》, 2010년 9월 24일).

시판이나 전봇대에 붙어 바람에 나부꼈지만 일말의 관심도 주지 않던 전단들과 그 안의 시커멓고 착한 모양의 숫자들이 보이기 시작한다. "잠만 자는 방. 관리금·보증금 100만 원. 15만. 편의 시설 완비. 조용하고 깨끗함", "○○고시원. 고급 원룸텔 시설. 1인 1실 침대방. 남녀 층별 분리. 21~25까지 다양한 가격", "소방 안전 우수 업체 표상. ○○○○고시원." 서울에서 보증금이 생략되거나 거의 없을 수 있는 공간, 보증금 때문에 고민하는 당신을 너그러이 두 팔 벌려 환영해줄 공간은 이름부터 노골적으로 잠만 잘 수 있는 곳이라고 으름장을 놓는 곳이거나, 고시원이라고 빤히 써두고는 원룸텔이라는 기묘한 이름으로 위장 전술을 펼치는 곳일 뿐이라는 것을 깨닫는다.

이렇게 해서 오늘날의 무수한 청년들이, 마치 부모에게서 버려진 헨젤과 그레텔이 빵과 설탕 냄새에 홀려 과자로 만든 집으로 향하듯 고시원에 들어가게 됐다는 비극적인 이야기를 하려고 하는 것은 아쉽게도 아니다. 진짜 비극은 고시원이 아닌 다른 곳에 있다. 아파트나 원룸부터 지상 주택, 공동 주택, 반지하, 옥탑방, 잠만 자는 방, 기숙사 등 그저 다를 뿐만 아니라 주거 조건에 따라 위계화된 선택지들 중에서, 자신의 경제적 조건에 맞는 집 또는 방 하나를 고르는 것이 기쁨인 사람들보다 고통인 사람들이 더 많다는 것. 최선을 위한 선택보다 차악을 위한 선택을 하는 사람들이 훨씬 더 많다는 것. 많은 젊은이들이 휴학·복학이나 취업, 실직 등 불안정한 삶의 조건 속에서 저 방과 방 사이를 끊임없이 옮겨 다니고 있다는 것이 오늘날의 진정한 비극이다.

비극이라는 말의 극단성을 조금 덜어놓고 보자면, 지금까지 서울에 와서 어디에서 살아왔냐는 질문에 한참 대답을 늘어놓고서도 자신도 정리가 안 돼 혼잣말인지 내게 들려주는 이야기인지 모르게 자신의 서울 주거사(史)를 떠올리는 규태가 바로 그런 이동하는 삶의 전형일 것이다.

그러니까 이대……염리동에서 세 군데 살았잖아요. 세 군데 살았는데 그 중 세 군데가 다 옥탑이었어요. 지금 사는 데는 지층, 1층. 그리구 맞어, 그전에 살았던 데 중에 한 군데는 반지하도 있고. 신림에 살았을 때 두 번째로 간 데가, 처음 살던 월셋집 말고 이제 다른 형이랑 또 만난 사람 이랑 살았던 데가 지하……반지하. 방은 두 개였지. 염리동……오고 나 서부터는 말하자면 스물한 살 때부터는 계속 제 방이 있긴 했어요. 열아 홉에는 거기 방이 한 번 있었고 나머지는 계속 방을 누군가와 공유를 한 거지. 아는 형 집에서 자고, 아는 형 방에서 같이 공유하고, 하숙집 비슷 한 거죠. 밥은 안 주는 그런 데서 같이 살고. 그 다음에 이제 아는 형이 랑 방 두 군데서 살면서 방 가졌고. 그 다음에 장애인 활동 보조 하면서 거기 살 때는 그 사람이랑……거의 노동을 하면서 자는 거죠. 그리고 주 말에도 아는 분의 집에서 같은 방 쓰고. 그 다음에 또 이사 갔던 데도 친 구 집이니까 같이 쓸 수밖에 없는 데도. 그 다음에 이사 갔던 데는 또 고 시원이었다가 캔슬이 나고 그 다음부터 방이 생겼어요. 지금 생각해보니 까 내가 존나 많이 살았어. (웃음) 한 2년 동안, 서울 와서 한 2년 동안은 계속 이동하는 그런 경로를 따라……엄청 멀어요, 하나는. 초반에는 신 림에 살았잖아요. 그 다음에는 효창공원? 역 있는 데 살고 주말에는 또 딴 데 가서 살고. 주말에는 녹사평인가 그 쪽에 있었던 거 같고. 이사 다 시 고시원으로 갈 때는 대학로였고. 그 다음에는 흑석동이었고, 친구 집 갔을 때는. 흑석동 살다가 그 다음에 온 게 여기로……이대 쪽으로. 지금 엄청 오래 사는 거죠. 같은 집은 아니지만. **월세 같은 것들은 다 기억나 요?** 대충은 다 이삼십만 원 대였던 거 같은데. 별로 차이가 없어요. 그 안에서만 살아서……지금도 그렇고. **보증금은요?** 보증금은 다 다른데 내가 거의 내지 않았던……않았지. (웃음) 한 천만 원? 오백에서 천만 원? 내가 산 집이 너무 많아서……너무 많고 경로도 너무 이상해. 내가 호스트바만 안 갔다 뿐이지 별 이상한 데 다 가본 거 같아. 장애인 활동 보조한다고 그 집에서 살기도 했지. 친구 집에 기거하기도 했지. 옥탑에도 살았다가 지층에도 살았다가 원룸에도 살아봤다가. 내가 어떻게 살았는지 이제 기억이 갑자기……경로가 참……빡세다. 1년 이상을 거주한 게 이번이 처음인 거 같아. 난 소속이 없으니까 그런 거 같아. 보통 이 나이 때는 대학을 졸업하고 오거나 대학을 다니기 위해 오잖아요. 그렇게 안 오니까 더 복잡했던 거 같아. 서울에 있는 친구들은 다 대학생이니까 학교 안에 살든지 학교 밖에 아는 사람이랑 살든지 자기 바운더리가 있잖아요. 나는 그런 게 없으니까 진짜 다 떠돈 거 같아. 있어야 될 곳이 없으니까 뭔가 여기 있고 싶긴 한데……솔직히 있고 싶지도 않아. 부산엔 가고 싶지 않으니까, 여기서 하고 싶은 일들이 많고 재밌는 일들이 딴 데보다 많으니까 서울이. 있긴 있었는데 그게 근데 이런 상황일 때는 이동을 많이 할 수밖에 없어. 규태, 26세, 창작직

서울에서 몇 년을 살며 '서울내기' 흉내를 내는 데는 도가 텄지만, 내게 여전히 낯선 표현 하나가 있다면 그것은 서울이 고향이라는 말이다. 서울에서 나고 자란, 그래서 명절이면 귀성길을 떠나는 대신 귀경 행렬을 맞아야 하는 사람들에게 서울은 고향이라는 은유가 주는 편안함, 안정감, 그리고 소속감과 동일시된다. 그러나 서울은 내게 고향이 아닐뿐더러, 누군가 서울에서 고향이라는 단어가 줄 만한 편안함과 안정감을 주는 곳을 꼽아보라고 하면 나는 머릿속으로 지하철 2호선 노선도만을 빙글빙글 훑

을 것이다. 4년을 꼬박 다닌 대학도, 같은 만큼의 시간을 산 기숙사도, 다시 2년을 뻔질나게 드나든 또 다른 대학도, 그 기간 내게 안식처가 되어준 목동의 자취방도 쉽사리 나요, 나요 하고 소리치지는 않는다. 서울은 늘 이동해야 할 곳이었지, 마음 놓고 머무를 수 있는 곳이 아니었다.

《어디 사세요? — 부동산에 저당 잡힌 우리 시대 집 이야기》(2010)는 한국 사회가 점차 '신유목민' 사회가 되고 있다고 지적한다. 세입자의 경우에는 평균 2년마다, 집이 있더라도 '돈이 될 집, 더 큰 집, 아니면 자식 교육에 필요한 집을 찾아' 평균 5년 안팎으로 이사를 하게 됐다는 것이다.[38] 이 책에 따르면 오늘날 신유목민 사회의 삶은 정박할 집이 없는 뿌리 없는 삶이며, 고향 없는 삶이다. 신유목민이라는 표현이 주는 어떤 인상에 공감하면서도, 나는 근대 세계에서 모든 사람들이 일종의 홈리스와 같은 위치에 놓인다고 할지라도 어떤 사람들은 이중, 삼중으로 탈구를 경험한다는 사실을 간과해서는 안 된다는 아널드의 지적을 떠올리게 된다.[39] 서울에 와서 셀 수 없이 많은, 그러나 또한 방값에서는 너무나도 닮은 주거 공간들을 떠돌아다닌 규태와, 기껏해야 기숙사에 살다가 자취방으로 이동한 내 경험을 동일하게 유목민적이라 부를 수는 없을 것이다.

모든 이동하는 삶이 같은 정도로 탈구되거나 탈장소화된 것은 아니다. 예컨대 이동성이 지구적인 차원에서 증대한 21세기에, 비행기의 흔들림 없는 비즈니스석을 타고 하루 만에 뉴욕에서 런던으로, 다시 파리로, 도쿄로 이동하는 초국적 엘리트와, 목숨을 건 채 때로는 선박 화물칸에 때로는 컨테이너 박스에 며칠씩 몸을 싣고 멕시코에서 미국으로, 또는 중국에서 영국으로 국경을 불법으로 넘는 이주 노동자의 이동이 결코 동일할 수 없는 것처럼 말이다. 사스키아 사센Saskia Sassen은 지구화에서 글로벌 자본이 움직이는 상층 회로만이 아니라, 더 나은 임금을 위해 불법으로 이민하는 사람들이나 인신매매로 어쩔 수 없이 이동하는 사람들처럼 쉽사리 보이지 않는 하층 회로를 함께 고려해야 한다고 제안한다.[40]

나는 마찬가지로 오늘날 한국 사회에서 '유목민'이 된 사람들이 결코 하나로 묶을 수 없는 질적으로 상이한 주거 이동의 회로들을 움직인다고 생각한다. 지가와 교육 환경 등을 따져 부동산 가치가 더 높은 집을 찾아 이동하는 사람들은 비수도권에서 수도권 신도시나 서울만이 아니라, 자녀에게 영어라는 불패의 문화 자본을 이전하기 위해 미국으로, 캐나다로, 뉴질랜드로 바삐 움직인다. 가족 구성 역시 자유롭다. 한쪽은 한국에 남아 비용을 전담하고, 다른 한쪽은 당장 유학원에 취직해도 될 만한 정보력을 가진 교육 매니저가 돼 자녀와 함께 비행기에 오른다.[41] 또는 자녀가 태어나기도 전부터 산달을 예정해 한국을 떠난다. 영주권을, 이중 국적을, 시민이 될 수 있는 또 하나의 권리를 얻기 위해. 아이와 옹Aiwha Ong은 마치 자본의 흐름처럼 국가간의 경계를 자유로이 넘나드는 이런 초국적 시대의 유목적 주체를 유연한 시민권을 가진 이들, 여러 개의 여권을 가진 이들로 부른다.[42]

그러나 고시원부터 반지하, 옥탑방 등 수없이 많은 방들을 이동하는 규태의 삶은 이를테면 여권의 발급이 무기한으로 유예된 삶이다. 규태는 부동산 자본을, 문화 자본을 증식할 수 있는 집이 아니라 생존을 찾아 이동한다. 규태 같은 사람들의 삶을 에워싼 초고층 복합 건물이나 아파트 광고의 이미지는 자기 몫이 아니다. 더 낮은 곳으로, 또는 더 높은 곳으로, 그것도 아니라면 더 좁은 곳으로 몸을 밀어 넣는 실험들의 끊임없는 연속이다. 기러기 가족이 오늘날 한국에서 주거 이동의 상층 회로를 차지한다면, 서울로 이주한 가난한 청년들에게 하층 회로의 불투명한 단층선을 오가는 이동 방식만이 허용된다. 고시원은 그 하층 회로 중에서 어쩌면 가장 뚜렷하게 드러난 부위다. 대학가나 지하철 역 근처, 때로는 도심 한 가운데에 있는 고시원 간판은, 고시텔, 원룸텔, 미니하우스라는 이름으로, 당당한 깃발처럼 나부낀다.

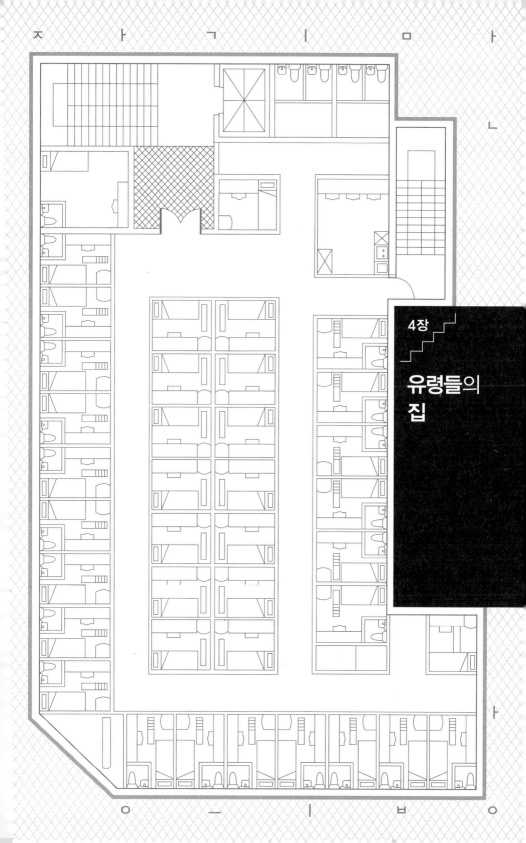

4장

유령들의
집

대학생이라면 으레 기숙사나 하숙집에서 살아야 하는 게 아닌가 생각하며 대학 시절을 보냈다. 아파트 단지처럼 동 수가 붙은 기숙사 건물들을 일 년 단위로 옮겨 다니며 살았다. 등록금이 조금씩 올라 입학하던 해의 1.5배 정도가 되는 사이, 하숙집에 살던 친구들은 주로 원룸으로 옮겼고, 기숙사에서 나간 학생들은 인근 고시촌의 반지하나 고시원을 찾아 떠났다. 가만히 생각하면 적어도 기숙사에서 친하게 지내던 '우리'는 하나같이 내세울 것 없거나 가난한 집안 출신이었다. 매년 신입생에 절반을 할당하고 남은 자리들을 무작위로 배정하는 기숙사생 결정의 시기, 우리는 사활을 거는 심정으로 행정동을 분주히 오갔다. 나는 기막힌 운으로 한 학기에 50만 원인가 하는 기숙사에서 4년을 버틸 수 있었지만, 만일 조금만 운이 나빴더라면 아마 지금보다 일찍 고시원이라는 공간과 마주해야 했을지도 모른다. 기숙사와 고시원 사이의 거리는, 그 운의 무게를 계량하는 저울의 눈금 같은 것이라는 사실을 나는 조금 더 나중에야 알았다.

3평 남짓 되는, 양쪽 벽에 붙은 1인용 침대 둘과 딱 그 침대만큼의 빈 공간을 사이에 둔 똑같은 모양의 기숙사 방에서 사는 동안 나는 점차 구체화하기 어려운 어떤 열패감에 사로잡혔다. 봄옷과 겨울옷을 가르는 산뜻한 경계를 가지고 출발한 옷장 속 세계는 몇 번의 계절이 더 지나고 나서는 모든 계절들이 뒤엉겨 먹색으로 바뀌었고, 옷장 주변 걸개마다 위태롭게 걸린 옷걸이와 옷가지들로 위협받았다. 책장 위 공간을 넘어 천장까지 닿은 책 더미들은 고작 두세 뼘 너비 책장의 얇디얇은 허리를 짓누르다 못해, 책상 위 컴퓨터와 키보드가 놓인 자리를 뺀 모든 공간을 침범했다. 먼지덩어리가 뒹구는 발밑에도 책과 종이 뭉치들이 쌓여 서랍을 가로막았다. 그러나 그것들은 방을 정확히 가로지르는 보이지 않는 선을 넘어서는 안 됐다. 종이로 만들어진 광포한 포식자들은 침대까지 침범해 나는 원래 머리맡이던 곳에 그것들을 줄지어 두고 몸을 모로 돌려 자야 했고, 이따금 도미노처럼 와르르 무너져 내려 예민한 룸메이트를 괴롭혔다. 늘어가는 짐들이 내 죄의 근원이었고, 버리는 일에 능숙하지 못한 나는 그 무수한 죄를 방조하고 실행한 흉악범이었다. 기숙사는 그곳에 사는 내 존재 자체를 죄로 규정하는 곳이자, 그 죄를 다시금 열패감이나 죄책감을 통해 처벌하는 괴이한 거울 구조의 방이었다.

　　죄는 사회적 관계 속에서 만들어진다. 적어도 기숙사는 일정한 관계의 테두리를 허용하는 공간이었다. 기숙사에서 처음 만난 사람과 룸메이트가 된다는 것은 쉽지 않은 일이었지만, 운 좋게도 친한 친구와 룸메이트로 보낸 2년여 간은 따스하고 위로가 되던 시절이었다. 방으로 돌아가는 길에 역 근처에서 물만두를 사 가면, 룸메이트가 도시락 두 개를 시켜두고 하나를 까먹으며 나머지 하나를 건네던 그런 종류의 일상적인 정과 믿음이 있었다. 세탁기와 건조기가 쉴 새 없이 돌아가는 세탁실에서 동기, 선후배들과 함께 시켜 먹은 야식의 양이 얼마나 될지, 나눈 연애담과 세상 돌아가는 이야기가 어느 정도였는지. 한 배달 아저씨는 내 얼굴을 기억해 콜라를 서비스로 주는 예외적인 일도 있었다. 그런 세계였다. 방 앞마다 학과와 이름, 얼굴이 붙은 실명의 세계. 느지막이 깬 지각생들이 각자의 수업이 있는 건물들로 줄지어 뛰던 오전 풍경이 너무나도 자연스러운. 모두 한 학교의 구성원이라는 의심할 수 없는 공통성에 관한 믿음 위에 구축된 방, 공간, 관계. 이곳에서 죄는 언제나 만들어지는 동시에 사해질 수 있었다. 어차피 우리는 한 명도 남김없이 그곳을 떠날 것이었다. 누구나 다 명예로이 졸업을 하고, 번듯한 직업을 가지고, 이 시기와 공간을 추억하며 양주잔을 기울일 것이라 믿었다.

　　고시원에 들어가며 나는 짐짓 그것이 기숙사와 꽤 닮아 있을 것이라는 막연한 상상을 했고, 아주 잠깐은 그 상상을 유지했다. 우리는 타자의 경험을 늘 자신의 인식 가능성의 범위 속에서 비틀어 상상하는 데 익숙하지 않던가. 그러나 새벽 다섯 시 즈음 같은 층 몇 개의 방에서 울리는 다양한 최신 가요 모닝콜, 그 소리 하나하나가 벽 따위 없다는 듯 생생히 귓속을 파고드는 순간, 매일의 일자리를 찾아 나서는 바쁜 걸음들, 방문을 한 뼘 쯤 열어두고 소주잔을 기울이거나 아무렇게나 옷을 벗어던진 채 잠든 얼굴 없는 사내들, 주방에서 홀로 꽁치찌개를 끓여 먹던 어느 뒷모습, 창문 없는 내 방으로 돌아와 불을 끄면 칠흑같이 진득거리는 어둠 따위는 고시원에 관해 말하고 있는 글자들 사이에서 쉽사리 상상할 수 없는 것이었다. 한 달을 살며 나는 아무하고도 이름이나 하는 일을 공유할 수 없었다. 밤부터 인근 편의점에서 일하는 26번 방 남자만이 35번 방에 산다는 내 소개에 화들짝 놀란 표정으로 더 굳게 입을 다물었을 뿐이다. 늘 95퍼센트가 차 있다던 고시원 방에 새로 살려고 들어오는 남자들의 소리를 몇 번이나 들었지만, 그 방을 비우고 떠나는 사람들의 발소리는 듣지 못했다. 고시원이 대체 무엇이기에, 고시원과 기숙사, 또는 더 '평범한' 방이나 집 사이의 거리가 얼마 만큼이기에.

한 시인은 고시원을 "귀신 천지"라고 묘사한다.[1] 도로를 면한 낡은 고시원에 사는 시적 화자에게, 도시를 달리는 폭주족들, 지하에 자리한 노래방에서 악을 쓰는 사람들, 복도를 지나는 사람, 옆방에서 코를 골거나 에로비니오를 보거나 하는 모든 타인들은 귀신이다. 귀신은 공포의 대상이기보다는 마치 뿌연 안개처럼 불투명한 존재, 완전히 인식되지 않는 타자를 가리킨다. 그러나 역설적이게도 그 사람들을 귀신으로 인식하는 시적 화자인 '나' 역시 결국은 술 마시고 열쇠를 잃어버리며, 앞방에 사는 이혼한 채 에로비디오에 탐닉하는 귀신에게 술을 먹자 청하는 귀신이 된다. 낡은 듯 다른, 인간의 말과 귀신의 눈길 사이 어딘가를 떠도는 이 고시원을 가득 메운 귀신들은 어디에서 오는가? 탈식민 이론가인 에이버리 고든Avery Gordon은 귀신ghost이 단지 망자亡者나 사라진 이가 아니라 일종의 사회적 형상이며, 규범적으로 훈련된 우리의 시야에 쉽사리 포착되지 않지만 나름의 방식으로 자신을 드러내는 무엇이라고 알려준다.[2] 이를테면 귀신이라는 은유는 고시원이라는 공간이 마련한 삶의 방식과 인간이 맺는 관계에 관한 은유이자, 고시원이 드러내는 삐걱대는 사회적 징후의 현현일 수 있다는 것이다.

나는 고시원이 무엇이며, 고시원이라는 공간이 갖는 사회적 또는 문화적 의미가 무엇인지 쓰려고 한다. 먼저, 한국 사회에서 고시원이 어떻게 주거 공간으로 자리잡아왔으며, 어떤 사람들이 살고 있는지, 왜 청년 세대가 고시원으로 들어가게 되는지 살피려 한다. 다음으로 고시원의 공간적 삶을 공간, 시간, 신체 기술이라는 세 차원에서 살피면서, 이것을 유령의 형상화라는 관점에서 해석하려고 한다. 이때 유령은 고시원에 사는 개별적 존재를 가리키기보다는 고시원의 삶과 관계의 구조에서 직조되는 일종의 사회적 형상으로, 나는 이것이 한국 사회의 집에 관한 불안과 공포의 투사물이라고 주장할 것이다.

고시원의 형성과 현황

흔히 고시원이라고 이야기할 때 사람들이 주로 떠올리는 이미지는 좁고 남루한 방, 몇몇 화재 사건으로 가시화된 이주 노동자를 비롯한 빈곤층의 주거 공간일 것이다. 그러나 실제로 '고시원'이라는 명명이 포괄하

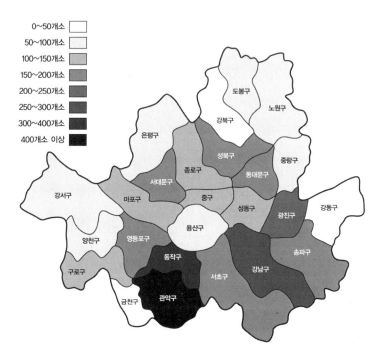

그림 3 | 서울 시내 고시원 밀집 현황 (2009)

자료: 정보공개시스템(2010)을 재구성.

는 주거 공간의 범주는 다양하다. 이를테면 최근 서울 강남 지역을 중심으로 시설과 환경, 주거 비용 등이 고급화되면서 '고시텔', '리빙텔', '미니원룸', '리빙하우스' 등 여러 명칭을 가진 고시원들이 늘어나고 있다. 나는 이 다양한 이름의 주거 공간을 통칭해 고시원이라고 이해하는데, 그 까닭은 이것들이 공유하는 긴조 환경과 임대 형대의 유사성 때문이다. 이 공간들은 첫째, 한 건물에 0.5~2평 너비의 좁은 방이 밀집해 있고 그 방 중 하나를 한 명의 거주민에게 임대하는 형태를 취하며, 둘째, 별도의 계약금이나 보증금 없이 관리비, 전기·수도세, 가스비 등을 통합한 월세만을 받는다.

2009년 1월 1일 현재 전국에 분포한 고시원은 6126개인데, 이 중

약 65퍼센트(3738개)가 서울에, 80퍼센트(4977개)가 서울·경기 지역에 집중돼 있다.[3] 고시원의 수도권 집중 현상은 통계 자료가 존재하는 2001년 이후 지속적으로 나타난다. 서울 시내 고시원의 수가 2001년 811개에서 2009년 3738개로 10년 사이 약 5배 정도 증가한 것은, 전국 고시원의 양적 증가를 서울을 비롯한 수도권 지역이 이끌었다는 것을 잘 보여준다. 이것은 서울을 비롯한 수도권 지역의 특성, 즉 비수도권에서 수도권으로 이동해온 지역간 이주민이 많고 내부의 주거 이동 빈도가 높다는 특성과 고시원이 긴밀히 관련된다는 것을 짐작하게 한다. 한편 2008년 10월 현재 서울 지역 고시원 거주민의 수는 10만 8428명으로 서울 전체 인구의 약 1퍼센트에 해당한다. 그러나 고시원에 연 단위로 장기 거주하는 경우보다 6개월 미만의 단기 거주를 하는 경우가 많다는 점을 고려하면, 고시원은 서울 인구의 최대 3~5퍼센트 정도의 유동 인구를 위한 의미 있는 주거 공간으로 자리하게 됐다고 볼 수 있다.

그림 3은 서울시내 고시원의 구별 분포를 표시한 것이다. 이른바 '고시촌'으로 잘 알려진 신림동을 포함한 관악구와 노량진이 위치한 동작구에 가장 많은 고시원이 밀집해 있다. 그러나 사무직 노동자들이 주로 주거하는 것으로 알려진 서초구, 강남구, 송파구, 그리고 일용직 노동자들이 주거하는 경우가 많은 영등포구, 동대문구, 광진구, 대학 밀집 지역인 서대문구, 성북구 등에 고시원이 상당수 분포하고 있다는 것을 알 수 있다. 물론 이런 고시원의 분포 양상을 단지 고시원 이용자와 주거 지역을 등치시키는 방식으로는 정확히 이해할 수 없다. 이를테면 《한겨레》의 보도[4]처럼 고시원 이용자를 학습형(학생, 취업 준비생)과 숙박형(회사원, 단순 노무, 무직)으로 분류해 지역별로 그 분포를 파악하는 것은 주거의 목적과 주거 공간의 이용 방식, 그리고 거주민의 사회적 지위라는 상이한 범주를 혼동

하고 있으며, 이 범주들이 늘 병행하지는 않는다는 점을 전혀 고려하지 못하고 있다.

고시원의 분포 양상을 포괄적으로 이해하려면 고시원이라는 공간이 한국에서 주거 공간으로서 자리잡게 된 맥락들 중에서 주거 공간과 분포 지역, 그리고 거주민의 사회적 속성이 맺고 있는 상호 관계의 역사성을 고려해야 한다. 그 맥락은 세 가지로 정리할 수 있다.

첫째, 고시원은 학생들을 위한 간이 주거 공간으로 처음 등장했다. '고시원'이라는 명칭이 이미 담고 있듯이 원래 고시원은 사법·행정·입법 등 각종 국가 고시를 준비하는 수험생들이 학습의 효율을 위해 머무는 공간이었다. 20여 년 동안 서울 여러 지역에서 고시원을 운영한 한 업주에 따르면, 1980년대 고시원의 초기적 형태는 독서실에 간이 침구를 놓는 데서 비롯돼 독서실 시설을 개조한 것이었다고 한다. 고시생들의 공간이라는 성격은 신림동이나 노량진 등 '고시촌'으로 알려진 지역에 고시원이 가장 많이 밀집돼 있다는 사실이 보여주듯 오늘날에도 계속 유지되고 있다.

한편 1990년대 후반 고시원이 급증한 현상을 다룬 어느 신문 기사[5]에서 채택하고 있는 '벌집'[6]이라는 표현은 고시원의 또 다른 초기적 형태와 연관된다. 서울 지역 주요 대학들이 기숙사를 본격적으로 마련하기 시작한 것이 1980년대 이후라는 점을 고려할 때, 1980년대까지 비수도권 출신 대학생들의 주요 거주지는 대학가 인근의 하숙집이나 자취방이었다. '벌집'이라는 표현은 한 집에서 10명 안쪽을 수용하던 하숙집이 공간을 0.5~2평으로 잘게 분할해 최대 50~70명까지 수용할 수 있도록 개조한 아파트식 대형 하숙집을 가리키는 것이었다.[7] '닭장'이라고 불리기도 한 이 아파트식 대형 하숙집이 점차 고시원이라는 명칭과 형태를 갖추어 표준화된 것으로 보인다. 오늘날 여전히 서울 지역 대학가(신촌, 대학로, 회기동, 안

암동, 왕십리, 흑석동 등)에 대학생들을 대상으로 조밀히 자리잡은 고시원들이 여기에 해당한다. '잠만 자는 방'으로 알려진 주거 형태 역시 과거 '벌집'이 고시원으로 표준화되는 과정에서 분화한 일종의 변이형이라고 볼 수 있다.

둘째, 본래 학생들의 공간으로 등장한 고시원은 서울을 비롯한 수도권에서 재개발 사업이 폭넓게 진행되던 1980년대 동안 재개발에서 밀려난 빈곤층이 사는 주거 공간의 성격을 동시에 획득했다.[8] 서울에서 빈곤층 주거 지역의 역사는 시기별로 구분된다. 1960~70년대를 대표하는 것은 '판자촌'으로 알려진, 급속한 산업화 과정에서 도시로 들어온 도시 빈민들의 무허가 거주지다. 1980년대는 자본주의 재개발 사업의 부산물로 무허가 주거지인 비닐하우스촌이 새롭게 등장했으며, 1990년대 이후에는 주거 불평등이 점차 심화되면서 빈곤층의 주거 공간이 기존의 판자촌, 비닐하우스촌을 포함해 공공 임대 주택, 지하방, 쪽방 등으로 다변화됐다.[9] 이때까지 고시원은 대표적이지는 않지만 1980년대 이후 저렴한 주거 공간이 필요했던 도시 빈민들, 특히 가족 단위의 생활이 필요하지 않은 사람들에게 쓸 만한 주거 선택지로 자리잡았다.

관련 보고에 따르면 2000년대 이후 노숙인을 비롯한 주거 빈곤 계층은 고시원을 필두로 PC방, 만화방, 찜질방 등 각종 '방'들을 오가며 이 공간들을 잠정적이고 임시적인 주거 공간으로 전유하고 있다.[10] 노숙인을 포함한 도시 빈민은 고정된 주거 공간을 갖기보다 거리와 쉼터, 쪽방, 고시원 사이에서 끊임없이 진입과 이탈을 반복한다.[11] 일용직 노동자들이 많은 지역을 중심으로 택시 기사, 미장이, '알바족' 등 불안정 노동에 종사하는 사람들 또는 기초 생활 보호 대상자 같은 저소득층을 고시원에서 많이 만날 수 있는 이유가 바로 이것이다.

셋째, 1997년 경제 위기 이후 고시원은 단지 빈곤 계층이 아니라, 고용 구조와 가족 구조 등이 복합적으로 재편되는 속에서 발생한 1인 가구를 흡수하는 주요한 주거 공간으로 부상했다. 고시원이라는 공간이 본격적으로 사회적 조명을 받기 시작한 시기는 경제 위기 직후다.[12] 내가 만난 한 고시원 업주는 자신이 운영하는 고시원을 "IMF의 부산물"이라고까지 표현하면서, 1996년 정도부터 체감되기 시작한 경제 위기 이후 고시원 이용자층이 대거 변화했다고 기억한다. 명예퇴직을 비롯해 실직, 사업 실패 등 경제적 상황과 맞물려 이혼한 사람들, 신용 불량자, 노년에 자녀에게 부양받지 못하는 사람들 등이 과거 학생들이 차지하던 자리를 메웠다. 저렴한 주거 공간을 찾는 과정에서 고시원에 이르게 됐다는 점에서 빈곤 계층과 닮아 있지만, 경제 위기라는 독특한 역사적 계기가 노동 시장과 가족 양쪽에 행사한 영향력 때문에 등장한 집단이라는 점에서 차이가 있다. 경제 위기 시기를 거치며 장기화된 고용 불안과 경제 불황 속에서 생계 부양자로서 남성의 위치는 약화했으며, 이것은 높은 이혼율, 독신 가구 증대, 저출산, 저혼인 등 가족 구조의 변동과 맞물렸다.[13] 고시원은 경제 위기가 고용 구조와 가족 구조에 미친 부정적인 파급 효과를 완충하는 구실을 하면서, (주로 남성) 실업자나 이혼자를 비롯한 여러 1인 가구의 주요한 주거 공간으로 떠오른 것이다.[14]

요컨대 경제 위기를 즈음한 1990년대 후반 이후 계속해서 증가해 온 수도권 안의 1인 가구는 고시원이라는 주거 공간의 증식과 상보적인 관계를 맺고 있었다. 2000년대 이후 서울 인구 중에서 1인 가구의 비율이 점차 높아지고 있다는 점은 수도권의 주거 문제를 이해하는 데 핵심적이다.[15] 2000년에서 2005년 사이 서울의 전체 가구 증가율은 6퍼센트에 불과했지만, 1인 가구 증가율은 무려 34퍼센트로, 5년 동안 50만 2245가구에서 67만 5739가구로 급증했다.[16] 2006년 현재 1인 가구는 서울 전체 가구의 22.4퍼센트(76만 8457가구)를 차지하고 있으며,[17] 증가의 폭이나 급간이 눈에 띄게 커지는 것을 알 수 있다. 비수도권에서 서울로 이주한 뒤 전입을 하지 않은 상태로 서울에 거주하는 사람들의 숫자를 고려한다면 1인 가구 비율이 30퍼센트를 넘을 것이라는 계산도 가능하다. 1인 가구는 대학이나 직장과 근접성이 높은 역세권에 거주하는 경향이 있지만, 원룸이나 오피스텔 거주자보다는 고시원이나 다가구 다세대 주택에 거주하는 경우가 많다고 한다.[18] 1인 가구를 구성하는 인구 집단 역시 대학생이나 고시·취업 준비생, 비혼의 직장 초년생, 소녀·소년 가장, '기러기 아빠'인 중년 남성, 독거노인 등으로 내부 분화되고 있다. 그리고 이 중 45퍼센트가 25~34세 사이의 젊은이들이다. 이 집단이 고시원에 사는 주요한 집단으로 대두한 것은 당연한 일이다.[19]

1인 가구의 증대와 내부 구성의 다변화와 연관해서, 양적으로 증대하고 있는 고시원 역시 가격과 시설 등에서 분화하고 있다.[20] 이를테면 최근 3년(2007~2009)간 서울 시내 구별 고시원 증가 추세를 보면, 고시원의 증가를 이끄는 지역은 관악구, 동작구 등 '고시촌'으로 유명한 지역이 아니라 강남, 서초, 송파 등 이른바 강남 지역이다. 사무직 일자리가 밀집된 강남 지역에서 일하는 젊은 직장인들을 위한 '고급형' 고시원이 활발하게 건축되고 있기 때문이다. '원룸텔', '리빙텔', '미니텔', '미니원룸', '리빙하우스' 등 고시원이라는 딱지를 뗀 이 고급형 고시원들은 이른바 '풀 옵션', 즉 방에 개인 화장실과 욕실, 소형 세탁기와 에어컨, 냉장고 등을 갖추고 있으며, 월 거주 비용이 40만~70만 원에 이른다.

고시원이라는 주거 공간을 구성하는 서로 다른 맥락들은 현재 한국 사회에서 '고시원'을 단일한 현실로 말하기 어렵게 한다. 또한 한국의 노동이나 가족, 인구 구조의 재편 같은 사회적 맥락에서 떼어내 '고시원'이라는 공간만을 보는 일 역시 불가능하다는 것을 알 수 있다. 그런 까닭에 나는 여기에서 고시원에 관한 시시콜콜한 보고나 그 시시콜콜함을 다 뭉개는 어떤 일반론을 전개하지는 않으려 한다. 오히려 나는 한국 사회에서 '집'이 무엇인지 가늠하는 일종의 리트머스 시험지로서 고시원에 접근할 것이며, 그 시료로 청년 세대의 고시원 주거 경험을 빌려올 것이다.

우리들은 들어간다 고시원으로

그렇다면 청년 세대는 어떻게 해서 고시원에 이르게 되는 걸까? 내가 만난 사람들의 구체적인 사례를 통해 그 궤적을 좇아보자.

할아버지 집에서 나가고 싶었던 게 가장 컸고. 간섭받기 싫어서. 그리고 집을 구하려고 했는데 제 학교 근처에 썩 깨끗하지가 않아요. 주위가. 그래서 좀……뭐랄까, 외양이 좀 깨끗한……주거 환경 이런 데 살고 싶었죠. 근데 마침 여기저기 알아보다가 우연히 고시원이라는 그런 공간을 알게 돼서 가봤는데 깨끗하게 잘 돼 있어요, 고시원에서 관리를 하니까. 좀 좁은 기 같지만 침대도 있었고 책상도 있고. 제가 집이 지방이니까 여러 가지……딴 데 방을 구하게 되면 책상이니 가구니 다 준비해야 되잖아요. 근데 여기는 다 준비돼 있고, 제 몸이나 책 몇 가지만 옮기면 되니까, 편의성이 있었죠. 그래서 택하게 됐죠. **정훈, 31세, 사무직**

비수도권에서 서울에 있는 대학으로 진학하게 된 정훈은 대학교 1학년을 친척 집에서 보냈다. 그러나 자유로운 대학 생활을 꿈꾸던 정훈에게 친척 집은 그 꿈을 '간섭'하는 곳이어서 학교 인근에 살 곳을 구하려 했다. 부모가 집을 얻어주지 않는 이상, 대학생이라는 신분으로 대학가에서 구할 수 있는 주거 선택지는 그리 많지 않았다. 거추장스런 가구나 짐 꾸러미 없이 내 몸 하나만 가뿐히 움직여도 될 만한 가벼움, 내가 직접 쓸고 닦고 청소하지 않아도 되는 편의성, 이런 것들이 정훈이 고시원에서 처음 받은, 그리고 기대하던 인상이다. 게다가 2000년대 초반 당시 월세 30만 원이었다는, 정훈이 살던 고시원은 상당히 비싸고 괜찮은 축에 속했다. 군대를 다녀온 뒤 고시 준비를 하기로 마음먹은 정훈은 많은 고시원들을 돌아다니게 된다.

> 방학 때는 기숙사가 문을 닫아요. 기숙사에서 나왔어야 했는데 방학 때 한 번 고시원에서 산 적이 있어요, 친구랑 같이. 1인실인데, 방은 되게 작았는데 방학 길어봤자 세 달, 두 달 살 거라서 둘이 방 하나 쓰자 해서 월세 25만 원 정도. 둘이서 나눠서 내고. …… 그전에도 2학년 때도 기숙사에 못 들어갈 뻔해서 고시원에 들어갔던 적이 있는데, 고시원에 들어가려고 계약을 해놓고 또 기숙사에 추가 합격을 했다는 얘길 듣고 다시 기숙사로 들어갔어요. 7때 계약했던 고시원은 17만 원짜리. **승강, 27세, 대학생**

역시 비수도권 지역에서 서울에 있는 대학으로 진학하며 서울 생활을 고민하게 된 승강에게 기숙사는 당연한 것처럼 주어졌다. 그러나 막상 기숙사는 모든 학생들을 수용하는 곳이 아니었고, 받아준 모든 학생들을 언제나 수용하는 곳도 아니었다. 방학 때는 기숙사가 문을 닫기 때문

183

에 그 기간만큼 어딘가에서 살아야 했던 승강은 '길어야 두세 달이니 아무렴 어때'라는 심정으로 학교 인근의 25만 원짜리 고시원에서 친구와 함께 지냈다. 기숙사 사생으로 합격하지 못했을 때 승강이 떠올릴 수 있는 주거 선택지 역시 기숙사 비용에 근접하는 가장 싼 방인 고시원뿐이었다. 3학년 이상에게는 기숙사를 배정하지 않는 원칙 때문에, 그 뒤 승강은 고시원과 비슷한 비용이 드는 주거 공간을 전전하고 있었다.

> 직장을 구하면서 또다시 이번에 고시원에 들어가게 됐죠. 그때는 더 이상 집에다 손을 벌릴 수가 없어서, 내가 돈도 버니 그냥 고시원에 가자. 처음에는 고시원에 갈 생각이 없었어요. 처음에는 보증금 모을 때까지만 3개월 정도만 참자······. 기석, 29세, 사무직

서울에서 취업을 하게 되는 경우에도 상황은 크게 달라지지 않는다. 비수도권 지역 출신인 기석은 취업 전까지는 오히려 부모에게 경제적으로 의존하는 것을 자연스럽게 받아들였지만, 막상 수입이 생기는 시점부터는 부모에게 손 벌리는 일을 어색하고 부끄럽게 여기게 됐다고 한다. 그래서 앞으로 살 집의 전세 보증금을 자력으로 모으기 위해 상대적으로 주거 비용이 저렴한 고시원에서 참고 버티며 살자고 결심했다. 그러나 보증금을 모을 때까지 3개월 정도만 참자는 결심은 기간에서도, 목적에서도 실패하고 만다. 기석은 회사에서 지역으로 발령받기 전까지 결국 1년을 그 고시원에서 살게 됐고, 보증금을 마련하지도 못해 다시 한 번 고시원에 들어가게 된다.

들어왔던 이유는 심플했어요. 유학을 가게 된다는 거에 대해 나름대로

확신을 엄청 많이 하고 있었는데, 무슨 자존감이었는지는 모르지만. 그래서 그……음, 언제 이 주거가 또 바뀔지 모른다, 불확실성. 그러면. 그렇게 하기 전에 그 전에 살았던 집이 좀 문제가 있었어요. 전세가 아니고 전전세였는데, 별 개념이 없었는데 나올 때는 전전세가 스트레스 엄청 받더라구요. 임대차 한 거에 대해서 또 임대차 한 거니까 법적으로 전세금 보호를 못 받잖아요. 그래서 더 이상은 큰 보증금을 지불하는 집으로는 가기 싫다는 느낌이 첫 번째 있었고, 더 이상은 내가 질질 끌고 다녀야 되는 냉장고며 이런 걸 장만하기 싫다는 그런 결심? 그리고 제일 크게는 학교 근처에 있어야 되겠다는 생각 때문에 고시원으로 오게 된 거죠. …… ○○대 근처에서 살려고 했을 때 학교 근처여서 원룸이 너무 비쌌어요. 원룸 들어가서 또 세간 장만하는 게 너무너무 싫었어요. 그러면 결국 하숙 아니면 고시원이거나 풀 옵션 원룸이거나. 근데 풀 옵션 원룸은 70만 원 정도 하는 거예요. 그래서 고시원 들어갔죠. **영현, 27세, 사무직**

상대적으로 안정적인 정규직으로 일하며 직장이 위치한 강남의 한 원룸에서 살기도 한 영현은 진로 변경을 고민하고 있는 상태로 고시원에서 살게 됐다. 직장을 그만둘 것을 염두에 두고 해외 유학을 준비하면서 공부를 위해 출신 대학 근처에 집을 구하려 했지만, 영현은 보증금이나 짐 같은 까다로운 문제가 결부돼 있지 않은 간편한 주거 공간을 원했다. 마치 곧 유학을 떠나게 되리라는, 그래서 이 땅을 뜨리라는 믿음처럼, 언제든지 간소하게 짐을 싸 가뿐히 떠날 수 있는 그런 잠정적이고 임시적인 공간이 필요했다. 유학을 위해서는 돈을 모아야 했기에 너무 비싸서도 안 됐다. 고시원이야말로 이 모든 조건에 부합하는 살 곳이었다.

어찌 보면 대단히 다른 것처럼 보이는 이 고시원 진입기는 사실 크게 두 가지 공통의 조건을 공유하고 있다. 첫째, 고시원은 비수도권에서 서울로 이주해온 젊은이들이 주로 진입하게 되는 공간이다. 둘째, 현재 청년 세대가 놓인 전반적인 경제적 조건과 생애 단계의 결합 속에서 개별 청년층이 실제로 지불 가능한 주거 선택지는 매우 한정되기에, 보증금이 없고 상대적으로 저렴한 고시원으로 수렴된다. 비수도권 출신으로 고시원에 들어가게 된 사례들은 대개 부모에게 받는 경제적 도움을 최소화한 상태에서 자기 스스로 삶을 꾸려 나가야 하는 상황이거나, 그러기로 결심한 상태였다. 정규적인 수입을 기대하기 어려운 학생 신분부터 나름의 수입을 가진 정규직에 이르기까지 어떤 경우에도, 서울의 집값은 부담이 된다. 월세 비용 말고도 전기·수도세, 가스비, 관리비 등 주거에 드는 부대 비용을 따져보면 더욱더 만만치 않다.

> 서울 고시원 생활과 결합해서 꼭 빼놓을 수 없는 게, 제가 이제 중고등학교 때 학업을, 일반적인 학업을 열심히 하지 못하고, (웃음) 그러다 보니까 과외를 하거나 이럴 수가 없어서 아르바이트를 일단⋯⋯2002년에 롯데리아를 하다가⋯⋯순서는 정확히 기억이 안 나는데 텔레마케터, 홍삼을 팔던 텔레마케터도 했었고 ○○파워콤도 했었고, 건물 청소, 새벽에 가서 기계 들고 청소하는 거 그런 거 있거든요. [고시원 방세] 15만 원, 16만 원⋯⋯. 학비 내기도 참 힘들어서 아무튼 20가지 정도 아르바이트를 했습니다. **명한, 27세, 창작직**

서울에 있는 대학에 진학한 뒤 고시원에 몇 년간 산 명한은 고시원살이가 갖은 아르바이트 경험과 뗄 수 없는 관계라고 이야기한다. "알바 인생"을 죽어라 살아도 기백만 원의 대학 등록금[*]에, 매달 15만~16만 원 정도의 고시원 주거 비용을 스스로 마련하는 일은 결코 쉽지 않았다고 한다. 학력 자본을 이용해 과외 교사나 학원 강사로 일할 수 있거나, 노동 시장에 좀더 안정적으로 진입할 수 있는 소수를 제외하고 파트타임 노동을 전전하며 취업 준비생과 백수 사이를 오가야 하는 명한 같은 다수의 젊은이들에게 임대 주거 비용은 아무리 줄여도 줄일 수 없는 예산이다. 그래서 "제일 싼 방"을 찾아 헤매다 그 답으로 고시원에 닿게 됐다는 이야기는 폭넓게 공유되고 있다.

제일 싼 방이었기 때문에. (웃음) 학교 주변에서 구할 수 있는 가장 싼 주거 공간이었으니까……. **어떻게 알고 구하게 되신 거예요?** ○○에서 학교를 정하고, 학교 입학하기 전에 주변에서 집을 구하려고 했어요 처음에는. …… 주변에 둘러보고 뭐 부동산도 가봤는지 모르겠는데, 부동산은 일단 보증금이라든지 이런 게 필요한데 그런 게 없으니까. 내가 마련할 수 있는 건 많아야 20만 원. 그렇게……싸게……유지를 할 수 있는 곳……. **명한, 27세, 창작직**

집을 나가야 되는데 절박한 순간이니까 고시원이 눈에 보이더라구. 왜냐면 보증금 없이 받아주는 데가 있어야 되는데……. …… 그 더운 날 학교 일대를 다 뒤졌어. 고시원 시는 애들한테 가가지고 얼마냐, 다 물어봤

---

[*] 2010년 국정감사 자료에 따르면, 한국의 4년제 대학 평균 등록금은 연간 750만 원이다(〈한국 대학등록금 '세계 2위', "사립대 자산 불리기 탓이죠"〉, 《한겨레》, 2011년 1월 25일). 만일 월별로 분납한다고 가정할 때 매달 부담액은 62만 5000원에 해당한다.

지. 근데 지금도 사실 기억 안 나는데, 어떤 선배의 선배한테 들은 건데, 저기 정문에 ○○ ○ ○○○ 위에 그쪽에 있는 고시원이 있어. '거기가 학교 앞에서 제일 싸다', 그래서 갔어. '가격이 얼마냐 평수가 어떠냐', 크기는 비슷한데 창문이 있는 방은 25만 원이고 창문이 없는 20만 원이래. 뭐 이런 식이야. 그래서 20만 원을 빌렸지, 나는 내 친구한테. 최소한 20만 원이 있어야 어쨌든 들어가는구나, 라고 생각을 해서 20만 원을 빌리고 갔어. 낮에, 집 빼오기 전에 가가지고 '여기서 제일 싼 방을 달라', 그랬더니 13만 원이라는 거야. **아까 거기 같은 데?** 응, 같은 데에서. 7년 전이라고 해도 되게 싼 방이었거든. 보통이 20만 원이었어 그때는. 학교 앞에 싼 데가. 왜 이렇게 싼지, 가봤어. 가봤더니, 휴게실 바로 앞, 복도가 진짜 쪼끄만 곳이었거든? 휴게실 바로 앞, 그리고 딱 방 가운데 기둥이 있어. 침대 딱 가운데 기둥이 있어서 이렇게 침대를 타고 다녀야 돼. 그 옆 칸으로 넘어갈려면, 기둥이 이렇게 가운데 있으면 침대가 이렇게 있고 책상이 발밑에 있잖아. 가운데 기둥이 딱 있는 거야. 요기 문 앞에. 요 공간, 책상에 앉기 위해 요 공간에 갈려면 침대를 넘어 가야 돼. 기둥이 가운데 있고 창문은 당연히 없지. 지언, 29세, 대학원생

가족 문제로 급작스럽게 자신만의 거처가 필요해진 지언은, 수소문 끝에 학교 인근의 가장 저렴한 주거 공간이 고시원이며, 비용의 최저 마지노선이 20만 원이라는 이야기를 듣고 친구에게서 20만 원을 빌려 고시원으로 향한다. 가장 싼 방을 달라는 말에 주인이 지언에게 보여 준 13만 원짜리 방은, 침대보다 좁은 바닥을 기둥이 통과하는 방, 휴게실 바로 앞으로 늘 사람들의 인기척이 끊이지 않는 방, 물론 창문이 없는 방이었다.

서울에서 이른바 정상 가족을 위한 아늑한 집들은 더 편안하고 쾌

적한 시설을 경쟁하며 더 많은 이름들로 분화해가지만, 가난한 사람들을 위한 집의 종류는 더욱더 줄어들기만 한다. 기숙사는 보편적인 선택지가 아니라 일부 대학생들에게만 주어지는 특혜 성격의 주거 서비스이며, 다수의 젊은이들은 보증금이 필요한 원룸이나 지상 주택이 아니라면 반지하나 옥탑방, 고시원으로 향해야 한다. 특히 고시원은 보증금 없이 단돈 20만 원 안팎으로 한 달을 머물 수 있는 곳, 다른 부대비용을 청구하지 않는 곳, 최소한의 살림살이인 침대와 이불과 책상 따위가 제공되는 곳, 운이 좋은 경우 밥과 김치, 라면 등 기본적인 식사를 제공하기도 하는 곳이라는 점에서 나름의 편익을 갖게 된다.

유령들이 사는 나라

이렇게 해서 고시원에 이른 청년 세대의 고시원살이는 어떨까? 고시원이라는 주거 공간은 가벼움과 편의성, 임시성과 잠정성이라는 이 청년 세대의 기대와 얼마나 부합하며 또한 어떻게 어긋나는가? 여기에서 나는 내가 만난 사람들의 고시원 주거 경험 속에서 끄집어낸 일련의 공통된 속성들을 추려 정리하면서, 고시원의 공간적 질서가 어떤 식으로 구조화되는지, 그 질서를 통해 형성되는 사회적 관계(즉 공간과 인간 주체 사이)의 구체적인 의미와 효과는 무엇인지를 짚어보려고 한다. 더 구체적으로는 공간, 시간, 신체 기술이라는 세 가지 차원이 결합되면서 빚어내는 훈육 효과discipline effects에 주목하려 한다. 신체 기술body techniques은 몸짓, 태도, 표정, 소리 등 육체적 제스처와 기타 몸을 활용한 폭넓은 의사 표현 또는 감정 표현

전반을 이르는 것으로.[21] 그 자체로 의사소통의 방식이자 사람들을 분류하는 범주로 기능하며, 더 나아가 특정한 시공간적 맥락 속에서 하나의 사회적 규범으로 작동한다.[22] 고시원의 공간, 시간, 신체 기술에 주목한다는 것은 따라서 고시원의 공간적 질서가 어떻게 특정한 몸의 활용 방식과 결합돼 육화되는지, 그리고 그 효과는 무엇인지 살펴본다는 것을 의미한다.

1. 버리고, 숨죽이고, 웅크리고

물건들을 쉽사리 버리지 못하고 쌓아두는 습관을 가진 사람들이 있다. 영화 티켓이나 팸플릿, 친구나 연인과 주고받은 사소한 쪽지, 선물, 언젠가 읽고 보기 위해 사둔 (만화)책과 CD, DVD, 영화 잡지 등. 아무리 버려도 물건, 특히 시시콜콜한 잡동사니들이 쌓여만 가는 것은 어쩌면 경제적 조건에 견줘 문화적 향유 수준이 높아진 오늘날의 '문화 백수'들에게는 너무나 일상적인 일이 되었다. 자신은 물건을 잘 못 버린다고 하소연하는 글과 그 글에 공감하는 연이은 댓글 뒤로, 그러나 누군가 끼어든다.

타지 나와서 월세 전전하다 보면 고쳐지는 병[23]이죠. 2년마다 이사를 다녀 보세요. 그것들이 남아나나.

서울에서 '월세 난민'이 된 사람들에게 물건에 갖는 집착, 물건에 녹아든 추억과 관계에 관한 집착은 명백한 과욕이라는 일갈. 어쩌면 모으고 쌓는 문화 백수와, 추리고 버리는 월세 난민은 한 몸을 공유한 두 얼굴이 아닌가. 그 습관 또는 욕망의 충돌을 가장 적나라하게 드러내는 지점은 실제로 물건이 자리할 수 있는 장소, 즉 주거 공간이다.

그 집에 제가 썼던 방……에 책꽂이를 한 번 설치를 했어요. 벽에다가 이렇게 까치발을 이렇게 해서 하는 거였는데, 그걸 할려면은 못을 박아야 되는데, 못을 박고 나면 빼기가 되게 어려운 못이었어요. 근데 그 집 주인하고, 그 집 주인 딸에게 물어봤더니 그걸 설치해도 괜찮다고 해서 설치를 하긴 했는데 하면서 어떡하지, 되게 난감했던 기억이 나고. 나중에 혹시 이 사람이 빼고 싶다고 하면 난 그때 어떻게 해야 되지 이러면서 책이 너무 많으니까 에라 몰라, 이러고 그냥 박았던 기억이. 그리고 제가 그 집에 들어가서 책상도 사고, 그랬는데 책상하고 책꽂이가 필요해서……어……책상을 사고 나서 그 다음엔 제가 이사를 할 때 그 책상을 되게 좋아했는데 가지고 나오질 못했어요. 왜냐하면 그 다음에 이사하는데 거기를 가져가기가 용이하지 않아서. 그래서 저는 이사하면 항상 너무 우울하거든요. **이사가 되게 별로 안 좋은 기억이라고 하셨잖아요?** 네. 항상 이사는 너무 싫어요. 정말 우울함의 근원이에요. **고시원으로 들어갈 때 기억은 나세요?** 어……그때는, 어……. (침묵) 네. 되게 가지고 있던 세간살이를 대부분 버리거나 누구에게 주거나 아니면 부모님 댁으로 부치거나 그런 작업이었어요. 그래서 (침묵) 그 작업을, 이사를, 거의 2주 동안 했던 거 같아요. 버려도 버려도 끝이 없고 기증하고 기증해도 끝이 없어서. 왜냐면 그만큼 줄여야만 고시원에 들어갈 수 있기 때문에. 이건 마치 포도원에 들어간 여우가 (웃음) 아사 직전이 돼서 포두원 밖으로 나올 수 있는……네. 되게 우울해 하면서 세간살이 다이어트를 했던 거 같아요. **영현, 27세, 사무직**

서울에 와서 여러 개의 방을 거치며 몇 차례 이사를 경험해야 했던 영현은 이사를 우울함의 근원이라고 이야기한다. 어딘가에 머물기 위해서는 몸만이 아니라 자신의 물건들을 풀어놓고 배치함으로써 공간에 관한 감각을 확보해야 한다. 그러나 몸은 이동하되 물건은 남겨질 때 공간에 관한 감각은 과거와 같은 방식으로 유지되기 어렵다. 책이 많은 영현은 예전에 살던 집에 조심스레 설치한 책꽂이와 놔두고 와야 했던 책상을 기억하고 있다. 짐은 살이 찌듯이 불어나지만 그 살들을 감당해야 할 '몸'인 주거 공간은 자신의 것이 아니다. 그래서 늘어나는 짐은 그것들을 꺼안고 책임질 수 있는 '몸', 즉 주거 공간의 부재를 환기하는 지시체다. 이사 때마다 통증처럼 찾아오는 슬픔은 그 부재의 징후다. 특히 고시원으로 가는 이사는 영현의 짐을, 살점을 떼어내듯 버리고 나누고 돌려보내는 "아사 직전"까지 이르는 "다이어트"였다.

> 책도 전 안 사요. …… 고시원 살 때는 책 한 권 한 권이 짐인 거예요. 그 공간이 차지를 하는 거니까, 그게 보여서. 다 그냥 도서관에서 읽고 필요한 거는 메모를 많이 했었죠. …… 그런 식으로 저는 책을 노트화시켜버렸어요. 짐을 줄이기 위해서. 주거 공간이 컸다면 책을 사도 괜찮았을 텐데. 고시원에 관련해서는 옷이든 책이든 최대한 줄이는 게 관건이었기 때문에. 명한, 27세, 창작직

고시원에서 2년 정도 산 명한은 옷과 책을 비롯한 짐을 줄이고 압축하는 것이 관건이었다고 할 정도로, 소유물의 규모를 축소하고 통제하는 법을 체득했다고 말한다. 이를테면 세간살이 다이어트의 일상화다. 명한의 자취방에는 독서를 즐긴다는 말과 달리 막상 책들이 많지 않았다. 명한은 내게 책장에 꽂힌 노트들을 열어 보여주었고, 명한이 읽은 시나 소설, 사회과학 서적 등의 내용이 그야말로 깨알 같은 글씨로 요약돼 있었

다. 고시원의 삶은 한마디로 '요약'이다. 0.5~2평 규모의 좁은 고시원 방 내부에서 물건은 축적의 대상이 아닌 요약의 대상이다. 요약의 원칙. 기능상 중복되는 것 중 하나는 버려야 한다. 생존에 필요한 핵심만 남기고는 다 버려야 한다.

'요약'을 가장 잘 체현하고 있는 것은 바로 고시원 내부의 공간 배치다. 협소한 공간과 직사각형의 간결한 내부 구조, 침대와 책상(만)을 기본으로 하는 빈약한 가구. 정형화된 방식을 벗어난 공간 배치는 거의 불가능하다. 가구를 더 들일 필요도 없지만, 들일 데도 없다. 아무리 잘게 나눠 걸어도 두세 걸음이면 될 바닥에 무엇을 둘 수 있는가. 그렇다고 얇은 합판 벽에 못질을 하는 것은 더욱 상상하기 어렵다. 사람은 자신이 든 자리를 나름의 방식과 질서로 배치함으로써 존재의 흔적을 남긴다. 그러나 고시원 방은 그 개별적인 존재의 흔적을 남길 여지를 주지 않는 고정적인 방식으로 설계돼 있다. 누가 들어와 살더라도 딱 그만큼으로 살 수 있도록, 그래서 그 누군가가 떠나더라도 여전히 변한 것이 없어야 한다.

'요약'은 단지 내부의 협소한 공간을 최대한 활용하기 위한 전략은 아니다. 짜 맞춰 넣은 책꽂이도, 아끼는 책상도 다 다른 집에 두고 살 곳을 결정해야 하는 상황에서 고시원을 선택한 까닭을, 영현은 더는 이런저런 세간을 꾸리지 않아도 될 가뿐하고 임시적인 공간을 원한 때문이라고 설명한다. 곧 이곳을 떠날 것이라는 기대는 주거 이동을 위한 대기 상태에 있게 했다. 가뿐함은 고시원으로 들어오는 이동만이 아니라, 고시원에서 나가는 이동을 위해서도 필요한 것이기 때문이다. 다시 말해 영현은 요약하기 위해 고시원에 들어왔다. 짐은 내 것인데 그 짐이 놓일 공간이 내 것이 아니라는 비극적인 현실은 소유물을 지속적으로 포기하게 만든다. 어떤 이론가라면 이때 포기되는 것이 단지 소유물에 그치지 않고 과거와 현재를 연결하는 매개가 되는 기억을 상기시키는 것이기도 하며, 그 기억들을 통해 존속되는 보유자의 통합적 주체성이기도 하다고 이야기할 것이다.[24] 그렇기에 물건을 요약하는 삶은, 살아온 기억 역시 쉽사리 요약할 것을, 그리하여 주체성을 분절할 것을 요청한다. 이처럼 고시원 방은 보존에 관한 욕망을 과욕이라 단언하는 공간적 질서다.

고시원에서 빼놓을 수 없는 특징의 하나가 바로 벽이다. 벽이라고 부르는 것이 과연 타당할지 모를 이 위태로운 방과 방 사이의 경계는 대개 얇은 베니어 합판으로 만들어져 있다. 그러나 문제는 구획이 아니라 구획 불가능한 것들에 있다. 벽을 잘못 짚으면 뚫리거나 넘어갈지 모른다는 조마조마함은 그렇다 치더라도, 그 얇은 막을 넘어 생생히 오고 가는 소리들만은 어찌할 수가 없는 것이다.

한 석 달, 네 달 지나니까 고시원 방에 벽이 상당히 얇다는 걸 알게 됐어요. 옆방 사람들의 목소리가 다 들리고. 그러더라구요. 근데 한 석 달 지났을 때, 옆방에 무슨 아저씨가 들어왔는데, 그 아저씨가 매일 밤에 술을 마시면서 혼자 큰 소리로 막 노래도 부르고 사람들한테 전화를 하고 싸우고 그러는 거예요. 그래서 내가 잠이 안 오는 거예요. 한 번 벽을 엄청 크게 치면서 시끄럽다고 제가 표시를 한 거죠. 의사 표시를 한 건데, 또 그렇게 하니까 시로 감정……적인 대립이 생기는 거죠. 직접 얼굴 보고 얘기하면 좋지만. 근데 사실은 고시원에 들어온 한 사람의 남성이라는 게 약간 어두운 이미지와 폭력적인 이미지가 저한테 있어 가지고 얼굴 보고 그렇게 얘기하기는 좀 겁나고 해서 그렇게 한 건데. 그렇게 하다 보니까 매일 한……2주 정도 벽 치고 그러면서 스트레스 받는 생활을 했어요. 참다 참다 관리인한테 얘기를 해서 어떻게 좀, 그 사람……어떻게 했으면 좋겠다고 얘기를 해보니까, 알고 보니 그 사람이 실업자였고 상당히……뭔가 감정적으로 쌓인 게 있었나 보죠. 그러면서 밤에 술 마시면서 큰 목소리를 질렀던 건데, 사실은 고시원에서 그러면은 안 되죠. 다른 사람한테 해를 끼치면서……왜 그런 사람을, 그런 사람을 왜 입실시켰냐……그러면서 약간 관리인하고도 관계가 안 좋아지고……그랬던 게 기억이 나네요. …… 그거는 뭐 그렇게 큰 문제는 아닌 거 같고요. 또 문제가 뭐냐면, 주변에 러브호텔이 많아요. 그래서 많은 목소리들이 들리더라구요, 밤에. 그런 목소리를 듣고……그러다 보니까 무의식적으로 황폐해지는 저를 발견하기도 했고. **상태, 28세, 취업 준비**

재일교포 3세인 상태는 별다른 연고도 없이 한국에 와 대학을 다니면서 오랜 기간을 하숙집에서 살았다. 사생활이 없다는 느낌을 내내 받다가, 결국 하숙집 가족과 갈등이 생겼고 대학원 진학을 계기로 학교 인근의 고시원으로 거처를 옮겼다. 상태가 강조하는 것처럼 상태가 사는 곳은 '고시원'이 아닌 '고시텔'로, 방 안에 조그마한 화장실 겸 욕실이 있는 월세 40만 원짜리 공간이다. 그런데도 상태는 고시원 벽이 얇다는 사실을 점차 알아갔다. 옆방 중년 남성이 새벽마다 하는 술주정, 모텔촌 사이에 자리한 까닭에 인근 모텔에서 들려오는 사랑일지 증오인지 모를 갖은 소리들. 혼자만의 아늑한 공간을 원한 상태에게 벽을 타고 넘어오는 이 소리들은 그 혼자됨을 침해하는 방해자였다. 상태가 술주정에 답하는 방식 역시 말이 아닌 소리였다. 쾅쾅쾅!

내가, 내가……고시원이라는 공간에서 침묵을 강요하는 문화를 되게 싫어했었다고 그랬잖아요. 싫어하는데 동시에 나도 이제 점점 그렇게 변하는 거지. 옆방에서 시끄러우면 되게 싫고 이런. 막, 방에서 이제 누울려고, 잘려고 하면 옆방에서 소리 들리고. 소리, 소리에 되게 민감했던 거 같아요. 네, 딱 그 한 평 공간이……일점오 평, 한 평 그런 공간이 내가 가지고 있는 유일한 공간인데, 그거 외에 내가 가질 수 있는 공간은 소리인 거 같거든요. 내 거를 계속 침해를 당하는……그런 거 있잖아요. 그걸 침해라고 생각하는 것도 웃긴데, 참. 되게 그런 공간을 침해당했다 이런 것보다는, 소리에 엄청 민감했던 기억이 나요. 공간이 좁으니까. 계속 좀, 외부의 소리에 되게……그런 거 같애요. 잠도 제대로 못 자고 막. 민감했었던 거 같아요. 예민해졌던 거 같아요. **규태, 26세, 창작직**

생각해보면은 웃긴 거예요. 한 30평 되는 공간에 20~30명이 자고 있는데. (웃음) 모여서 우글우글……근데 다……틀어박혀서 한 명씩……뭘 하고 있는진 모르겠고. 그 옆 사람의 소리 이런 거는 다 들리고. 숨죽여 생활해야 되잖아요. 그런 거는 많이 들으셨겠죠. 옆방에 뭐, 무슨 소리 들릴까봐. 맞어, 전화 통화, 맞어 전화 통화하는 게 제일 불편하죠. 전화 통화 하려면은 나와서 받아야 되고. 그리고 옆방에 뭐, 사람이 일어나려고 하면 모닝콜 소리 때문에 깨고, 네. **예은, 29세, 전문직**

서울에 온 뒤로 대부분을 누군가와 힘께 공간을 나눠 살아온 규태에게 고시원살이는 독특한 경험이다. 아무리 좁아도 분명 이만큼의 직사각형 공간은 내가 지불한 내 것임이 틀림없는데, 정작 그 공간이 침해당한다는 느낌은 바스락대고 서걱대고 삐걱대는 소리들에서 왔다. 한 사람의 모닝콜은 그 층 전체에 아침을, 때론 새벽이나 오후를 알린다. 고시원 비용에는 소리에 관한 권리는 포함되어 있지 않은 걸까. 관점을 바꾸면 고시원에서는 '나' 역시 원치 않는 소음의 근원일 수 있다. 그래서 방에서 전화 통화를 한다는 건 말도 안 되고, 음악은 늘 이어폰으로만 들어야 한다. 옆방에 무슨 소리가 새어 나갈까봐 늘 숨죽여 생활해야 한다. 침묵을 굳건히 지키려면 신체의 움직임 역시 자유롭기 어렵다.

> 한창 20대……저희가 한 6년 만난 커플인데, 한창. …… 아무래도 남녀가 만나면 그런 부분도 필요하잖아요. 근데 참 그런 거죠. 둘 다 이제 부모님한테 공간적으로는 독립 못 했고 돈도 없고 해서 둘이 웃으면서 한 얘기가, '섹스도 돈이 있어야 하는 거다.' (웃음) 인간의 최소한의……어떻게 보면 누릴 수 있는 권리 중 하나인데……진짜……그런 것들이 되게 서글펐던 게, 특히 고시원 살던 시절이 되게 컸었어요. **예은, 29세, 전문직**

협소한 공간에서 소리도 움직임도 제한해야 한다는 것은 이 공간에서 삶의 특정한 영역은 허용되지만 다른 어떤 영역은 규제된다는 것을 의미한다. 가령 잠자고, 컴퓨터를 하고, (TV가 놓여 있다면) 낮은 볼륨으로 TV를 보는 것 정도는 가능하지만, 쿵쾅거리며 격렬한 운동을 한다거나 섹스를 하는 일은 용인되기 어려운 일이 된다. 고시원에서 할 수 있는 것과 없는 것의 범주를 결정하는 것은 '나'가 아니다. 그것은 나와 방을 면한 옆방, 앞방, 또는 같은 층 사람들, 나와 소리와 움직임을 원하든 원치 않든 공유할 수밖에 없는 타인 아닌 타인들이다.[25] 고시원 생활에서 얻은 "섹스도 돈이 있어야 하는 거다"라는 예은의 깨달음은 서글프게 들린다. 인간의 삶을 구성하는 여러 차원들 중에서 섹스는 고시원 비용에 포함돼 있지 않다. 고시원은, 그 비용은 바로 옆 건물의 모텔이나 비디오방 따위에서 따로 셈해야 한다고, 인간의 삶을 요약하고 또 요약하면 섹스는 결국 부차적일 수밖에 없다고 말하는 공간이다.

고시원의 공간적 질서는 내적인 공간 배치나 소유물뿐 아니라 고시원에 사는 사람의 움직임과 소리 등 신체에까지 영향을 미침으로써 특정한 신체 기술을 허용하고 규제한다. 그것은 간단히 말해 물건을 버리고, 입을 다물고, 몸을 웅크려야 한다는 요약과 축소, 압축이라는 교리다. 도시의 형태, 구조, 규범은 도시를 살아가는 사람들의 몸과 주체성에 침투해 대도시적 몸metropolitan body을 만든다.[26] 마찬가지로 고시원에서 살아가는 몸은 고시원의 형상을 닮아간다.

> 공간이 좁으니까, 혼자 사는 공간이 좁은, 혼자 사는 공간이니까. 또……
> 상당히 마음도 작아지는 느낌을 받았어요. 이런 게 있다면서요? 건축학
> 과에서 공부하는 사람들은 공간의 크기가 사람의 마음에 큰 영향을 미
> 친다고, 그러면서 인간이 최소한의 어떤 넓이 속에서 살아야지만이 건전
> 한 마음을 유지할 수 있는 그런 정해진 공간이 있대요. 공간의 크기가 있
> 대요. 근데 고시원이란 건 아마 그거를 지키지 못하는 것 같다는 생각이
> 들어요. 저는 꼭 나갈 거예요. 꼭 나갈 거예요. 왜냐면은 이제 좁은 공간
> 에서 살다보면은 내 자신이 커질, 성장할 수 없을, 없을 것 같다는 그런
> 위협감? 이런 걸 느끼더라구요. 네. (웃음) 상태, 28세, 취업 준비

단지 몸뿐일까? 어떤 지리학자들은 공간의 물리적 구조와 가구 배치, 그리고 이미지가 그 안에서 펼쳐지는 신체 활동뿐 아니라 정신적 활동까지 특정한 방식으로 가능하게 하고 또 제한한다고 이야기한다. 집, 몸, 정신이 연속적인 상호 작용 속에 있다는 것이다.[27] 상태는 건축학적 상식

과 자신의 경험을 결합시켜 정확하게 그 이론을 유추하고 있다. 상태는 좁은 고시원 방이 움직임을 제한할 뿐 아니라 마음을 작게 만든다고 한다. 고시원과 같은 마음은 어떤 마음일까. 그것은 성장할 수 없다는 체념이나 비관 같은 것이다. 상태는 신체의 물리적 성장이 아니라, '정상적'이라고 여겨지는 안정적인 삶의 조건으로 발돋움하는 일을 성장이라는 말로 함축하고 있다. 고시원에서 계속되는 삶은 상태의 성장에 관한 전망을 위협한다. 상태는 더 넓은 방과 성장을 위해 고시원에서 떠날 것이라고 내게 맹세하듯 여러 차례 다짐했다.

2. 시간이 멈춘 방

처음 고시원에 살기 위해 방을 보러 가면, 표준화된 고시원 방 안에서도 선택 가능한 옵션이 몇 개쯤은 있다는 것을 알게 된다. 지역이나 시설마다 조금씩 다르겠지만, 경험자들이 강조하는 가장 중요한 옵션은 바로 창문 있는 방이다. 애초에 방의 분할을 고려한 건물이 아닌 경우가 많기 때문에 창문이(때로는 에어컨도!) 두 개의 방에 반씩 쪼개져 배분되기도 하지만, 그런데도 모든 방에 있을 수는 없어서 창문은 수요에 비해 공급이 부족한 자원에 해당한다. 고시원뿐 아니라 어떤 주거 공간이건 창문은 적절한 채광과 환기를 통해 실내 환경을 조절하기 위해 필요한 장치다. 창문이 없는 경우라면, 많은 것들이 방 안에서 멈추게 된다.

> 고시원은 그게 참……안 좋은 거 같더라구요. 낮과 밤이 구별이 없어요, 거기는. 창문이 없는 곳이었는데. 진짜 눈 뜨는 시간……눈을 떠도 항상 껌껌하거든요. 내가 여기서 일어나야 되나? 뭘 어떻게 해야 할지 판단을 못하겠어요. 항상 그래서 그냥, 항상 시계를 제일 먼저 확인하고 그 시간

을 보고 더 자야겠다, 어째야겠다 판단을 하게 됐는데. 항상 힘이 없었던 거 같아요, 있으면서. 내가 누워서 있는 거 말고는 할 수 있는 게 없으니까. 진짜 몸을 뒤척이는 것도 좁은 공간에서, 떨어지거든요 침대가 좁아 가지고. (웃음) 가만~히 누워 있는 거 말고는 할 수 있는 게 없어요. 그래서 참……몸도 마음도 다 버리는 거 같았는데. …… 암울하죠. (헛웃음) 말 그대로 빛이 없는 공간이니까, '진짜 내가 왜 여기서 이러고 있나, 내가 뭣 땜에 이러고 있나' 생각을 제일 많이 했구요. 그리고 내가 여기 있으면서 갑자기 죽는……몸이 되게 안 좋아지지 않을까……뉴스도 그때 한창 그런 게 났잖아요. 고시원에 불나서……사고치는 사람들……그런 거 보면은 '아, 정말 여기는 사고 한 번 나면은 끝이 나겠구나, 답이 없는 곳이구나, 언제나 조심해야겠다' 생각도 했었고. 그냥……하루하루 그 냥 살았던 거 같아요 아무 희망없이. '언젠가는 나갈 수 있을까, 언제 나가지…….' 그게 제일 컸던 거 같아요. …… 고시원에 있으면서 잠을 엄청나게 잤던 거 같아요. 주말에 웬만하면 나가는데 그때는 피곤하면은, 누워 있으면 진짜 암흑이에요. 밑에서 침대에서 날 잡아 끄는 것 같은 느낌이 있어요. 하루고 이틀이고……. 내가 진짜 의식적으로 일어나서 나가야겠다고 생각 안 하면 끊임없이 그냥 잠만 잘 수도 있는 공간이에요. 주말에 금요일에 집에 들어와가지고 금요일 밤부터 해가지고 토요일 하고, 일요일 오후까지 그냥 계속 잠만 잔 적이 있었어요. 일요일 오후, 월요일 아침까지 해서 그렇게 계속 잠만 지디 누워서 아무것도 안 하고 그렇게 있다가 출근을 했었는데. 아, 그때는 생각해보면 진짜 왜 그랬나 싶은데. 근데 그만큼 사람을 무기력하게 만드는 거 같고, 공간 자체가. 내가 뭐 주위를 둘러봐도 아무것도 없고 그냥 벽만 있고 손을 뻗어봐야 있는 것도 벽뿐이고. 아무것도……희망……뭐……하겠다는 의지가 생기지 않으니까 누워서 그냥 아무것도 안 한……한 번 누워 있으면 일어나기가 힘든 거 같아요. (웃음) **기석, 29세, 사무직**

전세 보증금을 마련하리라는 일념으로 직장 생활을 하며 고시원에 들어간 기석은 조금이나마 비용을 아끼기 위해 과감히 창문 없는 방을 택했다. 그 선택은 단지 창문만을 '오프'한 게 아니라 더 많은 것들을 '오프'한 것이었음을 기석은 곧 몸으로 깨닫게 된다. 창문의 부재는 곧 자연 채광의 부재를 의미한다. 잠들기 전 형광등이며 스탠드, 컴퓨터나 TV 따위의 인공적인 빛을 발산하는 것들을 다 차단하고 누우면 암흑이다. 대도시 서울의 밤은 완전히 새까맣지 않은데, 고시원만은 밤이고 낮이고 언제나 칠흑 같은 어둠이다. 흡반 같은 침대가 온몸을 잡아끈다. 잠에서 깨기 위해 아침이 왔다는 사실을 알려줄 것은 모닝콜 소리 정도다. 그러나 아침잠은 모닝콜보다 더 끈질긴 것이 아닌가. 깨어날지 말지를 고민하는 지금이 아침인지, 점심인지, 저녁인지를 알 도리가 없다. 시계를 보지만, 가끔은 180도로 펼쳐진 시침과 분침이 가리키는 것이 새벽 6시인지 오후 6시인지 헷갈린다. 오늘은 화창하고 맑아서 기지개를 켜고 산뜻하게 외출해도 좋을지, 흐린 날이어서 부침개나 부쳐 먹으며 빈둥거려야 할지, 비 오는 날이어서 어제 널어둔 빨래를 걷어야 할지를 알려줄 게 아무것도 없다.

창문은 외부와 나를 잇는 연결 고리를 의미하기도 한다. 시선이 향할 밖이 없으니 시선도, 관심도 모두 안을 향한다. 그러나 안에는 얇은 벽으로 둘러싸인 좁은 공간, 침대, 책상, 운이 좋다면 TV, 그리고 나 자신뿐이다. 고시원에서 살고 있는 '나'에 관해 생각한다. 지난달에도 화재로 사람들이 죽었다던데, 여기에도 불이 나면 나도 꼼짝없이 그렇게 될까. 내가 왜 여기에서 이러고 있는 거지? 기석은 몇 차례나 자신에게 그렇게 물었다. 눈을 떠도 늘 깜깜한 고시원의 좁은 방, 빛이 없는 방은 기석에게 희망의 부재, 의지의 부재로 다가왔다. 여기에서는 무엇도 할 수 없고, 하고 싶지 않으며, 해봐야 소용없을 거라는 아득하고 막연한 체념이 벽에서, 침대에서 스멀스멀 비집고 나온다. 이 방에서 벗어나 있거나, 아니면 잠들거나 하는 것만이 기석의 대처 방안이었다. 기석은 고시원 공간과, 그 안에 놓인 자신의 몸을 자신이 원하는 대로 통제하거나 관리할 수 없었다. 아니, 무엇을 원해야 할지 바라야 할지조차 명확하지 않다고 느꼈다. 왜 그랬을까? 단지 어둡기 때문에?

그때 얘길 했던 게 한심한 거 베스트를 얘기하자면은 (웃음) 동생은 그때 무슨 게임이었지? 핸드폰 게임……어……뭐였더라 그 게임이……무슨……뿌셔뿌셔? 뿌요뿌요? 아, 보글보글, 보글보글이었다. 보글보글이라는 게임을 (웃음) 전국에서 50등 안에 들었다는 거예요. (웃음) 진짜 거기서 누워서 그냥 밥도 안 먹고 보글보글 게임만 했대요. 그러면서 자기 스스로 생각했대요. '아, 나는 부모님이 그림 열심히 그리라고 이 홍대 앞에 돈 들여갖고 고시원 잡아줬는데. 그 학원 시간 맨날 지각이나 하고 늦잠 자느라 못 가고 보글보글이나 하면서, 진짜 온라인으로 등수 해서 전국 50등 안에 들고. 그런 나는 진짜 인간쓰레기다', 이런 생각을 하면서도 그걸 그만둘 수 없고. 자기는 그런 쓰레기다, 이런 생각을 하면서 살았내요. 나도 마찬가지라고. 저는 어땠냐면 그 당시에, 한창 이제 학기 끝나고 왜, 촛불집회 할 때에요. 제가 그거 열심히 나갔어요. 근데 촛불집회 할 때 주로 밤에 했잖아요. 밤에 하다 보니까 날 새고 아침 첫차 타고 집에 와서 그때 다음 아고라 이런 거 11시간 하는 거예요. 막. 방안에서 무선 인터넷으로, 노트북 있으니까. 그래서 눈이 시뻘겋게 돼갖고 막,

'아 해가 중천에 떴네 이거 안 되겠다', 해서 자다가 또 일어나서 그거 하다가 집회 나가서 막……그럴 때도 있고 뭐, 집회 안 나가도 뭐 인터넷으로 막 싸이질, 막 10시간, 아니면은 프리셀 게임 있죠? 그런 단순한 게임. 그런 거 막 하고……책 나름 많이 들고 왔어요. 책 읽는 거 좋아하거든요? 책 한 권도 안 읽었어요, 거기서. 진짜. 식음을 전폐해가면서 게임하고 인터넷하고, 그러는 거예요. 아무런 의욕이 안 나요, 그 좁은 공간에서 진짜. 그리고 좀 지친다 싶으면 나가서 밥은 굶은 주제에 줄담배 피우고. 진짜 낮과 밤이 바뀌어서 두 달 세 달 살았어요. 집에 들어오니까 그게 안정화가 되는 거예요. 바뀌었어요, 그나마. 그니까. 우울했나? 돌이켜보면은 그때의 삶이? 꼭 그랬던 것만은 아닌 거 같은데. 뭐라고 해야 되죠. 그니까 내가……사회의 가장 하층민이고 여기밖에 의지할 곳이 없고 내 삶이 이……1.5평도 안 되는 좁은 공간에 옆 사람 기침하는 소리, 숨 쉬는, 코고는 소리까지 다 들리는 그런 데 내 공간이 다 있는 그런 건 아니지만, 그래도 나는 도움을 요청할 수 있는 부모님 집도 있고 그런 상황이지만, 그 좁은 공간 안에서는 진짜, 뭐라고 해야 할까요……그걸 뭐라고 설명을 할 수가 없네. 하여튼 무기력증, 그거예요. 무기력증. 끝없이 무기력증에 빠져요. 다른 게 불편한 건 아니었어요. 그런 건 없었지만. 그 안에선 진짜 아무것도 할 수 없었어요. 왜 그랬는지는……모르겠어요. 근데 그때 진짜……나는 지금 독립한답시고 나와 갖고 귀중한 시간을 이렇게 허비해버렸는데, 그니까 참 후회스러운 시간이에요 돌이켜보면. 예

은, 29세, 전문직

"내가 정말 왜 그랬을까요?" 하고 예은도 물었다. 고시원에서 살 때 귀중한 시간들을 허비했다고, 후회가 된다고 이야기했다. 미술을 하

는 동생 역시 홍대 인근 고시원에서 미술 학원을 다니며 후회스러운 생활을 했다며 서로 한심해했다. 물론 예은이 고시원에서 살았던 6개월을 모조리 낭비한 것은 아니다. 수업이나 동아리 활동이 많은 학기 중에는 고시원 방 밖에 있는 시간이 더 많았기 때문이다. 그러나 이상하게 고시원에만 들어가면 끝없는 무기력증이 방 안에 잠복해 있다가 예은을 덮쳤고, 예은을 "인간쓰레기"로 만들었다. 독립을 향한 열망으로 유달리 주머니가 가벼웠던 그때, 학교의 몇몇 강의실과 동아리방이 아니면 예은이 마음 놓고 드나들거나 자리할 수 있는 공간은 많지 않았다. 몇 천 원을 내고 향이 나는 쌉쌀한 물과 조금 시끄럽지만 소파에서 지낼 2시간을 구매할 수 있었다면 좋았겠지만, 그런 지불 능력이 없던 예은은 학교생활이 끝나면 곧바로 고시원 방으로 돌아갈 수밖에 없었고, 방에 들어가면 전원이 꺼지듯 무기력증에 사로잡혔다.

무기력증은 학기가 끝나고 졸업을 기다리던 무더운 여름이 돼 기묘한 절정에 이르렀다. 2008년 여름의 일부를 예은은 서울 시내 곳곳을 메운 촛불집회와 함께 보냈다. 다행히 취업이 확정된 달콤한 백수 기간이긴 했지만, 그래도 24시간을 광장에서 보낼 수는 없어서 새벽 늦게까지 친구들과 시청이나 광화문에 있다가 첫차를 타고 고시원에 돌아오곤 했다. 그때 고시원 방은 온라인 상의 광장인 다음 아고라를 비롯한 인터넷 커뮤니티 활동이 벌어지는 공간이기도 했지만, 방의 지분을 더 많이 차지하고 있던 것은 '싸이질'이니 프리셀 게임 같은 반복적인 클릭 행위와 가성 상태였다. 촛불집회로 대표되는 '광장'을 향한 열성적인 참여는 고시원 '방'의 폐쇄적인 자기 충족적 실천과 기이한 거울 이미지를 형성하고 있었다. 정치적 행동을 벌이는 몸, 광장으로 나가는 몸은 다른 한편으로 밤낮이 바뀌어 그 시간을 무력한 '클릭질'로 메우지 않으면 안 되는 고시원에 붙박인 몸이었다. 광장과 밀실이라는 익숙한 대당이 실은 한 몸이라는 이 역설.

역설은 뒤틀린 시간성에서 흘러 나왔다. 촛불 광장이 변화를 갈망하는, 시간이 흐르는 장소라면, 예은의 고시원 방은 클릭질 말고는 아무것도 할 수 없는 정체의 장소, 시간이 고인 장소였다. 시간 역시 인간들이 빚어낸 사유의 산물이라고 한다면, 그것은 자연스러운 흐름 그 자체라기보다 분절을 통한 계산 가능성, 삶의 통제 가능성과 연관된다 할 것이다. 그러나 고시원은 (창문이 없는 경우) 시간을 계산할 수도, 시간에 따라 일정하게 삶을 통제하고 관리할 수도 없는 공간적 질서로 구조화돼 있는 공간이다. 이 공간에서 가능한 신체의 운용 방식은 대단히 제한되며, 그것조차 점차 운용이 아닌 방치의 대상으로 변형된다. 빛도, 공기도, 희망도, 의지도 드나들지 않는 이 시간이 멈춘 방에 들어온 예은의 클릭질과 기석의 끝없는 잠은 어쩌면 고시원의 정체된 시간성에 대처하는 나름의 방식들인 셈이다.

3. 같은 곳에 살지만 아무하고도 함께 살지 않는

초점을 고시원 방 안에서 방과 방 사이의 공간으로 옮겨보자. 고시원의 복도나 공용 공간으로 마련된 주방, 욕실과 화장실은 자연스레 사람들 사이의 만남이 일어나는 공간이다. 그러나 고시원에 산 사람들은 그 만남에도 나름의 규칙이 작동하고 있다고 말한다.

나는 그게 제일 힘들었던 거 같애. 되게 비인간적인 공간이잖아요 거기가. 고시원이, 사람들 간의 관계가 전~혀 없는 단절된 공간이잖아요. 바로 옆에 사는데도 누가 옆에 사는지도 모르고. 내가 제일 힘들었던 게 그런 거였어요. 성향이 막 혼자 처박혀 사는 스타일이 아니고……같이 사는 데도 그렇듯이 좀, 서로 교류가 있고 얘기를 나눌 수 있는 게 좋은데. 거긴 완전 구획화되어 있잖아요. 저는 특히 그게 제일 힘들었어요, 딴 것 보다. 되게 사람들 간에 교류가 없고……지금은 이제 많이 잊어버려서 모르겠지만 그땐 이제 복도를 지나가면 사람들이 서로 지나치잖아요. 같은 층에 살고 같은, 거기 몇 미터 안 떨어져 사는 사람들인데도 서로 그냥 모르고 지나쳐야 되는 그런 상황들? 그리고 그런 거. 되게……침묵해야 되는 공간이잖아요, 거기가. 되게 일종의 프라이버시라고 해야 되나, 그것도? (웃음) 프라이버시를 지켜줘야 되는 공간이니까, 떠들면 안 되고 조용히 지내야 되고. 그 좁은 데서. 벽 뚫려 있는 데서, 말하자면 그냥 한마디도 말하면 안 되는 거지. 전화도 밖에서 받아야 되고. 어, 또……뭔가 말을 하면 안 되는. 음악도 크게 들을 수가 없고. 완전 무슨 감옥 같은 공간이라고 해야 되나. 내가 할 수 있는 자유가 아무것도 없는 그런 공간이었어요. **규태, 26세, 창작직**

규태는 고시원살이에서 가장 힘들었던 것이 좁은 방도, 공동 생활의 불편함도 아닌 비인간성이라고 이야기한다. 수많은 사람들이 네모나게 구획된 방에 들어가 살지만, 그리고 때때로 그 방 밖으로 움직여 방과 방 사이에서 마주치지만 서로 인사를 나누지 않는다. 손짓이나 음성은 물론이거니와 눈짓이나 표정으로도 서로 알은척을 하지 않는다. 아는 척이 문제가 아니라, 아는 척해야 하는 상황 그 자체를 만들지 않기 위해 각자가 방에서 눈치를 봐야 한다. 웬만하면 마주치지 않도록, 얼굴은 물론이거니와 바지 자락도 서로 보일 일 없도록. 이를테면 고시원에 사는 사람들 사이에는 물리적인 마주침이나 대화를 최소화하고, 더 나아가 시각적 가시성마저도 가능한 한 '요약'해야 한다. 규태가, 그리고 규태와 인사를 나누지 않고 지나친 무수한 이들이 지나치게 자기중심적인 사람들이어서 그 럴까. 이런 태도는 누구도 제안한 적은 없지만 모두 암묵적으로 공유하고 있는 고시원의 매너이자 예절이다. 심지어 누군가는 "우리는……그러기로 운명이 정해진 사람들"이라고 이야기했다. 이 얄궂은 운명은 어디에서 오 는가.

누가 사는지는 알아요. 앞방 사람 이사 가고, 이런 것도 알고. 근데 진짜 웃긴 게, 인기척은 항상 나요. 이렇게 생각하면 다 나 같았을 거 같아. 다 그 방 안에 틀어박혀서 뭘 하는지는 모르겠어요. 뭘 하는지는 모르겠는 데, 그 안에서 진짜. 앞에도 뭐, 외출했다는 기미가 나는 방이 그렇게 생 각보다 많지가 않아요. 딱 한 명. 딱 한 명. 좀 보면은 힘이 나는 사람이 딱 한 명 있었는데, 한 스무 살, 스물한 살쯤 되는 여자애 같은데. 머리도 왜, 그 왜 있잖아요. 나카시마 미카 같은 헤어스타일에다가 이제 그 우리 담배 피우는 흡연 공간이 있는데, 거기 나와서 담배 피우면서 맨날 기타 연습하고 있고. 그래서 '아, 저 사람은 자기 꿈을 위해 나왔겠구나.' 속사 정이야 모르겠지만. 그 사람은 진짜 그리고 막, 기타 메고 어디론가 가고 저녁에 들어오고 막. 좀 자주 보이는 사람이었어요. 나머지는 진짜 뭘 하 는지 모르겠어요. 저런 사람도 있는데……'자신의 꿈을 위해서 독립했구 나. 부모님이 싫어하셨겠지 뭐.' 이런 생각이 들고. 완전 내 편견인지 모르 겠지만. 여튼. 그 사람 보면서 힘을 얻고, 나도 젊은 나이에 뭔가를, 독립 을 해 뭔가를, 집에 있을 때 속박된 내 활동을 못하는 거를 좀 해보기 위 해서 나왔는데, 나도 열심히 해보자 했지만, 안 돼요. 불가능하더라구요. (웃음) 그리고, 친한 사람……그런 거 없고. 그냥 고독했어요. 진짜. 그냥 다……개미굴을……아니면 안에 한 명씩 갇혀서 있는. …… 그러니까,

다들 나름 살아가고 있는데. (웃음) 예, 하여튼 그런 게 너무 웃겼어요. 진짜. 뭘 하는 사람인지 정체는 끝까지 알 수 없었어요. 그 기타 치는 소녀 외에는. (웃음) 예은, 29세, 전문직

'운명'을 극복하려는 예은의 호기심은 쉽사리 충족될 수 없었다. 전후좌우 방들에 대충 어떤 성별의, 어느 정도 연령대의, 어떤 일상적인 습관을 가진 사람이 사는지는 알고 싶지 않아도 알게 된다. 벽 따위 아랑곳하지 않고 들리는 소리들이 그 사람을 형상화해 주기 때문이다. 그러나 정말 그 사람들이 어떤 사람들인지, 왜 이곳으로 왔는지, 또 어디로 떠나는지 예은은 끝내 알 수 없었다. 담배를 피우며 기타 연습을 자주 하던 짧은 머리 여자에게서 어딘지 자신과 닮은 모습을, 또는 닮았으면 하고 바라던 모습을 읽어내지만 더 다가가 말을 섞지는 않았다. 자칫 운명을 넘어서려는 서툰 시도는 '나'를 이상한 사람으로 만들어버릴 수도 있기 때문이다.

서로 잘 모르는 사람들이죠. 다 그냥, 공부하러 이 동네 왔었을 뿐이니까. 옆방에 대해서도 잘 모르고. 음……예를 들어서 제가 뭐, 소리를 큰 소리로 얘기했다든가 전화 통화를 크게 했다던가 그랬을 때 옆방에서 문 두드리고 조용히 좀 해주세요, 고런 정도로 해주는 정도. 그 외에는 서로 전혀 얼굴도 모르고 안면도 모르고 그런 거죠. 다만 이제 한 곳에서 오래 있다 보면, 한 몇 달 살다 보면 시로 얼굴을 알게 되니까 지나가다 인사하는 정도? 굉장히 특이한 경우가 저 같은 경우에는 한 번 있었는데. 뭐……그분도 아마 좀 외로웠겠죠. 외로워가지고, 여자 분이셨는데. 음……몇 번 지나치다 마주치다 인사하고 인제 알고 지내다가 뭐, 어떻게 하다가 그분이 저한테, 제가 제 방문을 확 열었는데 그분이 복도를

지나가다 깜짝 놀랬나봐요. 깜짝 놀래서. 전 그거 아무 일도 아닌데, 별거 아닌데. 그분이 막 정성스럽게 편지도 써가지고 막 제 방에 꽂아놔 가지고, 제가 뭐 굉장히 뭐 잘 놀라는 편이라 너무 놀라서 죄송했다. 그래서 그런가 보다 했는데, 또 그 이후로 저한테 막 말씀도 하시고, 자기 방에 와서 과일도 이렇게 깎아주시고 이러시더라구요. 그러다가 나중에 그분은 공부가 끝나셔가지고 다시 집에 내려가셨는데. 그러고 나서, 집에 가신 뒤에도 계속, 전화번호를 알았으니까 저한테 막 연락을 주시고. 하루에도 막 계속 연락을 주셔가지고 제가 나중에는 그게 부담스러워서 연락을, 전화가 와도 안 받고 그랬거든요. 그러더니 다음에 다시 찾아 올라오셔서 나오라고 전화도 하시고 그래서 제가 좀 당황스러웠던 기억이 있죠. 음. 다들 외로우니까 약간 좀, 그런, 그랬던 거 같아요. **정훈, 31세, 사무직**

보지도, 보이지도, 마주치지도, 말을 섞지도 말아야 한다는 고시원의 예절을, 비가시성에 관한 암묵적인 규범을 어긴 사람들은 다른 사람들을 당혹스럽게 만든다. 정훈의 사소한 행동에 놀라고, 편지를 쓰고, 과일을 대접하고, 고시원을 떠난 뒤에도 연락을 취해온 아무개는 틀림없이 정훈에게 마음이 있었던 것 같다. 물론 정훈도 마음이 있었다면 이야기는 발랄한 로맨스로 흘러갔겠지만, 고시를 준비하고 있던 정훈의 설명에 따르면 이 시기는 정훈이 인생에서 공부에 가장 매진한 시기였다. 마음을 어쩌랴. 다만 정훈은 자신이 완곡하게 거절한 그 여자의 지속적인 호의를 외로움으로 해석한다. 적어도 정훈은 그 여자가 외롭다는 것을 알았다. 하지만 그 외로움이 그 여자의 방을 넘어 정훈의 방으로 들어오려 할 때, 정훈은 전화를 받지 않듯 그 시도를 차단한다. 고시원의 외로움은 상호 침투해서는 안 된다. 그 여자는 익명의 아무개여야 하지, 이름을 가진 누군가로 돌변해서는 안 된다.

친구들이 '이제 거기서 나와라.' 나도 나오고 싶지. 아니면은 '빨리 옮겨라, 창문 있는 데로 옮겨라.' 그런데 나도 그때 창문 있는 데로 옮기는 것보다 딴 데로 가야겠다고 생각했던 거는, 이상하게 미친 애들이 있는 거야. 그때 얘기했던 것처럼, 미친 사람 두 명이 있었는데 하나는 여자고 하나는 남잔데. 내가 휴게실 앞에 있었으니까. 어떤 여자가 정말 미친 사람이 웃는 것처럼 맨날 거기서, 남자들하고 막 웃어. 되게 기분이 나빴던 게, 굉장히 성적인 어떤 접근⋯⋯하는 그런 관계였던 거 같애. 왜냐면은 거기 나이 많은⋯⋯그 나이 많은, 아저씨들, 고시 준비하는 아저씨들하고 그런 관계⋯⋯였거든. 막 담배를 같이 피우면서 뭔가 스킨십을 되게 하면서 그런 뉘앙스 있잖아. 내가 어느 날 샤워를 하고 있는데, 샤워실에 두 명씩 들어간다? 여자 두 명, 남자 두 명. 맞은편에 그것도. **남자 여자 같이?** 아니, 맞은편이긴 한데 나오면 만나. 씻고 나온 모습을 볼 수 있다니까. 머리 젖고 막 이런 모습이 보인다니까, 맞은편에. 그래도 그게 무섭진 않았어. 어쨌든 소리를 지르거나 어쨌든 뭐, 그렇게 할 수 있으니까. 근데 그 옆에 내가 샤워를 하고 있는데 어떤 여자가 막 웃다가 우는 거야. 근데 그 여잔거야. 내가 샤워를 하고 있는데 옆에서 샤워를 하면서⋯⋯되게 무서웠어. (웃음) 저 여자가 미쳤나 보다, 싶었거든. 더 중요한 건 그 언니가 밤마다 술 먹고 와서 휴게소 앞에서 남자들 붙잡고 울었어. 너무 시끄럽지 나는. 물론 내가, 그때도 잘 안 들어가긴 했지만. 나는 고시원에 들어가면, 낮에는 ○○를 갔다가 학교에서 ○○을 하고 있었잖아. 거의 그렇게 살았긴 해. 굉장히 피곤한 상태에서 들어갔거든, 자러. 근데 맨날 분위기가 그랬고, 또 어느 날은 학교를 가려고 씻고 나오는데,

웬 미친놈이 사각 팬티만 입고, 홀랑 벗고, 법전을 들고 그 복도를 막 걸어 다니면서 법전을 외우고 있는 거지. 밤에 만나면 되게 무서워. 복도 불을 *끄거든* 밤에는, 자라고 사람들. 근데 막 사각 팬티만 입고 진짜 막 웃통도 다 벗고 있어. 대머리 아저씨가. (웃음) 아 미치겠지. 그래서 아 너무 싫다……계속 얘기했었거든. **지언, 29세, 대학원생**

고시원에서 기대하지 않던 가시성은 당혹스러움에서 불쾌나 혐오, 두려움으로 번지기도 한다. 나이 든 사내들과 시시덕거리다 울다가 하는 이상한 여자, 반 나체로 복도를 오가는 대머리 아저씨 등은 지언의 방문을 두드리지는 않았지만, 지언의 좁은 방으로 그 존재감을 계속 발산했다. 한 철학자는 가시성이 언제나 시각 자체의 조건이라고 했다.[28] 다시 말해 지언이 그 사람들을 목격했다는 사실은 그 사람들 역시 지언을 볼 수 있는 가능성을 가진다는 것을 의미한다. 미묘한 성적 뉘앙스를 풍기는 미친 여자와 나이 든 사내들의 관계가, 대머리 아저씨의 몸뚱이가 지언에게 보인 시점부터 목격자는 지언인 동시에 그 사람들이다. 그 사람들의 시선, 소리, 몸짓, 그 '뉘앙스'는 지언의 방으로 따라 들어온다. 지언의 두려움은 그래서 단지 목격한 것뿐만 아니라 방으로 들어온 상상에 관한 것이기도 했다. 이것들은 익명이기에 더욱 두렵다.

우리 건너편에 있는 방에서 인제, 이게 붙어, 이렇게. '몇 월 며칠까지가 재등록 기간인데 재등록 기간을 넘겼다, 빨랑 재등록을 하든지 방을 빼든지 하라'는 뭐 이런 거였는데. 그런 게 붙잖아, 노란 딱지 이런 게? 근데 안 치우는 거야, 그 방을. 내가 나올 때마다 보게 되잖아, 계속. 쟤는 왜 방을 안 치울까 생각을 했었는데, 어느 날 이상한 냄새가 나는 거야.

그래서 뭐지 이 냄새는? 환기가 안 된다 그랬잖아. 계속 냄새가 나. 그랬는데 내가 또……뭐 내가 계속 여기 있는 것도 아닌데 뭘 그걸 가지고 컴플레인까지 하나 싶어가지고는 얘길 안 하고 있었는데. 한 며칠 지나고 나니까, 나도 후배랑 얘길 했지. '언니 이거 무슨 냄새예요?' 후배가 막 시체 썩는 냄새 아니냐고 (웃음) 그러는 거야. 내가 '어, 시체 썩는 냄새는 아니야', 이랬더니. 언니가 그걸 어떻게 아냐고 시체 썩는 냄새 맡아나 봤냐고 둘이 막 그랬어. 결국 둘 중에 아무도 그거에 대해서 따지지 않고, 왜냐면 우리는 그곳에 완벽하게 살지 않으니까. 그러다가 누군가가 아저씨한테 얘길 했겠지. 그래서 문을 열어봤더니 그 안에서 쓰레기랑 옷이 썩고 있었다……하도 오래 돼서……그 사람이 어디 갔는지 뭐 하고 있는지는 아무도 모르고 있는 상태인데……그 안에서 그 사람이 사라졌는지……아님 또 뭔 상탠지……그 옷들이 썩을 때까지 아무도 모르고 있었다는……그런 에피소드가 그때 있었지. **미영, 27세, 취업 준비**

익명성은 또한 무관심성과 연결된다. 다른 누구에게 무슨 일이 일어나더라도 나하고는 무관하며, 또한 그래야 한다는 것. 후배와 함께 머물던 고시원 맞은편 방에 재등록을 요청하는 경고 딱지가 붙어 있을 때까지 미영은 괜찮았다. 이상한 냄새가 코를 찔러도, 그래서 후배와 이게 죽음의 냄새인지 대화를 나누고서도 괜찮아야 했다. 미영은 "우리는 그곳에 완벽하게 살지 않으니까", '완벽하게 사는' 다른 누군가의 방에서 나는 악취와 수상한 부재에도 입을, 코를 다물었다. 결국 참다못한 사람의 제보로 열린 방에서는 주인 없는 옷가지와 쓰레기들이 썩어가고 있었다. 아마 비슷한 상황의 다른 고시원 방에서는 죽은 사람이 발견되기도 했을 것이다.[29] 숨을 거둔 뒤에도 외로워야 하는 그 몸이, 내 것이 아닐 수 있다고 어떻게 확

언할 수 있을까. 그런 공포가 고시원을 감돌아도, 아마 그 고시원에 사는 사람들은 서로 눈과 귀와 입술을 나누어 망자를 애도하지는 않았을 것이다. 저 죽음은 고시원에서 '완벽하게 사는' 사람들에게만 찾아오는 완벽한 불운이라 여기며 말이다.

화장실에서……이렇게……사람이 있는 거 같이 불이 켜져 있으면, 스위치가 밖에 있기 때문에. 그럼 노크를 해야 되잖아요. 노크를 안 하고 그냥 문을 여는 거야. 그게 너무 또 컬처 쇼크 받은 거죠. '미친 거 아니냐?' (웃음) 그래서 제가 포스트잇에 써가지고, 불이 켜져 있으면 일단 노크를 먼저 해주시라고 화장실 문에 붙여놨어요. 그때부터는 또 사람들이 다 노크를 하더라구요. 그리고, 어……그리고 처음에 들어갔을 때 어떤 남자분이 샤워하고 나서 그냥 속옷 바람으로 이렇게 나다니는 거에 너무 놀래가지고 '어 뭐야 짜증나' 그랬는데, 처음엔 그 사람이 좀 놀래는 것 같아서 '다음번엔 안 그러겠지' 생각했어요. 그런데 또 그러는 거예요. 그래서 좀 성질이 났는데, 뭔가 얘길 해볼 사이도 없이 그 사람은 또 퇴실해서 없어지고. (웃음) …… 고시원에 들어갈 때, 절대 외부인을 들여와서는 안 되고, 특히 남녀 혼숙을 할 시에는 퇴실 조치한다 같은 각종 경고 문구를 봐요. 저도, 저도 그랬잖아요. 사람들한테 안에 누가 있는 거 같고 스위치가 켜져 있으면은 노크를 하고 들어와 달라고 화장실에서. 저도 그렇게 붙였잖아요. 왜냐하면 말을 할 수 없기 때문에. 그런 식으로 모든 부탁과 경고와 안내가 다 버벌[verbal]이 아니고 뤼튼[written]이에요. 스포큰[spoken]이 아니고 다 글로 써 있어요. 그래서 그것도 그렇게 친절한 방식으로 써 있지도 않아요. '문.좀.닫.고.다.닙.시.다' 뭐 이런 식으로 문에 꽝 붙어 있다든지. '빨래가 다 말랐으면 지체 없이 수거해주세요.' 뭐, '사용한 싱크대와 테이블은 깨끗이 정리해주세요.' 이런 모든 게, 너무나 당연한 것들이 다 글자로 돼서 붙어 있어요. 안내문들이. 그런 것들이 계속……마치……이건 엄마 잔소리도 아니고 그렇다고 정말로 누가 나보고 니가 깨끗한 환경에서 살았으면 좋겠어, 라는 희망으로 해주는 친구의 목소리도 아니고 이건 관리자의 목소리잖아. 그런 관리자의 목소리를 매일 매일 집에 들어오면서, 어디 왔다갔다하면서 계속 들어야 한다는 것이 되게 싫어요. …… 다른 데 살 때는요. 같이 사는 사람들이 있었어요. 그런데 고시원은 같이 사는 사람들이 없어. 심지어 원룸에 살 때도 같은 층에 사는 다른 세입자들하고 서로 이름도 알고, 인사도 하는 관계였는데. 그거랑 별다를 것이 없는 고시원은. 사실 그때 원룸하고 별 차이도 없어요. 근데 고시원은 사람이 너무 자주 바뀌는 것 때문인지, 뭣 때문인지 여러 가지 이유가 있겠지만 분명히 바로 옆방에 사람이 있는데 그 사람은 없는 사람이에요. 그 사람한테도 제가 없는 사람이에요. 그래서 굉장히 많은 사람들이 살고, 같이 있지만 실제로는 아무와도 같이 살고 있지 않다는 점이 가장 큰 차이점이에요. **영현, 27세, 사무직**

서로 무심한 익명성의 세계에서 의미를 전달하는 것은 고시원 원장의 경고 문구나 포스트잇에 남겨진 메모처럼 활자화된 텍스트다. 음성 언어의 풍부함이 사라진 자리에 남은 이 맥없는 글자들은 영현에게 따스한 격려가 아니라 차가운 관리자의 시선으로 다가온다. 테스트를 발신하는 것은 영현을 비롯한 익명의 존재이며, 그것을 수신하는 것 역시 자신을 포함한 익명의 존재다. 전체가 전체를 향해 관리자의 목소리로, 글자로 말을 건다. 이 소리 없는 말들 사이에 인격적인 관계는 존재하지 않는다. 물론 쾅쾅 하고 벽을 두드리는 소리뿐인 의사 표현 역시 비인격적인 것은 마찬가지다. 영현의 말처럼, 고시원에는 굉장히 많은 사람들이 같이 있지만 실제로는 누구도, 아무하고도 함께 살고 있지 않다.

우리가 흔히 말하는 사적 영역은 사회적 관계 속에 존재할 때 의미를 갖는다. 달리 말해 서로 다른 사적 영역들이 겹치는 지점에서 공적 영역이 형성된다. 그러나 고시원에서는 하나의 방이 사적 공간이 되기 위해 철저히 사회적 관계를 떼어내고 삭제한다. 시시콜콜한 움직임과 흔적이 소리를 통해 전달되는 고시원에는 어찌 보면 온전히 사적인 공간은 존재하지 않는다. 고시원의 벽을 타고 전해지는 타인의 소리들은 곧 타인의 청각화된 시선이며, 혼자 있고 싶다고 한들 결코 혼자일 수 없는 것이다. 이 부재한 프라이버시를 어떻게든 최소한도로 지키기 위한 유대의 방책이 바로 비가시성이라는 규범이다. 늘 상대의 영역을 침범하는 존재들이, 그 이상의 침해만은 범하지 않도록 보지도 마주치지도 말을 섞지도 말자는 것이다. 프라이버시는 이처럼 권리와 의무의 결합이지만,[30] 고시원의 프라이버시는 아무리 의무를 추동해도 결코 권리는 얻을 수 없는 일방향의 회로 속에 놓인다. 아무리 모른 척해도 시선과 소리는 늘 각자의 방을 끈끈히 파고든다.

신뢰의 부재는 정보의 부재와 결합돼 있다. 가령 기숙사를 생각해보자. 보통 같은 대학의 학생들이 모여 살고, 방 앞에는 학과와 이름, 때로는 사진이 붙어 있는 기숙사에서 주어지는 정보의 양은 고시원과 견줄 수 없다. 물론 익명성과 무관심성은 현대 산업 사회 대다수의 집합적 주거 형태가 일반적으로 공유하는 것일 수도 있다. 아파트도 어쩌면 고시원과 비슷한 비가시성의 태도를 규범으로 삼을 수도 있다. 그러나 같은 아파트에 산다는 이유로 모이는 부녀회 같은 이익 집단을 우리는 많이 봐왔다. 아파트에 산다는 것 자체가 이미 거주민의 경제적 지위와 이해관계에 맞는 최소한의 정보를 제공하기 때문이다. 그러나 많은 고시원들은 입실 때 비용만 지불하면 별다른 정보를 묻지 않는다. 고시원 주인조차 이름을 알 필요도, 신분증을 확인할 필요도 없다. 그래서 경제 위기 직후(그리고 지금도 여전히) 고시원은 신용 불량자들이 머물 수 있는 곳이(었)다.

신용 불량자건, 범죄자건, 기초 생활 보호 대상자건, 평범한 학생이나 노동자건, 무엇보다 고시원은 장기적인 주거지로 여겨지지 않는다. 어느 고시원 원장은 고시원 장기 거주를 '장박(장기 숙박)'이라고 표현했는데, 대부분의 고시원에서 이런 '장박' 손님들은 찾기 어렵다고 했다. 대실이라는 옵션이 있는 모텔처럼 순환율이 좋아야 더 많은 이윤을 벌어들이는건 아니겠지만, 많은 고시원을 유지시킨 것은 장박이 아니라 3~6개월 사이 짧은 기간을 살다 어디론가 떠나는 사람들이다. 언제 왔는지 언제 떠날지도 모른 채, 오직 고시원에 살 정도의 경제적 (무)능력을 가졌다는 사실만으로 이웃이 되기는 어렵다. 옆방 사람이나 앞방 사람은 언제든지 다른누군가로 교체될 수 있다. '나'가 머무는 방 역시 마찬가지다. 고시원의 방들, 그 영토에는 주인이 없다. 잠시 빌려 사는 사람들만이 머물 뿐이다. 고시원에서는 모든 사람이 존재하지만 동시에 부재하는, 흔적은 남되 관계는 탈락된 무엇이 된다. 그 무엇에는 형상이 없고 다만 느낌 또는 정서만이 남는다. 나는 그것을 유령이라 부르려 한다.

4. 유령의 단생

어딘가에서 같이 산다는 것은 종종 많은 정보를 알려준다. 가령 1970년대 여공들의 기숙사 공동 주거는 농촌에서 도시로 이주해 가족 생계를 책임지고 공장에 들어간 삶의 조건과, 3교대 속에서 열악하고 위험한 작업장과 부당한 임금을 감내해야 했던 노동의 조건과, 책 읽고 노래하고 토론하고 대항하던 일상적 저항 의례를 동시에 드러낸다.[31] 수많은 주민 자치 조직들이 같은 지역에 거주한다는 이유만으로 만들어져 이익 집단으로 기능하는 것 역시 마찬가지다. 공동의 주거는 유사한 삶의 조건, 경제적 이해관계, 정치적 견해 등과 연결돼 사회적 관계망과 연대감을 형성함으로써 의미 있는 집단 정체성을 구성하는 기반이 될 수 있는 것이다. 그러나 고시원에서 같이 산다는 것, 한 고시원에 머문다는 이유로 공유할 수 있는 것은 공통의 경제적 이해관계나 정치적 견해가 아니다. 아파트도, 원룸도 아닌 고시원에 살 수 있을 만큼의 비용을 치렀다는 것, 그리고 어디에서 와서 어디로 갈지 알 수 없는 존재들의 익명성뿐이다. 이 얄팍한 공통성은 고시원에 함께 사는 '우리'라는 집단을 상상하기에는 턱없이 부족하다. 고시원에는 '우리'가 없다. '그 사람들'과 대별되는 '나'만이 존재한다.

주위 사람들도 보면은 참 희망……나가야겠다는 생각밖에 안 드는 사람들이 좀 있어요, 보면은. 외국인들도 많고, 잠깐 일하는 사람들도 있고. 가끔씩 보면 나이 많은 사람들이 요즘엔 또 많더라구요. 그분들은 대체 뭘……하시는 분들인지 모르겠는데. 아무것도 하는 게 없어요. 그냥 아침에 나와서 그냥, 나와서 그냥 어슬렁어슬렁 거리시고, 제가 저녁에 회사 갔다 와서 다시 돌아와도 항상 그렇게 그냥 어슬렁거리시고. 뭐 일을 하는 것도 아니고, 그냥 집에만 계속 계세요. 뭘 하는지 모르겠는데, 항상 쓰레빠에 추리닝 차림으로 그냥 다니시는 그런 분들 보면은 '아, 나도 저렇게 되는 건가, 여기 계속 있으면?' 너무 무섭더라구요, 그런 게. 진짜, 진짜 궁금해서 물어보고 싶었는데. 뭐 하시는 분인지. (웃음) 차마 물어보지 못했는데. …… 사실 제가 여기 있다는 자체가 싫었기 때문에 주위 사람들과 얘기하고 싶은 마음도 별로 없었고, 내가 이 사람들하고 관계를 갖는다는 거 자체가 그렇게 마음에 들지가 않더라구요. 나까지 닮아갈 거 같은 느낌도 있었고, 내가 저렇게 되지 않을까. 그렇기 때문에 의도적으로 더 멀리하게 되고, 그런 부분이 있더라구요. …… 고시원이라는 자체는 그냥, 말 그대로 서로……안 좋게 말하면 갈 데 없는 사람, 오갈 데 없는 사람들 모여서 그냥 있는 건데. 뭐……오갈 데 없는 사람들끼리 오갈 데 없는 이야기를 한다는 거 자체가 어떻게 보면 굉장히 패배적인 거 같고 굉장히 좋지 않게 느껴지더라구요. 어차피……하는 얘기……사람들 사는 얘기……비슷한 얘길 하겠지만 사람들 자체가 싫었던 거 같아요, 그냥. 안 좋은 걸 수도 있지만, 사람들을 색안경을 끼고 본 건데 어떻게 보면 제가. 그런 느낌……저를 보존하고 싶은 느낌……그런 느낌이 좀 컸던 거 같아요. **그럼 다른 사람들은 본인을 어떻게 볼 거라고 생각하셨어요, 혹시?** 다른 사람들이요? 다른 사람들……그냥……다 비슷하지 않을까 싶은데. '저 사람도 그냥, 오갈 데가 없어서 여기에 있구나. 저 사람은 참 불쌍하다……?' (웃음) '그 나이 먹고 아직까지 이런 곳에 있는 거 보니까 참, 힘들게 살겠구나……' 그런 생각……저는 주위 사람들 보면, 어떻게 보면 한심해 보이는 경우도 있었지만 그래도 좀 측은하고 그런 느낌이 있었거든요. 나이가 뭐 많든 적든, 아님 외국인이든 어쨌든, 어쨌든 자기가 그곳에 있다는 거 자체는 먼 곳에서 일로 왔거나 아니면 이곳에 원래부터 있었지만 갈 곳이 없어서 있는……경우가 많으니까. 자기가 있을 곳이 없다는 기니까 참, 불쌍해 보였죠. **기석, 29세, 사무직**

회사 생활을 하면서 대학로 인근의 고시원에서 의도하지 않게 퍽 오랜 기간을 산 기석은 고시원에서 마주한 여러 얼굴들을 뭉뚱그려낸다. 그 사람들은 잠깐 일하는 비정규직 노동자들이고, 나이 많은 중년의 무력한 사내들이고, 중국이나 아랍에서 온 외국인 노동자들이거나 가난한 유학생들이다. 어쨌거나 딱히 하는 일이 없이 추리닝에 슬리퍼를 끌고 고시원 내부를, 주변을 어슬렁거리며 시간을 낭비하는 족속들이다. 세탁기를 늘 점유하는 몰상식한 사람들이고, 물건이 없어졌다며 서로 탓하고 소동을 벌이는 난동꾼들이다. 서울에서 고시원 말고는 어디에도 오갈 데가 없어 이곳으로 몰려들어 오갈 데 없는 이야기나 나누는 안쓰럽고 딱한 인생의 패배자들이다. 후기 자본주의 사회에서 시장 노동의 여부는 근면과 나태, 정상과 비정상을 가르는 도덕적인 기준이자 시민의 자격을 판가름하는 선으로 여겨진다.[32] 아무것도 하는 일 없이 그저 어슬렁거리기만 하는 고시원의 낯선 사람들은 시장 노동에 편입되지 못한, 나태하고 비정상적인 존재들이다.

그렇다면, 이때 이 낯선 고시원 사람들을 마주한 '나'는 누구인가? 기석은 서울에 있는 직장에 정규직으로 취업해 전세 자금을 모으고 있었다. 그러나 여기에서 눈여겨볼 것은 기석이 고시원에서 만난 사람들의 낯섦, 자신과 그 사람들의 다름, 그 이물감을 통해 자신을 설명하는 방식이다.[33] 고시원의 이 '마주침'에서 서술적 주체는 물론 '나'다. 하지만 기묘하게 뭉뚱그려져 한 덩어리가 된 낯선 사람들에게, 정말로 이질적인 것은 '나'가 된다. 고시원의 이방인은 다름 아닌 '나'다. 그 사람들은 고시원에 어울릴 법한 행색으로, 태도로, 몸으로 그곳에 있으며, 있어야 하며, 있을 것이다. 그러나 '나'는 다르다. '나'는 직업도 있고, 무려 정규직에다가, 곧 그럴싸한 집도 구할 것이다. 오갈 데 없는 어중이떠중이들이 다 모여드는 이곳에서 '나'는 너무 이질적이다. 나가자, 떠나자. 그런데, 정말 그런가?

기석은 이 고시원의 낯선 사람들에게 강렬한 이질감을 느끼면서도, 대체 "뭐 하시는 분"이길래 이리도 무능하게 시간을 허비하는지 묻고 싶을 정도의 궁금증을 품는다. 놀라움을 동반한 이 궁금증은 그 사람들의 실체를 파악할 수 없다는 확인 불가능성에서 온다. 아니, 그러나 사실 기석의 묘사에는 이미 그 사람들이 놓인 사회경제적 지위가 다 포함돼 있다. 기석은 이미 '그 사람들'을 기존 사회가 묘사하는 방식 거의 그대로 포착했다. 불가능한 것은 해석이다. 대체 왜 그 사람들이 여기에서 이렇게 살고 있는지를 기석은 도무지 해석할 수 없었다. 이해는 통제 능력에서 비롯되며, 이해할 수 없는 것, 즉 통제할 수 없는 것에서 우리는 공포를 느낀다고 한다.[34] 막연한 거리낌과 두려움은 바로 그 이해 불가능성에서 온다. 고시원 사람들의 낯섦에 관한 기석의 묘사는 곧 자신의 이해 불가능성에 관한 묘사다.

왜 기석은 이해할 수 없었는가? 왜 명백히 그곳에 놓인 '그 사람들'을 해석할 수 없었는가? 우리는 기석의 묘사에서 오염의 은유를 읽는다. "아, 나도 저렇게 되는 건가, 여기 계속 있으면?" 고시원은 공간적 전염의 공포로 다가온다. 전염되는 것은 '그 사람들'과 닮는 것이다. 나도 저렇게 한심하고 비참하게 고시원에서 늙어갈지도 모른다는 공포. 기석은 '보존'이라는 표현을 통해 전염되어서는 안 될 자신의 소중한 정상성을 암시한다. 너무나 정상적인 나, 고시원에 들어올 만한 사람이 아닌 나, 그러나 용감하게도 제 발로 고시원에 들어온 나. 그러나 이 불쾌한 벌집에서 계속 벽을 더듬으며 빛 없이 사는 생활을 계속하다가는 종국에 이 끔찍하고 답답한 고시원에 붙박일지도 모른다는, 비정상인 '그 사람들'에 동화될지도 모른다는 이 공포야말로 사실은 기석의 정상성을 구성하는 짝패이자, '그 사람들'을 직면하고 해석하지 못하게 끊임없이 가로막는 틈새다.

공포의 강력함은 그 실현 가능성에서 온다. 기석은 '그 사람들'이 자신을 보는 시선이 자신의 그것과 그리 다르지 않을 것이라는 사실을 안다. 물론 이렇게 상상된 양방향의 시선은 모두 기석의 것이며, 기석의 해석 체계다. 그 해석 체계를 압도하는 것은 사실 '그 사람들'과 '나'를 본질적으로 구분할 수 없다는, 끝내 직면하기 어려운 현실이다. 경제 위기 이후의 한국 사회에서는 일하는 자가 정상이고 일하지 않는 자는 비정상이라는 평생직장 시대의 관념이 유효하지 않다. 오늘날의 노동 현실에서 시장 노동의 안과 밖, 취업과 실업 사이, 취업 준비생과 백수의 사이는 그야말로 백지장 한 장 차이가 아닌가.[35] 취업자와 실업자가 있는 것이 아니라, 백수와 예비 백수가 있다는 청년 실업자들의 선언은 둘 사이의 위치를 오히려 역전시킨다.* 정규직인 '나'는 과연 무수한 백수들보다 유능한가? 가혹한 성과급제와 구조 조정이 지배하는 유연한 노동 세계에서 얼마나 필요한 존재인가? '나' 역시 고시원에 살고 있다는 사실은 '그 사람들'과 '나' 사이의 구분을 더욱 어렵게 한다. 아직 전세 비용을 마련하지 못한, 변변한 집도 차도 없는 '나'는 자칫 잘못하면 언제든지 미끄러져 '그 사람들'처럼 될 수도 있다. '나'는 '그 사람들'과 너무나도 닮아 있다. '그 사람들'은 완전히 멀리 있는 타자가 아니라, 익숙하기 이를 데 없는 가깝고도 친밀한 타자들이다.[36]

　　요컨대 고시원의 '그 사람들'은 이 신자유주의 시대의 정언명령에 따라 끊임없이 삶을 계발하고 혁신하며, 관리하지 못하는 경우에 얼마든

---

* 청년 실업 문제에 문제의식을 가진 청년 실업자들이 만든 온라인 커뮤니티에서 출발한 비영리 민간 단체인 '전국 백수 연대'가 2004년 발표한 '백수 인권 선언'은 백수의 범위를 다음과 같이 규정한다(http://cafe.daum.net/backsuhall). "제2조(백수의 범위) 백수의 범위는 통계에 드러나는 것보다 광범위하므로 소수의 문제가 아니다. 구직 활동에 여념이 없는 실업자는 물론, 구직 단념자, 극히 적은 시간을 일하는 준실업자, 실업과 취업을 넘나드는 비정규직 근로 빈곤층, 파산 상태에 놓인 영세 자영업자 등을 백수로 칭하는 것이며, 언제 해고될지 모를 상태에 놓인 수많은 비정규직 노동자 등의 '예비 백수'들도 본 선언문의 취지에 포함된다." 이때 "예비 백수"라는 표현은 실업이, 또한 실업이 가진 무능력과 불필요에 관한 사회적 이미지가 생각보다 취업과 가까이 있는 항임을 드러낸다. 이 선언에 따르면 심지어 취업을 한 경우에도 비정규직으로 대표되는 불안정한 직업인 경우에는 언제고 백수가 될 '예비' 상태에 놓여 있다.

지 굴러 떨어질 수 있는 '나'의 부정적인 형상이다. 이렇게 본다면 기석이 해석할 수 없던(또는 해석을 거부한) 것은 '그 사람들'이 아니라, '그 사람들'과 그림자를 공유하는 '나'다. 자신의 내부에서 발견했지만 쉽게 인정하거나 드러낼 수 없던 이 부정적인 잔여들은 고시원에 사는 여러 사람들의 얼굴을 뭉갠 괴기스런 이미지에 투사되어 처리된다. 그러나 이 잔여들이야말로 '나'의 중핵과 공명하는 무엇이 아닌가. 그리하여 고시원의 낯선 사람들은 '나'의 불안을 드러내는 거울이다. '나'의 공포와 강박과 신경증을 비춰주는 불투명한 창이다.

유령은 바로 그 투명하지 않은 거울의 다른 이름이다. 그것은 소리와 흔적으로 끊임없이 '나'의 영역을 습격하지만, 마주하려 할 때에는 자취 없이 그 형상을 감추어버린다. 고시원의 유령은 도시적 삶(이를테면 거리, 백화점이나 대형 마트)에서 스치는 수많은 익명적 존재들하고는 다르다. 그것들이 얼굴이 없다면, 이 유령은 여러 개의 얼굴을 가졌다. 그것은 종일 빈둥대며 서성이는 백수이기도 하고, 새벽같이 일자리를 구하러 나가지만 허탕을 치고 돌아와 소주병을 들고 한탄하는 일용직 노동자이기도 하며, 향신료 냄새를 복도에 풍기는 동남아 출신의 피부색이 어두운 불법 이주 노동자이자, 부양해줄 자식 없이 복지 수당으로 근근이 살아가며 이곳에서 생을 마감하게 될 허리가 굽은 노인이기도 하다. 더 많은 이들이 고시원의 방들을 거쳐 갈 때마다 이 유령의 얼굴은 더욱 늘어난다. 그러나 고시원에서는 '나'도 누군가에게는 유령이다.

유령은 그저 그곳에 보일 듯 말 듯 있는 것이 아니라, 해소되지 않은 무엇을 드러내기 위해 몸부림치는 무엇이다. 유령은 무엇인가가 상실됐다는 것을 알리는, 그림자 속에서 어렴풋이 보이는 것들이 징후적으로 자신을 드러내는 방식이다.[37] 그것은 끊임없이 우리 곁에 출몰해 말해질 수 없는 말, 불안과 공포를 전하는 사회적 형상이자, 언명의 장소다. 1990년대 경제 성장기의 거품 경제 속에서 풍요롭고 자유로운 유년기를 보낸 사람들에게 경제 위기는 이를테면 생일 파티와 수학여행의 상실로, 자랑스러운 아버지의 명예퇴직으로, 자애로운 어머니의 날품팔이로, 빚쟁이들에 쫓겨 다닌 서러운 세월로, 부모나 친지의 이혼으로 체험됐다. 부도나 파산, 명예퇴직과 정리해고로 일자리를 잃을지도 모른다는 두려움, 나와 내 가족이 노숙자가 될지도 모른다는 두려움은 상징적인 공포가 아닌 실물적인 위협으로 각인됐다.[38] 경제 상황은 금세 회복된 듯 보였고, 이 세대는 디지털 미디어와 한류 열풍 속에서 문화적 세대로 자라났지만, 각종 사회 제도와 사람들의 삶의 방식, 태도에는 일종의 사회적 상흔이 깊숙이 남겨졌다.

어떻게든 스펙을 쌓아 대기업 사원이, 공무원이, 증권맨이나 은행원이, 의사나 약사나 한의사가, 변호사나 변리사나 공인회계사가, PD나 기자가, 그것도 아니라면 교사가 되지 않으면 실패한 삶이라는 강박. '조건'이 맞는 이성 상대와 만나 결혼하지 않으면, 이때 일정 평수 이상의 아파트와 혼수를 장만할 수 없다면 일찌감치 그 인생은 실패한 것이라는 강박. 내 아파트를 사고 내 가족을 꾸려야만 정상적인 삶이라는 이 불가능에 가까운 '집'에 관한 꿈이 어떻게 개인의 행복을 향한 지향에서 기인한 것이라 말할 수 있을까. 그것은 더욱더 커진 몰락의 공포, 실패의 위험에서 흘러나온 독기에서 온 것이 아닌가. 더는 인구의 다수에게 안정적인 영토를, 주거공간을 보장할 수 없는, 그리하여 고시원 같은 불안정한 주거 공간을 양산하고 방치해 누군가를 이 공간으로 밀어 넣은 오늘날 통치의 실패 또는 잔혹한 성공에서 온 것이 아닌가. 고시원의 유령은 규범적 집을 향한 이 쓴 사회적 욕망과 그것에 닿지 못할 것이라는 비관적 현실 사이에서 독기처럼, 탄생한다.

5장

고시원,
집과
집 없음의
경계 지대

설 연휴를 목전에 둔 얼마 전의 일이다. 나는 학술 교류 프로그램에 참석하려고 일본의 한 소도시에 며칠을 머물다 막 한국에 돌아온 참이었다. 며칠 방을 비운 적이 없는 것도 아닌데, 내 방이 있는 골목만 유달리 질척하게 녹아가는 회색 눈 더미로 그늘져 있다 싶었다. 비스듬히 경사진 언덕, 초록 대문 앞에 캐리어가 굴러가지 않게 조심히 세워 두고 열쇠를 찾는데 안에서 물소리가 들려왔다. 황급히 대문을 열고 일 미터 가량이 될까 말까 한 방과 대문 사이 좁은 틈새 공간, 그리고 대문 오른편에 위치한 0.3평쯤의, 고개를 조금 숙이지 않으면 들어갈 수도 씻을 수도 볼일을 볼 수도 없는 화장실 겸 욕실을 보니 수도가 터져 물줄기가 새고 있었다. 그것도 아주 콸콸, 사방에 연신 스프링클러처럼 분무를 해가며. 유달리 추웠다던 며칠 사이 물을 받아두는 들통과, 작은 대야와, 변기 속과 안을 채우는 물이란 물은 모두 몇 겹으로 하얗고 투명하게 얼어붙어 있었고 수도의 터진 틈새로 새는 물줄기만 신나게 움직이고 있었다. 며칠째였을까. 빙글빙글 돌아가는 물줄기 옆에 수줍게 놓여 눅눅해진 종이 상자는 출국 직전까지 수령하지 못한 택배 상자였다. 그것도 전자 제품. 불운은 이렇게 연쇄적이다.

멍하니 서서 머리를 내려 친 불운의 강도를 계산하는 몇 초가 참으로 길었다. 주인집에 상황을 알리고, 철물점에 전화를 걸고, 설 연휴가 끝나는 며칠 뒤에야 교체 가능한 부속품을 구할 수 있다는 답을 듣기까지, 한참 동안 캐리어는 대문 밖에 놓여 있었다. 낯선 땅에서 낯선 언어로 대화하고 낯선 음식들을 맛보던 며칠이 그렇게 집 밖에 방치되어 있었고, 철물점의 답을 기다리며 차게 식은 방에 들어와 옷을 갈아입지도 못한 채 어정쩡하게 서서 무엇을 해야 할지 몰랐던 나 역시 내가 알던 집의 밖에 있었다. 가까스로 수도를 아예 잠그는 데 성공했고, 무사한 싱크대에서 대야로 따뜻한 물을 퍼다 날라 변기의 물을 녹였다. 운 나쁘게도 얼었던 변기를 녹이는 동안 급수 장치가 고장 나버려 남은 설 연휴는 화장실도 안녕이다. 따뜻한 샤워도, 마음 편히 배에 힘줄 수 있는 화장실도 없는 방은, 글도 말도 모르는 이국땅에 혼자 내던져진 것 이상으로 무력하게 느껴진다. 지나치다 싶을 만큼 말쑥하고 깔끔한 낯선 나라의 호텔 방에서 보낸 시간이 끝나자마자, 나는 나의 방이었던 곳, 그러나 아주 갑작스럽게 더는 편안하거나 아늑하지 않은 어떤 장소로 배정받은 것이다.

배가 고프기도 하고 아프기도 해서, 어디로 향해야 할지 몰라 대문의 잠금 장치를 달그락거리다 묘한 기시감이 든다. 정확하게 작년 이맘때, 나는 연구를 위해 고시원에 살고 있었고 일주일에 한 번씩 이 방에 들러 필요한 물품이나 옷가지를 챙기고, 빨래를 하고, 과외를 했다. 고시원에 비해 상대적으로 편안하고 안락한 방의 꼬임에 넘어가지 말아야지, 하는 결심으로 찾은 2월 초중순의 방은 냉랭히 식어 있었고 하필 그날 낡은 대문의 잠금 장치가 고장 나 방에서 빠져 나오지 못해 이틀인가 고시원에 돌아가지 못했다. 조금이나마 편해지기 위해 고시원에서 내 방으로 향했는데 그 방이 내게 따스함도 편안함도 주지 못해 발을 동동 굴렀던 그때가, 일본의 고급스런 호텔 방에서 마모되고 고장 난 내 방으로 돌아온 지금과 일 년을 사이에 두고 집요한 닮은꼴로 따라왔다. 출발점은 달랐지만 나는 내가 속한 곳을 향해 왔다. 그러나 변심한 연인처럼, 내가 속한다고 믿었던 곳은 속수무책으로 내게 책임을 떠넘기며 성을 내거나 말을 하지 않는다. 쉬어야 할 곳에서 나는 꼼짝없이 갇히거나, 아니면 어디로든 다른 곳으로 떠나야 할 신세가 된다.

1년을 살며 이곳이 내게 변치 않는 편안함을 줄 안정적인 장소라고 믿게 됐고, 그것은 집이라는 이름을 부여하는 상징적 의례로 이어졌다. 종종 나는 방 가장 안쪽에 있는 침대에 누워 불 꺼진 맞은편 구석을 보며 그 익숙함에 왠지 감격해 이 방을, 이 집을 내가 구석구석 온전히 알고 있다는 생각을 하곤 했다. 동네에서 이 집이 놓인 좌표를, 재래시장에서 대형 마트까지, 백화점에서 지하철역까지 샅샅이 내 걸음으로 걸었던 시간들을 애틋하게 떠올렸다. 이 집 역시도 그만큼 나를 알고 있을 것이다. 아, 나는 참으로 이 집을 사랑한다, 중얼거렸던 것이다. 그러나 그 사랑은 예기치 않은 때마다 위험에 처했다. 위험은 질문으로 다가왔다. 대문이 고장 나 떠날 수도 없는 집도 집인가. 화장실도 욕실도 고장 나 긴장을 풀 수 없는 집도 집인가. 바닥엔 먼지덩이가, 냉장고와 싱크대에는 썩어가는 것들이 가득한 집도 집인가. 한 달 뒤면 떠나게 될 집도 집인가. 소유하지 않은 집도 집인가. 계약조차 없이 세 들어 사는 사람에게 하나의 장소는 얼마만큼 집일 수 있는가. 어디부터 어디까지가 집인가. 나는 집에 무엇을 바라고 있나. 그것은 실은 우리가 '집'에 관해 갖는 사회적 관념과 실제로 우리 삶 속에서 특정한 장소를 집으로 해석하고 의미화하는 방식들, 그리고 그것을 해석하는 우리의 위치 변경 사이의 긴장과 경합 속에서 비롯되는 질문들이다. 그 질문들은 우리가 살아가는 장소들을 낯설게 보게 한다.

4장에서 해석한 고시원살이의 사회적 의미가, 각기 다른 위치에 놓인 사람들이 현실에서 장소를 경험하는 다종다기한 방식과 동일시될 수 없다는 관점에서 이 장이 쓰였다. 지금까지 논의한 고시원의 공간적 질서와 유령 만들기/되기를 통한 일종의 주체 형성은 여러 고시원 경험들의 유사성을 보아 논리적으로 추려낸 정태적 해석의 결과물이다. 그러나 이것만으로 사람들에게 고시원살이가 갖는 의미의 단층들을 충분히 들여다봤다고 단언하기는 어렵다. 실제로 사람들이 장소의 의미를 인지하고 이해하는 방식, 또는 장소를 감각하는 방식들은 고정된 시점이 아니라 계속해서 변화하는 시점 속에서 마련된다. 한 인류학자가 "이동 속의 주거, 주거 속의 이동"이라는 표현을 통해 적확하게 지적한 것처럼,[1] 주거의 의미는 주거 이동과의 관계 속에서 더 명료하게 획득된다. 다시 말해 고시원살이 경험은 경험하는 사람의 위치, 즉 어떤 주거와 이동의 맥락 속에 있는가에 따라 다르게 구성되며 상이한 의미를 갖게 된다.

따라서 더 복합적인 논의를 위해 필요한 것은 고시원 경험을 특정한 시점에 붙박인 정체된 것이 아니라, 한 개인의 삶 속에서 주거와 이동이 반복되는 과정 중의 결절점이자 불/연속적인 국면으로 보는 동태적 접근이다. 이것을 위해 나는 고시원살이를 '집'이라는 관념과 연결해보려 한다. '집'은 인간이 장소와 맺는 상징적인, 동시에 육화된 관계를 형상화하며, 따라서 인간의 정체성을 구축하는 과정이다. 그러나 집은 단수가 아닌 복수의 개념이다. 고시원이 그 장소에서 살아가는 사람들의 삶을 특정한 공간적 질서 아래에 배치한다고 해도, 누군가는 집이 필요해 고시원에 이르렀기 때문에 마치 어린왕자와 여우가 서로를 길들이듯 고시원과 익숙해져 그곳을 집으로 여기고, 또 다른 누군가는 끝내 고시원이 집이 될 수 없다고 판단하고 다른 집을 찾아 떠난다. 고시원이 집일 수 있을까, 라는 질문은 예 또는 아니오라는 이분적인 답변만을 가정한다. 그러나 질문을 누구에게 고시원이 어떤 집일 수 있으며 어디까지가 집인가, 로 바꾼다면 우리는 더욱 복잡한, 그래서 현실에 더 가까운 답들을 얻을 수 있지 않을까.

여기서는 고시원에 들어가고, 살며, 또 나오게 되는 일련의 과정 속에서 내가 만난 청년 세대가 고시원이라는 공간의 의미를 '집'이라는 관념과 관련해 형상화하는 몇 가지 방식들을 살펴려고 한다. 청년 세대의 실천과 전망 속에서 각축하는 집의 의미를 그려볼 것이다. 나는 고시원을 집으로 만들기도 하고, 그렇지 않게 만들기도 하는 주체의 의식과 실천, 그리고 경험의 구성체를 복잡다단한 수행performance의 양태들로 이해하려 한다.

이렇게 볼 때, 고시원은 단지 특정한 방식의 몸과 주체를 생산할 뿐 아니라, 그 주체들의 사회-공간적인 실천과 장소의 의미가 충돌하고 또 잠재적인 균열을 드러내기도 하는, 경합하는 지대가 된다는 것을 확인할 수 있을 것이다. 더 나아가 나는 고시원을 집과 집 없음 사이의 일종의 경계 지대로 위치시키면서, 한국 사회에서 '정상적'이라고 여겨지는 집, 즉 대문자 집에 대한 욕망이 어떻게 우리 내부와 곁에 일상적으로 자리하는지, 그러나 이 욕망이 어떻게 끊임없이 실패의 위협과 불안에 처하게 되는지를 우회적으로 살피려 한다.

나는 이곳에 살지만 사는 것이 아니다

일상적 대화의 상당 부분을 구성하는 것은 사소한 질문들이다. 잘 지냈어? 어디 가세요? 어제 뭐 했어? 이번에 그거 어땠어? 그 사람 어떤 사람이야? 참, 너 어디 살더라? 때로 그것들은 답을 듣기 위해서가 아니라 단지 인사치레로, 또는 상황에 필요해서, 또는 대화를 지속하기 위한 매개로 동원된다. 그러나 그중 어떤 것들은 헛바늘처럼 입안을 찔러 대답하기 어렵게 만든다. 사소한 질문들이지만, 실은 어디까지 물을 수 있고 또 어디까지 답힐 수 있는가가 질문자와 답변자 사이의 관계를 보여주는 동시에 결정하기 때문이다. 그 관계 안에서 질문과 답변의 범주와 가능한 항이 정해진다. 집에 대한 질문 역시 마찬가지다.

부끄러워요. 일단. 예를 들어서 지금 다니는 사무실에서 사람들이 '너 어디 사냐', 그럼 '신촌', 땡이에요. 더 얘기 안 해요. 그리고 어쨌거나 비즈니스적으로 만나는 사람들이니까 사람들도 더는 안 물어봐요. '혼자 살아?', '네.' 그러면 거기까지. 그리고 '자취해?'라고 물어보면, '자취해?'라는 말에는 되게 여러 가지 의미가 들어 있는데. 그것이 그 사람들이 물어볼 때는 아, 혼자서 방을 임대하여 거기서 니가 각종 취사와 빨래와 이런 것들을 하면서 사느냐, 아니면 너를 위해서 그런 서비스를 해주는 사람이 있거나 뭐 그런 것이냐, 라고 물어보는 걸 수도 있고. 아니면 자취라는 것이 생활의 형태가 아니라 주거의 형태에 대해서 물어보는 걸 수도 있잖아요. 예를 들어 뭐, 고시원에 살고 있냐 아니면 원룸에 살고 있냐, 기숙사에 살고 있냐, 이런 거에 대한 걸 수도 있잖아요. 근데 저는 이거에 대한 가능성을 아예 봉쇄하고, '아냐 이건 아닐 거야, 내가 어떻게 내 생활을 영위하고 있는가에 대한 물음일거야'라고 그냥 모른 척하고 외면하고 '아, 네, 자취해요'라고 대답을 하면서, 뭔가 이것도 거짓말을 하는 것도 아니고 안 하는 것도 아니고 그런 기분이 들죠. 그래서 고시원에 살고 있다고 하면 좀 뭔가……우울하게 보일 거 같고. 고시원과 우울은 굉장히 밀접한 단어인 거 같고, 우울한 사람으로 보이면 난 불리할 거 같고. 그래서 정말로 친밀하게 마음을 터놓을 수 있는 사람들에게는 제가 고시원에 살고 있다는 것을 얘기할 수 있죠. 친구들이라든지, 그냥 비즈니스적으로 만나는 게 아닌 사람들한테는. …… 친구들이 놀다가 저를 집까지 바래다 줄 때가 있잖아요. 그런데 제가 고시원에 산다는 것을 모르고 있던 상황에서 저를 집까지 데려다 준다고 할 때는 완전 당황스러운 거죠. 이건 마치……신데렐라가 왕자님이 데려다 준다고 하는데……뭐 가보니까 이상한……마차가 호박으로 변하고 약간 이런 거죠. 그래서 그럴 때 되게 당황스럽고, 그 상황을 피하고 싶지만 그렇다고 피하는 거 자체가 더 싫어서 그냥 그 상황을 덤덤히 맞이하지만 덤덤히 맞이하는 가운데 여전히 부끄러움이 있어요. 그래서 제가 고시원에 산다는 거를 밝히고 난 다음에는 설명을 더 하고 싶어요. 내가 왜 여기에 사는 것인지. '다른 사람들이 고시원에 사는 그런 이유하고는, 나는 달라. 나는 내 주거가 앞으로 어떻게 변동될지 확신이 없어서 여기 들어온 거고, 그리고 나는 학교에서 가까이 사는 것이 필요했기 때문에 임시적인 주거가 필요해서 들어온 거였어'라는 이 얘기를 너무나 하고 싶은데, 또 그 얘기를 하는 게 더 이상하잖아? 그래서, '네'라고 대답을 하고 나서, 아니면 '고시원에 살아요'라고 대답을 하고 나서 되게 아주, 불편한 침묵을 몇 초 정도 견뎌요. '말하고 싶어, 말하고 싶어, 말하고 싶어.' (웃음) 그렇지만 말 못하고……그래서 음……가장 최악의 순간은……저는 원래 친구가 집까지 바래다 주면은 '집에 들어와라, 차 한 잔 하고 가라' 이래서 차를 우려 가지고 한 잔 대접하고 이런 거 되게 좋아하는데, 친구가 들어올 수 없으니까. 딱 제일 1층 현관에서부터 '외부인 절대 출입금지'라고 빨간 글씨로 써놓고, 되게 우울해지는 거죠. 저도 그 글씨를 보고, 친구들도 그 글씨를 보면서 멈칫, 마음속으로 어느 정도 아주 티끌만큼이라도 그런 게 있을 거고. …… **고시원에 사는 지금이, 본인의 지금 삶에서 어떤 시기인 거 같아요? 어……** (침묵) 극한의 시기? (고개를 끄덕임) 그런 거예요. 제가 견딜 수 있는 가장……마지막 선까지 왔다……그런 생각이 들고. 그런데 이 상태에서 내가 견디면, 니는 더 발전할 수 있고 이걸 못 견디면 정말로 안 좋아진다……그런 생각 있죠. 뭔 소리냐면, 음……고시원에서 제가 지금, 유학을 준비하고 있고, 플랜 A가 유학이고 플랜 B는 한국에 있는 대학원 입학이에요. 그래서……그 어떤 것을 하더라도 거기에는 성실한 노력이 필요한데 그걸 고시원 살면서도 해낼 수 있으면 여기서 벗어날 수 있는 거고……근데 그게 너무나 어렵죠. 왜냐하면 일단 집에 오면 너무 우울하니까. 집에, 예를 들어 퇴근을 하고 집에 와서 옷을 갈아입고 도서관에 가서 공부를 좀 하거나 아니면 집에서라도 공부를 해야 되는데 일단 집에 오면 너무 우울하니까 공부를 안 하게 되는 거예요. 그런 거를 스스로 컨트롤할 수 있어야 되는데. 그거를, 네, 만약에 못하게 되면 이거보다 더 최악의 상황으로 가야 되는……그래서 교차점에 있는 거 같아요. 나는 이 생활을 내가 견딜 수 있고 이길 수 있으면 여기서 탁 치고 나가서 수영장 수면을 이렇게 확 치고 올라갈 텐데, 그걸 못 하면 진짜 안 좋아지겠구나. 실제로는 그렇지 않을 수도 있는데 좀 스스로에게 영웅, 영웅적인 어떤 것을 바라게 돼요. 어떻게 놓고 보면 되게 괜찮은 시기일 수도 있는데……어쨌든 그래요. (웃음) **영현, 27세, 사무직**

고시원에 살기 시작하면서 어디에 사느냐는 질문은 영현을 껄끄럽게 만드는 질문이 되었다. 강남에 있는 원룸에 살 때는, 아니 적어도 대학 다니며 친구와 함께 살았던 낡은 아파트에 살 때도 이 질문이 이렇게 불편하진 않았다. 불편한 질문에 대응하는 법, 관계에 따라 답변을 달리할 것. 직장 동료들이 던진 물음에는 주거 지역(신촌), 주거 방식(자취) 등의 중립적인 언어로 답하며 주거 형태(고시원)를 감춘다. 성과로 경쟁하는 시대에 친하지두 않은 동료들에게 고시원에 산다는 이유로 얕보일 필요는 없다. 영현에게 고시원에 산다는 것은 얕보일 만한 일이고, 그래서 부끄러운 일이다. 그 얕잡아보는 시선은 고시원을 화재 사고나 성범죄 등의 출처인 위험한 곳 또는 집값을 떨어뜨리는 요인 등으로 형상화하는 사회적 시선[2]이며, 왜 그런 데 사느냐는 부모나 친구들의 걱정 섞인 시선이다. 또한 동시에 영현 자신이 내면화한 것이기도 하다. 고시원에 사는 사람은 주로 위험하고 가난하며 따라서 우울하기까지 한, 가까이 해선 안 될 사람들이라는. 비록 이 고시원 저 고시원을 옮겨 다니긴 하지만 결국 고시원에 살 법한 사람들이라는. 그래서 영현은 "다른 사람들이 고시원에 사는 그런 이유하고는, 나는 달라"라고 이야기하고 싶다. 그러나 어디에 사느냐는 가벼운 질문에 그런 구구절절한 대답을 하는 것도 왠지 우스워 그저 상황을 참거나 넘기는 수밖에 없다.

친한 사이에서도 고시원에 산다는 대답은 불편한 침묵을 가져온다. 영현은 자신의 집에 사람들을 초대해 차를 마시고 담소를 나누는 일을 즐겨 해왔고, 그것이 집이 갖춰야 할 중요한 요건 중 하나라고 여긴다. 그러나 고시원은 쉽사리 친구들을 초대할 수 없는 장소다. 열두 시가 넘으면 마차가 호박으로, 우아한 드레스가 남루한 재투성이 옷으로 변하는 신데렐라처럼, 영현의 학력이나 직장의 매끈함은 집 앞의 '외부인 절대 출입금지'라는 고시원의 경고 메시지 앞에서 울퉁불퉁한 표면을 드러낸다. 영현이 드는 신데렐라의 비유는 중요한데, 그것은 이것이 변신의 함의를 담고 있기 때문이다. 서울에 있는 대학을 나와 그럴싸한 직장에 정규직으로 취업한 영현이 '신촌'에서 '자취'를 한다고 할 때, 대개의 사람들이 떠올리는 집 이미지는 원룸이다. 집은 계급이 형상화되는 장소이기 때문이다. 영현 역시 그것을 알기에 '신촌'에서 '자취'를 한다고 답한다. 이 답변은 의도치 않은 변신이다. 또는 패싱^{passing}*이다. 그러나 이 변신은 고시원이라는 집 앞의 진실 앞에서 벗겨지는 얇은 외피를 가졌다. 집 밖의 일시적인 변신은 가능하지만, 어떤 변신도 영속적일 수는 없다. 집을 바꾸지 않는 한 진

---

* 패싱은 미국 사회에서 극심한 인종 차별에 노출된 혼혈(흑)인이 자신의 인종적 정체성을 속이고 백인으로 행세하는 전략을 말한다.

실의 자리는 언제나 고시원이 차지할 것이다.

그래서 영현에게 고시원은 감추고 싶지만 자꾸만 드러나는 재투성이 드레스의 얼룩 같은 불편한 진실이다. 고시원에 살고 있는 지금이 극한의 시기라든지 견딜 수 있는 한계선이라는 영현의 표현은 다른 사람들에 비해 그렇게 극단적인 편이 아니다. 내가 만난 사람들 중 대다수가 고시원을, 그리고 고시원에 살던 시기를 대단히 부정적인 방식으로 묘사한다.

저한테요? 어…… (침묵) 삽질하던 시기? (웃음) **예은, 29세, 전문직**

호흡 곤란의 시기? (침묵) 군대가 감옥이라고 했지만 그건 국가에 의한 강제적 시기였구요. 고시원은 제가 여태까지 살면서 제일 가난했던 때였어요. 제일 가난했던 때였고, 공간적으로도. 군대가 더 싫었는데, 군대 제외하면 제일……살기 힘들었고 불편했고, (침묵) 거기는 공간적으로 감옥 같은 공간이죠. 국가에 의한 강제는 아니지만, 경제적 원리 때문에 살 수밖에 없는, 공간적으로 감옥이랑 가장 비슷한 주거 공간. 감옥은 안 가봤지만, 크기가 독방 크기잖아요. (웃음) **명한, 27세, 창작직**

방황……방황하던 시기……라고 해야 하나. 뭔가 아무것도 없었던 느낌이고, 그냥 거기서 생활하면서, 생활한 거 자체가 저한테 아무런 플러스 요인이 없었던 거 같구요. 항상 '나가야겠다', 그 생각만 했으니까, 벗어나고 싶고 잊고 싶은, 그런 느낌이에요. 그게 그러니까 내 인생에서 그냥 통째로 들어내고 싶은 느낌. 거기서 진짜 나한테 아무 것도……나한테 미안해요, 제가. 나를 너무, 내가 나를 너무 혹사시킨 건 아닌가 싶어서. 밖에 나가서 다양하게 활동도 하고 그렇게 해줘야 되는데 내가 그 공간에 있음으로써 너무 아무 것도 못했던 건 아닌가 그런 생각이 들어가지고 미안해요 나한테. …… 그냥, 잠깐 머물러 가는 곳이죠. 아무 것도 아닌 거 같아요. 내가 갈 곳이 아무 곳도 없을 때, 갈 곳이 없을 때 최후로 찾게 되는 공간. 갈 만한 공간이 없을 때. 내가 원해서 간 곳은 아니었고, 어떻게 하다 보니까 떠밀려서 간 거니까 어떻게 보면. 가고 싶지 않지만, 그냥. 쓴 약. 약이라고 해야 하나? 매를 맞는 심정도 아니고. (웃음) 참 피하고 싶은 곳이죠. 이젠 절대 안 가고 싶은 곳. (웃음) **기석, 29세, 사무직**

공간에 대한 기억은 늘 특정한 시간대와 결부된다. 이제 고시원에서 떠나와 주거 형태상으로는 더 '나은' 공간에서 살고 있는 사람들 대부분이 고시원에 살던 때를 추억하기보다는 고통으로 환기하거나, 무의미한 시간으로 환치한다. 고시원 공간의 시간성을 정체된 시간성이라고 말할 수 있다면, 흥미롭게도 고시원에서 살았던 많은 사람들은 그 기간을 자신의 삶에서 정체되고 부재한 시간으로 이야기한다. 경제적 조건이라는 현실이 강제했고, 의미 있거나 생산적인 어떤 생각이나 활동도 할 수 없었던 인간으로서의 최전선. 이제 다시는 돌아가고 싶지 않고 잊고 싶은, "내 인생에서 통째로 들어내고 싶은", 질문돼서는 안 될 과거. 그 '과거'를 현재로 살고 있는 영현에게 고시원은 어서 과거가 되어야 할 무엇이다. 수면을 치고 크게 점프해서 이 바닥 같은 생활을 벗어나자, 어서. 현재 고시원에 살고 있는 사람들은 대부분 고시원에서 떠난다, 벗어난다는 표현을 여러 차례 강조했다. 고시원 없는 미래를 확보해야만 실제로 자신의 삶에 정지한 시간이 작동할 것인 양, 미래가 올 것인 양. 현재 자신의 삶 속에서 흐르지 않는 모든 것들이 다 고시원으로 인한 것인 양.

그래서 고시원은 결코 '집'일 수 없다.

집이라는 느낌은 없어요, 고시원은. 잠자는 곳? **상태, 28세, 취업 준비**

힘든 거 같아요. 살아도, 그걸 집이라고 할 수가 없어요. 꾸밀 수도 없지, 짐을 놔둘 수 있는 것도 없지. 집이라면 최소한……뭐라고 해야 되지. 자기 공간이라고 느낄 수 있는 게 있어야 되는데 그 공간은 그냥 잠자는 곳이지…… **규태, 26세, 창작직**

아니요. 지금도 그런데, 그러니까 일부러 저는 여기가 집이 아니라고 생각했어요. 누가 '너 지금 어딨어?' 이러면 집에 있다는 표현을 일부러 피했어요. '방에 있어', '고시원에 있어', 피했어요 일부러. 여기가 잠깐 살 곳이라고 제가 생각했던 거죠. 오래 살 곳은……오래 살려고 계획도 하지 않았고. 지금 생각해보면 그러고 싶지도 않았던 거 같고. **정훈, 31세, 사무직**

'집'이라는 명명은 공간과 주체 사이의 일종의 관계 규정이다. 미세한 감정의 교류 상태가 '사귄다' 또는 '연인이다'라는 선언을 통해 더 책임 있는 관계로 변화하듯, 집이라는 명명 역시 공간과 주체 사이의 관계를 재정의하는 일종의 자기 충족적 선언이다. 나는 이곳에 산다, 나는 이곳에 속한 사람이다, 라고 말이다. 그러나 지금의 주거 공간에 소속감을 느끼지 않는 사람들은, 마치 빙빙 돌려가며 끝내 사랑한다는 표현만은 아끼는 치졸한 연인처럼 그 주거 공간에 집이라는 이름을 부여하지 않는다. 이들에게 고시원은 집이라는 따스하고 편안한, 내가 살 법한 그런 공간이 아니다. 나는 여기에 오래 머물지도 않을 것이며 곧 떠날 것이니까, 이곳은 내가 잠을 자는 곳일 뿐 그 이하일 수는 있어도 이상은 아니다. 이들에게 고시원은 그저 '방'이다. 집은 방(들) 뿐 아니라 주방, 욕실 등의 형태적 구성

요소를 온전히 갖춘, 그리하여 마땅히 내가 살 법한 그런 공간에나 애틋하게 붙여줄 이름이지 고시원 같은 하잘 것 없는 공간, 고여 있는 공간에 마땅하지 않다. 그래서 많은 사람들의 고시원살이를 한 마디로 축약하자면 '나는 이곳에 살지만 사는 것이 아니다'라는 역설일 것이다.

"내가 언제 또 이런 데서 살아보겠냐"

고시원을 비극적이고 절망적인 현실로 해석하는 것만큼이나, 흥미진진하고 재미난 경험으로 받아들이는 것 역시 고시원을 집이 아니게 만드는 방식들 가운데 하나다.

캠프 같은 그런 장소랑 비슷했던 거 같은데. 음, 여행지? 여행지의 유스호스텔 느낌. 난 여행 가면은 제일 먼저 하는 일이 내가 묵어야 될 장소를 정하는 건데, 물론 다들 그렇겠지만, 호텔에 들어가서, 아니면 유스호스텔에 들어가서 거기다가 짐을 풀어놓고 하는 작업이 나한테는, 나의 거점을 만들고 이걸 당분간 나의 집처럼 여긴다, 라는 그런 게 있는데. 거기도 그거랑 되게 비슷한 느낌이었던 것 같고. 당분간 내가 여기서 여기를 돌아디니는 데 잠시 머물 수 있는 정박점, 으로 생각하게 되는. 돌아올 수 있는, 짐을 풀어놓을 수 있는 장소, 라고 생각했고. 그래서 여기가 딱히 나에게 완벽하게 핏[fit]하거나 최대한 편안하지 않은 장소여도 상관없다고 여겼던 거 같애. 그니까, 여기를 내가 돌아보는 데에 조금 편리한 장소면 족하지, 내가 여기서 굳이 뭐 너무너무 좋은 침대와 너무너무 넓은 장소와 뜨거운 물이 콸콸 나오는 그런 욕조와 그런 걸 바라지는 않았던 것 같고. 그냥 '이런 재밌는 경험이 또 하나 있네?' 그냥 그런 정도로 가볍게 생각했던 거 같애. 정말 그 밑에 깔려 있는 거는, '여행 중이니까, 우리 집이 아니니까, 거주하고 있으나 진짜 거주지가 아니니까'라는 게 아마 그 뒤에 깔려 있었겠지. 여행하는 사람의 마인드. …… 유스호스텔이 나한테 오히려 더 집 같았어. 나한테 멀리 떨어져 있는 장소에 유일하게 나한테 안식처가 될 수 있는 되게 중요한 공간이라고 생각이 들었어. 나는 여행을 가면은, '아, 집에 돌아가야지'라고 하면서 그 집[숙소]을 정말 떠올리기도 해. 유스호스텔을 나의 집으로, 호텔을 나의 집처럼 생각했나 봐. 작년에 친구들이랑 같이 도쿄 갔을 때도 호텔을 3박 4일 동안 밖에 안 있었는데 '집으로 돌아간다'라는 표현을 되게 많이 썼었거든. 근데, 고시원은……집이라고 얘기, 도 안 들었고 집이라고 별로 생각도 안 했던 거 같애. 오히려 감정적으로는 유스호스텔을 훨씬 나의 집처럼 생각했어. 멀리 떨어져 있는 데서 유일하게 나에게 안식처가 될 수 있는 장소였다면, 여긴 어차피 내가 사는 동네고, 사는 나라고, 여기서 그냥 한 번 자는데, 그런 차이? …… 나한테는 되게 재밌었던 기억 내지는 추억 정도고. 음……단편적인, 단편적이라기엔 좀 애매하지만 그냥 나한테는 일부를 구성할 수 있는 경험……은 되는 거 같애. 그게 되게 절대적인, 나를 구성하고 있는 필수적인 거라기보다는 '난 한 번 거기 살아봤다'라는 거에 대한 느낌이 그냥 계속 존재하고 있고. 고시원을 떠올릴 때마다 '내가 저기 살았었지' 이런 생각도 들고. 그담에 정말 그 추위에 대한 기억이 (웃음) 되게 살을 에이는 그것도 있어. 추울 때 아무리 추워도 고시원에서, 그 바닥에서 오돌오돌 떨면서 잤던 거 생각하면 '그래 이건 추운 것도 아니지' 라는 생각도 들면서, 또 안도하기도 하고. 그냥, 되게 재

있었어. '내가 또 앞으로 이렇게 살 기회가 그렇게 많이 있을까?'라는 생각을 하기도 하고. 아마 비슷하게는 내 친구가 영국에 살 때였는데, 걔가 되게 안 좋은 집에 살았었어 처음에. 돈이 없으니까. 그런데 발밑으로 쥐가 지나가는 거야. 쥐가, 정말 발을, 발 위를 뛰어다니는 그런 얘기를 막 하면서 자기가 처음엔 너무 놀랍고 무섭고 막 이래서 엄마한테 전화를 해서 얘길 했는데 어머니가 이렇게 얘길 했대. '니가 언제 또 쥐가 니 발 위를 뛰어 다니는 집에서 살 수 있겠니'라는 얘길 했을 때, 나는 이제 그 얘기를 들으면서 내가 고시원에 살았을 때 생각이 퍼뜩 났거든. '아, 내가 언제 또 이런 데서 살아보겠냐. 그것도 되게 재밌는 일이네.' 그렇게 생각했던…… 미영, 27세, 취업 준비

　

명한이 고시원을 군대나 감옥에 비유하는 것과 달리, 미영은 고시원을 낯선 모험과 다소간의 극기가 있는 여행의 이미지로 유비한다. 편도한 시간 반의 통학 시간을 줄이기 위해 비록 서울에 집이 있지만 고시원에 살게 된 미영에게 그곳은, 고시원이 있는 학교 근처라는 여행지를 둘러보고 즐기기 위한 임시적인 거처였다. 취업 준비라는 명목으로 고시원에 살게 됐지만, 막상 그 시기에 친구들과 어울려 논 기억들이 선명하다. 여행지의 유스호스텔이 그렇듯, 비록 가구나 시설도 마뜩찮고 낯모르는 사람들과 공동 생활도 감수해야 하지만 결국 그것도 여행에서 겪는 나름의 경험이다. 실은 극기가 불어넣는 긴장이 여행의 즐거움을 더욱더 극대화하지 않던가. 중요한 것은 여행지의 숙소를 진짜 집으로 착각하지 않는 것이다. 언제고 다른 장소로 이동할 수 있게 짐을 완전히 풀어서는 안 되며, 화장품이나 세면 용품은 샘플로도 족하다. 사용하는 물건들의 본품은 집에 있어야 하지 여행지에까지 가지고 올 필요는 없는 것이다.

태어날 때부터 이미 해외여행 자율화 덕분에 여권이 특권층의 소유물이 아니게 된 시대에 자란 사람들에게, 낯설고 불편한 장소는 단지 가난이나 억압만을 함의하지 않는다. 어학연수와 해외 봉사 활동이 대학의 통과 의례가 된 2000년대의 대학생들에게 고시원은 비록 힘들지만 나름의 추억과 배움이 있는 경험의 컬렉션 중 하나이다. 이를테면 대기업 입사를 위한 자기소개서의 경력 란에는 쓸 수는 없지만, 적어도 '가장 힘들었던 일'이라든지 '힘든 일을 극복한 사례'의 예시로는 쓰일 수 있는, 그럴싸한 스펙으로 포장될 수 있는 경험이다. 여기에서 방점은 경험 그 자체가 아니라 경험을 의미 있는 것으로 수집하는 태도에 놓인다. 고시원에서 가난이나 불편, 어려움을 경험했다는 것은 자조적인 안주거리는 될 수 있어도 스펙이 될 수는 없다. "앞으로 이렇게 살 기회"가 그리 많지 않을 것이라는, "내가 언제 또 이런 데서 살아보겠냐"는 자신감이 고시원에서의 생활을 (감옥이 아닌) 여행의 서사로 변환한다. 그런 자신감이 있을 때만 이런저런 땅을 밟고 이런저런 다른 문화를 경험했다는 이야기의 연속선상에서, 고시원 역시 나는 그런 데서도 살아봤다고 이야기할 수 있는 쓸 만한 문화자본이 될 수 있다.

지구화 시대라 불리는 요즘, 여행에 관한 수많은 블로그들과 에세이들이 여행의 경험담을 늘어놓지만 그것은 여전히 보편적인 욕망이나 경험이 아니다.[3] 오히려 누구나 경계를 횡단하는 유목적 주체가 될 수 있는 건 아니라는 사실이 중요하다. 우리는 여행을 가능케 하는 것이 역설적으로 '집'의 존재라는 것을 떠올리게 된다. 한 문화이론가가 유럽의 여행 담론을 통해 분석하듯, 여행은 그것이 끝나고 주체가 돌아와야 하는 회귀의 공간이자, 여행에서 만난 타자에 관해 쓸 수 있는 주체 구성의 공간인 집을 반드시 필요로 한다.[4] 따라서 여행은 언제나 이국적인 풍경이나 낯선 타자에 관해서보다 그것을 경험하고 보는 주체에 관해 우리에게 더 많은 것을 말해준다.

　　미영 스스로도 분석하건대, 고시원이라는 여행은 돌아갈 수 있는 "진짜 거주지", 즉 서울에 있는 부모의 집이 있기 때문에 가능했다. 부모의 서울 집은 미영의 여행에 안정성을 부여하는 일종의 안전장치 같은 것이다. 미영은 애초에 고시원이 아니면 안 될 경제적 절박함으로 그곳에 살게 된 것이 아니다. 미영에게는 부모 명의의 아파트가 서울에 있고, 그 아파트는 아버지가 다른 지역으로 발령받는다면 곧 미영의 차지가 될지도 모른다. 다시 말해 미영은 고시원이라는 공간이나 범주에 계급적으로 속하지 않은 중산층 가족의 일원이다. 돌아갈 곳, 소유할 집이 있는 미영에게서는 계급적인 몰락이나 오염에 대한 공포에 질린 낯빛을 확인하기 어렵다. 고시원살이 경험을 부재한 시간성으로 집요하게 털어내는 것이 아니라, 오히려 유의미한 경험으로 표표히 전유해내는 여행 담론의 조건은 집의 소유다. 그러나 돌아갈 집이 없는 사람들에게 고시원은 결코 여행일 수 없다. 낯선 세계와 이질적인 만남을 향유하는 여행자의 태도가, 고시원이 낯설지 않은 삶의 조건인 사람들에게는 불가능하기 때문이다.

"여기 말고 서울에서 집이라고 부를 만한 데가 있나?"

　　대개의 경우 고시원은 백 퍼센트 부정할 수 있는 악몽도 마음 편히 전유할 수 있는 낯선 모험도 아닌, 착잡함과 초조함이 반씩 섞인 현실이다. 부정돼야 할 공간이자 시간인 고시원에서 산다는 것, 살아가야 한다는 것 그 자체가 갈등을 불러일으킨다. 당장 살아야 할 공간이기 때문에 집으로 인정하고 받아들일 수밖에 없지만, 다른 한편으로는 어서 이곳을 떠나지 않으면 안 되기 때문에 고시원을 끝내 '진짜 집'으로 인정하지 않는 모순이 반복된다. 삶의 조건과 그 삶을 부정하고픈 욕망 사이에서 서성이는 이야기들을 들어보자.

나의 입장에서는 아빠나……나하고 가장 갈등을 일으키는 사람하고 분리하고 싶어서 나온 거라고 할 수 있지. 그니까 예를 들면 뭐 '나가라', 이러는데 안 나갈 수도 있는 거였잖아. 뭐 개기고 계속……'난 돈이 없으니까 여기서 아빠한테 개기고 붙어 살아야겠다'라고 생각할 수도 있었거든? 그전엔 계속 그렇게 살았는데. 어쨌든 되게 큰 계기가 있었기 때문에 그 사람하고 분리하고 싶어서 나왔어. 그래서 그때, 어떤 거는 있었냐면은, 그니까 내가 스탠드를 하나 갖고 나왔거든. 집에서 쓰던 스탠드하고, 노트북……아니, 컴퓨터. 노트북이 없어가지고 낑낑대면서 데스크톱을 갖고 나왔었어. 데스크톱을 갖고 나오고, 이불하고. 첫 날 둘째 날 기억나는 게 인터넷이랑 이렇게 연결해서……싸이월드 하고. 근데 아, (박수치며) 그게 되게 좋았다? 되게 좋았어, 처음에는 들어왔을 때. 나 혼자 있는 공간에, 물론 막 시끄럽게 들리긴 하는데, 안정……안정적인 공간인거지. 누가 나한테 공격을 하거나 이럴 수 없는 공간이잖아. 그니끼, 물론 그건 나중에 뭐 저런……미친놈들 같은 (오음) 뭐 사각 팬디 입은 아저씨가 날 공격할 수도 있다는 생각은 나중에 들었던 거고. 그때 당시에는 되게, 안정적이었지. 근데 여기서 계속 살아야겠다거나 뿌듯하다거나 이런 건 없었는데, 그냥 되게 아늑했던 거 같애. 그때 기억나는 거는, 스탠드를 켜놓고, 거기는 불을 되게 켜두기 싫더라구. 내가 거기 있다는 거 같애서 되게 싫었거든. 그니까, 가능한 한 스탠드를 켜거나 불을 안 켰어, 거기서는. 왜냐면 빛이 새 나가잖아. 내가 거기 있는 걸 사람들이 알게 되잖아. 근데 그게 싫더라고 이상하게. 그래서 스탠드를 켜놓고 커피를 마시면서 앉아서 컴퓨터를 하는데 되게 아늑한거야. 되게 조그맣긴 하지만 이렇게 나를 사방이 완전 둘러싸고 있거든, 진짜로. 여기 이렇게 침대 끝에 앉아서 컴퓨터를 할 수 있는 그거밖에 없는 상황인데. 그니까 그때 처음에 되게 아늑하다는⋯⋯생각이 들었어. 근데 창문이 없으니까 일단 옮겨가야겠다, 진짜 돈을 모아서 꼭 창문이 있는 데로 옮겨가야겠다, 라고 생각했었고. 그때는 되게 어렸었던 거 같기도 하고, 돈이 없어서 그랬던 거 같기도 하고. 원래 돈이 있었으면 처음부터 월셋방 구했겠지. 보증금 있는 월셋방 구했겠지. 근데 그때 당시에는, '아 내가 돈을 모아가지고 집을 구해야 되겠다', 이런 계획은 없었어. 그리고 내가 집을 그때 나온 건 생각하면 난 내가 어떤 성격인지 알기 때문에 한 번 아니면 그냥 아닌⋯⋯성격이어서 다시 집에 들어갈 거라는 기대는 안 하긴 했지만. 그럼에도 불구하고 막 집에 대한⋯⋯내가 뭐 돈을 모아서 월세로 옮겨 가지고 또 돈을 모아 가지고 전세로 옮겨가고, 이런 계획은 전혀 없었거든. 그때 나온 당시에는 창문이 있는 방으로 옮겨가는 그 생각만 했었지. 그게, 어쨌든 분리⋯⋯어쨌든 그 주변을 신경 쓰지 않을 수 있는⋯⋯공간이 사실 처음, 처음인 거지 뭐. 아빠랑 다른 방을 쓰기 시작했어, 중학교 2학년 때부터. 그 사람이랑 다른 방을 쓰기 시작했지만 그때도 집이 되게 쪼끄맸기 때문에 거의 아빠 방하고 내 방하고 붙어 있었거든. 내가 뭐 하는지 다 보고⋯⋯내가 그걸 되게 싫어했어. 그리고 방에 불 켜는 걸 별로 안 좋아했어, 어렸을 때. 스탠드를 항상 썼어. 애기 때부터. 초등학교 때부터. 왜냐면은 한 방에 있는데 내가 숙제를 하고 이래야 되잖아. 그런데 아빠는 자야 되는 거야. 밤에 일을 하고, 낮에 자. 일해야 되니까. 그니까 약간 반지하기 때문에 불을 켜야 되잖아. 근데 불을 켤 수가 없는 거지. 그니까 어렸을 때부터 스탠드 쓰는 걸 했어 가지고. 그러면, 스탠드 쓰면 되게 아늑한 분위기……그때 그 반지하도 방이 되게 컸기 때문에 구석탱이에 내 책상이 있어서 아빠는 저~기 자고 있어서 스탠드를 켠 요기만 비춰주는 게 되게 기분이 좋았나 봐. 인상적이었던 거 같애 어렸을 때는. 각인돼 있었던 거 같애. 그게 인제……고시원 갔을 때도 아무래도, 어쨌든 시끌시끌해도 나를 볼 수 없는……그렇게……내가 있는 상황? 그때 어쨌든 상황이 그래서 그랬던 거 같애. 그럴 수도 있고 잘 모르겠네. 하여튼 그거 때문에 처음 나왔을 때는 되게 막 뿌듯했어. (웃음) '아 내가 나왔구나, 내 공간이 생겼구나' 이런……. 지언, 29세, 대학원생

흔히 고시원에 관한 많은 이야기들이 불편함과 답답함으로 시작하고 끝나는 것과 달리, 지언은 고시원의 좁고 어두운 방에서 느꼈던 아늑함을 상세히 묘사했다. 아버지와 불화가 있어 집을 나오게 된 지언이 기거할 수 있는 거의 유일한 곳은 학교 앞 13만 원 짜리 고시원 방이었다. 방의 중앙을 기둥이 통과하는 방, 책상에 앉으려면 침대를 가로질러야 하는 방, 창문 하나 없는 얄궂은 방이지만 지언은 그곳에서 보낸 첫째 날과 둘째 날을 포근함으로 기억하고 있다. 왜, 어둠과 침묵이 주는 포근함이 있지 않은가. 물론 지언이 느낀 편안함과 안정감은 지언의 방살이 역사에서 온다. 가난한 부모 밑에서 자라며 전국의 친척 집을 전전하며 맡겨지다가, 결국 부모가 이혼한 뒤 이런저런 일용직을 전전하는 아버지, 가족에 마음을 붙이지 못하는 언니와 함께 주로 반지하방에서 살아야 했던 지언에게 자기만의 방은 가진 적도 상상한 적도 없는 무엇이었다. 때론 단칸방에서

아버지와 언니를 포함한 세 명이서 자기도 하고, 두 칸짜리 방을 얻었을 때엔 아버지 방과 자매의 방이 나뉘었지만 방을 관통하는 아버지의 시선은 공간이 분리돼 있다는 느낌을 준 적이 없었다.

원래 살던 집에서 이불과 스탠드, 컴퓨터만 챙겨 나온 지언은 고시원에서 그 이불을 둘러쓰고 커피를 홀짝이며 스탠드 아래에서 컴퓨터를 하던 때를 회고하며 조금쯤은 목이 메는 목소리로 좋았다, 라고 이야기했다. 누구도 나를 볼 수 없고, 나도 다른 누구를 신경 쓰지 않아도 좋은, 비록 휴게실이나 주변 방에서 이런저런 소리가 들려오긴 하지만 내가 그들에게 그렇듯 그들도 나에게 익명적 존재이기 때문에 아무래도 괜찮은. 스탠드는 방 전체가 아니라 지언이 있는 한 아름의 구석 공간만을 비춘다. 마치 아버지의 잠을 깨우지 않고서 혼자 연필을 사각이며 공부를 했던 어린 시절처럼, 그 둥근 빛만이 지언에게 간섭받거나 부딪뜨리지 않는 온전한 나만의 공간을 제공해줬다. "내 공간이 생겼구나"라는 지언의 뿌듯함은 폭력이나 위험의 가능성이 없는 안전한 사적 공간을 생애 처음으로, 그것도 미약하지만 자력으로 마련했다는 데서 왔다. 비록 곧 고시원에서 사는 타인들의 존재 때문에 그 안전함은 위험에 처하지만, 그럼에도 불구하고 잠시 동안 지언에게 고시원은 떠나온 가족의 반지하방보다 더 편안하고 안전한 집이었다.

지언은 고시원이 기존에 가진 부정적인 사회적 의미에 완전히 침윤되지 않으면서, 고시원이리는 공간과 자신의 삶을 연결시키며 공간에 새로운 의미를 부여한다. 이처럼 특정한 장소에 새로운 의미와 서사, 그리고 정체성을 부여하는 일상적인 실천을 한 문화이론가는 재영토화reterritorialization라고 불렀다.[5] 특히 집이라는 논의의 맥락에서, 나는 이런 실천을 집 만들기making home이자, 집 수행하기doing home라고 부르려 한다. 집의 의미는 곧 그 장소에서 살아가며 정체성을 구성해가는 사람들의 일상적 경험 속에서 구축된다.[6] 집은 공간과 사람들이 맺는 일종의 관계의 형식이다. 어떤 장소가 원래부터 누군가에게 집일 수는 없다. 특정한 경험과 의미 부여의 반복과 축적 속에서 어떤 장소는 누군가에게 집이 '된다'. 지언에게 아버지를 따라 거쳐온 무수한 방들은 비록 집은 집이되, 내 공간을 제공해주지 않았기에 충분한 집이 아니었다. 오히려 사회적으로는 집의 기준에 미달하는 가장 값싼 방, 고시원의 방이 지언에게 잠시나마 집이 되어주었다.

특정한 장소를 집으로 만들고, 수행하는 실천은 그러나 결코 고정되거나 통합적인 방식으로 이루어지지 않는다. 특히 그것이 고시원처럼 사회적으로 부정적인 시선을 받는 공간일 때, 집 만들기 또는 집 수행하기는 대단히 분열적인 경험이 된다.

처음에는 그냥 임시 거처이고 여기는……나는 곧 외국에 나갈 거고, 그래서 여기에는 별로 정을 주지 말아야지, 왜냐면 어떤 공간이든지 한 번 가게 되면 그 공간에 너무 정을 많이 주니까 떠날 때 너무 우울하고 그러니까 이제는 그러지 말아야지, 이러는데 또 역시 살다 보니까 정이 드는 거예요. 아, 고시원이 싫어도 그 공간에 정이 들고. 그렇게 만든 최대 실수가. 제가 형광등을 되게 싫어하거든요. 특히 주황색, 하얀색 형광등 밑에 있으면 되게 좀 기분이 나빠서……그래서 백열등을 거기다가 이렇게, 되게 간단하게 해서 설치를 했어요, 백열등을 벽에다기. 그걸 켜놓으면 이제 방이 훨씬 더 좀, 저는 기분이 더 좋아져서. 이제 그 백열등을 설치한 것 때문에 그 방에 너무……집착이 심해진 거예요. '안 돼, 나는 이 방을 좋아하면 안 돼, 근데 또 왜 안 되지? 여기는 어쨌거나……내가 여기 말고 서울에서 집이라고 부를 만한 데가 있나?' 뭐 그런 생각이 들면서. …… 방충망이 없어요, 창문에. 근데 방충망이 없어서 여름에 전 모기 때문에 완~전 고생했거든요. 그런데 만약에 제가 그 집에 원룸이나 아니면 전세나 월세나 이런 걸로 들어갔으면 집주인한테 '방충망 해 달라' 라고 얘길 하거나, 집주인이 못 해주겠다, 그럼 제가 하면 되잖아요. 근데 여기는 내가 몇 달 뒤에 계속 살 것이라는 보장이 있는 공간이 아니고, 실제로 그런다고 해도 왠지 그러면 안 될 거 같은 공간이고. 난 여기서 빨리 나가고 싶고……. 그러니까 방충망 설치 안 해요. 해 달란 얘기도 안 해요. 엄청 불편하면서도 뭔가, '안 돼, 난 여기서 빨리 벗어나야 돼, 벗어날 거야', 이런 생각이 있으니까. 그니까 '개선시키면 안 돼…….' (웃음) **벗어나고 싶다는 건 어떤……?** 음……. (침묵) 이건 또 저의 삶의 궤적과도 연결해서 생각해야 되는 부분인데. 제가, 돈이 없어서 고생을 한 적이 없는데 돈이 없어서 최초로 좌절하게 된 경험이 대학원 입학 허가를 받고서도 입학을 하지 못한 거였어요. 그래서, 저의……어떤 물질적인 계급성을 확인하면서 나는 돈이 없는 사람? 이런 좌절을 되게 깊이 겪게 되고……. 그것 때문에 제가 고시원에 살고 있다는 거가 예전에는, 이 좌절을 겪기 전에는 '나는 언제 어디로 이동할지 모르는 상황이니까 고시원에 있는다'였다면, 그 고시원에 있는 동안 이런 경제적인 문제로 인한 좌절을 한 번 겪으면서 이제는 인식이 바뀌게 된 거예요. '나는 돈이 이것밖에 없고, 보증금을 낼 돈도 없고 그래서 그냥 여기 있는 것', 이라고 생각을 하게 되는 거예요. 그래서, 내가 고시원에서 나간다는 것은 어쨌든 나의 상황이 더 나아진다는 것이다, 라는 것이고. 어, 또 뭘까. 그 공간에 살고 있는 모든 사람들이, 저를 포함해서……외국인인 사람들은 어떤지 모르겠지만 적어도 한국 사람들은 뭔가 인생의 마지노선에 서 있는, 벼랑에 서 있는 그런 표정들과 그런 오라를 풍기고 있어요. 그리고 실제로 그런 얘기도 한 번 들었고, '빨리 여기서 나가야 돼' 이런 얘기를 누가 하는 걸 듣고. 또 이 고시원에 들어오기 전에 다른 고시원들을 되게 여러 군데 알아보러 다니면서 창문이 없는 방이 굉장히 많다는 거를 깨닫고, 심지어 지하에 있고 창문이 없는 방이 있구나……이건 무슨 아편굴도 아니고……그걸 보면서 '우와, 사람들이 이런 곳에도 사는구나' 되게 충격을 받고. 그래서 이제 고시원이라는 곳은 되게, 도저히 사람이 살 수 없을 것 같은 공간인데 어쨌거나 거기 사는 사람들이 있다라는 거에, 여러 고시원을 다녀보면서 충격을 받았는데. 제가 실제로 사는 고시원은 그만큼 심각하지는 않음에도 불구하고 어떤, 고시원이라는 카테고리 안에서 여기 산다는 것은 괴로운 일, 이라고 생각을 하게 되는 거 같아요. 영현, 27세, 사무직

지언에게 집 만들기의 계기가 스탠드였다면, 영현에게는 백열등이었다. 형광등을 유달리 싫어하는 영현은 고시원 방에 백열등을 설치하고 나서 방에 정이 들기 시작했다. 정을 준 것은 실수다. 영현은 곧 이곳을 떠날 것이고, 떠나야만 한다. 그래서 여름 내내 모기가 방 안을 침투하는 와중에도 영현은 끝내 방충망을 설치하지 않았다. 이를테면 집 만들지 않기 undoing home이다. 방충망이 이제는 새로운 집 만들기의 전장戰場이다. 방의 부족한 부분을 조금씩 수리할수록, 내 마음에 차지 않는 구석들을 내게 맞는 방식으로 변용할수록 방은 점점 더 나와 가까운 공간, 친밀한 공간, 그리하여 집이 된다는 것을 영현은 알고 있다. 곧 고시원을 떠날 것이니까 방을 개선하지 말아야 한다는 의지와, 그럼에도 지금 발붙이고 사는 이곳을 조금 더 나은 공간으로 바꾸고 싶다는 바람이 조용히 각축하고 있다. 의자 하나, 등 하나, 장식물 하나가 다 고시원이라는 장소를 집으로 만들

것인지 만들지 않을 것인지를 둘러싼 각축의 장이다.

이런 분열적인 집 만들기/만들지 않기 사이의 경합은 고시원에서 살고 있는 영현의 위치가 변화했기 때문에 더욱 극화됐다. 자신의 표현대로 돈 때문에 고생한 적 없이 나름대로 유복한 환경에서 자란 영현은, 이십대 중반이 되어 취업을 하고 경제 활동을 하게 되면서 다시 학업으로 진로를 변경하고 싶다고 생각한다. 유학을 준비해서 지망하던 외국 대학에 합격했지만, 학비는 턱없이 비싸고 장학금의 기회는 너무나 좁다. 대학을 졸업한 마당에 부모에게 공부를 명목으로 다시 손을 벌리기도 어렵다. 일하며 모아둔 돈이 있지만 그 뒤를 생각해야 했기에, 기한 안에 등록금을 내지 못하고 입학은 유예됐다. 아, 나는 내가 생각했던 것보다 가난한 사람이구나. 유학 준비에서 유예까지의 과정은 영현에게 자신이 무엇을 지불할 수 있고 무엇을 획득할 수 있는지, 또는 할 수 없는지를 정확히 깨닫게 해주었다. 영현의 표현에 따르면 그것은 "물질적인 계급성"의 인식이다. 한국을 떠나기 위해 잠시 체류하는 중간 기착지 정도로 여겼던 고시원은 이제 마치 등록금을 지불할 수 없었기에 유학을 할 수 없었던 것처럼, 전세 보증금을 지불할 수 없기 때문에 필연적으로 머물 수밖에 없는 공간으로 변한다. 고시원이 내 계급에 맞는 공간일지 모른다는 암묵적인 깨달음, 그것이 이 공간을 더욱더 불편하게 만든다.

그래서 고시원은 결코 집이어서는 안 된다. 고시원을 집이라고 인정하는 순간 '나' 역시 이곳에 살 법한 계급에 속한 사람으로 고정돼버린다. 그러나 '나'는 이 장소에 매일 몸을 섞는 사람이기에, 무작정 집이 아니라고 부정할 수도 없다. 가져온 스툴을 버리고, 백열등을 떼어낸다면 당장의 삶의 조건이 너무나 피폐해진다. 집이라는 상징적 지위를 놓고 한 걸음씩 자리싸움을 벌이는 이 과정은 고시원이 얼마나 모순적인 수행의 공간인지 잘 보여준다. 집에 대한 현실과 기대 사이의 틈새 공간에서 서성이는 영현은 "내가 여기 말고 서울에서 집이라고 부를 만한 데가 있나?"라는 물음을 던진다. 이 물음표는 영현만이 아니라, 나름의 사연과 이유를 안고 비수도권에서 서울로 이주해 보증금 없는 어딘가에서 살아가야 하는 대부분의 청년 세대의 삶을 꿰는 날카로운 갈고리가 된다.

> 불편한 점들이……아까 말씀드린 것처럼 공동 생활. 주방, 샤워실, 화장실, 빨래, 방음, 공기……그 다음에 신발 같은 거 없어지는 거, 분실. 계속 문 잠그고 다녀야 되는 거. 그래도 내 공간이라고……가끔 좋을 때는 있었어요. 편안하다거나. 일상적으로 항상 줄곧 불편하면 살아갈 수가 없고, 그래도 어느 정도의 아늑함이라든지 자기 공간이라는 느낌……불편한 점을 감수하고서라도 그런 데서밖에 살 수 없었기 때문에. 주거 공간이니까, 의식주. 주거하는 공간이니까. 군대보다는 훨씬 낫죠. (웃음) 자유가 있는 공간이니까. 작지만. …… 그래도 그 기간 동안 살아야 했으니까. 집이라고는 생각 안 했어요, 고시원인데. (웃음) 내 공간이라고는 생각했죠. 내가 살아가야 할……나의 경제적 수준에서 어쩔 수 없이 불편함 감수하고 살아가야 하는 그런 내 공간……. **명한, 27세, 창작직**

고시원은 집이가 아니가라는 이분적인 범주 구분에 포획되기 어려운 장소다. 고시원에서 산 오랜 기간 동안 인스턴트 음식으로 점철된 식생활과 공동 주거에서 오는 피곤함, 창문 없는 답답함을 견뎌야 했던 명한은 한동안 육체적으로 또 심리적으로 고통스런 상태에 놓여 있었다. 명한에게 고시원은 아늑하고 편안한 집은 아니었다. 명한은 "내 공간"이라는 모호한 표현을 통해 자신의 고시원살이 경험을 정리한다. 고시원은 어서 들어가고 싶다기보다는 최대한 귀가를 지연하고 싶은 공간이지만, 그럼에도 불구하고 그만큼만 지불할 수 있었기에 어쩔 수 없이 살 수밖에 없다는 의미에서 명한이 속한 "내 공간"이다. 영현의 말처럼, 고시원 말고는 어디에도 갈 곳이 없는 사람들은 고시원을 결코 부정할 수 없으며 오히려 어떻게든 떠안아야 한다. 이만큼이 서울에서 내가 디딜 수 있는 영토라고, 이 도시가 내 삶에 허용한 몫이라고 인정해야만 한다. 그것이 체념이건, 냉소이건, 불화이건 간에 말이다. 그래서 고시원은 서울에서 돌아갈 집이 있는 사람들에게는 집일 필요가 없는 곳이지만, 갈 곳 없는 사람들에게는 유일한 공간적 몫이기에 어렵사리 집으로 받아들일 수밖에 없는 곳이다.

시간을 집어삼키는 공간, 공간에 덫을 놓는 시간

장소나 공간에 관한 논의가 지리학이나 도시사회학 같은 특정한 학제를 넘어 주목을 얻고 있는 요즘, 누군가는 고시원을 가리켜 익명성과 소외의 공간이라 칭할 수도 있겠다. 더 세련되게는 한 프랑스 인류학자의 개념을 끌어들여 고시원이 일종의 '비장소'라고 이야기할 수도 있을 것이다. 미르크 오제Marc Augé는 장소를 관계저이고 역사적이며 정체성과 관련한 것이라고 정의하면서, 이렇게 정의될 수 없는 공간, 즉 정체성, 관계, 역사에 관한 상징적 표현이 없는 공간을 비장소non-places라고 명명한다.[7] 비장소는 고도의 근대성의 결과로 형성된 황폐한 현장이다. 이곳에는 면면히 이어진 지속성에 뿌리를 둔 유기적 관계가 존재하지 않는다. 다양한 배경에서 온 이방인들이 일시적으로 기거하는 이 비장소들에는 오직 도구적이고 계약적인 관계에 기반한 고독과 침묵, 익명과 소외, 그리고 일시성만이 남는다.[8] 이 이방인들은 모두가 각자의 습관과 기대를 발휘하되 결코 의미 있는 방식으로 관련돼서는 안 된다.[9]

실제로 오제가 제시하는 비장소의 목록들은 고시원이 뒤이어 배치되기에 전혀 어색하지 않다. 수많은 사람들이 무심히 스쳐지나가며 익명의 상호 작용을 교환하는 공항 라운지나 고속도로, 대형 슈퍼마켓이나 호텔 등을 보라. 그러나 나는 누군가 고시원을(실은 공항 라운지나 대형 슈퍼마켓 역시) 소외와 익명성, 일시성의 비장소로 이해하는 데 동의하지 않는다. 오제는 역사적으로 오늘날처럼 비장소가 확산된 적이 없었다고 논평하지만, 이런 논평은 장소가 사회적으로 배치되고 의미를 획득하게 되는 방식의 역동성을 간과한다. 경험세계에서 장소와 비장소 사이의 구분은 그리 뚜렷하지 않다. 나는 고시원에 관한 내 논의가 한국 사회의 일반적 주거 형태인 아파트나 평범한 직장의 동료 관계를 설명하는 데도 적합하다는, 때로는 부정적이기도 하고 때로는 긍정적이기도 한 의견을 여러 차례 접했다. 내가 만난 사람들의 고시원살이 경험이야말로 이 장소가 단지 부정성의 공간만이 아니라 끊임없이 집 만들기와 집 만들지 않기가 각축하는 장임을 잘 드러낸다. 요컨대 장소와 비장소의 구분은 자의적이다. 게다가 그 구분은 비장소라는 이름표를 붙인 뒤 그곳에 관해 더는 설명하기나 해석하지 않으려는 게으른 태도를 함축하는 것 같다. 중요한 것은 고시원 같은 특정한 장소가 왜 사회적인 부정성을 함축하게 됐으며, 실제 사람들은 그 부정성을 어떻게 경험하고 해석하며 또한 협상하는가라는 물음이다.

고시원은 한국 사회에서 흔히 집이라고 이야기하는 규범성에 부합하는 공간이 아니지만, 그렇다고 해서 그 대립항인 집 없음의 상태로 이야기될 수도 없다. 내가 만난 사람들은 고시원에 몸을 누이고 살아가야 하기에 계속해서 고시원을 집으로 수행하지만, 동시에 규범적 집에 부합하지 않는다는 이유에서 고시원에서 집의 정서적 지위와 가치, 그리고 의미를 탈각하는 실천을 모순적으로 병행한다. 이들의 경험 속에서 고시원은 집과 집 없음의 사이를 끊임없이 진동하며 오히려 어디까지가 자명한 '집'의 범주인지 질문하는 경계 지대다. 이것은 우리가 무엇을 그리고 왜 집이라고 말하고 인정할 수 있는지, 또는 그럴 수 없는지에 관한 사유의 언저리를 자극한다. 규범적 집의 경계는 사회적으로 인정되는 안정성과 편안함, 그리고 소속감의 경계이지만, 동시에 그 드높은 경계 안으로 진입하려고 아우성치는 불안과 공포를 매끈하게 깁지 못해 선명하게 남은 자국이다.

따라서 중요한 것은 집으로서 고시원의 지위나 의미를 계속해서 부정하는 일에 내재한 사회적 징후를 독해하는 일일 것이다. 다시 말해, 고시원에 투사된 부정성들에서 우리는 집에 대한 강박을 읽어야 한다. 강박의 한 축은 안정성이다. 고시원을 부정함으로써 암묵적으로 긍정되고 인정되는 '집'은 방 이상으로 갖춘 공간이며, 남부끄럽지 않게 누군가를 초대할 수 있는, 그래서 누군가 어디 사냐고 물었을 때 당당하게 답할 수 있는, 오래오래 살아갈 수 있는 장소다. 강박의 다른 한 축은 상승이다. 고시원을 벗어나는 것을 수면을 치고 오르는 데 견준 영현의 비유는 수면이라는 기준을 두고 그 아래 잠긴 축축하게 젖은 고시원의 방들과 그 위의 보송보송하게 나듬어진 말쑥한 집을 가른다. 그러나 이것은 단지 공간에 대한 것만이 아니다. 더 안정적인 공간을 향한 상승은 잘 조직된 몸, 효율적으로 시간을 관리하고 자기를 계발하는 시간성을 체화한 몸에만 주어지는 것이기 때문이다. 공간에 대한 강박은 시간에 대한 강박과 떨어질 수 없다. 이것은 삶을 촘촘하고 잘게 나누어진 정상화된 단계들로 조직하고 전망하며 실천하는 규범적 시공간성을 향한 강박이다. 고시원은 궤도에서 벗어난 위기의 순간이다. 스퍼트를 올려 치고 나가서 다시 궤도로 오르지 못하면 영영 수면 위로 오르지 못할 것이고, 집을 얻지 못할 것이다.

강박은 공포의 다른 표현이며, 불안의 짝이다. 이 공포와 불안은 어디에서 오는가? 나는 이 장에서 고시원이 야기하는 집에 대한 신경증에서 상대적으로 자유로운 것이 서울에 집을 가진 사람들이라고 보았다. 자신의 경험을 상대화해서 들여다볼 줄 아는 호기로운 해석의 여유는 그 해석이 자리할 수 있는 안정적인 집에서 비롯된다. 그러나 집과 집 없음 사이를 오가며 집의 의미를 모순적이고 분열적으로 수행(해야)하는 젊은이들의 경험은 이들에게 집이 고정될 수 있거나 소유할 수 있는 무엇이 아니라는 점을, 고정이나 소유에 대한 욕망은 결국 실패하고 말 것이라는 점을 드러낸다. 집을 가지지 않은, 가질 수 없는 청년들은 초조하고 겁에 질려 있다. 이들은 고시원에 머무르게 된 시간을 경험의 폭의 확장이나 미래를 위한 예비기로 선선히 받아들일 수 없다. 고시원에서 살아가는, 자신들과는 다른 위치에 놓인 사람들(중년의 일용직 노동자이거나 이주 노동자이거나 또는 기초 생활 보호 대상자)과 자신의 다름을 호소하지만 그것이 위치의 차이에 대한 성찰로 이어지지는 않는다.

이들이 공간과 시간을 사유하는 방식에는 급박함이 배어 있다. 사회로 진출하는 평균적인 시기는 자꾸만 늦춰지지만, 능력이 모자라거나 나이가 들거나 또는 운이 없다면 언제고 그 사회에서 퇴출당할 수 있다는 것(이것은 신자유주의의 요체 가운데 하나다)을 너무도 잘 아는 이 청년들에게 고시원은 시간을 집어삼키는 공간이자, 공간에 덫을 놓는 시간이다. 현재를 저당 잡혀 미래를 준비해야 하는 청년들에게 고시원살이는 그 자체로 빚이다. 그래서 고시원에서 보내는 시간은 하루가 연장되면 미래의 하루를 내놓아야 하는 절망의 시간이자, 사회적으로 집이라고 인정받는 공간에서 점점 더 멀어지는 악몽의 공간으로 번역된다. 손쉬운 비관이나 냉소가 이 번역의 부산물로 일상적 삶 속에서 현실화된다. 자신이 놓인 상황을 맥락적으로 조망할 수 없는 협소한 번역 체계에 많은 청년들을 깊숙이 연루시키는 집에 대한 불안은 결코 농담이나 과장이 아닐 것이다. 그것의 위력은 얼마나 많은 사람들이 실제로 고시원과 같은 불안정한 주거공간에서 살게 되는가에 있는 게 아니라, 고시원에 살게 된다는 불안과 공포의 사회적 크기나 무게를 얼마나 증대하는가에 달려 있다.

6장

가족의
경계에 선
독립,
어른/시민
되기를
둘러싼
투쟁

올해 설에도 고향에 내려가지 않았다. 대학에 진학한 뒤로는 1년에 두 번 있는 큰 명절을 웬만하면 피해 고향을 찾았고, 핑계 좋은 대학원생이 되고 나서는 그것조차 드물어졌다. 제사상을 거두자마자 오가는 덕담에, 내 미래를 둘러싼 가족들과 친지들의 끊이지 않는 궁금증에 늘 체기가 일었다. 역시 사법 고시를 보는 게 좋지 않겠냐, 엄마를 생각해서라도 대기업에 취직해라, 대학원은 경영대학원을 가야 한다더라, 어느 집 누구누구는 벌써 결혼해서 손주를 안겨줬다더라 등등. 나의 학업과 취업, 결혼과 양육에 관한 각본을 쓰고 열연을 펼치는 작가 겸 배우들은 내가 아니다. 나는 침묵해야 하는 주인공이다. 명절은 내 미래를 잠시 인질로 내주고 그 미래에 관한 온 일가의 기대와 상상을 인질의 몸을 통해 상연하고 저울질하며 심문하는 의례가 펼쳐지는 시기다.

언제부터인가 명절을 보내는 다른 극, 다른 의례를 강렬히 희망했다. 친지들에게 후레자식 소리를 듣는 얼치기 게으름뱅이들끼리 오붓하게 모여 자비를 나누자고, 침 삼키고 침 튀기며 서로 팔과 다리에 담배 자국처럼 새겨진 외로운 흔적들을 흉 지지 않게 까뒤집고 소독하자고 말이다. 브로콜리너마저의 〈보편적인 노래〉가 흘러나오면 모두가 감상에 젖어 지난 시간들을 반추하겠지. 그러나 나는 여태까지 그 구구절절이 쓴 초대장을 누구에게도 발송하지 못했다. 또래 가운데 누구도 그까짓 거, 하고 명절의 보편을 전이나 부쳐 먹을 수 있는 보편적인 주방이 달린 보편적인 집을 가지지 못한 것이다. 각자가 고향으로, 또는 서울에 있는 집으로 돌아가 여태 졸업 안 하고 뭐 했냐거나, 돈을 벌지 않을 거면 어서 결혼이나 하라는 둔중한 매질에 활화산처럼 들썩이는 속 쓰린 명절을 견뎌야 했다. 나와 내 친구들은 여전히 기숙사에, 고시원에, 반지하에, 옥탑방에, 그것도 아니라면 부모의 집이나 부모가 얻어준 원룸이나 오피스텔에 살고 있다.

젊음이 그 자체로 알리바이이던 시절이 있었다고 들었다. 대학생이라는 이유만으로 경제적인 풍요와 정치적인 상징 지위에 쉽게 접근할 수 있는 그런 때가 있었다고, 청춘이나 젊음이라는 단어가 치기어리지만 진중한 도전과 뜨거운 숨의 열정, 좌충우돌하며 성장해 한국 사회를 이끌 것이라는 모종의 기대와 희망을 내포하던 그런 언젠가가 있었다고. 신화가 힘을 발휘하는 것은 더는 그 신화가 현실로 통용될 수 없는 맥락에서다. 오늘날의 청년들에게는 '청년'이라는 단순한 지칭조차 촌스럽거나 부담스럽다. 젊음을 찬양하는 말은 이제 20대를 겨냥한 자기계발서나 대학 광고나 기업 이미지 홍보물이 아니면 찾아보기 힘들다. 젊음은 특권이 아니라 어서 빨리 뉘우쳐야 할 원죄가 됐다. 피터팬은 이제 자유로운 영혼의 상징이 아니다. 사회적 자원을 축내기만 할 뿐 생산하지는 않는, 무능이라는 병리적인 증후군의 접두어다. 캥거루족이니, 프리터니, 히키코모리니, 패러사이트 싱글이니 하는 일련의 물 건너온 말들이 젊음을 해부하고 진단하는 메스로 동원된다. 요는 하루 빨리 사회의 총 생산량에 일말의 기여라도 할 수 있는 어른이 되라는 것이다. 가족의 일상적인 대화나 명절 제사상 앞의 잔소리들은 이제 사회적 전언이 되어 공명한다. 점잖은 논문에서 약은 주류 언론까지, 일하고, 소비하고, 아이를 낳고, 연금을 내라고, 그것이 유일한 철듦이고 성장이며 또한 정당한 시민이자 국민이 되는 법이라고 외친다.

이런 사회적 외침을 청년들은 독립에 대한 요구로 받아들인다. 독립 운동을 통해 맞서야 할 무시무시한 제국은 각자의 가족이다. 그러나 일제 강점기에 나고 자라 황국 신민으로 단단히 훈련받은 조선의 다수 대중들에게 독립, 그것도 외부에서 주어진 대한 독립이 만세를 외칠 일이 아니라 눈물 쏟아야 할 제국의 패망으로 받아들여졌던 것처럼, 가족이라는 오늘날의 제국이 젊은이들과 맺는 관계는 결코 간단하게 도식화될 수 없다.

어린 나이에 비수도권에서 서울로 혼자 이주해 낯선 장소들에 내던져진 나 같은 사람들에게 독립은 갑작스레 울려 퍼진 만세 함성 같은 것이다. 반면 서울의 아파트촌에서 나고 자란 사람들에게 독립은 여간해선 달성하기 어려운, 계란으로 바위 치기에 가깝다. 깨뜨리기 위해서는 스스로 바위가 되는 수밖에 없다. 그래서 독립은 어느새 또 하나의 가족을 이루기 위한 통과 의례로 돌변한다. 첫 월급에 기뻐하던 신입 사원들은 연봉과 재테크에 관해 이야기하다, 어느새 결혼으로 이어질 연애와 그 결혼을 뒷받침할 주택 청약 통장으로 화제를 옮긴다. 이쯤 되면 독립은 사실 새로운 체제의 구축이 아니라 식민 권력의 재생산일지도 모른다는 의심이 피어오른다.

특정한 생애 단계에 진입한다는 것은 한 사회에서 요구하는 정상적인 생애 사건들을 직면하고 해결해야 한다는 것을 의미한다. 오늘날 한국에서 청년기에 접어드는 일은 어디든 부딪히고 도전하며 꿈을 찾는 게 아니라, 교육의 완수, 취업, 결혼, 출산, 육아 등 사회가 요구하는 일련의 어른/시민 되기 과업을 하나씩 수행해야 한다는 뜻이다. '독립'은 이 과업들을 축약하는 말이다. 취업을 통해 경제적으로 독립하고, 새로운 가족을 꾸려 정서적으로 독립하고, 내 집 마련을 통해 오붓한 내 가족의 보금자리를 마련해 공간적으로 독립할 것. 그래야만 무능하고 철모르던 청년이 어엿한 어른이 되고, 더 나아가 한국 사회에서 마땅히 누리고 담당해야 할 권리와 의무를 취하는 시민이라는 상징적 자격을 갖게 된다는 믿음. 독립은 나고 자란 집을 걸어 나와 또 다른 누군가가 나고 자랄 수 있는 집을 만드는 일이 된다. 개인을 길러낸 하나의 가족으로부터 독립해, 또 하나의 가족을 형성해 아이를 낳고 길러내 인구를 재생산하는 메커니즘이야말로 사회와 국가의 존속에 핵심적이기 때문이다. 그러나 이 집-가족은 입주할 수 있는 주택의 크기가 이미 정해진 것처럼, 이성애 결혼 제도라는 도도한

틀로 짜여 있다.

독립에는 공간이 필요하다. 우리가 지금까지 살핀 청년 세대의 공간적 삶의 조건은 곧 이들에게 독립이 얼마나 모순적인 사건이 됐는지 잘 보여준다. 독립에 대한 사회적 기대는 여전히 지속되거나 또는 강화됐지만, 그것을 안정적으로 실행할 수 있는 물질적 기반(노동 시장 구조의 악화, 주거의 양극화)은 점차 약해지는 가운데 독립이라는 정언명령은 종종 어긋나거나 실패한다. 고시원은 바로 그 뒤틀리거나 충분치 못한 독립의 자리다. 서울에 와 자신도 모르는 새 뚝 떨어진 공간적 독립을 감당하기 위해서, 또는 서울의 부모의 집에서 살아왔기 때문에 강렬하게 열망하는 독립의 시공간을 잠시나마 얻기 위해서 적지 않은 청년들이 고시원으로 향한다. 때로 이곳은 (원치 않은) 쓰디쓴 독립의 출발점으로 자리매김하기도 하고, 결국 실패한 독립 이야기의 후일담이 고이는 자리가 되기도 하며, 더 나은 집-가족을 강하게 희구하게 되는 반작용의 지점이기도 하다.

나 역시 이 장에서 고시원을 독립에 대한 이야기를 시작하기 위한 출발점으로 삼으려 한다. 고시원에 모이고 교차한 독립의 이야기들은 다시 많은 독립의 장소들을 향해 달음질한다. 물론 그 달음질은 특정한 방식으로 동질화된 궤도 속에서 위계가 나뉘어 있다. 가족의 계급에 따라, 그리고 결혼 제도의 안과 밖에서 점하는 성별화된 위치에 따라 독립의 조건과 독립을 기획하고 실천하는 방식들은 상이하게 배치된다. 독립은 집-가족과 맺는 긴장 관계 속에서 협력하고 갈등하며 빚어진 잠정적인 결과물들이다. 나는 독립과 조응하는 항으로 집-가족이라는 표현을 사용하는데, 그 까닭은 사회적으로 집의 의미는 단지 주거 공간만이 아니라 가족과 관련되어 만들어지며, 더 강하게 말하자면 이성애 결혼 제도의 가족이 곧 규범적 집의 의미를 독점하고 있다는 것을 가리키기 위해서다. 또한 이 용어가 집과 가족 사이의 관계가 완전무결하게 결합된 게 아니라 하이픈(-)으로 끈끈하게 그러나 위태롭게 땜질되어 있다는 점을 보여주기 때문이다.

이 장이 던지는 질문은 오늘날 한국 사회의 젊은이들이 왜 독립하지 않거나 독립하지 못하며, 어른/시민이 되기를 유예하는가가 아니다. 오히려 과연 누가 독립할 수 있으며, 그 독립의 불/가능성이 갖는 사회적 함의가 무엇인가이다. 지금 무수한 청년들이 자신의 젊음을 판돈으로 내건 채 덤벼든 독립이라는 내기가 과연 무엇인지, 무엇이 무수한 갈래로 뻗은 독립의 가능성들을 하나의 기준으로 줄 세우는가이다. 성장은 늘 취업-결혼으로 이어지는 삶의 방식만이 얻을 수 있는 이름인지, 기존의 이성애 결혼 제도의 가족을 그대로 복제한 보상으로 주어지는 어른/시민이라는 상징적 지위를 과연 누가 획득할 수 있는지다.

여기에서 나는 청년 세대의 독립의 경험과 이야기들에 주목하려 한다. 먼저, 출신 가족의 계급과 가족 안에서 점하는 성별화된 위치에 따라 다르게 만들어지는 독립의 방식들을 살핀다. 독립이나 결혼 제도를 벗어난 함께 살기, 비혼 등의 방식을 모색하고 실천하는 사람들이 있지만, 안타깝게도 이것들은 거시적인 맥락에서 볼 때 단기적이며 취약하다. 그것은 첫째, 청년 세대의 독립을 둘러싼 계급화된 가족 전략이 강화되고 있기 때문이다. 둘째, 지배적인 독립의 의미가 결국 가족-이성애-재생산이라는 제도의 재생산으로 수렴되고 있기 때문이다. 그 결과 규범적 가족 제도에서 벗어난 삶은 순차적으로 진행돼야 할 생애 과정의 궤도에서 벗어난 것, 따라서 어른도 시민도 아닌 것으로 규정된다.

그러나 나는 내가 만난 사람들의 독립의 경험 안에서 쉽사리 가시화되지 않는 침전물들을 본다. 그것들은 물음표의 모양을 하고 있다. 과연 모든 가족이 집일 수 있을까? 모든 집이 가족이어야 할까? 이 장은 우리가 집과 가족, 그리고 (주거) 공간 사이의 연결고리들을 어떻게 (재)사유하고 (재)설정할 수 있을까에 관한 도전이자 내기이다.

독립을 결심하다

1. 얹혀사는 삶에서 벗어나기 위해

불특정 다수를 향해 툭 던져진 말들 가운데 몇 개의 단어가, 하나의 문장이, 또는 하나의 이야기가 유난히 마음속에 똬리를 틀고 비키지 않는 때가 종종 있다. 이를테면 중학교 시절 선생님이 수업 시간에 무심히 툭 던진 이야기가 돌멩이가 되어 딱 하고 아직 무른 머리를 친다거나 하는 것이다. 열심히 칠판에 적힌 내용을 받아쓰던 꼬맹이들에게 천천히 시를 외듯, 자신은 여전히 갚아야 할 빚이 수천만 원이라고, 대학을 졸업하자마자 부모님께서 자신이 태어날 때부터 든 기저귀 값이나 분유 값, 등록비까지 모든 비용을 기록한 청구서를 떡하니 내밀었다는 뭐 그런 이야기. 그것은 한편으로 우리 모두가 날 때부터 빚쟁이로 키워졌다는 경악스런 충격이었지만, 다른 한편으로는 그것이 내 경우가 됐을 때에 대한 계산으로 이어졌다. 그러나 어린 마음에 도통 계산할 수 없었던 빚은 내가 살아온 집들이었다. 나는 내가 자리해온 공간의 어디부터 얼마만큼을 빚진 것이며, 갚을 수 있으며, 또 어떻게 해야 이 무시무시한 빚의 굴레에서 벗어날 수 있단 말인가. 집이라는 돌멩이는 그러나 교실만이 아닌 데서 날아와 적지 않은 청년들의 정수리를 가격한다.

집 하나까 또 드는 생각인데. 지금 저는 독립한 상태가 아니잖아요. 부모님이랑 같이 살고 있잖아요. 그럼에도 불구하고 13년 동안 살았던 집인데요. 이 집의 의미가, 그 질문을 받고나서 생각이 드는 게, 바뀌었던 거 같아요. 왜냐면 지금 나는 집에 살곤 있는데 여기가 내 집이란 느낌은 또 안 들어요. 부모님 집이라는 생각이 들어요. 옛날엔 우리, 명실상부한 우리 집이었는데. 지금은……제가 경제적으로는 독립했기 때문인지 모르겠어요. …… 아빠만큼 많이 버는 건 아니지만 어쨌든 나도 한 사람의 경제적 인간이 돼서 그런지, 뭔가 어깨를 나란히 하게 된 게 있고, 옛날의 무작정 종속적인 관계보다는. 그래서 그런진 모르겠는데 여기가 내 집이란 생각이 안 들어요. 그냥 부모님 집에 얹혀산다는 생각. 그래서 뭔 얘기를 하다가, 그니까 옛날엔 안 그랬는데 '내가 부모님 집에 살잖아', 라고 말하는 내 자신을 발견하고 깜짝 놀랐어요. 예. 언젠가는 곧 떠나가야 될 집. …… 고시원에 살면서 못 다 이뤘던 꿈이라고나 할까. 그때 독립, 나름 독립하고 싶어서 나간 건데 독립했다기보다는 뭔가 하여튼, 무기력증과 우울감에 빠져 있다가, 허송세월하고 나온 그런 기분이 컸는데, 그게 아니라 진짜 의욕적으로 내 공간을. 그니까 그런 것도 있어요. 그니까 부모님이랑 같이 살면은, 그나마 집에서 가장 내 주권이 미치는 건 내 방이잖아요. 이 방 안의 배치를 어떻게 할지, 어떻게 해서 의욕적으로 제 방을 바꾸고, 거울 같은 데 페인트칠도 하고, 꾸미고 이래본 적이 있었어요. 근데, 그래봤자 부모님 집이기 때문에 좀. 왜, 전세 사는 사람들이 그렇다고 하죠. 벽지 하나 제대로 못 바른다고. 그니까 비슷한, 그런. 내가 좀 함부로 못 할 거 같은 느낌이 있었는데. …… 저희 이사 왔을 때 첫 기억이 나요. 그니까, 나름 그때 고등학교 올라가기 직전에……97년 말에 첫 집에 오면서 한창 중고등학생이던 나만의 자아 정체성을 막 확립하던 시기라고 해야 하나. 그때 막, 내 방도 이런 것도 꾸며보고 요것도 넣고 이렇게 이렇게 해봐야지 생각을 했는데, 이사 오자마자 아빠가 막, '여기는 거울 달아야지', 하고 쾅쾅쾅 못을 박고 막 (웃음) 가구도 그냥 옮기고 (웃음) 그런 식으로 배치를 막 해버린 거예요. 그때 아, 진짜……반항을 했는데 '아, 뭐, 아무렇게나 놓고 사는 거지' (웃음) 막 그런 식으로. 음. 그래서 그때 방 가구 배치가 되게 마음에 안 들었는데 그거를 옮기기까지 8년이 걸렸네요. 재작년에 옮겼으니까. 책장을 좀 더 들이기 위해서 약간……배치를 바꿨거든요. 근데 그런 거 하나조차도 그냥, 제 맘대로 할 수 있는 나의 집이라는 생각은 안 들어요. 예은, 29세, 전문직

어린 시절 우리가 익히는 가장 기본적인 표현 중 하나가 '우리 집'일 것이다. 친구들에게 '우리 집'에 가자고 말하던 그 시절을 지나고 나면 언제부터인가 그 '우리'가 누구인가라는 질문을 하게 된다. 아버지가 서울로 직장 발령을 받으면서 장만한 서울의 집으로 이사할 때, 십대 후반이던 예은은 흥분된 마음으로 새 집을 꾸밀 계획을 세웠다. 그러나 모든 계획은 아버지의 말 한마디에 물거품이 된다. 가구를 어디에 배치할지, 벽지를 어떻게 꾸밀지, 누가 어떤 방을 쓸지 하는 모든 것들이 아버지의 말에 따라 쾅쾅쾅 하고 못이 박히듯 정해진다. 심지어 온전한 내 주권이 미친다고 생각한 내 방의 벽지 색깔마저도 내가 결정할 수 없다는 데서 예은은 이 집이 '우리 집'이 아니라는 사실을 절감한다. '우리'는 사실 부모님의 소유권에 기생하는 방식이었을 뿐, 실제로 이 집에서 예은이 가진 것은 아무것도 없었다. 집의 공간적 질서는 부모, 특히 생계 부양자인 아버지를 중심으로 구축된다. 예은은 자신이 알고 보니 단지 친자라는 보증금을 걸고 '부모님 집'에 세 들어 사는 사람, 얹혀사는 사람이 아닌가 하고 생각한다.

저희 부모님이 되게 엄하셨어요. 그래서 어릴 때부터 독립을 좀 강하게 원하는 편이었어요. 내가 언젠가는 꼭 집을 나가고 말리라, 이러고. (웃음) …… 우리 규정상 4학년까지 마치면은 5학년을 다니든 어쨌든 기숙사에서 쫓겨나요. (웃음) 그래서 그때 나왔어요. 그때 나오는데, 집에 돌아가기는 싫더라구요. 독립이라는 거를 해보고 싶었어요. 그니까, 그때 이제 막 부모님으로부터의 탈출이라는 독립이 아니라 그냥, 내가 내 삶을……지금까지 부모님이 등록금을 대줬다면은 5학년 1학기는 등록금도 내가 내고, 경제적인 생활도 다 부모님한테 손 벌리지 않고. 물론 전 과외하고 이러긴 했지만 부모님이 용돈도 주시고 했는데 내가 이제, 한 사람으로서 책임을 져보자, 하고 생각을 해서. 그런 의미에서 고시원에 살게 된 거예요, 그때. …… ○○○대 들어가서 거기 ○○○학부 다니다가, 부모님이 곧 죽어도 ○대, 그래 갖구 재수를 했는데, 재수를 망했어요. (웃음) 망해서 ○대 ○○○○○과를 갔어요. 그리고 재수를, 한 학기 다니다가 또 반년, 삼수해 갖고 ○○대 간 거죠. 그 2년 동안 시간이 있었는데 그때 부모님으로부터 핍박을 엄청 많이 받았어요. 그때가 독립을 많이 꿈꾸던 시기였어요, 사실. …… ○대 다닐 때도 그렇고 ○○○대 다닐 때도 그렇고 스무 살, 스물한 살, 한창 학교에서도 불러내서 술 마시고 이럴 때 아니에요. 근데 저희 집은 술 같은 거 전혀 못 먹고 엠티도 못 가게 하고 막 이런 집이니까. 진짜, 친구들이랑 노는 게 한창 재밌는데 그때 막 억압을 너무 많이 받았거든요. 저는 스물 한 세네 살까지, 이런 얘기 하면 그런데, 어……체벌을 받았어요, 물리적으로. 집이 되게 엄해 갖고. 그래서, 어……그런 시기가 좀 있었죠. (웃음) **예은, 29세, 전문직**

'나의 집'이 아닌 '부모님 집'의 공간적 질서는 단지 가구 배치만이 아니라 그 집의 구성원들의 몸과 삶, 태도와 실천을 향해 조직되고 행사된다. 호주의 한 사회학자가 분석한 것처럼, 집은 단지 물리적 구조물만을 가리키는 것이 아니라 그 집에서 살아가는 사람들의 자율성과 가족 안의 권력 관계의 구조를 통칭한다.[1] 많은 경우 가족의 집은 부모의 규칙과 시선이 지배하는 장소이며, 이 공간에서 허용되는 것의 범위와 경계를 설정한다. 예은의 집은 가부장인 아버지의 경제 능력을 기반으로 통금 시간부터 인간관계, 남자친구, 음주, 흡연 등 딸인 예은의 일거수일투족을 감시하고 간섭하며 심지어 물리적 체벌까지 하는 일이 일상화된 공간이다. 예은이 진학해야 할 대학과 직업까지 지정하는 가족의 규범은 딸의 몸이 체현해야 할 적정한 시간성까지도 요구한다. 이처럼 예은에게 집은 곧 가족이며, 아버지의 권위가 벽지부터 예은의 몸이나 태도 같은 미세한 영역까지 미치는 공간이다.

호시탐탐 독립을 꿈꾸던 예은에게 찾아 온 첫 번째 기회는 기숙사였다. 그러나 정규 학기를 마치고 남은, 기숙사에서 나가야 했던 대학 5학년은 더 제대로 된 독립의 기회로 다가왔다. 등록금도, 생활비도 스스로 부담해 보겠다는 결심으로 찾은 독립의 장소가 바로 고시원이었다. 이제 그만 얹혀살아도 되지 않을까, 나도 스스로를 책임져볼 필요가 있지 않을까. 예은에게 독립은 부모의 집과 분리해 공간적 질서를 재구축하는 일을 의미했다. 일상을 운용하는 몸과 시간, 인간관계를 비롯한 세세한 방식들부터 내가 살 공간을 내가 꾸리겠다는 욕망은 한 인간으로서 자신의 생활을 책임지는, 어른 되기에 대한 욕망이기도 하다. 그러나 얹혀살지 않기 위한 예은의 의욕적인 독립의 시도는 안타깝게도 가난하고 무기력하게 찾아들었다. 스스로 지불할 수 있는 거의 유일한 공간인 고시원은 예은에게 새롭게 구축할 수 있는 공간적 질서도, 자유로이 운용할 수 있는 몸이나 시간, 인간관계도 쉽게 허용하지 않았던 것이다. 그래서 독립은 여전히 예은에게 못 다 이룬 꿈이다. 예은은 취업한 뒤 다시 부모의 집에 '얹혀살며' 분투하고 있다. 돌아갈 곳이 있는 한, 예은은 여전히 '어른'일 수 없다.

2. 청년들을 밀어내는 가족

그러나 부모의 집에 '얹혀산다'는 것이 단지 부모의 경제 능력과 권위에 대한 의존하는 것만을 의미하지는 않는다. 경제 능력도 권위도 없는 부모 아래 가난하게 나고 자란 젊은이들에게 그것은 가난 그 자체 또는 가난과 결부된 계속되는 이사와 가족의 갈등 위에 업힌 상황을 의미하기도 한다.

> 고시원에 사는 사람들이 다 그렇다시피 저도 막, 그렇게 집이 막 잘 살지도 않았고, 사실 되게 못 사는 집이에요. 난 부산에서 올라왔는데, 부산에서 올라왔을 때 …… 우리 집이 뭐라고 해야 되지, 집 형태가 되게 특이한데 우리 집이……뭐라고 해야, 전세로 원래 살았다가 주인이…… 그 집 구역이 엄청 커요. 그니까, 되게 못 사는 하층 계급의 집들이 막 모여 있는데, 약간 슬레이트 집 같은데. 그런 데가 모여 있는데 엄청 큰 거예요, 그 집이, 그 구역이. 한……200평? 그래서 세대만 해도 한, 50세대는 산 거 같아요. 저도 잘 모르겠는데, 정확히는 모르겠어요. 일단 최소 30세대 이상 살았던 그런 곳이거든요. 그 사람이, 돈을 가지고 두망쳤다고 들었어요, 제가 되게 어릴 때. 그래서 그 집 주인이 없는 그런 집이었어. 그래서 전세금도 안 내도 되고. 근데 어떻게 됐는지 모르겠는데 아마 시……인가 구로 넘어왔나 봐요, 그 집이. 이유는 모르겠는데. 그래서 그 집이 약간 되게 이상한 집이었어요. 그니까……주인은 없고 사는 사람

은 있는데, 아, 주인은 구고 근데 뭐 사는 사람은 있고, 근데 뭔가 권리를 가질 수는 없고, 그……전세 그거를. 그니까 정확하게 어떤 맥락에서 그런지는 모르겠어. 부모님이 저보다 잘 알 테니까. 근데 거기서 그니까 평생 산 거예요. 거기 있는 사람들이 다 이사를 안 가고 평생 살아. 그래서 저 같은 경우는 되게 싫었어요, 거기가. 좀, 평생 그렇게 사는 게 되게 우울하잖아요. …… 그 집에 이제 막, 계속 평생 사니까……좀 뭐라고 해야 되지, 어떤 그……되게 무기력함이 있는 거예요, 그 구역에. 진짜 무슨 그런 거 같애. 산업혁명 시대 때 뭐 구획화된 그런 집, 그런 데 있잖아. (웃음) 달동네는 아닌데 완전, 그냥 일반 동네에 그렇게 딱 있어요, 그게. 진짜 희한하게. 지금 생각하면 그렇게 어떻게 존재할 수 있는지 모르겠는데 그게 주인이 떠나가서 그런 집이 있을 수 있는 거 같아요. 주인이 떠나가니까, 다들 거기 그냥 사는 거지. 재개발도 안 되고. 그니까, 다 빌딩 있고 이런 데 그런 데가 딱 있는 거야. 되게 그 동네……그 집의, 그 구역의 일종의 무기력함이 되게 싫어서 서울에 왔었고. …… 그리고, 그러다가. (침묵) 그렇게 지내다가, 어……그렇게 지내다가 어……그 다음에 고시원……을 들어가게 됐어요. 그니까, 그 일을 그만두게 된 거예요. 그 일을 그만두게 되고 갈 곳이 없잖아요, 이제 진짜. 그때 막 어디를 가야될지도 몰라 가지고 되게 약간 혼란스러운 상태였어요. 이제 스무 살 됐을 때였거든요. 스무 살 돼가지고 막 딱히 갈 곳이 없는 거지. 그니까 결국 선택한 게 고시원, 이었어요. 보면은 고시원 같은 데가 다 타향살이하는 사람들이 가는 곳이잖아요, 타향살이하면서 돈 없는 사람들이? 나도 똑같은 경로로 가게 된 거 같아요. **규태, 26세, 창작직**

규태는 대도시인 부산, 빌딩도 들어선 평범한 동네 한복판의 벌집 같이 촘촘한 방들로 얽힌 집에서 살았다. 주인이 없기 때문에 삯을 치를 필요도 없지만, 재개발에서도 밀려난 이상한 집에서 수십 세대의 사람들이 살았다. 떠나지 않는 사람들, 앞집 옆집에서 울리는 무당의 굿 소리에 규태는 끝도 없는 무력감을 느꼈다. 가난에 대한 무력감이었다. 변하지 않는다는, 움직일 수 없다는 답답함이었다. 영영 이 벌집, 이 하층 계급의 삶에서 한 발짝도 옴짝달싹할 수 없을지도 모른다는 공간적 상상. "음기"라고 표현한, 엄습하는 차가운 가난의 온도를 벗어나야겠다고 생각했다. 고등학교를 끝마치지 않은 채 규태는 무작정 서울로 상경했다. 규태가 벗어난 것은 슬레이트 지붕을 얹은 다세대 집이기도 하지만, 동시에 자신을 그 무력감 속에서 낳고 기른 가족이기도 했다. 규태는 그곳에 얹혀 있던 삶에서 발을 떼 서울로 달음질쳤다.

문화적으로 보고 들을 거리, 신나고 재미있는 일들이 어디보다 많을 거라고 생각했지만 규태에게 처음 발 디딘 서울은 실체 없는 욕망의 도시이자, 도시적 욕망의 투사물일 뿐이었다. 흔하디흔한 고등학교 졸업장도, 대학 입학증도, 기술 자격증도, 두둑한 통장이나 안정적인 수입 또는 친인척도 없이 맨몸으로 서울에 온 이주자들에게 서울은 냉정하기 짝이 없다. 한국 사회에서 통용되는 물질적, 상징적 자원이 부재한 열아홉의 청년은 당장 서울에서 갈 곳이 없다. 친구라고 부르기도 애매한, 우연히 만나 말을 섞게 된 사람들의 집에 몸을 의탁하고 더부살이를 시작한다. 이 아는 사람들도 실은 서울에 다른 갈 곳이 없어 자취를 해야 했던, 나이차가 크지 않은 또래들이다. 누우면 끝인 방에서, 일하는 곳에서 숙식을 해결하기도 하다 그 짧은 아르바이트가 끝나자 정말 갈 곳도 할 수 있는 일도 없었던 스무 살의 규태는 고시원으로 향한다. 자신처럼 집도 절도 없이 타향살이하는 가난뱅이들이 모여드는 곳이라 생각하며, 자신이 떠나온 벌집의 현대판 서울 버전이라 할 수 있는 고시원으로 말이다.

집-가족을 떠나는 것이 독립이다 못해 단절에 가까웠던 규태의 서울행 뒤의 삶은 한동안 가족뿐만 아니라 집에서도 탈구돼 있었다. 서울 살이 1년 동안 고시원을 포함해 네 군데의 주거 공간을 옮겨 다녔다. 그 뒤로도 무수한 더부살이와 고시원과 옥탑방이 삐걱대는 회전목마처럼 빙글빙글 이어질 뿐이다. 목마가 멈추는 불가피하고 불운한 지점에 고시원이 있다. 이동할 수 없다는 데서 오던 과거의 무기력은 이제 끊임없이 이동해야만 한다는 무기력으로 전치된다. 다시는 돌아가고 싶지 않은 부산의 집에 돌아갈 수밖에 없었던 위기가 몇 번이나 찾아왔다. 많은 이주자들이 서울이라는 대도시에 기대하는 고등 교육과 좋은 일자리, 풍부한 문화적 경험의 기회는 최소한의 물질적, 상징적 자원을 갖지 않은 사람들에게는 높은 진입 장벽 너머에 있는 타워팰리스 같은 것이다. 서울 생활 몇 년 만에 이사의 횟수나 반경이 줄어들었지만, 규태는 여전히 한 대학가의 옥탑방에 산다. 떠나온 집-가족도, 독립 이후 살아온 장소들도 규태에게 결코 무력하거나 불안하지 않은 적이 없었다. 이렇게 어떤 독립의 이야기는 성공이 실패만큼 쓴, 성공과 실패를 분간하기 어려운 맥락에 놓이기도 한다.

부모의 등에 얹힌 가난으로 태어나 자란 젊은이들에게 많은 경우 가족은 안정적인 장소가 아니며, 가족과 결합된 집 역시 마찬가지다. 집-가족은 계급화된 사회적 관계를 체현한다.

반지하에 살았었는데 되게 컸어. 방이 한 칸이라고 그랬잖아. 그리고 내가, 중학교 2학년 때 바로 옆 동네, 한 블록 옆에 있는 빌라의 반지하로 이사를 간 거야. 거기는 방 두 개였던 거지. 그래서 아빠가 쓰고 언니랑 나랑 같이 썼는데, 우리 언니가 집을 나갔어. (웃음) 우리 언니는 비행을 했기 때문에, 집을 나갔기 때문에 나는 그때 방을 혼자 썼어. (웃음) 우리 언니 되게 재밌는 사람이야. (웃음) 그때부터 방 혼자 썼어. 그전에는 같이 쓰긴 했지, 아빠랑. 아빠 자고 옆에 내가 자고, 내가 막내니까, 나 자고. 옆에 언니가 자고. 아, 난 그렇게 아빠랑 같이 자는 게 되게 싫었거든? 근데 아빠랑도 내가 사이가 되게 안 좋았기 때문에. …… 맨날 싸우고, 내가 되게 고집이 많기 때문에. 같은 공간에 있잖아. 그런데 그거를 되게 싫어했던 거 같애. 우리 집이 망해서 기분이 나쁜 건 없었는데 아빠랑 같은 방을 쓰는 게 너무 싫었던 거 같애. 그때 되게 싫었어. 예를 들면 아빠가 술을 먹고 와. 우리 아빠가 술을 되게 좋아하시거든. 아빠가 술을 먹고 오면 술 냄새가 집에서 계속 나는 거야. 나는 되게 어린 학생인데……술 냄새가 계속 나고. 그런 거? 아이 뭐, 어렸을 때. 하여튼 아빠랑 같은 방을 쓴다는 게 되게 되게 싫었었고 그것 땜에 되게 많이 싸우고. …… 빌라로 이사를 했지만 방 두 개짜리로 이사하려고 돈이 없는 상황에서 끌어 모아서 지하로 간 거지, 반지하로 간 거지. 그때부터 방은 처음으로 거의 혼자 쓴 거 같애. 사실 집에는 거의 나 혼자 있었어. 아빠가 사업이 망하시고 택시를 하셨거든, 그때부터? 택시는 밤에 많이 하잖아. 그니까 밤에 맨날 집을 비우니까 나는 맨날 집에 혼자 있었지. 근데 어렸을 때였는데, 집을 청소하고 빨래하고 다 내가 했기 때문에. 치우고 뭐 밥하고……집을 돌보는 일이잖아. 그냥 막 진짜 청소하고 이런 자질구레한 서 나 내가 했었거든. …… 아빠랑 하여든, 난 엄청 싸웠어. 막 밀도 못하게 싸웠어. 되게 얘기하긴 그렇지만 어쨌든, 막, 치고 박고 싸울 정도로. …… 그랬는데 어떤 사적인 일로 인해서, 싸우게 된 거지. 싸웠어. '나 가야겠다'라고 생각을 해서 나왔어. 나왔는데 나올 때 돈이 하나도 없잖아. 그래서 친구한테, 15……20만 원을 빌렸나? 아무튼 집 나온 날, 20만

원을 빌렸어. 갈 데가 없는데……근데 또, 그니까 아빠하고 싸운 게 굉장히 나에게 위협적인 어떤 상황이었기 때문에 나올 수밖에 없었거든? 내가, '아빠랑 싸웠으니까 참아야 되지'가 아니라 되게 나한테 위협적인 상황이어서. 하여튼 상상할 수 있는 많은 위협적인 상황이어서, 그래서 집을 나올 수밖에 없었기 때문에. …… 나는 고시원 생각도 못 하고, 어떻게 할 수가 없었는데 집을 나가야 되는 절박한 순간이 되니까 고시원이 눈에 보이더라고. 왜냐면 보증금 없이 갈 수 있는 데가 있어야 되는데……. **지언, 29세, 대학원생**

가난의 형상은 하나가 아니다. 규태에게 가난이 벌집 같은 다세대주택에 고인 삶을 가리킨다면, 지언에게는 어린 시절 부모가 결별한 뒤 친척집과 반지하를 전전하며 끊임없이 이동하던 덜컹이는 삶을 의미한다. 초등학교에 들어갈 무렵 서울로 와서 마당 있는 전셋집에 살던 시절 누린 짧은 평화는 위태로운 것이었다. 아버지의 빚 보증으로 가세가 완연히 기울며 반지하방 생활이 시작됐다. 지언에게 집이 망했다는 것보다 더 껄끄러웠던 것은 좁은 방을 술에 취한 아버지와 함께 써야 한다는 것이었다. 일찌감치 집을 나간 언니의 빈자리를 감당하며, 아버지의 냄새, 술 냄새, 그 지독한 몰락과 슬픔의 냄새와 싸웠다. 지언에게 가난은 공간적 권리의 부재로 기억된다. 집을 옮기는 것도, 아버지와 방을 함께 쓰는 것도 지언의 선택이 아니었다. 남는 것은 집-가족에 대한 책임이다. 반지하방에 살게 된 열 살 무렵부터 지언은 집을 보살폈다. 어머니의 빈자리에서 밥, 청소, 빨래 등 가사노동은 고스란히 딸인 지언의 몫이었다. 가사노동을 통해 지언이 보살핀 것은 집만이 아니었다. 어린 자신과 택시로 날품을 파는 아버지, 그리고 부재한 언니로 구성된 이 아슬아슬한 가족이기도 했다. 대개

의 집-가족은 어머니에서 딸로 이어지는 여성들의 돌봄노동을 통해서만 유지될 수 있는 것이다.[2]

방 두 칸짜리 빌라의 반지하로 어렵사리 이사하게 된 것도 고모들의 성화 때문이었다. 그 뒤에는 오히려 혼자 있는 시간이 길어졌다. 밤에 일을 나가는 아버지와 마주칠 일이 줄어들었다. 최소한 낮의 집은 지언의 공간이다. 그러나 여전히 밤은 아버지와 충돌하는 시간이다. 서로 다른 시간대에 공간적 권리를 행사하게 된 지언과 아버지는 하나의 집을 두고 밤과 낮을 각자의 진지로 삼은 채 때로는 말 없는, 때로는 손이 먼저 뻗는 전쟁을 벌였다. 부모의 등에 얹힌 가난은 때때로 물리적 폭력의 형태를 취한다. 지언이 나이가 들고 대학에 들어가게 되면서 이 오래된 전쟁은 점차 위험하게 곪아가다 아주 사소한 계기로 터지게 된다. 갈등이 임계를 넘은 순간 아버지와 함께 살아 온 이 집-가족은 더는 지언에게 집이 아니게 된다. 지언은 이제 이곳에서 나가야겠다, 라고 생각한다. 내가 얹혀 있던 이 불안하고 위태로운 곳에서 떠나자. 친구들에게 급히 빌린 단돈 20만 원으로 최대한 빨리 의탁할 공간이 필요했고, 예전에는 그런 곳이 있는 줄도 몰랐던 고시원 간판이 눈에 들어오기 시작했다. 그렇게 서너 달을 살았다.

돈이 없으니까 그래, 사실은 방법이 없었거든? 근데 고 바로 앞에, 학교 앞에 ○○골목이라는 데가 있는데, 거기 마침 무보증에 25만 원 짜리 옥탑방이 나온 거야. 그래서 냅다 갔는데, 부엌이 없는 거야. 근데 집 되게 좋았어. 옥탑인데 주인집 거실을 통해서 들어가게 돼 있어서 안전도 되게 좋았고, 그 다음에 화장실이랑 방이 되게 깨끗한 거야. 부엌이 없는 게 단점이었어. 그래서 어쨌든 그때 처음으로, 사실은⋯⋯고시원에 있을 때는 되게 뭐랄까, 모르는 사람들 옆에서 자고 막 새벽에 시계 울리고 미치잖아 막. 그렇지만 그나마 사실은, 내가 되게 안 좋은 상태에서 거기를 갔기 때문에 그나마 처음에는 안정감이 있었는데. 좁은 데 나 혼자 있으니까. …… 해도 되게 잘 들고. 전반적으로 아늑한 느낌이었던 거 같아. 사실은 그때 처음으로 자취……는 아니지. 나는 출가……내가 맨날 사람들이 '너 자취하지', 그럼 나는 출가했다고 그러는데. 왜냐면 뭐, 내가 일시적으로 나와 사는 게 아니잖아. 완전히 나온 거지 집을. 독립을 한 거지. 나는 금전적인 것도 다 독립한 상태고, 이미 1학년 때부터. 그래서 인제, 그냥 완전히 분리된 거지, 그래서. 되게 되게 좋았어. 집을 구해가지고 막, 친구들이 이불 세트 사주고……. 고시원에 있을 땐 그런 거 못 하잖아. 막, 책상도 사고. 그때 또 뭐 샀지? 밥통? 가스레인지가 없으니까 부르스타 같은 버너, 휴대하는 버너. 그 다음에 살림살이. 그래서 되게 신났지. 막, 욕실을 막 꾸미는 거지. 세숫대야 사고 뭐 사고, 냄비 사고. 돈 모아놓은 게 있었으니까. 무보증이어서 그게 가능했겠지만. 살림살이를 그때 처음 산 거지. 그때가 대학교 4학년 때였나? 3학년 말이다, 3학년 말. 가을, 겨울 올라갈 때……. **지언, 29세, 대학원생**

아버지라는 친밀한 관계, 친밀해서 더 폭력적일 수 있는 관계에서 벗어나 자기만의 방이 필요했던 지언에게 고시원에서 지낸 첫 며칠은 나름대로 아늑했다. 떠나온 집-가족의 지긋지긋함보다는 고시원 방의 낯섦과 소란이 차라리 편했다. 그러나 창문 없는 고시원 방에서 건조한 겨울을 나며 건강이 나빠졌고, 점점 이곳 역시 집으로 삼기 어렵다는 생각에 그동안 아르바이트로 모은 돈으로 이사를 한다. 운 좋게도 보증금이 없는 옥탑방을 구할 수 있었던 것이다. 지언은 그때부터 '출가' 생활을 시작했다고 이야기한다. 가출이 마땅히 돌아가야 할 집에서 나온 것이라면, '출가'는 이제 돌아가지 않기 위해 집을 나와 새로운 집을 만드는 일이다. 이것은 독립의 다른 말이다. 학비도, 생활비도, 방세도 다 지언이 감당해야 할 몫이 됐지만 대신 친구들에게 '출가'를 축하하는 살림살이를 선물 받았다. 더는 취한 아버지의 냄새와 지친 싸움을 하지 않아도 된다. 더는 누군가의 등에 가난으로, 갚지 못할 빚으로, 지난한 투쟁으로 얹혀 있지 않아도 된다.

집-가족이 으레 제공해줄 거라고 기대되는 편안함, 안정감, 소속감은 사실 누군가가 끊임없이 노동해서 만들어내는 것이며, 그 누군가는 전형적인 이미지의 '어머니-아내-주부'다. 이런 전형성은 생계 부양을 담당하는 남편과 무급 가사노동을 전담하는 아내라는 가내 위치를 기반으로 구상된 남성 생계 부양자 모델로 유지된다. 그러나 한국 사회에서 남성 생계 부양자 모델의 이상을 실현할 수 있는 것은 일부 중산층 이상 가족뿐이다. 집값이나 교육비, 생활비 등을 유지하기 위해서 대개의 남성 1인의 임금은 턱없이 모자라기 때문이다. 2009년 통계청의 사회 조사 결과, 한국의 부부 가구 중 40.1퍼센트가 맞벌이 가구라고 한다.[3] 이 중 다수가 남성의 수입만으로 생활을 꾸리기 어렵거나 전세 대출, 사교육비 등을 충당해야 하는 상황에 놓인 가구일 것이다.

저소득 맞벌이 가구 또는 경제적 상황 때문에 이혼이나 별거 상태에 놓인 빈곤 계급 가구는 돌봄이 탈구된 공간이다. 이미 가구 소득으로는 한국 사회가 이중 생계 부양자 모델로 이행하고 있다고 확인할 수 있지만, 여전히 가내 돌봄노동의 대부분을 여성이 담당하고 있다.[*] 이런 성

---

[*] 2009년 가계 동향 조사 결과에서 외벌이 가구의 월평균 근로 소득은 1860만 원으로 맞벌이 가구(2940만 원)의 63.3퍼센트 수준이지만, 같은 해 생활 시간 조사 결과에서 남편들은 맞벌이·외벌이 여부와 무관하게 가정 관리, 가족 보살피기에 일주일 평균 40분이 채 안 되는 시간만을 투여하고 있을 뿐이다(통계청, 2010).

불평등한 상황에서 여성이 더 장시간 노동해야 하거나 가족 안에 여성이 부재한 경우, 집을 '집'으로 만드는 돌봄노동 역시 충분히 마련되기 어렵다. 이것은 집-가족의 의미 그 자체가 계급화되는 동시에 성별화되는 지점이다. 따라서 빈곤 계급의 집-가족은 자녀에게 편안함, 안정감, 소속감을 제공하기보다 오히려 가난과 절망을, 돌봄노동과 부양의 의무를 떠안긴다. 이런 맥락에서 빈곤 계급 출신 젊은이들의 '독립'은 부모의 시선과 규칙이 만들어낸 공간적 질서가 아니라 가난한 현실과 그 현실이 지속될 것이라는 전망에서 탈출하는 것이다. 이 젊은이들은 부모에게 의존하지 않고 살기 위해서가 아니라 부모의 계급과 연결된 상황 또는 계급화된 문화적 상황과 단절하기 위해 부모를 떠난다. 비록 그것이 하나의 불안정에서 또 다른 불안정으로 이동하는 일이라고 해도 말이다.

3. 독립이 모이면 공존이 된다

태어나고 자란 집-가족을 낯설게 보고, 집과 가족 사이의 연결고리를 끊어낸 이 청년들에게 가능한 '집'들은 그리 많지 않다. 그래서 이들은 고시원이나 옥탑방, 반지하 같은 몇 안 되는 장소들을 떠돌며, 또는 다시 가족이라는 원점으로 돌아가며 독립과 의존의 불협화음을 연주한다. '삑사리' 없이 매끄럽고 빈틈없는 독립이란, 아마추어 연주자의 완벽한 첫 공연처럼 불가능에 가까운 일이다. 그러나 이 독립의 '삑사리'는 여럿이 모이면서 역설적으로 인정된다.

> 고시원은……[나에게] 되게 중요한 전환점이지. 왜냐면은, 내가……진짜, 그니까 독립, 나의 의미로서는 독립인데. 나는 사실 뭐 경제적인 독립은 이미 했었는데, 공간의 분리라고 하는 건 나한테 되게 중요한 시기

였거든. 그 위협적 상황으로부터의 분리라고 하는 게. 근데 그거를 가능하게 했던 게 고시원이 있었기 때문이잖아, 사실. 예를 들면 진짜 쪽방이나 이런 데였으면 난 못 갔을 것 같거든? 너무, 너무 밀접하게 막 붙어있는 그런 쪽방이었으면 난 못 갔을 것 같아. 근데 [고시원은] 어쨌든 현대식 건물에, 진짜 감옥같이 쪼끄만 방이긴 하지만 분리돼 있잖아. 나하고 다른 사람하고. 내가 다른 사람한테 나를 설명할 필요도, 그니까 내 이웃이 아니잖아, 나를 설명할 필요도 없고, 나한테 관심을 안 갖잖아. 옆방에 누가 살더라, 이런 건 알 수 있지만 뭐, 내가 어떤 인간인지 관심이 있겠어? 그니까, 그런 게 되게 필요한 시기였을 수도 있고. 나 혼자 그냥……웅, 나 혼자 그냥 살고 싶은……그런데, 아까 얘기했던 것처럼 쪽방 같은 그런 환경이면 그게 불가능하기 때문에 내가 독립할 수 있었을까 싶은 거지. 그니까, 고시원이라고 하는 데가 있었기 때문에 내가 집을 나올 수 있었고. 되게 그게 중요했던 게 거기에서 내가, 예를 들면 거기에서 뭔가 좌절을 했으면 다시 집에 들어갈 수도 있었을 상황이었거든? 근데 나는……그렇지 않고……그 경험, 거기에서 혼자 살았던 경험이 되게 중요했던 거 같기는 해. 이후에 내가 보증금 없는 월셋방에서 다시 더 좀 키워서, 방을 키워서 가고. 그 다음에 친구랑 돈을 합쳐가지고 전셋집을 얻고. 이런 과정에서, 전환점 같다? 첫 출발점……인거지. 그때 되게 친한 친구한테 내가, '내가 고시원에서 출발했는데 못할 게 뭐가 있냐…….' 왜냐면 나는 늘 그랬었거든? 이사할 땐 또 어떻세 어떻게 해서 다시 아무것도 없고, 다시 다 새로 사고……이런 과정이 몇 번 있었어. 이사를 세 번 했잖아. 두 번째 이사, 그러니까 오백에 얼마에서 삼백에 얼마짜리로 다시 이사할 때는 언니랑 같이 살았기 때문에. 이것저것 나누고 하다 보니까 여러 가지 문제가 있어서, 다시 이사를 가면서 또 살림살이를 다시

다 준비하고, 새로 시작하고. 약간 이런 느낌이 있었거든. 되게 좀, 새로운 시작……이, 혼자 살게 되는 시기라고 하는 게. 그게 처음이 고시원이었으니까. **지언, 29세, 대학원생**

지언은 고시원살이를 자신의 주거사에서 중요한 전환점, 독립의 출발점으로 기억한다. 조금만 더 힘들었더라면, 조금만 더 '빽사리'가 났더라면 의지를 꺾고 다시 아버지가 있는 집-가족으로 돌아가야 했을 수도 있다. 그러나 친구들의 격려로 고시원에서 옥탑방으로 자리를 옮기고, 다시 돈을 모으고 합쳐 선배 언니와 전셋집을 구하고, 선배 언니가 결혼하며 떠난 뒤에는 친구와 전셋집을 구해 함께 살 수 있었다. 지언은 독립에 관해 이야기하지만, 다른 한편으로 계속해서 함께 사는 사람들을 그 이야기 속으로 초대한다. 고시원 이후의 공간적 독립의 과정은 지언에게 가족만이 삶의 유일한 닻이 아니라는 것을, 자신이 꾸리고 있는 '집'이 가족 없이도 성립될 수 있다는 것을 발견하는 과정이었다. 혼자 살기와 같이 살기는 씨줄과 날줄처럼 얽히며, 지언의 독립을 혼자일 때보다 더 단단히 걸어 매줬다. 그것은 아마 지언과 함께 산 사람들에게 역시 마찬가지였을 것이다.

방을 공유하는 룸메이트나 집을 함께 쓰는 하우스메이트로 누군가와 같이 사는 일은 무엇보다 경제적 차원의 협력 또는 지원이 된다.

이사 갈 때 생각나요, 고시원에서? 당연히 생각나죠. (웃음) 군대에서 별로 좋은 관계들이 없었음에도 불구하고 몇 명 친해진 사람들이 있었고. 한 기수가 한 달이거든요? 기수가. 제가 ○87기였고, ○86기에 ○○ 형이라고 형이 있었는데. 그 형이 메이크업을 한다고 목포에서 살고 있었는데, 목포에서 대학을 때려치우고 서울에 압구정동에서 일도 구하고, 신림에 집을 구해서 압구정동 학원 다니는데. 자기가 보기에 힘드니까, 고시원 힘드니까……[인간]관계를 좋아하는 사람이어서, 같이 살고 싶고 도와주는 마음에 [저한테] 오라 그랬어요. …… 계속 오라고 그랬었거든요. (웃음) 오라고 몇 번이나 그랬고. 얹혀 산 적은 없으니까, 어떤 건지 그것도 한번 경험해보자……손해 볼 것도 없고, 한 달에 드는 돈도 굳고. 공과금만 같이 내면 되니까. 경제적으로 오히려 고시원보다도 싸게 먹히는……. 가서는 사실, 3명이서 같이 지냈는데. 원래 저랑 그 형이랑만 있다가 목포에 있는 다른 형 친구가 와서 3명이 됐어요. 아무튼 단칸방에 같이 있는다는 게……참 재밌는 사람들이고, 좋은 점도 많았지만 일상적으로 좀 부딪히는 면이……자는 시각, 일어나는 시각도 다르고. 메이크업을 하면은 뭐, 작품 만든다고 새벽 5시에 자버리고 막, 컴퓨터 켜져 있고. 이러면 저는 그런 데 좀 예민한 편이어서……. **명한, 27세, 창작직**

넉넉하지 않은 부모 밑에서 서울에 있는 대학에 진학하는 게 저절로 독립이 된다는 사실을 명한이 처음부터 안 것은 아니다. 그래도 중고등학교 시절 대부분을 기숙사가 있는 학교에서 보냈고, 대학 입시를 준비하며 아주 잠깐 서울의 고시원에서 두어 달 살기도 했다. 그러나 대학 입학이 결정되고 집을 알아보러 왔을 때, 살 수 있는 곳이 고시원밖에 없다는 사실은 조금 막막했다. 명한에게 독립은 아르바이트로 학비와 생활비와 집세를 감당하며 알바의 날인이 뇌는 것을 의미했다. 고시원에서 웅크리고 입 다물며, 햄과 참치캔에 물리고 질려 체하고 토해도 병원에 가지 않고 참는 것이었다. 창문 없는 0.8평짜리 어두운 공간을 빌리는 데 한 달에 16만 원, 하루에 5000원씩 든다는 계산이 가끔 길을 잃은 것처럼 명한을 멍하게 만들었다. 군 복무 기간 앞뒤로 각기 18개월, 6개월씩 도합 2년을 고시원에서 혼자 살았다.

명한이 고시원에서 나오게 된 것은, 그러니까 독립의 질감에 조금 더 물기가 생긴 것은 기대치 않은 계기에서였다. 군대 선임이 서울에서 직장을 구하기 위해 자취방을 얻었으니, 고시원에서 몸과 마음 상해가며 살지 말고 함께 사는 게 어떻겠냐는 따스한 제안을 했다. 출신 지역도 학교도 하는 일도 전혀 다르지만 군대에서 오랜 기간 얼굴을 맞대고 산 그 형은 명한에게 선선히 자신의 방을 열어주었다. 방세를 따로 부담할 필요 없이 공과금만 나눠 내자는 그 제안은 가뜩이나 가벼운 명한의 이삿짐을 더욱 가뿐하게 해주었다. 많은 경우 룸메이트 또는 하우스메이트는 주거 비용을 1/n로 분담하거나, 관계에 따라서는 경제적 형편에 맞게 보증금과 월세를 조율하는 등의 방식으로 방살이의 경제적 협력자, 상호 조력자가 된다.

물론 그것이 전부는 아니다. 고시원에서 공간을 침범해 들어오는 익명의 소리들, 마주치는 얼굴 없는 몸뚱이들, 그 유령 같은 지문들의 세계에서 실체를 가진 세계, 이름과 얼굴을 가진 사람들의 방으로 옮기는 일이 명한에게도 필요했다. 비록 그것이 얹혀사는 일, 어쩌다 군식구가 하나 더 늘어 서로 다른 세 개의 일상이 굴러가는 산만한 방살이가 된다고 해도 말이다.

2005년부터 1년간은 친구하고 같이 자취를 했어요. 처음으로 그니까 뭐, '나의 집' 이런 식으로 독립이 된 거죠. 거기는…… 마포구 공덕동의…… 아, 공덕동이 아니고 정확히 도화동이에요. 공덕동 옆에 있는. 그래서 거기는 재개발되기 직전의 되게 오래된 아파트였어요. 막 엘리베이터도 없고 막, 이런 아파트 있잖아요. 〈화양연화〉 이런 데 나오는 막, 다 쓰러져 가는 그런 거. 한 15평 정도 되는 되게 낡은 아파트였는데 방을 하나씩 쓰고. …… 그 집에 우리는 이름을 붙였는데 제가 좋아하는 《해변의 카

281

프카》라는 책과 《멋지다 마사루》라는 책을 합성해서 '해변의 마사루'라는 간판을 써서 집 현관 앞에다가 붙였어요. 그래서 거기를 줄여서 '해마'라고 부르고, 그렇게 붙였더니 거기 경비 아저씨가 저만 지나가면 "어이, 해변의 마사루", 이렇게 불렀던 기억이 나요. (웃음) 그리고 거기서는⋯⋯ 어⋯⋯음식물 쓰레기가 썩는 거에 대한 스트레스가 (웃음) 왜 가장 먼저 기억이 날까요. (웃음) 그리고, 화장실 청소를 누가 할 것인가 이런 스트레스? (웃음) 근데 이 친구하고 같이 밤늦도록 와인 마시고 수다 떨고, 이런 거 되게 좋았고. 그리고 재개발 직전이었기 때문에 우리가 마지막 세입자라서 아크릴 물감으로 집 전체를 거의 도배하다시피 그림을 그렸던 게 되게 재미있었어요. (웃음) **영현, 27세, 사무직**

유령 아닌 사람의 집에는 표정이 있다. 그 기억을 거슬러 올라가다 보면 유달리 웃음이 많이 터져 나온다. 영현이 대학 시절 친구와 함께 1년간 산 재개발 직전의 낡은 아파트는, 비록 2000만 원의 보증금 대부분을 각자의 부모가 부담했지만, 두 사람에게 내밀한 공간적 독립의 아지트로 안성맞춤이었다. 영현과 친구는 그 집에 이름을 붙였고, 그곳에 사는 동안 자신들도 그 이름으로 불렸으며, 그 이름을 정든 동창의 이름처럼 기억하고 있다. 한 사람이 몸을 밀어 넣으면 비어져 나올 만큼 좁은 고시원 방에 이름을 붙이고 기억할 수 있을까. 그럴 수 없다고 생각했기 때문에 영현은 지금 살고 있는 고시원에 '집'의 지위를 내줄지 말지 계속해서 고민하고 있는 게 아닐까.

혼자 있으면은, 혼자 있으니까 진짜 자기 마음대로 할 수 있고, 발가벗고 다니고 뭘 해도 상관이 없는 거니까. 자유롭고 그런 건 좋은데. 솔직히 근데, 혼자 있으면은 외롭죠. 일단 집에, 일 마치고 밤늦게 집에 들어왔는데 집에……그냥, 불 꺼져 있는 방에 들어와 있는 것도 썩 기분이 유쾌한 건 아니더라구요. 그 대신 근데 같이 살면……사람이 같이 살면은, 일단 내가 집에 들어오거나 할 때 연락을 할 수도 있고, '나 오늘 좀 늦을 거 같아'라고 그렇게 얘기할 수도 있고. 내가 집에 들어왔을 때 항상 불이 켜져 있고, 사람이 있고, 그 사람이 나를 기다리고 있고. 그런 느낌……느낌이 있어서 집이 더 가고 싶은 곳이 되는 것 같아요. 나를 기다리는 사람이 있다는 거 자체가, 되게 좋은 거니까. 근데 가끔 귀찮긴 해요. (웃음) 옆에 사람이 있으면, 뭐, 못하는 것도 있고. 혼자서 영화를 보는데 옆에서 쫑알쫑알대면 짜증도 나고. (웃음) 그래도……장점이 있으니까, 같이 있는 거 같아요. 사람이 날 기다리고……온기가 있으니까. **기석, 29세, 사무직**

취업한 뒤 독립 자금을 마련하기 위해 고시원과 회사 연수원을 오가던 기석은 2009년 후반 그간 모든 돈과 부모님이 받아준 대출을 합쳐 반지하 집을 하나 얻었다. 비록 빚쟁이가 된다 한들, 고시원의 낯선 얼굴이나 같이 살기는 부담스러운 직장 동료들과 함께 하던 생활에 안녕을 고하고 멋들어지게 혼자 살아보자는 계획은 한두 달 만에 자발적으로 무산됐다. 학교 기숙사에 들어가지 못해 서울에서 오갈 데 없는 처지가 된 대학원생 선배의 연락에 흔쾌히 승낙한 것이다. 사실 이 환대에는 진사前史가 있다. 그리 유복한 편이 아니었던 집안 사정상 서울에 있는 대학에 신학하자마자 친척 집에서 살아야 했던 기석이 대학 1학년 한 해를 보낸 곳은 학교의 빈 자투리 공간을 막고 커튼을 쳐서 가린 쪽방 아닌 쪽방이었다. 당시 학생운동을 하다가 수배 중이었던 학생회장 선배가 은신할 공간으로 마련했지만 점차 비공식 학생회실 정도로 이용하던 그곳에서 학생회장 선배와 기묘한 동거를 하게 된 것이다. 그때 그 쪽방을 기석에게 기꺼이 내준 학생회장 선배가 이제 대학원생이 되어 기석의 방문을 두드렸다.

다른 사람 눈치를 보지 않고 온전히 혼자가 될 수 있는 자기만의 공간을, 그런 공간적 독립을 여전히 원하지만 기석은 쓸쓸함의 무게를 잘 안다. 집에 들어오는 길, 불 꺼진 식은 방이 하루의 고단함을 얼마나 더 짓누르는지, 방의 적막이 싫어 켜둔 TV나 라디오 소리는 얼마나 표정이 없는지, 함께 나눌 수 없는 허기와 배부름은 얼마나 공허한지 거의 10년 만에 다시 같은 공간에서 살게 된 선배의 존재가 집을 채운다는 것은 때론 귀찮고 짜증스럽기도 하지만, 또한 그 익숙함과 편안함 덕에 공간의 의미와 질감이 달라진다. 동거인의 기다림과 온기가 어떻게 공간을 채우고 그 공간을 집처럼 느끼게 해주는지 기석은 잘 알고 있다. 기석은 선배에게 공간을 내준 대신 방세를 요청하는 것이 아니라 온기를, 표정을, 목소리를 바랐던 것이다. 대가를 바라지 않은 환대가 다시 또 다른 환대로 돌아올 때, 기석의 독립 이야기, 홀로서기 이야기는 공존의 이야기가 된다.

물론 이 모든 공존의 이야기에는 작은 갈등의 싹들이 숨겨져 있다. 생활 패턴의 차이, 프라이버시, 가사노동 분담, 다시 분가하게 될 때의 비용 문제 같은 것 말이다. 독립이 그렇듯 공존 역시 생각만큼 쉽지 않다.

가족은 어쨌든 태어나면서 가족이 되는 거고, 혈연으로. [같이 살게 된] 그 사람들은 어쨌든 타인으로 만나서 가족처럼 살아야 되는 사람들이잖아요. 그런 건 훈련이 필요한 거 같아요. 가족끼리도 같이 살면서 되게 불화가 많잖아요. 그 사람들이랑 사는 것도 처음에는 서로 잘 모르는 사람이고, 같이 산다는 건 되게 민감할 수 있는 문제기 때문에 훈련을 많이 해야 되는 거 같아요. 그래서 초반에는 트러블이 있어도 이게 뭣 때문에 문제인지 모르거나, 아니면 '아, 이게 내 잘못이다'라고 생각하기 이전에 뭔가 타인이 날 불편하게 만든다, 같이 사는 사람을 이렇게 생각을 할 수 있었던 거 같은데. 지금은 이제 좀 그런 부분에 있어서……전 이제 남들이랑 같이 사는 게 꽤 되니까, 되게 여러 사람이랑 같이 살았고, 여러 성향들을 만나봐서……지금은 좀 나름 조정을 하려고 하죠. …… 나름대로 배우는 것도 있는 거 같아요. 아까 얘기한 것처럼, 타인에 대해서 알게 되는 것도 있고. 그 다음에 경계가 많이 사라진다고 해야 되나, 타인에 대해서, 저 같은 경우는. 그랬던 거 같아요. 어릴 때는 그렇게 막 열어놓고 사는 스타일은 아니었던 거 같은데. 근데 나는 계속 사람들을 만났잖아요. 타인들을 계속 만났잖아요. 비즈니스 관계가 아니고, 되게 친밀해야 되는 관계 안에서, 친밀할 수밖에 없는 공간을 계속 나눠 썼잖아요, 그 사람들이랑. 그니까 타인과 사는 거에 대한 부담이 남들보다 적다고 해야 되나. 왜, 그런 거 되게 부담스럽게 생각하잖아요, 사람들이. 혼자 살고 싶어하고, 자기 프라이버시 지켜야 된다고 생각하고. 저는 그런 거 많이 없어요, 그렇게. …… 그렇게 [알게 된 지] 오래된 사람은 없거든요, 같이 사는 사람들 중에. 그냥 다 만나서 좀 있다 같이 살게 되고. 서로 이사해야 되거나 살 곳 찾고 있으면은. 그래서, 그런 사람들이랑 계속 사니까 좀, 타인과 지내는 거에서 많이 배우는 거 같긴 해요. 배움이 나름대로 있었다고 하면은 그런 건 확실히 있는 거 같아요. 이게……본인 성향이 그런 사람도 있겠지만 저는 성향은 원래 안 그렇거든요. 저도 되게 개인적인 게 중요하고 그런 사람인데 계속 이렇게 살면서 좀, 그런 게 많이 없어진 거 같아요. 좀 유연하다고 해야 되나, 어떤 면에서. **규태, 26세, 창작직**

서로 다른 가족적 배경과 교육 환경에서 유년기와 청소년기를 보낸 뒤에 만나 20대 이후가 돼서야 같이 일상을 부대끼게 된 사람들이, 날 때부터 원하든 원치 않든 함께 살아야 했던 가족과 동일할 수는 없다. 혈연관계로 구성된 대부분의 가족이 낳고 태어나고 기르며 길러진다는 우연적인 강제에 따라 결속된 것과 달리 룸메이트나 하우스메이트는 함께 살기로 합의한, 선택으로 맺은 관계다. 같이 살기 위해 만났으니, 같이 살고 싶지 않다면 언제든 떠날 수 있다. 보증금이나 공동으로 쓰는 물건들이 걸려 있다면 조금 더 시간이 걸리겠지만, 동거의 종료는 이혼이나 호적 파기보다 훨씬 더 간소한 일이다. 그러나 문제는 관계를 얼마나 오래 유지하는가가 아니라, 함께 살기로 한 만큼의 시공간을 어떻게 공동으로 운영하는가다. 부산에서 서울로 온 뒤 고시원을 제외하면 늘 모든 주거 공간을 가족 아닌 누군가와 나누어 쓰며 살아온 규태는 무수한 주거의 굴곡에서 함께 살기의 갈등과 협상하면서 깨우친 배움을 우리에게 나누어준다.

함께 사는 타인들은 학교에서 오랜 시간을 부대낀 친구하고도 다르며, 일하기 위해 만난 직장 동료하고도 다르다. 그 차이 중 하나는 관계의 위계가 만들어지는 방식이다. 대개의 이성애 정상 가족이 아버지(남편)―어머니(아내)―자녀라는 상징적 위치와 경제 능력의 결합에 따라 가족 안의 권력을 배분하는 것과 달리, 함께 사는 타인들 사이의 권력 관계는 생득적인 것이 아니라 누가 집에 관한 명시적 권리를 더 많이 가지고 있는가, 즉 누가 더 많은 비용을 지불했는가에 따라 조정된다. 그러나 무엇보다 큰 차이는 이 관계에서 형성된 친밀성의 속성에서 온다. 함께 살기의 친밀성은 공간적 질서를 공유하는 내밀한 관계 속에서, 또한 그 질서를 각자가 생각하는 '집'에 더 가까이 다가가게 하기 위한 집 만들기의 협력과 긴장, 그리고 갈등 속에서 빚어진다. 한 사람에게도 분열적이거나 모순적일 수 있는 집의 관념을 실현하는 두 개 또는 그 이상의 경로가 교차할 때, 때로는 빛이 나고 때로는 마찰이 인다.

전혀 모르던 타인의 먹고 싸고 움직이고 자는 일상을 지켜보고 또 내 일상을 드러내 보이며 만들어지는 이 친밀한 관계에서, 규태는 훈련이 필요하다고 이야기한다. '훈련'은 함께 살기의 친밀성이 결코 자연스럽게 주어지거나 시간의 흐름에 따라 체득되는 것이 아니라, 끊임없는 조정과 협상, 노력을 통해 성취되는 것이라는 점을 함의한다. 극소수의 타고난 천재가 아닌 이상 애쓰고 노력하며 감각을 훈련하지 않으면 더 좋은 연주자가 되기 어려운 것처럼, 서로의 공고한 경계를 조금씩 허무는 과정을 통해 우리는 친밀한 관계의 음정을 좀더 잘 조율할 수 있게 된다. 어쩌면 이 훈련이 사회적 존재인 인간으로 성장하는 중요한 한 악장인지도 모른다. 더 중요한 것은 실은 가족 안에서 형성되는 친밀성도 훈련이 필요하다는 것이다. 어쩌면 우리는 관계에서 축적된 시간을 곧이곧대로 친밀성의 질량으로 잘못 환산하고, 그 친밀성과 결부된 '집'이라는 사회적 관계의 다발을 곧 가족으로 등치하는 실수를 저질러온 것은 아닐까.

그러나 가족 안의 공간적 질서에서 독립하려고 하는 청년들의 시도와 '삑사리'들은 실은 가족 관계는 불완전하다고, 가족과 집이 언제나 단단히 결박돼 있는 건 아니라고 폭로한다. 청년들의 독립이 복수複數가 되고, 서로를 붙잡을 때 독립의 '삑사리'들은 홀로 갇히는 음이 아니라 집-가족 사이의 이음새에 흠집을 내는 음으로 변한다. 그리고 그것은 집-가족에 얹혀살기를 멈추고, 새로운 집, 서로-얹혀살기의 가능성, 또 다른 성장의 트랙을 모색하는 투박하지만 선명한 합주가 된다.

독립을 관리하는 가족

1. 안전한 독립?

독립이라는 표현은 늘 '~에서'라는 조사를 필요로 한다. 빈 자리에 들어가는 것은 독립의 대상이다. 독립을 뜻하는 영어 단어인 'independence'가 잘 보여주듯, 이 단어는 의존dependence이 있은 다음에야 의미를 얻게 된다. 그래서 중요한 것은 어떤 의존 또는 무엇에서 독립하는가이다. 이런 서술은 마치 독립의 대상이 독립이라는 의지나 실천과 대립되는 것처럼 보이게 한다. 어떤 경우는 사실이지만, 모든 경우를 설명하지는 않는다. 이를테면 부모가 없거나 부모의 부양 능력이 없는 자녀들에게는 독립의 이전 상태로서 집-가족에 대한 의존 또는 '얹혀삶' 자체가 없을 수도 있다. 또 어떤 경우에는 집-가족에서 독립하는 것이 오히려 의존과 변별되기 어려운 상태에 놓이기도 한다.

> **집에 갔을 때는, 그때는 어땠어요?** 고시원 있다가 집에 가면. 음……반 반인데, 불편한 것도 있었고, 짧게라도 나 혼자……그니까 내가 항상 내 방에서 독립적인 생활을 영위하고 있지만 (웃음) 우리 집이 같이 아침밥을 먹지 않는다거나, 출근하고 퇴근하거나 등교하고 하교하거나 할 때 서로 인사를 안 해준다거나 하는 게 거의 없거든? 그니까 그걸 하지 않으면 되게 배은망덕한 인간이 되는데. 그걸 안 하다가 하려니까 좀 약간 귀찮기도 하고, 응. 신경 써야 하는 다른 사람이 생긴다는 게 나도 모르는 사이에 좀 불편했던 거 같아. 근데 이 감정이 되게 도의적으로 옳지 않은 거잖아? 가족들에 대해서 그런 감정을 갖는 게……근데 확실히

고시원에 있는 게 나한테는 좀 되게 편했던 거 같아. 아무도 신경 안 써도 되고, 그냥 내가 원하는 것만 가져다 놓고 그것만 딱 취해서 할 수 있었고. 기본적으로, 아까도 몇 번 얘기했지만 우리 집과 고시원과 약간의 시설 차이가 있을지는 몰라도, 그렇게 막 다르지 않거든? 각 방에서 자기 혼자 독립적인 생활을 하는 거는 별로 다르지가 않아서……집에 있을 때 뭐, 그 정도의 귀찮음이 추가되는 대신에 되게 많은 편리함과 따뜻함이 있잖아? 엄마 아빠를 볼 때의. 그냥 고 정도의 차이? 그니까 나한텐 별로 안 컸던 거 같아. 그리고 나한테는 고시원의 불편함이 그렇게 절대적이라고 생각도 별로 안 됐고. 남들이 막 고시원이 불편하네, 어떻게 그런 데서 사네 마네, 이렇게 얘기해도 난 정말 좀 많이 추웠다는 거 빼고는 되게 속 편한 장소였던 거 같아. 그냥 뭐 따로……뭘 생각하지 않아도 되는 거? 그 담에 아무도 없잖아. 내가 집에서는 밥이라도 한 끼 먹으려고 그러면은 '엄마는 밥 먹었냐, 아빠는 언제 들어오냐' 이런 거 얘기해야 되는데 그럴 필요 없이 내가 밥 먹고 싶으면 밥 먹으면 되고, 뭐 하고 싶으면 뭐 하면 되고. 집에서는 테레비를 보려고 해도 엄마 아빠한테 '뭐 보고 싶은 거 있냐, 난 이거 보고 싶은데' 이런 거 얘기해야 되는데. 그런 거 저런 거 생각 아무것도 안 해도 되고. 또 우리 엄마는 열두 시가 넘으면 자야 돼. 우리 집안 사람들은 불을 꺼야 되거든. 근데 열두 시에 안 자도 되고. 여섯 시에 안 일어나도 되고, 일곱 시에 안 일어나도 되고. 그런 생활 패턴 같은 거를 나 혼자 마음대로 할 수 있다는 게 있어. 음, 그런 것들이 되게 편했던 거 같아. 우리 집은 되게 정해져 있는 게 많거든. 그니까, 사실 정해져 있는 게 딱 그것뿐이야. 아침에 일찍 일어나고 저녁에 일찍 자고, 밥 먹는 시간이 정해져 있고, 다 같이 먹어야 되고. 그 담에 나갈 때 들어올 때 인사하는 거. 그 외에는 없는데, 근데 그게 없다는 사실이 나한테 되게⋯⋯해방감? 같은 걸 줬던 거 같아. 그런 얘기를 우리 엄마가 들으면 서운해하겠지. 하지만 그랬다는 거지. 미영, 27세, 취업 준비

　미영이 고시원에서 살게 된 계기는 내가 만난 다른 사람들에 비해 독특한 편이다. 대개 비수도권 출신으로 서울에서 달리 갈 곳이 없어서, 아니면 집-가족에서 벗어나기 위해 고시원을 찾지만, 미영은 통학 시간을 줄이고 취업 준비에 전념하려고 같은 목적을 가진 후배와 함께 고시원 방을 얻었다. 조금 춥다는 걸 빼면 고시원이라는 공간의 불편함이나 좁고 어두운 1인실에서 누군가와 함께 살면서 겪는 갈등에도 초연했다. 두 사람은 사실 고시원에서 대면할 일이 별로 없었다. 각자 고시원 방을 쓸 요일을 정했기 때문이다. 주 2교대로 돌아가는 공간 활용 체제에서 두 사람의 실제 공간적 질서는 완전히 분절되어 있었다. 고시원에 가지 않는 요일에는 과방이나 동아리실같은 학교의 익숙한 장소로 가기도 했지만 대개는 집으로 돌아갔다. 둘 다 서울에 부모의 집이 있었던 것이다.

　미영이 후배와 함께 빌린 것은 고시원이라는 이름의 장소였지만, 두 사람은 장소에 굶주린 사람들이 아니었다. 미영과 후배는 결여된 것을 메우기 위해서가 아니라 이미 가진 것을 보조하기 위해 고시원을 찾았다. 미영에게 고시원은 진짜 집이 아니라 여행 다닐 때 묵은 유스호스텔, 아니 그곳보다 더 가벼운 장소다. 그것은 이를테면 미영이 고시원에서 사용하려고 챙겨온 화장품이나 세면 용품의 샘플 같은 것이나. 고시원에는 큼지막한 샴푸나 로션을 둘 필요가 없다. 이곳은 그저 필요한 짐을 두고 때때로 머물 수 있는 가장 싼 별장이며, 그나마도 언제든지 다른 장소로 대체할 수 있다. 신중하게 공을 들여 결정해야 할 것은 본품이며, 미영이 '진짜 집'이라고 부르는 집-가족이다. 그래서 미영의 고시원살이는 미영의 주거

사에 그리 대단한 흔적도 하소연거리도 아니다.

그러나 미영의 고시원살이 경험은 의도치 않은 독립의 지향을 포함하고 있다. 비록 보조적인 거처이지만 어쨌거나 아침에 일찍 일어나 다함께 식사하고 인사를 나누며 일찍 잠들어야 하는 등의 가족 안의 예의범절을 생략할 수 있는, 부모의 규칙과 시선에서 자유로운 공간이었기 때문이다. 그러나 미영은 집-가족의 일상을 범례화하는 이 소소한 공간적 질서의 조합은 자신에게 억압적이거나 숨막힌 것이 아니라 그저 조금 귀찮을 뿐이었다고 말하며 그 질서에 흠집을 내는 것을 주저한다. 고시원은 귀찮은 일상의 은밀하고 달콤한 도피처이기는 하지만, 미영은 그 도피를 자신의 삶으로 온전히 받아 안을 필요도 의지도 절박하지 않다. 미영은 집-가족에서도 충분히 독립적인 생활을 누려왔기 때문에 고시원살이와 집-가족의 자기 방에 살 때 느낀 독립의 질이 크게 다르지 않았다고 고백한다.

나한테 집은 그냥, 안정을 줄 수 있는 데면 돼. 그니까 나는 되게……내가 어떤 인간인지는 지금 확실하게 얘기할 수가 없네. 뭐라고 얘기할 수 있을지 모르겠는데, 그냥 나는 되게 둥둥 떠다니는 애고, 음……주변에 사람들에게 되게 휩쓸리는 편이기도 하고, 그럴 만한 친구들도 되게 많고 한데, 완벽하게 내가 속해있다는 느낌은 사실 잘 못 받거든? 어느 집단이건, 어떤 장소건, 어떤 친구건, 어떤 사람이건, 아니면 어떤 대상이건 내가 완벽하게 여기 속해있다는 느낌을 사실 잘 못 받는데. 니에게 내가 완벽하게, 제일 마지막까지 갔을 때 내가 어디에 속한 인간이냐, 내가 어디에 제일 붙어있는 인간이냐, 라고 했을 때 '여기'라고 얘기할 수 있는 장소가 나에게는 집인 것 같아. 비슷한 의미로 가족. 집은 나한테 가족인데……아까 얘기했던, 내가 가족에 갖고 있는 안정의 이미지, 떠다니는 나를 붙잡아줄 수 있는 그 느낌이……그게 있으니까 내가 자꾸 어디 팔랑팔랑 돌아다닐 수도 있는 거고, 다른 이런저런 경험을 하네 마네라고 얘기할 수도 있는 거고, 난 되게 많은 친구들을 사귀고 이런 걸 좋아하는데 그러면서도 나한테는 어떤 변하지 않는 코어라는 게 있다, 라는 생각이 있기 때문에 그럴 수 있는 거고. 코어……인 거지 집이랑, 가족이랑. 그렇게 생각하려고 노력하는 것 같고. **방이랑 집이랑 어떻게 달라요?** 방은 더 내밀한 느낌이고, 집은 아무래도 공동 소유잖아 물론 방두 우리 아버지의 소유야. 사실은 우리 아버지는 나한테 방을 세 주고 있는 거니까. 근데 내 방에는 엄마 아빠가 잘 못 들어오거든? 그니까, 서로의 방에 대해 우리가 되게 주장을 하는 게 있어. 우리 집이 안방에 옷이 있어. 옷장을 다 안방으로 몰았어. 그리고 내 방에는 딱 내 거만 있고, 그 대신에 최신 기기들은 다 내 방에 있는 거지. 그리고 책이랑 여행 가방 뭐 이런 거는 아빠 방에 있어. 그니까 서재에 있어. 그러면은 이제 서로, 서로의 물건을 빌리러 갈 수밖에 없단 말이야. 근데 진짜 조심스럽게, 미안하게 들어가거든. 그래서 우리 엄마가 뭐 내 방에 와서 프린트를 한다든가, 지우개를 빌린다든가 이러면서 내 방에 들어오게 되면은 나는 신경이 바짝 곤두서는 거야. 여긴 내 거거든. 우리 엄마가 들어오면 안 될 거 같은 거야. 그럼 나는 등짝에……그거 있잖아. 엄마가 뒤로 지나감에도 불구하고 내가, 내가 뒤로 돌아보고 있지도 않은데 등짝에 눈이 있는 것 마냥 뒤에 집중을 하고 막, '아……임마 뭐 하고 있는 거야, 내 방 빨리 안 나가나?' 이걸 되게 고민하고 있고. …… 막 거실이나 부엌이나 뭐 이런 데는, 다용도실이나 이런 데는 같이 쓰는 거고 다들 식탁이나 거실에 모여서 테레비를 본다든가 밥을 같이 먹는다든가 하는 이미지가 있다면, 방은 내 거지. 내 거, 내 거. 엄마 아빠 들어오면 내가 빨리 나가라고 눈치

줄 수 있는 거고. 그 담에 거기에는 정말로……거실이랑 부엌에 이런 데에 엄마 아빠가 보면 안 되는 것들을 갖다 놓지 않잖아. 내 방에는 엄마 아빠가 보면 안 되는 것들 투성이지. 그냥 그런 게 있고, 오직 나만을 위해 꾸며 놓은 장소……내 방은 내가 좋은 것들로만 가득한 내 공간인 거지. 다른 사람 생각 안 해도 되는. **미영, 27세, 취업 준비**

미영이 독립적이라고 말하는 장소는 집-가족 안의 자신의 방이다. 어머니의 안방과 아버지의 서재, 그리고 자녀인 미영의 방은 이용자뿐 아니라 수납하는 가구나 물건, 그리고 기능에 따라서 철저하게 나뉘어 있다. 미영의 집의 공간적 질서는 개인의 생활 영역을 각자의 방을 기준으로 철저하게 분절하고, 필요할 때만 나뉜 선을 조심스레 넘어갈 수 있게 조직돼 있다. 미영의 방은 다른 두 명의 가족 구성원을 전혀 고려하지 않고 자신의 취향에 맞게 꾸밀 수 있는 온전한 자신의 몫이다. 물론 미영은 가족이 살고 있는 아파트의 궁극적인 소유권이 아버지에게 있으며, 자신이 누리는 방의 독립성도 세입자적 독립성이라는 것을 안다. 그러나 교육받은 중산층 가부장의 권위는 거실이나 식탁, 현관 같은 공용 공간에서 하는 인사나, 그 공간의 이용을 기상이나 취침 시간에 따라 제약하는 정도로 통용될 뿐, 그것이 미영의 방문턱을 가로지르는 일은 드물다. 미영의 집-가족 안의 공간적 질서는 내부의 공사 영역을 철저히 구분하고, 공적 영역에서는 예의범절을, 사적 영역에서는 자유와 독립을 부과하거나 보정하면서 유지된다.

그래서 미영에게 가족과 함께 사는 이 아파트, 즉 집-가족은 미영의 정체성을 구성하는 핵심이다. 정박되지 않고 유연히 넘나들고 부유하는 것을 즐기는 유랑자인 미영은 이 유목적 삶을 단단히 걸어매 안정을 보장하는 것이 자신의 집-가족이라는 것을 잘 안다. 미영에게 집은 곧 가족이다. 둘 사이의 연결고리는 이곳, 이 관계가 언제나 자신에게 '여기'였고 '여기'이며 또한 '여기'일 것이라는 믿음만큼 단단하다. 집-가족 안의 미영의 방은 곧 이 교육받은 중산층 가족에서 미영이 누릴 수 있는 독립의 몫이자 점유하는 상징적 위치다. 미영은 독립을 꿈꾸지 않는 무력하고 의존적인 존재가 아니라, 꿈꿀 필요가 없는 특권화된 존재다. 고시원은 미영에게 독립으로 내던져지거나 새롭게 독립을 시도하는 장소가 아니라 이미 누리고 있는 독립의 몫을 좀더 배가하거나 보조하는 장소다. 돌아갈 곳의 인력이 미치는 한, 집과 가족 사이의 결속이 굳건한 한, 고시원은 미영의 계급적 안정과 공간적 안녕을 해칠 염려가 없는 안전한 시공간이다.

그 안전을 위협하는 것은 오히려 미영이 느끼는 "도의적으로 옳지 않은" 어떤 감정들이다. 귀찮음이나 불편함으로밖에 표현할 수 없는, 그 표현조차 선뜻 말하기 어려운 집-가족에 관한 감정은 양가적이다. 한편으로는 그 권위를 완벽하게 승인해서 부분적으로 자신의 독립을 인정받지만, 다른 한편으로는 고시원에서 집-가족과 분리하며 느끼는 편안함을 통해 그 권위를 교묘히 회피하는 흔적 또는 암시를 남긴다. 이 흔적은 집-가족 안의 방이라는 부분적 독립, 그 안전한 독립의 잔여다.

2. 신림동 고시촌이라는 가족 프로젝트

가족이 자녀의 독립과 내지하는 것이 아니라 오히려 그것을 보장하는 경우는 서울에 자가 아파트를 가진 교육받은 중산층 가족만 있는 것은 아니다. 이른바 '고시촌'으로 불리는 신림동이나 노량진으로 들어가게 되는 사람들의 이야기를 들어보자.

신림동에……왔죠. 고시원에 들어간 거는……고시 공부를 하려고 했는데, 제가 군대에서 마음을 결정을 하다보니까 아는 게 아무것도 없었거든요. 그냥, 신림동에 학원이 좀 있고 공부하는 사람들이 많이 모여 있다더라, 그 정도……뭐, 정보 같은 거 잘 구할 수 있다더라, 요런 정도만 알고 있어서 아무것도 몰랐거든요? 그래서 알아보다 보니까 아는 고등학교 때 친구 한 명이 여기서 공부를 하고 있더라구요. 그 친구를 찾아갔는데 그 친구가 고시원에 살고 있었던 거죠. 그래서 이제, 무작정 그 친구한테 배워야 되겠다 싶어서, 휴가 때 가서 그 친구가 어떻게 사는지 보고. 근데 거기 고시원도 보니까 ○○에서 있을 때 고시원보다 훨씬 좋아 보이더라구요. 되게, 뭐랄까. 환경 같은 게, 시설 같은 게 잘 돼 있더라구요. 오, 되게 좋아 보였죠. 그래서 제대하면 그 고시원에 살아야겠다, 생각하고 바로 들어왔죠. …… 이 동네가 막 고시원이 생겼어요. 그때 새로 사람들이 막 몰리다보니까 여기저기서 낡은 건물 부수고 새로 고시원을 만드는 그런 일들 많이 했었는데. 정확하게 위치는 어디냐면 저기 미림여고 조금 못 가서 그쪽이거든요. 그러다 보니까 공사를 많이 해서 좀 시끄러웠어요. 음……그리고 되게 좀……제가 뭐, 다른 여기서 사는 사람들 보니까 공부할 때 독서실도 다니고 그렇게 하는데, 방에서 공부하면 또 답답하니까. 근데 저는 그걸 잘 몰랐는지 아니면 그냥……그래서 하루 종일 방에 있었어요, 하루 종일, 진짜. 밥 먹는 시간 빼고 잠깐 이렇게 놀아다니는 시간 빼고는 하루 종일 방에 있었어요, 진짜. 그리고 또 일부러 연락도 친구들하고 공부하겠다고 끊고. 거의 뭐……말을 하루에 거의 몇 마디 못 할 정도로 그냥, 있었을 때가 많았죠. 그래서 굉장히 좀……그리고 그때는 열의가 있었으니까……막 시작했을 때 열의가 있었으니까, 잠도 거의 안 자다시피 하고 공부를 했었죠. 그때가 제일 고생했던 거 같아요, 그때 진짜. (웃음) 제일 열심히 했었고, 뭔가 고생했었고 가장 또 힘들었었고. (침묵) 자꾸 사람이, 혼자 있으면은 사람하고 안 어울리니까⋯⋯성격이 이상해진다고 할까. 좀. (웃음) ⋯⋯ 처음에 군대에서 제대해서 들어왔을 때는 아무것도 모르고 들어와서 시작했으니까, 그때는 다른 생각할 것도 없었고⋯⋯근데 아까도 얘기했지만 그때 시기가 가장 열심히 했었던 거 같구요. 그래서 소기의 목적도 달성했었고 그 당시에. 그래서 지금 생각해보면 그때가 가장⋯⋯지금의 제가, 지금 이렇게 직장 다니고 하지만, 그때 열심히 했었던 게 있었기 때문에 지금의 제가 있지 않을까, 라는 생각을 할 정도로, 음⋯⋯기억이 많이 남죠. 아, 내가 열심히 하면 뭔가 할 수 있구나. 힘들었지만. 내가 거의 극한에까지 가서 자신을 몰아 세웠으니까. 그래서 그때의 기억은 참, 저한테는 소중한 시간⋯⋯기억인 거 같고. **정훈, 31세, 사무직**

대다수 청년기 남성에게 병역 의무로 부과되는 군 복무는 한 개인 남성이 운용하던 삶의 궤도에 2년 안팎이라는 짧지 않은 시간적, 공간적 단절을 가져온다. 요즘처럼 20대에게 스펙과 자기계발이라는 도덕률을 요구하는 때라면 공인 영어 시험이나 자격증을 준비하는 사람들이 여럿 있었겠지만, 정훈이 대학 2학년을 마치고 입대한 시기는 아직 2000년대 초반, 경제 위기가 야기한 급격한 취업난이 점차 안정되던 때였고 대학가의 분위기도 그리 삭막하지 않았다. 그러나 정훈은 군 생활에 조금씩 여유가 나기 시작하자 사회로 복귀해 무엇을 해야 할지 고민했다. 네 가족이 손바닥만 한 단칸방에서 살던 어린 시절, 분투 끝에 겨우 집을 구하고 중학교 때에야 나만의 방을 얻게 된 유년 시절을 떠올렸다. 대학에 와서도 집을 구하는 것이 부담스러워 한동안 경기도의 친가에서 썩 편치 않은 통학을 해야 했다. 아직 성인이 되지 않은 동생을 둔 장남인 정훈이 앞으로 무엇을 해야 할지 자문자답해본 항목들은 그리 많지 않았다.

정훈은 제대하고 3일 만에 바로 신림동 고시촌의 한 고시원과 계약해 빈 몸을 옮겼다. 남들이 다 아는 이름의 대학을 다니며 많은 동문들이 고시에 합격하는 모습을 봐온 만큼 최선의 선택이라 생각했다. 대학 인근이 아니라 신림동으로 들어가게 된 것은 휴가 때 만난 고등학교 동창에게 보고 배운 덕분이었다. 고시 준비를 하던 그 친구는 1990년대 후반을 기점으로 사법 고시 선발 인원이 대폭 확대되면서 대학가에 불어닥친 고시 열풍의 현장 특파원이었다. 기업형 고시 학원과 고시 전문 서점, 독서실이 신림동에 자리잡았고, 사법 고시를 비롯한 각종 국가 고시를 준비하는 고시생들이 뒤를 이었다.[4] 자그마한 자취방이나 하숙집을 운영하던 단독 주택들 중 일부가 대형 고시원과 원룸 빌딩으로 탈바꿈했고, 늘어난 상주인구에 걸맞게 유흥업소도 들어섰다. 정훈이 고시 준비를 시작할 무렵에 신림동 아닌 곳에서 고시를 준비하는 것은 이상하게 여겨지기까지 했다. 정훈은 제대한 2003년 여름부터 2008년까지 만 5년의 7할을 신림동 고시촌에서 살았다.

20대의 대부분을 차지하는 적지 않은 기간 동안 정훈은 고시원에서 반지하방, 일반 주택, 원룸 등 고시촌의 각종 주거 공간을 옮겨 다녔다. 공간적으로는 비수도권에 있는 부모의 집에서 분리된 독립 생활이었다. 공간에 의미를 부여하고 시간을 활용할 자유가 주어졌다. 그러니 정훈이 입대 전 1년 정도 산 학교 인근의 고시원과 신림동 고시촌의 주거 공간은 사뭇 달랐다. 살기 위해서가 아니라 합격하기 위해서라는 목표가 책상머리에 붙은 삶이 시작된 것이다. 첫 6개월 정도를 고시원에서만 살았다. 잠을 줄였고, 밥 먹는 시간, 잠깐 걷는 시간을 제외하고는 종일 방에, 책상에 붙어 있었다. 학습을 위한 책상과 수면을 위한 침대 사이의 거리, 한 뼘 가까이 되는 그 거리를 효율적이고 고통스럽게 유지해야 한다. 밥 먹을 때를 빼고는 입을 떼지 않아도 되는 날들이 늘었다. 고시촌에는 합격이라는 목적 아래 시간을 관리하는 효율적인 시간성과 외부 세계를 단절하는 폐쇄적인 공간성이 결합해 있는 것이다.

익명의 사회적 관계는 여느 고시원과 다르지 않지만, 이곳의 거주자들은 서로가 합격이라는 지점을 향해 경주하는 경쟁자라는 동질적인 집단이라는 것을 알고 있다. 고시촌은 승패의 경사가 뚜렷하게 패인 골짜기이며, 고시생들은 그 가파른 습곡을 건너기 위해 줄지어 서 있다. 이 골짜기에는 굴러 떨어져서는 안 될 부정적인 형상인 유령과 반드시 닮아야 할 긍정적인 형상, 선망의 대상인 승자들이 공존한다. 그래서 고시촌의 시공간성은 들어갈 때가 아니라 빠져나올 때에야 비로소 그 사회적 의미가 결정된다. 합격자들에게 그것은 찬란한 미래로 가는 급행열차를 기다리는 밀도 있는 준비기가 되지만, 시험을 중도 포기한 채 떠나는 사람들에게는 대개 어리석은 시간 낭비로 치부된다. 많은 사람들이 전자에 속하기 위해 고시촌으로 들어가지만 후자가 돼 그곳을 떠난다. 정훈도 그중 하나였다.

고시원 사시는 비용은 어떻게……? 음……다, 집에서 대주는 거죠. 뭐, 대부분 거의, 조금씩 차이 있지만 거의 30만 원 수준? 그래서 집에 죄송해서 조금 싼 방 하면 한 25만 원. …… 그 이후로 다시 신림동 왔다가, 왔다갔다 했는데. 신림동 세속 들어와서 공부할 때는 그때만큼의 공부를……못 했죠. 너무 빨리 제가 이루고 싶었던 목표를 이뤄서 그런지 조금 느슨해져서. …… 군대 딱 제대했을 때는 하루 종일 방에, 고시원이란 공간에 있었거든요. 근데 그 이후로는 그렇게는 못하겠더라구요. 도저히 그때가 너무 힘들었던 기억 때문에. 그래서 제가, 잠만 고시원에서 자고 공부는 독서실 가서 하는 정도로, 그런 패턴을 유지했었는데. 음……근데 좀 느슨했죠. 그때는 스터디를 한다고 사람들도 만나고. 그리고 제가 뭔가 하고 있다, 그니까 뭐 다른 친구들은 조금 막연한 취업 준비? 이런 거를 하고 있지만 나는 내가 하고 싶은 거를, 꿈을 위해서 내가 지금 뭔가 하고 있다……그런 자부심도 좀 있었고. 또 그리고 집에서도 많이 밀어……그니까, 제가 공부를 해서 소기의 목적을 달성해 가지고 집에서도 많이 좋아하시더라구요. 제가 원하는 지원을 많이 해주셨어요. 경제적으로도. 제가 뭐 필요하다 하면은 바로바로 도와주셨고, 하셨거든요. 그때 그래서 그러다 보니까 좀, 여유있게 살았죠. 여유있게, 좀. 신림동 있으면서 음……그쵸, 그렇게 고생했던 기억은 별로 없고. 대신 (웃음) 고생 안 해서 그런지 별로 못 이뤘던 거죠. 그때부터 좀더 좋은 고시원 살고 또 좋은 데 가고, 좀 좋은 독서실 가서 공부하고. 근데 어떻게 보면은 이제, 결과론적으로 얘기하는 거지만 다른 친구들은 제가 고시 공부할 때 취업이 됐죠. 취업이 돼 가지고 돈을 벌고 있는데 저는 그냥 여기 이 동네에서 계속 공부를 하고 있단 말이죠. 그래서 조금, 뭐랄까. 어……집에 미안함, 집에, 부모님에 대한 미안함이라든가 그리고 계속 경제적으로 도와주셨으니까. 그리고……나에 대한 불안함. 내가 이 공부를 해서 이래도 안 되면 어떡하지 하는 그런 불안감. 진짜 결국 안 되긴 했지만 (웃음) 그런 게 좀 있었죠, 그 당시에는. **정훈, 31세, 사무직**

합불을 두고 고시생들을 옥죄는 불안이 단지 실패에 관한 불안은 아니다. 고시를 준비하는 기간은 대개 전적으로 부모의 경제 능력에 의존하는 기간이다. 고시촌 생활이 길어질수록 그 의존이 주는 부담도 커진다. 월 30만 원 안팎의 주거 비용을 비롯해, 식비와 생활비, 독서실, 학원, 교재에 드는 적지 않은 비용까지 온전히 부모의 몫이다. 첫 6개월 동안 시험 준비에 열성적으로 매진한 결과 1차 시험에 합격하는 "소기의 목적을 달성"하게 되면서 집-가족이 정훈에게 지원하는 예산 역시 늘었다. 더 좋은 집에서 살 수 있었고 더 마음 편히 식사 메뉴를 고를 수 있게 됐다. 정훈의 말처럼, 지출이 느는 것이 곧 정훈의 고시 준비를 "집에서도 많이 밀어 주시는" 방식이었다.

이것은 일종의 투자다. 이제 가난은 면했지만 그렇다고 중산층이라고 할 수도 없는 이 '평범한' 계급의 집-가족에게 장남인 정훈, 그것도 서울의 잘 알려진 대학에 다니는 정훈은 부모의 노년과 가족 전체의 계급 이동성을 책임질 보험이다. 투자자들은 멀리서도 자신이 투자하는 상품의 가치 변화와 전망에 민감하며, 그 질적 차원을 관리한다. 고시촌이라는 공간 자체가 효율적인 투자와 관리를 도울 수 있게 설계돼 있다. 고시촌은 자녀라는 보험의 승률을 높이기 위한 투자의 공간이며, 자녀에게 학습하고 성공할 '자유'를 독립적으로 보장하기 위한 가족적 경쟁의 공간이다. 정훈의 공간적 독립은 가족 전체의 투자 전략의 일부로만 의미를 갖는다.

그래서 실패에 관한 불안은 단지 불합격할지도 모른다는 개인적 차원의 염려가 아니라, 집-가족의 이름을 등판에 건 4번 타자로서 제대로 안타를 쳐야 한다는 막중한 부담이다. 정훈의 어깨에는 노부모를 부양하고 가족의 계급을 상승시켜야 한다는 책임이 얹혀 있지 않은가. 정훈의 시험을 지원하는 가족의 경제적 투자가 지속적이고 헌신적일수록 책임을 다하지 못할 수도 있다는 불안 역시 커진다. 생활이 더 여유로워질수록 공부의 절박함도 이상스레 느슨해진다. 막연히 취업 준비를 하는 또래들에 견줘 자신은 비범한 꿈이 있다고 믿었지만, 정착 그 또래들이 하나 둘씩 취업을 하는 것을 책상 앞에서 지켜봐야 했던 5년이라는 시간 동안 그 꿈은 점점 더 부모의 경제적 지원에 갖는 죄책감과, 노년을 부양하리라는 부모의 기대, 그리고 가족 전체의 계급 상승을 기대하는 열망 속으로 침윤한다. 정훈이 그 시절을 고생을 덜 해 못 이룬 시절로 웃어넘길 수 있는 이유는, 다행히 남들이 썩 괜찮다고 하는 직장에 입사해 그런 기대와 열망을 저버리지 않아도 되게 됐기 때문일 것이다.

3. 교육에 관한 투자에서 공간에 관한 투자로

이렇게 독립은 집-가족의 반대편으로만 향하는 것이 아니라, 동맹 또는 결연 관계에 놓이기도 한다. 많은 경우 독립은 단지 청년 개인들의 개별적 능력뿐만 아니라, 이들이 나고 자란 가족의 계급과 친밀성에 따라 의미와 정도가 다르게 구성되는 가족적 사건이다. 많은 집-가족이 청년기에 이른 자녀의 독립, 특히 그 공간적 차원을 설정하는 조건이 되며, 자녀의 생애 과정을 기획하고 실천할 때 자녀 개인과 주체 위치를 두고 경쟁한다. 독립을 할 때도 집-가족의 영향력이 확장되는 상황을 '후기 청소년 세대post-adolescence'의 등장이라 부르기도 한다.[5] 청소년에서 성인으로 이행하는 과정에서 작동하는 주요한 제도들, 이를테면 교육 완료나 직업 획득, 결혼 등의 수행이 점차 20대 초반에서 그 이후 연령대인 20대 후반~30대 초반으로 연기되면서 다수의 청년들이 부모에게 의존하는 청소년적 특성을 보이고 있다는 것이다.

그러나 의존할 수 있는 부모의 계급에 따라 그 의존/독립의 경험은 대단히 달라진다. 페미니스트 가족 연구자들은 한국의 가족이 부부 관계나 애정 관계에 기반한 친밀한 공동체보다는 경제적 공동체의 성격을 띤다고 지적한다.[6] 특히 중산층 이상에게 가족은 아버지의 부양과 어머니의 교육 관리라는 성별화된 실천을 통해 자녀의 계급을 유지, 상승시키기 위한 경쟁의 장으로 자리매김해왔다는 것이다.[7] 또한 이런 중산층적 가족 모델은 전 사회적인 모델로 확산돼 부모의 부양 능력과 교육 관리의 결합을 통해 자녀의 성적을 확보하고 또 자녀의 성적으로 전자를 평가할 수 있다고 믿는 현 교육 체제를 유지하는 데 기여하며, 다시 그 교육 체제에서 승인받는 방식으로 재생산된다.

교육에 관한 투자와 관리라는, 아동기와 청소년기의 자녀와 관계 맺는 집-가족의 규범성은 자녀가 청년기에 접어들면서 새로운 방식으로 변형된다. 그것은 공간에 관한 투자와 관리다. 사교육이나 조기 유학, 해외 어학연수 등 교육에 관한 투자와 관리를 통해 사립 명문고나 특목고로, 명문대나 외국 대학으로 자녀를 진학시켰다는 모범 사례는 자녀를 의사나 변호사 또는 대기업 사원이나 공무원으로 키웠다는 모범 사례로 전환된다. 이 모범 사례가 되기 위해서는 자녀에게 집-가족 안에서 일정한 독립적 공간을 보장하거나, 집-가족에서 분리된 독립적 영역을 확보해줘서 청년기를 뒤덮는 불확실성에서 자녀를 지켜야 한다. 핵심은 집-가족과 자녀의 공간적 결착이 아니라, 경제적 결착의 존속 또는 강화다. 자녀와 함께 살건 분리하건, 즉 원래 살던 가족의 집을 계속해서 내주건 새로운 장소를 구매 또는 임대할 비용을 지원하건, 자녀에게 집이라는 안정적인 살 곳을 제공하는 것이 이 새로운 규범성의 핵심이다.

청소년기 자녀에게 과외 하나 붙여주지 '못하는' 집이 그렇듯, 이제 청년기 자녀에게 집을 마련해주지 '못하는' 집 역시 놀라움의 대상이 됐다. 가령 고시원에 사는 젊은이는 그 개인의 가난이나 무능만이 아니라 자녀를 고시원에 '방조한' 집-가족의 가난과 무능을 동시에 전시하는 기호로 독해된다. 규범성이 갖는 힘은 특정한 생각이나 실천을 정상화할 뿐 아니라 보편화하며, 그것에서 벗어난 것들('않음'이든 '못함'이든)을 비정상화한다. 끊임없이 월세와 전세를 옮겨 다녀야 해서 안정적인 집-가족일 수도 없고, 자녀의 독립을 추동한 뒤에도 경제적으로 지원할 수 없는(오히려 때로는 경제적 지원을 요청하는) 빈곤 계급의 집-가족은 이 규범성에 닿을 수 없다. 자녀에게 교육과 주거 공간을 일정한 수준까지 제공해왔지만 앞으로 자녀의 생애 전망을 전적으로 책임질 수는 없는 '평범한' 중하층 계급 집-가족은 자녀의 삶을 가족이 생존하는 지렛대로 삼기 위해 위험한 판돈을 걸며 규범성에 투항한다. 규범성을 온전히 실천하고 전유할 수 있는 것은 중산층 이상의 집-가족뿐이며, 따라서 청년기 자녀의 공간적 독립을 관리해야 한다는 이상은 중산층의 규범성이자 가족 전략일 것이다.

제도화된 불안, 가족의 귀환

청년기에 접어든 사람들은 집-가족에게 갖는 부채감과 부양의 의무, 단절하려는 욕망과 의존해야 하는 필요의 혼탁한 조합 속에서 불투명한 독립의 이야기들을 써 나간다. 독립은 한 번의 실행으로 종결되거나 완수되지 않는다. 청년기의 생애 과정에서 반복적으로 마주치는 끈질긴 규범, 쉽게 끝나지 않는 이야기다. 한국을 포함한 식민 경험을 가진 나라들이 독립한 뒤에도 여전히 제국의 영향을 받는 경제적 종속과 정신적 지배 구조에 관해 고민해야 했던 것처럼, 청년들도 그저 공간적 분리만으로는 자신이 독립하려 했던 그 무언가에서 쉽게 자유로워질 수 없다는 사실을 직면한다. 집-가족은 많은 독립 서사의 배경이 된다. 집-가족은 독립의 실천을 경제적으로 뒷받침할 뿐 아니라 앞으로 쓰일 이야기의 지속적인 참조 지점으로 귀환한다.

한 이론가는 집의 의미가 '집에 있는 것'만이 아니라 '집을 떠나기'의 서사 속에서 동시에 관찰될 수 있다고 했지만,[8] 나는 '집으로 돌아오기'라는 세 번째 차원을 추가할 때 누군가가 있고, 떠나고, 돌아오기를 반복하는 그 대문자 '집'의 의미가 더욱 선명해질 것이라고 생각한다. 여기서는 독립을 한 차례 시도했지만 다시 집-가족으로 돌아오게 된 예은의 이야기에 주목하려 한다.

> 제가 직장이 되게 멀거든요, 집에서. 음. 직장이 되게 멀어 갖고 1시간 반 정도 걸리는데 매일 왔다갔다하면서 너무 피곤한 거죠. 너무 피곤해 갖구, 오히려 부모님이 '너, 방 얻어서 차라리 저기 ○○동 있는 쪽에 나가 살면 안 되겠냐' 하는데, 지금 집에 있는 이유는 (웃음) 제가 언젠가의 독립을 위해서 독립 자금을 모으기 위해서는 지금 이제, 경력이 이제 2년, 3년 접어들고 있는데 직장인으로서. 그 전에 돈을 모아 갖고 (웃음) 나가야 된다는 생각이 들어 갖고. 그러면은 아무래도, 직장 동료들도 그렇고 '집에 있는 게 가장 돈 모으기엔 좋다. 밖에 나와서 살면은 아무래도 월세 같은 거 살게 되면은 생활비 많이 들고 하니까 돈 어느 정도 모으기 전까지는 부모님 집에 사는 게 좋다'고 해서, 부모님 집에 살고 있어요. 예은, 29세, 전문직

기숙사와 고시원에서 짧은 독립을 맛봤던 예은은 졸업한 뒤 다시 부모의 집으로 돌아왔다. 취업을 하고, 취업한 뒤에도 계속해서 그곳에서 살고 있다. 그러나 예은에게 지리멸렬한 고시원살이와 쓸쓸한 독립의 경험은 의미 있는 흔적으로 남았다. 6개월 남짓한 짧은 기간 동안 예은은 가

족 없는 자신이 얼마나 무력해질 수 있는지, 가족이 20여 년 넘게 제공해 온 집이 얼마나 막대한 자원인지 깨달은 것이다. 그리고 그 집에 의존하는 한 가부장인 아버지를 주축으로 한 집의 공간적 문법이 계속해서 자신을 쫓을 것 역시. 비록 전문직에 종사하며 경제적 자율성을 확보하고, 때때로 부모님께 용돈도 드리며 부모와 "어깨를 나란히" 한다는 느낌도 받지만, 그럴수록 더욱더 이 집은 '우리' 집이 아닌 "부모님 집"이라는 사실이 선명해진다. 그래서 예은은 떠나기 위해 다시 이 친밀한 적진敵陣으로 잠입했다. 부모의 집에 사는 것은 집세와 생활비 대부분을 절약할 수 있는 경제 전략이며, 장기적으로는 "독립 자금"을 마련한다는 독립의 전략의 일부가 된다.

집값이 너무 비싼 시대예요, 진짜. 저희는 [회사] 기숙사가 있어요. 그래서 거기 입사 2년차까지 살게 해주고요. 그 다음에 3년차부터는 '어느 정도 돈은 벌지 않았냐'고 쫓아내는데. 제가 이제 3년차거든요. 일한 지 이제 2년 정도 됐지만 3년차인데, 이천팔, 구, 십 해서. 그니까 3년차인 입사 동기들이 지금 막 집을 알아보고 있는 시즌이에요. 왜냐면 나와야 되니까. 근데, 직장 상사들이나 동기들 나온 얘기 들어보면, 아, 진짜 집값 비싸더라구요. 최소한 전세가, 싸면 7천. 월세는 돈이 너무 많이 나가잖아요. 진짜 돈을 모으기 너무 힘들고. 전세가 최소 7천이고 1억 이 정도는 하고. 7천 정도에서 1억 정도 사이의 집에 많이 사는 거 같고. 월세 사는 친구들 같은 경우는 진짜 최소 이삼천에 한 사오십은, 그렇게 돼야 되잖아요. 제가 또 부모님한테 손을 안 벌리려면 월세 사는 수밖에 없어요. 전세금 정도까지는 아직, 그 정도는 못 모았거든요. 그래서……독립이 우선이냐 이직이 우선이냐, 이 갈림길에서 좀 고민하는 상태예요. 그니까 제가 지금, 직장을 관두려는 계획이 있어요. 그리고 좀 공부를 하고 싶어

305

요. 아예 그냥 갈아엎고. 애초에 ○○학에 관심이 없었기 때문에. 그것 때문에 안 맞아서 휴학도 하고 그랬잖아요. 애초에 관심이 없었기 때문에 이거는 징검다리 역할이라고 생각을 하고 있거든요. 그냥 어쨌든 내가 ○○학과 나왔으니까, 나중에 공부를 하든 뭘 하든, 내가 무슨 과를 나왔든 간에, 취업은 하고 돈은 벌어야 될 테니까. 이왕 ○○학과 나온 거, ○○○ 일 좀 하다가 공부를 해야지, 라고 징검다리라 생각을 하기 때문에 …… 저는 아예 그냥 이쪽이 맘에 안 들어요, 싫어요. (웃음) 그래서 뜨고 시작하려니까, 갈아엎으려니까, 그러면 또 제가 경제적으로 궁핍한, 있던 돈 갉아먹는 생활을 해야 할 거 아녜요. 그러려면 또, 독립이 또 불가능한 거죠. 아, 진짜 아니면 막말로 또 다시 고시원 들어가는 수밖에 없어요. 그 생각 하면서 최근에 고시원 얘길 동생이랑 했던 거예요. 야, 옛날에 고시원 살았을 때 말이야, 이러면서……나는 인터넷 하고 걔는 (웃음) 걔는 막, 보글보글하고. (웃음) 그런 얘기 하면서. **예은, 29세, 전문직**

예은에게 독립은 어린 시절부터 지속돼온 부모의 일상적 개입과 영향력에서 벗어나 자신의 자율적 영역을 확보하는 것을 의미한다. 공간적 독립은 그러기 위한 일차적인 조건이다. 따라서 예은이 말하는 "독립 자금"은 주거 공간을 마련할 비용, 더 구체적으로 전세 비용을 가리킨다. 월 수십만 원의 월세로 자기 공간을 얻는 것은 애초에 시한부적이다. 매달 드는 비용이 늘수록 저축은 줄고, 상기석으로 비용을 모아 전세 자금을 마련할 가능성도 낮아진다. 그래서 부모의 집에서 어떻게든 버티며 허리띠를 졸라매 적금 통장 속 숫자들을 불려보지만, 전세 비용은 너무나 비현실적이다. 7000만 원짜리 전셋집에 살기 위해서는 한 달에 100만 원씩 모아도 70개월, 6년 남짓 걸린다. 그러나 요즘 한 달에 100만 원을 저축할 만한 연봉을 보장하는 직업이 어디 흔하던가. 부모에게 벌리지 않겠다고 생각한 손이, 자꾸만 옴짝댄다.

　문제는 예은이 바라는 독립이 단지 경제적인 것이 아니라는 사실이다. 예은은 아끼고 또 아끼면 한 달에 100만 원을 저축할 수 있는 전문직 종사자이지만, 정작 예은은 이 직장, 이 업계를 떠나고 싶어 한다. 경제위기 이후 좁아진 '좋은' 직장의 문틈을 뚫기 위해 무수한 젊은이들이 경쟁하지만, 정작 그 경쟁에서 승리한 사람들조차 그 '좋은' 직장이 자신에게 맞는 곳이 아니라는 것을 뒤늦게 깨닫는다. 적성에 맞아서 간 학과가 아니라 부모의 성화에 맞춰 간 학과였고, 그 학과를 졸업하면 으레 일하게 되는 영역 역시 몇 년을 입어도 도무지 품이 맞지 않는 옷 같다. 하고 싶은 일을 하기 위해 공부를 다시 시작하자, 예은은 대학에 들어갈 때부터 그렇게 생각했다. 따라서 예은이 독립하기 위해 떠나야 하는 것은 집-가족만이 아니라 마음이 겉도는 직장이기도 하다. 그러나 이 두 독립의 지향은 서로 길항 관계에 놓인다. 집-가족을 떠나려면 맞지 않는 직업을 계속 유지해야 하고, 사표를 쓰려니 고시원에 다시 들어간다는 "막말"이 아니고는 집-가족을 떠나 살 곳이 없다. 갈림길은 실은 두 겹으로 꼬인 하나의 길이었다. 양쪽은 연쇄적으로 지연된다.

　　양쪽[독립이 우선이냐 이직이 우선이냐]을 좀 저울질 하는 중이에요. 어떡해야 될지. 내년이면 서른인데. 뭐⋯⋯한창 고민이 많을 때죠. 제 나이 여자들, 옛날에는 결혼 적령기라고 했는데 이젠, 사실 제 친구들 중에 결혼한 사람 한 명도 없어요, 아직. '누가 결혼했다더라', 뭐 이런 얘기만 들려오고. 한창 진짜 심한 사춘기⋯⋯스트레스, 제2의 사춘기 스트레스로 다 똑같아요 진짜, 다 똑같아요. 한 명 한 명 얘기해보면 다 진짜 그 스트레스로 가득 차 있어요. 이 인생의 전환점을 어떻게 할 것인가. 다 나름대로의. 예, 저도 그런 시기예요. 두렵고. 어른들은 그렇게 얘기하잖아요. '한창 주가 높을 때 괜찮은 사람 만나 가야지, 주가 다 떨어지고 나중에 노처녀 돼 갖고 대충 시집가고 싶지 않으면 결혼해라', 뭐 이런 얘기 듣는데. 지금……좀 긴 시간 만나오는 남자친구가 있거든요. 남자친구가 작년에 입사를 했고, 부모님이 사준 집도 있고, 자기 앞으로. 그래서 결혼을 하고 싶어해요, 되게 저랑. 아, 근데 저는 좀 아니거든요. (침묵) 아니 고작……부모님한테서 독립해서 남편 집에 가긴 싫어요 진짜. (한숨) 그래서 그런 고민으로 지금, 계속 해결은 못한 채로 올 1월부터 계속 똑같이 보내고 있어요. 아니, 어떨 때는 진짜 얘랑 결혼이나 확 해버릴까 하는 생각이 한 열 번에 한 번 정도는 드는데, 그건 아닌 것 같고. 주거 공간의 독립이 뭐가 그렇게 큰 의민지는 모르겠지만은, 어쨌든 필요한 거 같아요 제 인생에 있어서. (침묵) 일단은. 아직도 간섭을 많이 받으니까, 집에……있으면은. …… 근데 옛날에는, 그니까 옛날에 독립을 꿈꾸던 20대 초반이랑 다른 거는, 그때는 이제 막 '어떻게 이런 집에서 살지? 감옥이야! 나가고 싶어!' 이런 게 컸다면은, 지금은 그렇다기보다 그래도 아무래도 받아들이는 입장이 좀 달라진 거 같아요. 내가 그래, 부모님 집에서 공짜로 먹고 살고 있지 않느냐. 공동 생활 하는데 내가 이 정도는 감수를 해야지, 하고 받아들일 수 있는 마인드가 된 거는 그……기숙사하고 고시원을 거친 이후로 나의 이떤 변화라고 할 수 있는데. 근데 그럼에도 불구하고 내가 나이가 이제 서른이 다 돼가는데도. …… 그리고 제가 소설 쓰는 거 부모님이 몰라요. 싫어할 게 뻔하기 때문에. 내가 못 다 이룬 소설 쓰는 꿈이 있는데, 그것도 작업하는 공간도 갖고 싶고. 그런 것들이 있어서. 독립을 하고 싶다……그래서 독립을 하고, 얘기가 어차피

돌고 도는데. 독립을 하고, 직장 생활을 유지하느냐, 아니면은 직장 생활 빨리 관두고 어떻게 하느냐, 이건, 계속 고민 중입니다. 근데 어쨌든 독립을 하긴 할 거예요. 그 열망은 있어요. 진짜. 이제 부모님한테서 경제적 독립을 한 지 한 이 년, 삼 년째인데, 이제 완전히 주거적인 독립도 할 때가 되지 않았나. 그러네요. 어쨌든. 전세는 근데 또 부모님 손을 빌려야 되죠. 그래서, 쯧. 네. **예은, 29세, 전문직**

지연된 자리를 파고드는 것은 "제2의 사춘기" 같은 스트레스다. 예은에게 사춘기 때 자신을 짓눌렀던 집-가족의 공간적 질서와 서른에 가까운 지금의 질서는 크게 다르지 않다. 산책도, 가벼운 회식이나 술자리도, 집의 기독교적 질서에 맞지 않는 남자친구도, 집안의 맏딸에게 기대되는 바를 저버린 이직이나 진로 변경도 허용될 수 없다. 가족 제도 밖의 시간성도, 공간성도 허용하지 않는 이 가족 안 권력 관계의 구조는 오직 스스로를 다른 형태로 재생산하는 방식으로만 예은에게 독립을 허용한다. 결혼을 하라는 권고, 새로운 가족을 구성하라는 요구가 그것이다. 마치 하고 싶은 것은 대학 가면 하라는 학창 시절의 의심스런, 그러나 효과적인 회유처럼.

대학이라는 회유가 미래를 미끼로 삼는다면, 결혼이라는 권고는 미래 없음을 수사로 동원한다. 주변 어른들이 내년이면 서른인 예은에게 들먹이는 주가 운운하는 말은 나이를 한 축에, 결혼 시장에서 갖는 상품성을 다른 한 축에 놓고 반비례 함수를 그린다. 여성이 결혼할 수 있게 되는 시점부터 그 육체와 결혼 가능성은 시간에 따라 끊임없이 하락한다는 것이 이 주가론의 핵심이다. 크리스마스 시즌이 되면 변변치 않은 남자들이 술자리에서 나누는, 여성을 크리스마스 케이크에 비유하는('25일이 지나면 안 팔린다') 분별없지만 섬뜩한 농담처럼 이 주가론에서 여성의 서른은 주식 시장이 마감되는 시점이다. 여성들은 그 전까지 어떻게 해서든 스스로를 매대에 내놓고 '팔려야' 하는 애처로운 상품이 된다. 서른은 시간에 따라 노화하는 신체를 가진 여성들이 결혼할 수 있는 사회적 마지노선인 것이다. 한편 그 상품의 구매자/구애자들이 지불해야 하는 화폐는 집이다. 남성들의 결혼 가능성은 신혼집 마련에 가까이 다가갈수록 더욱 높아진다. 남자는 집, 여자는 혼수를 마련해야 한다는 이런 성별화된 인식[9]은 주가론의 훌륭한 짝이다.

물론 주가론의 핵심 전제는 누구라도 이 주식 시장의 냉엄한 평가 체계에서 자유로울 수 없다는 것이다. 20대까지야 고시원에서 독립을 깨작거리건, 친구와 더불어 살든 괜찮지만 서른을 넘기고도 결혼하지 않은 채 산다는 것은 (미혼未婚의 경우) 주가가 바닥을 치는 불우한 처지가 되고, (비혼非婚의 경우) 주식 시장의 룰을 무시한 비합리적 처사로 여겨진다. 결혼하는 사람들이 받는 축복과 제도적 혜택(주거 지원 정책과 세금, 복지 혜택 등)은 결혼하지 않은 사람들에게는 주어지지 않을 특권의 목록이다. 재테크 상품 하나 없이 수입을 고스란히 입출금 통장에 보관하는 일만큼 결혼 제도가 주는 혜택들을 포기한다는 것은 어리석은 일일 것이다. 예은은 아직 친구들의 결혼 적령기가 오지 않았다고 하지만, 그 친구들이 모조리 다 결혼하고 난 다음에는 누구와 어울리고 대화할 수 있을까. 결혼한 친구들이 남편과 자녀 이야기를 할 때 어떻게 말을 섞을 수 있을까. 결혼을 통해 구성된 이른바 정상 가족이 각종 공적, 사적 안전망을 독점하는 한국 사회에서[10] 결혼하지 않는 것은 무능하거나 무모한 처사다.

운 좋게도 예은은 무능한 쪽은 아니다. 취업도 하고, 자기 명의의 집(비록 부모가 사준 것이기는 하지만)도 있는 남자친구가 있고, 남자친구는 결혼을 원한다. 그러나 예은은 부모님에게서 독립해서 다시 신혼집으로 이동하는 것이 과연 독립인지 의구심이 든다. 지금까지 부모의 집에 얹혀 살았다면 결혼한 뒤에는 남편의 집, 남편의 부모가 사준 집에 얹혀살게 될 것이다. 지금까지 공간을 미세하게 통제하던 부모의 규칙과 시선이 남편 또는 시댁의 규칙과 시선으로 바뀌지 않을까. 하나의 집-가족 제도에서 다른 집-가족 제도로 자리를 바꾸는 것이 과연 그 제도 안에서 '나'의 위치를 얼마나 보장해줄까. 예은은 가부장제 가족 구조의 재생산적 순환 고리 속에서 맴돌아서는 자신에게 어떤 집도, 어떤 독립의 자리도 불가능하다는 것을 어렴풋이 인지한다. 그래서 예은은 독립을 위해 가족에 의존하기와 독립을 위해 결혼하기라는, 모순적인 두 선택지 사이에서 흔들리고 있다. 그 가운데서 독립은 과연 성취될 수 있는 것일까, 독립의 자리가 있다면 그것은 언제나 무모한 것일 수밖에 없을까, 되묻고 또 곱씹으면서.

의존과 독립 사이의 시간이 계속 지연될수록, 결혼이라는 선택지의 우위는 커져간다. 내가 만난 사람들의 미래의 공간적 전망은 많은 경우 결혼을 통한 가족 구성의 전망과 결합돼 있다.

결혼을 해서 (웃음) 뭐……평범한 사람들 다 그렇듯이 아파트 같은 데서 살고 싶은 거죠. 정훈, 31세, 사무직

결혼해야죠. (웃음) 언제쯤……이라고 하면, 그래도. 만약에 빨리 직장 얻고 그러면은 그만큼 빨리 결혼할 수 있을 것 같아요. 결혼 자체는, 생각하는 사람은 있긴 한데, 제가 뭐라고 말할 수는 없을 거 같아요. 근데 그래도 30대 초반까지는 하고 싶어요. 상태, 28세, 취업 준비

젊은이들의 미래에 관한 상상 속에는 결혼이 자리를 잡고 있으며, 결혼을 통해 꾸릴 가족이 함께 살 장소는 아파트로 그려진다. 한편으로 이것은 이상화된 결혼의 이미지지만, 다른 한편으로는 나이듦에 대응하는 생애 전략이기도 하다. 서울에 집을 가지지 않은 이상, 또는 부모가 서울에 집을 마련해줄 만한 경제 능력이 있지 않은 이상 자력으로는 "평범한 사람들"이 살 만한 "아파트 같은 데"를 장만할 수 없다는 것을 젊은이들은 너무나 잘 알고 있다. 한국 사회의 양극화와 계급 분화가 뚜렷해지면서, 결혼 역시 계급 동질혼 또는 계급 내혼의 방식으로 이루어지는 경향이 강해졌다. 미디어가 끊임없이 재생산해온 신데렐라 서사의 엔딩과 달리, 현실에서 계급을 뛰어넘는 결혼을 찾아보기란 점점 더 어려워진다. 많은 경우 결혼은 계급 상승의 전략이 아니라, 유사 계급의 두 가족이 만나 비용 절감을 도모하는 협력 전략이다. 십수 년 일하며 소비하지 않고 저축만 해도 스스로의 힘으로 집을 구매할 수 없는 사회적 조건에서 결혼은 평범한 또는 가난한 사람들이 아파트를 장만할 수 있는 몇 안 되는 계기다.

혼인을 통해 꾸려진 '정상 가족'은 정부의 주택 공급 제도의 혜택이나 조세 혜택 등을 받을 수 있을 뿐 아니라, 이제는 일반화된 맞벌이를 통해 지출은 줄이고 조금이나마 저축을 늘릴 수 있게 된다. 의례로서 결혼식에 동반되는 부조금 상조 문화는 한국 사회 전체가 들고 있는 결혼 계契이며, 그것에서 오는 경제적 수입 또한 적지 않다.[11] 내가 만난 30대 초중반의 한 남성은 비수도권에서 대학을 졸업하고 일자리를 구하기 위해 서울로 왔지만 다리가 부르트게 2박 3일을 돌아다녀도 살 곳이 없어 결국 고시원에 들어가게 됐다고 한다. 몇 년의 고시원 생활 끝에 찾은 탈출의 유일한 방식이 결혼이었다. 다행히도 사랑하는 사람이 있었고, 신혼부부 전세 비용 대출 제도에 기대 전세금을 마련할 수 있었으며, 아이를 가지게 되면서 여러 추가적인 제도적 혜택을 받아 지금 살고 있는 집을 얻을 수 있었다고 한다.

그러나 결혼과 출산이라는 사건의 경제적 효과는 곧 대출 제도의 보장 기한이 끝나면 반대 방향으로 역전될지도 모른다. 결혼과 출산은 일견 제도적 혜택 속에 놓여 있는 것처럼 보이지만, 당의를 벗기고 보면 그 혜택은 대개 결혼 제도가 수반하는 경제학을 근본적으로 고려하지 않는 단기적이고 대증적對症的인 혜택이다. '대학생들은 학자금 대출, 신혼부부는 전세금 대출, 집 사려면 모기지론, 다 갚을 때쯤 되니 애들 대학 입학 그리고 다시 반복'이라는 말처럼, 대출한 전세 비용은 평생에 걸쳐 갚아야 하며 치열한 교육 경쟁 구도 속에서 자라날 아이들에게 사교육을 강요하지 않기란 쉽지 않을 것이기 때문이다. 결혼 권하는 사회 속에서 결혼은 독립된 주거 공간인 집을 얻을 수 있는 절호의 기회이지만, 또한 젊은이들이 벗어나려고 했던 집-가족이라는 구도 속으로 제 발로 다시 걸어 들어가게 하는 역설적 장치다. 그리고 이것이야말로 인구의 안정적 재생산을 위해 설계된 기막힌 사회적 삶의 문법이다. 해방 이후 미군정이 들어서기까지 해방 공간이 짧디 짧았던 것처럼, 하나의 식민 권력이 새로운 식민 권력으로 전이된 것처럼, 미혼 또는 비혼이라는 독립의 흔들리는 상태는 최대한 빨리 가족으로 귀환해 봉합돼야 한다는 것이다.

어른도 시민도 될 수 없는

청년들의 독립 이야기는 대낮의 밝은 빛 아래에서 활보하지 못하고 집-가족의 그늘을 배회한다. 가족을 떠날 수밖에 없던 어떤 독립은 고시원에 가난하게 자리하고, 어떤 독립은 성공의 기대를 어깨에 짊어진 채 고시촌의 원룸에서 숨죽이며, 어떤 독립은 할 필요가 없어 가족의 집에 머무르며, 또 어떤 독립은 자원 없이 혼자서기라는 불가능한 미션을 완수하지 못하고 가족의 집으로 돌아간다. 한국 가족의 삶이 겉돌고 또 헛돈다는, 조한혜정의 말을 고쳐 다시 쓴 엄기호의 말을 떠올린다.[12] 엄기호가 대학생들과 대화하고 배운 바에 따르면, 한국 사회에서 가족은 피상적 의례만 남고 소통은 사라진 텅 빈 관계이고, 그나마 이 껍질 같은 형식이라도 유지하려면 어머니-아내의 돌봄노동이 있어야만 한다. 대화하는 가족, 서로를 관리하는 가족은 부양 능력과 교육 관리라는 자원을 가진 중산층적 가족의 이상일 뿐, 대부분 현실의 가족 이야기들은 그렇게 산뜻하지 않다.

그러나 곪아 터진 가족이라는 규범, 대문자 집은 그 관계를 떠나려는 사람들의 삶에 강력하게 다시 돌아와 그 앞에 또는 안에 선다. 교육 기간과 노동 시장 진입, 그리고 평균적인 결혼 적령기가 사회적으로 지연되면서 청년기는 가족 전체가 관리하고 기획하는 시기가 됐으며, 개인의 생애 과정을 구성하는 데 점차 계급화된 가족 전략이 강화되고 있다. 안정적인 물질적, 정서적 '집'을 제공해줄 수 없는 빈곤층 가족이 청년 세대를 가족 제도에서 밀어내 불안정한 독립을 하게 한다면, 중산층은 청년 세대를 가족 안으로 포섭하면서 부분적 독립을 보장한다. 한편 이성애 가족 제도가 제노적, 상징적, 일상적으로 특권화되는 사회적 조건에서 청년 세대의 지배적인 독립 경험은 태어나고 자란 원 가족에서 벗어나 결혼을 통해 구성한 다른 가족으로 이행하는 방식이 된다. 따라서 독립은 늘 가족에 관한 이야기, 집에 관한 이야기다.

청년들이 겪는 이런 모순은 의존과 독립을 오가는 성장의 방향값이 단지 물질적인 것만이 아니라는 데서 온다. 청년들의 성장은 한국에서 어엿한 어른이 된다는 것 또는 정당한 시민이 된다는 것을 의미하는 상징적 지위와 연관된다. 이 점을 살피기 위해서는 청년 세대에 관한 더 넓은 담론 정치의 단면을 엿볼 필요가 있다. 경제 위기 이후 등장해 청년기 젊은이들을 하나의 집단으로 묶어 부르며 어떤 사회적 의미를 만들려고 한 여러 수사들 중 가장 강력한 상징으로 작동했던 명명 중 하나가 바로 '캥거루족'이다. 프랑스에서 물 건너온 이 '캥거루족'이라는 단어는 성인이 돼서도 부모에게 주거, 식사 등을 경제적으로 의존하는 생활 방식을 유지하는 젊은이들을 지칭하기 위해 쓰였다. 한국에서도 경제 위기 직후 여러 언론들이 종종 청년들의 현실을 진단하는 용어로 쓰곤 했다. 2000년대 중반 한 주요 일간지 논설위원의 논평은 이 단어가 쓰이는 가장 주류적인 방식을 집약적으로 드러내고 있다.

캥거루족의 생명력은 끈질기다. 20대의 48퍼센트가 부모에게 경제적으로 의존하고 있다는 조사가 지난해 나온 데 이어 최근 2년간 대졸 취업자의 평균나이가 15개월 가량 높아졌다는 조사 결과도 나왔다. 외환 위기 때만 해도 대학 졸업장은 딴 뒤 취업이 안 돼 어쩔 수 없이 부모 신세를 졌는데, 지금은 취업 준비를 한다는 이유로 몇 년이고 졸업 자체를 미룬 채 자발적으로 부모 곁에 머무다는 얘기다. 경기 불황과 취업난 때문이라지만 과연 그게 다일까. 캥거루족의 속내를 들여다보자. 이들은 겁이 많다. 어려서부터 "공부해라" 소리만 들어온 까닭에 제 손과 머리로 뭔가를 하는 데 익숙지 않다. 풍요 속에 자라 어려움을 극복하는 의지를 찾기 힘들다. 부모 세대처럼 아등바등 살기도 싫고 웬만한 기업은 눈에 안 찬다. 이들에게 대학 울타리는 거대한 보호막이다. 좀더 실력을 쌓아야 한다는

'강박관념'이 있어 졸업 기피, 편입, 대학원 진학을 마다않는다. 세상과 부 닥쳐 보지도 않고 마냥 '하산'을 늦춘 채 하염없이 칼만 갈고 있는 꼴이 다. '불행한 세대'를 자처하는 이들에 대해서는 기성세대도 책임이 크다. 과잉 보호로 길러온 부모 잘못이 있고 경제를 살리지 못한 정책 당국의 탓도 있다. 하지만 졸지에 이름을 도용당한 캥거루는 억울할 것이다. 평 균 12~18년을 사는 캥거루도 새끼가 6~12개월만 되면 어미 배주머니에 서 내보낸다. 사람으로 치면 예닐곱 살도 못 돼 독립하는 셈이다. 캥거루 사회에서 한사코 어미를 떠나지 않으려는 새끼를 '사람족'이라 부른다면 어쩔 것인가.

〈캥거루족〉, 〈동아일보〉, 2004년 1월 7일

'캥거루족'이라는 단어를 통해 청년 세대를 재현하는 지배적인 방 식은 청년 세대 개개인의 게으름과 나약함, 무능력과 무책임을 키워드로 한다. '하산'이라는 표현은 젊은이들이 마땅히 성취해야 할 생애 사건인 독 립을 의미한다. 부모의 안락한 주머니에서 벗어나 경제적으로 또한 공간 적으로 독립해야 짐승인 캥거루가 아닌 '사람'이 된다는 것이다. 문제는 무 능하기 짝이 없지만 괜찮은 일자리만 목이 빠져라 바라보며 별 볼 일 없 는 칼날을 간답시고 부모의 품에서 '하산'을 끊임없이 지연하는 이 뻔뻔스 런 젊은이들이다. 그나마 경제 위기 직후는 시대적 상황을 보아 봐줄 만하 지만, 이제 와서 경기 불황과 취업난을 운운한다는 것은 자신들의 게으름 과 무능력을 회피하려는 술책일 뿐이다. '우리' 부모 세대가 "아등바등" 일 해 이룩한 경제적 "풍요"에 기생해 대가 없는 혜택만 누리다 결국 경제를 다 말아먹을 셈인가. 이 끈질긴 생명력의 캥거루족 같으니!

사회적으로 지연된 청년들의 독립은 무능한 개인과 가족의 문제로 치환되며, 문제의 원인은 이 개인들의 무능력과 비도덕성이라고 이야기된다. 더 나아가 이 젊은이들은 경제 위기 이후 침체된 노동 시장의 원인으로 지목되기도 한다. 눈높이를 낮춰 대기업이나 공무원이 아닌 중소기업에 지원해야 마땅할 젊은이들이 취업 준비라는 명목으로 실업 상태에 놓여 있으니 경제가 이 모양 이 꼴이라는 것이다. 이 젊은이들은 어른이 되기를 포기한 철없는 어린애들이며, 인간이 되기를 포기한 동물에 가까운 병리적인 족속이다. 경제 위기 이후 노동 시장 재편에 관한 진단이 다소 다른 것을 제외하면 이른바 좌파의 주된 입장도 크게 다르지 않은 것 같다. 절망적인 시대의 불우한 희생양이라 지칭하든, 그래서 더는 광장으로 나가 짱돌을 들 여유도 용기도 없이 골방에 틀어박혀 '정치적'으로 입을 닫은 88만원 세대라 부르든 결국 이 젊은이들은 신자유주의적 문화 논리의 회로에 갇혀 공동체적 삶을 전망하지 못하는 개인주의자들일 뿐이라고 말한다. 결국 이 젊은이들은 경제적으로 무능하거나 정치적으로 무능한 철부지들이다.

캥거루족 담론이 가장 감추고 싶어하는 것은 과연 누가 캥거루족이 될 수 있으며, 또 없는가라는 질문이다.[13] '캥거루족'이라는 이름이 지시하는 현실은 경제 위기 이후 가족적 생애 전략을 강화할 수 있었던 중산층 가족 모델에 기반한다. 중산층 가족의 자녀인 '캥거루족'은 충분히 자기계발하지 못했다는 이유로 도덕적 비난의 대상이 된다. 물론 그런 비난은 그다지 효과가 없으며, 사실상 효과를 바라지도 않는 것 같다. 한국에서 신자유주의적 자기 통치의 테크놀로지를 충실하게 구현하는 주체 단위는 개인뿐만 아니라 가족이기도 하다. 이 '캥거루족'은 팔불출 부모의 무능한 자녀가 아니라, 자녀가 성년이 된 뒤에도 충분한 교육과 주거 공간을 제공해서 안정적인 직업과 결혼 등 생애 전망을 기획하고 관리할 수 있는 집-가족에서 탄생하는 특권적 주체다. 한동안 캥거루족이었던 사람들은 곧 부모의 든든한 지원을 받아 직업을 얻고, 유사한 계급의 상대와 결혼해 새로운 집-가족을 꾸리고 이 사회의 정당한 어른이자 시민으로 등장할 것이다. 캥거루족은 오히려 안정과 규범성을 보장하는 약호다.

그러나 '캥거루족'이라고 불리지 못한 사람들은 무엇이 될 수 있을까? 이 담론은 누군가를 명명하지 않음으로써 논의의 장에서 비가시화하고, 그 누군가의 현실을 외면한다. 오히려 가족에게 받은 것도 줄 수 있는 것도 없이 독립해 고시원 같은 주거 공간에 살 수밖에 없는 빈곤 계급 출신의 젊은이들은 계속해서 비슷한 삶의 조건을 전전하며 독립이라는 이름의 사회적 가사假死 상태에 놓일 가능성이 크다. 가족의 기대를 짊어진 채 가족의 집에서 밀려나야 하는 청년들, 부모에게 갖는 죄책감과 실패할지도 모른다는 불안 속에서 독립과 의존 사이를 어정쩡하게 주춤거리는 청년들은 비난의 대상조차 되지 못한다. 고시원이나 반지하, 옥탑방 같은 주거 공간은 사회적 책망의 사각지대이며, 이곳에 머무는 사람들은 아예 자기계발을 해야 한다는 신자유주의적 기준에서도 배제된다.

신자유주의 체제에서 살아간다는 것과 신자유주의적 요청에 따라 적극적으로 호명된다는 것은 다르다. 자기계발이 시대의 숙명처럼 보이지만, 규범적 시공간성의 기준으로부터 탈락한 사람들('인 서울' 하지 못한 학생들, 백수, 비정규직, 비혼, 고시원 거주자들)은 그 숙명조차 말 그대로 사후적死後的으로 부여받는다. 지난 2011년 2월, 다가구주택에 살던 30대 초반의 한 시나리오 작가의 부고가 실렸다. 이 죽음에 관한 밀들을 보라. 왜 더 일하지 않았냐는, 결국 재능으로 승부하는 시장 경쟁에서 패한 어리석은 결과 아니냐는 막말조차 그 죽음 뒤에야 찾아왔다. 아이와 옹은 이런 사람들을 신자유주의의 예외들exceptions to neoliberalism이라 불렀다.[14] 독립과 의존 그 사이 어딘가에서 서성이는 이 사람들은, 효율성과 경쟁이라는 시장 원리에 따라 자기 관리를 실천해야 한다는 신자유주의 시대의 언명에서 예외적인 비시민非市民이 된다.

신자유주의 시대 비서구 국가의 통치 방식 중 하나가 바로 공간성의 분할을 통한 인구 관리다.[15] 신자유주의의 시장 주도적인 계산은 특정 공간의 주민들과 그 공간의 행정 관리에 도입되며, 이 주민들은 자기 통치의 주체로 명명되는 우선적 시민이다. 그러나 이 체제가 통치와 공간, 시민권 사이의 관계를 설정하는 방식은 매끄럽고 평평하지 않다. 포섭의 반대편에는 늘 배제가 존재하며, 바로 그 둘의 적절한 공존과 배치가 체제의 작동을 가능하게 한다. 이제 어떤 공간에서는 그런 섬세한 개입이 모조리 철회되며 이곳에 사는 사람들에게 사회 안전망이나 정치적 보호는 삭제된다. 시장에 관한 맹신과 투기 자본의 무제한적 자유 보장을 위해 포클레인이 끊임없이 허물고, 파헤치는 것은 도시뿐만 아니라 그곳, 재개발 지역이라고 불리는 그곳에 살아온 사람들이 살아갈 자유이기도 하다. 그 사람들은 바로 그 재개발의 이익을 받을 시민들과 달리 사회적으로 가시화돼서도 안 되고, 가시화될 필요도 없는 잉여적 존재이자 비시민이다.[16] 그래서 2009년 1월 서울의 한복판, 용산 철거민들의 죽음은 국가의 외면이 아니라 국가가 그 사람들을 '비시민'으로 만드는 방식을 보여준다.

용산의 죽음은 고시원의 죽음과 닮았다. 고시원에 살면서 언제 불에 타 죽어갈지 모른다는 공포와 공존하며 살아가는 청년들이 바로 캥거루족의 대칭점에 있는 비시민이다. 고시원이라는 장소가 수도권에서 들불처럼 번져 만들어지기 시작한 2000년대 초반부터, 얼마나 많은 불들이 가연 소재의 벽과 벽 사이를 가로질러 죽음을 빚어냈는가. 지난 10여 년 동안 보도된 고시원 화재 사건만 해도 10여 건, 단지 고시원에 살고 있다는 이유로 죽어간 사람들이 수십 명에 달하는데도 정부가 내놓은 대책은 새

표 8 | 주요 고시원 화재 사건 일지 (2003년 1월~2011년 1월)

일시 및 장소	비고
2003년 1월 10일 서울 동작구 사당1동 고시원	1명 사망
2004년 1월 12일 경기도 수원시 팔달구 고시원	4명 사망, 4명 부상
2005년 2월 2일 서울 동작구 노량진동 고시원	6명 부상
2005년 12월 6일 서울 마포구 노고산동 고시원	1명 사망
2006년 1월 15일 서울 동대문구 청량리1동 고시원	20명 대피
2006년 7월 19일 서울 송파구 잠실동 고시텔	8명 사망, 10명 부상
2006년 7월 27일 경기도 안산시 단원구 고시원	7명 부상
2008년 7월 25일 경기도 용인시 처인구 고시텔	7명 사망, 10명 부상
2008년 10월 20일 서울 강남구 논현동 고시원	3명 사망(흉기 피살), 9명 부상
2010년 3월 24일 서울 성동구 고시원	–
2010년 9월 5일 서울 송파구 잠실동 고시원	11명 부상
2011년 1월 21일 경기도 오산시 궐동 고시텔	1명 사망(분신 자살), 15명 대피

로 지어질 고시원 건물에 내화 구조물을 이용하고 배연 설비를 하라는 건축법 개정뿐이었다. 이미 들어선 6000여 개의 고시원과 그곳에 사는 10만여 명의 거주민들은 여전히 화염과 연기에 취약한 방에서 몸을 누인다. 물론 이 건축법은 고시원에 사는 사람들을 위해서가 아니라 고시원을 운영하는 사람들을 위한 것이다. 그동안 건축법상 용도가 분류되지 않은 '불법' 건축물이던 고시원은 오히려 일련의 화재들을 빌판삼아 개정된 건축법에 따라 숙박 시설로 정당하게 분류되고 합법화됐다.[17] 이제 더 많은 고시원들이, 더 애처로운 죽음의 그림자들과 함께 탄생할 것이다. 그리고 돌아갈 곳 없이 독립해야만 하는 누군가는 반드시 그 그림자 속으로 들어가야 할 것이다.

그러나 우리는 여전히 그 죽음들에 관해 잘 모른다. 우리는 한 지역 일간지에 보도된, 경기도의 한 고시텔에서 자신의 몸에 시너를 붓고 불을 붙인 스물아홉 살 남자의 이야기를 잘 모른다. 적어도 그 남자는 혼자였고, 부모의 주머니가 아닌 좁고 어두운 방을 택했거나 또는 처음부터 포근한 주머니 따위 타고나지 않았는지도 모른다. 그 남자의 독립 또는 고립은 죽음으로 이어졌고, 외려 캥거루족이라 비난받은 사람들의 의존에는 삶과 미래가 남았다. 이 이야기는 내가 만난 어떤 사람들의 이야기와 얼마나 다르고 또 닮았는가. 하지만 우리는 그 다름 또는 닮음을 알아서는 안 된다. 누군가를 끊임없이 고시원으로 내모는 축적된 모순에 우리는 무감해야만 한다. 그것이 지금의 체제 아래 비시민의 존재 이유다. 캥거루족이라는, 청년 세대를 가리킨 담론 정치의 진정한 효과는 어쩌면 그 비난 속에서 한국 사회의 '집'을 둘러싼 현실을 은폐하고 낮고 높고 좁은 집으로 흘러 들어간 사람들, 죽었다 깨어나도 캥거루족은 될 수 없는 사람들의 죽음을 방조하는 것이다. 가족 간 경제 불평등의 강화와 세대 간 계급 이동의 제약을, 고시원이라는 주거 공간이 필연적으로 인질로 삼는 가난한 젊은이들의 현실을, 홀로 서도 어른이 될 수 없고 시민으로 인정받을 수도 없는 그 삶을.

　　어쩌면 집-가족에 의존하는 상황과 단절하고 싶어하는 욕망이 넛씌워신 이 정년들의 모순직인 독립 이아기들, 대부분 또 히니의 집 가족이라는 규범성을 재생산하는 것으로 메워시는 이 틈새는 집-가족의 바깥으로 버려지지 않기 위한, 삶을 여탈與奪하는 통치 체제에서 생존을 궁리하기 위한 격렬한 소요와 투쟁의 장소일 것이다.

7장

**골방과
광장의
틈새에서**
다시
쓰는 **집**

낯선 도시는 돈을 지불한 만큼만 이방인을 반긴다. 비싼 값을 치르고 머물게 된 홍콩의 한 호텔 방 전면 유리창의 이중 블라인드를 닻을 끌어 올리듯 열면, 바다에 비치는 햇빛과 함께 무수한 방들이 눈을 부릅뜨고 있다. 네 평 남짓한 정사각형들이 레고 블록처럼 쌓여, 마천루가 늘어선 거대한 도시의 속살을 빼곡히 메우고 있다. 호화롭게 번쩍이는 유람선들 빼고는 까맣게 숨죽인 건물들 사이로, 그 방들은 수천 년을 지켜온 영물처럼 서 있다. 햇살은 새하얀 시트에 누운 도시의 손님을 부끄러운 알몸으로 만든다. 한 아름이 채 안 되는 창밖으로 몸을 내민 굳은 철심 같은 빨랫대에 걸린 옷가지가 애처롭게 나부낀다. 나는 수천 개의 방들이 만드는 평행선 위에 앉는다. 창문은 굳게 닫혀 있다. 저 빨래가 마르기를 기다렸다 또 다음 날의 빨래를 거는 사람들의 삶은 여행자의 시선과 만나서는 안 된다. 다음 날 어떤 나이든 남자가 그 방들의 남루함에 관해 말을 꺼냈고, 그곳에 사는 다른 남자는 저래 봬도 방값이 얼마인지 알면 못 할 말이라며 면박을 준다. 머무르는 시간이 곧 달러로 환산되는 여행에서, 창밖으로 보이는 작은 방들의 행렬과 내가 머문 호텔 방 사이의 거리를 얼마의 값어치로 환산해야 할지 몰라 나는 머뭇거렸다.

방에 관해 써야겠다고 결심하던 밤, 홍콩의 그 방들이 다시 떠올랐다. 짧게든 길게든 내가 머무른 모든 방들이 하나의 상상된 지평에서 만났다. 나는 내가 그동안 방과 방 사이를 옮겨 다니며, 문지방을 넘나들며 살아온 것을 알았나. 누군가 삶이 이주의 연속이라 말한 것처럼, 지도를 펼쳐놓고 보면 그것은 국경을 넘는 이동이기도 하고, 국경 안의 지역을 넘는 움직임이기도 했으며, 하나의 지역에서 자리를 옮기는 일이기도 했다. 주거의 역사는 곧 이동의 역사였다. 집이라는 문제의식을 가지고 사람들과 대화하며 글 쓰는 동안, 나는 집이 안정성에 관한 관념일 뿐 아니라 무수한 이동의 연속을 포함하고 있다는 것을 알게 됐다. 한 문화이론가가 지적하는 것처럼, 오늘날의 세계에서 각각 거주와 이동을 상징하는 뿌리^{root}와 통로^{route}는 상호배타적이 아니라 공존하는 개념이다.[1] 뿌리와 통로의 얽힘 속에서 집의 의미가 만들어진다. 그리고 그 얽힘의 규모는 지역과 국경을 넘나든다. 이주라는 개념은 단지 노동 이민자나 결혼 이민자뿐만 아니라, 방과 방 사이를 옮겨 다니며 계속해서 다른 곳에 살아야 하는 오늘날 한국 사회의 삶의 조건 그 자체를 가리키는 용어다.

사람들이 살아가는 지역과 방값에 서열이 매겨지듯, 이동의 방식도 줄 세워진다. 비수도권에서 수도권으로, 강북에서 강남으로, 싸고 작은 집에서 비싸고 큰 집으로, 때로는 한국에서 어느 영어권 국가로 이동하는 것이 삶의 일정 시기를 지나면 거의 유일한 인생의 목표가 된다. 지불할 능력이 있는 사람들에게는 어떤 곳이든 집이 될 수 있다. 이 사람들에게 이동은 곧 안정성의 증대를 의미하며, 느긋한 유연성은 유연화된 시대가 요구하고 부여하는 특권이다. 그러나 어떤 사람들은 낮은 반지하방이나 높은 옥탑방, 좁은 고시원 방을 순환한다. 이 사람들의 이동은 위태롭다. 집값 상승과 재개발은 주거 이동의 순환 주기를 더욱 앞당기며, 주거는 이동이 예정된 시한부적인 머무름이 된다. 이 경우 집은 언제든지 펴고 접을 수 있는 텐트에 가깝다. 신자유주의 시대의 유연한 주체라는 이미지는 그 유연성을 안정화할 수 있는 지불 능력이 없는 사람들에게는 불안정에 몸서리치는 텐트 난민의 모습이 된다. 이동의 방향만 위계화된 게 아니다. 살아갈 공간을 상상할 수 있는 가능성도 마찬가지다. 누구와 함께 어디에서 살 것인가라고 질문할 때 이상적인 답이 가족과 함께 오붓하게 살아가는 아파트인 한, 낮고 높고 좁은 곳에 사는 사람들의 삶은 실제 이상으로 위험하고 서글프게 읽힐 것이다.

물론 주거 불평등이 심화하고, 청년 실업이 증대하며, 그런데도 더 많은 사람들이 서울로 이주할수록 고시원 같은 주거 공간은 더욱 늘어날 것이다. 누군가 탈출하고 남은 자리는 다른 사람들이 메울 것이다. 어쩌면 '고시원'은 실패한 정치적 전망의 가장 그럴싸한 공간적 은유인지도 모른다. 변화를 상상하거나 실천할 수도 없이 고여 있는 무수한 방들. 멈춘 시간성의 비유는 고시원에 사는 무수한 청년 세대에 덧씌워진다. 골방에 갇혀 있지 말고 광장으로 나오라는 발신자 없는 권고가 방문 앞에 쌓인다. 어디가 골방이고 어디가 광장인지 말하지 않는 이 수사학은 골방을 탈정치적인 장소로 고착시키는 만큼, 청년들을 변화 불가능한 탈정치적 존재로 동질하게 형상화한다. 스펙과 자기계발에 짓눌린 세대, 신자유주의의 정언명령에 몸과 마음을 빼앗긴 세대, 투표를 하지 않아 보수 세력의 집권에 암묵적인 힘을 보태는 비관과 냉소를 체화한 세대, 생존에 삶을 거는 속물적 세대. 이 끈질기고 지겨운 세대론의 반복과 변형이 지키려는 것은 그 위치가 불분명한 '광장'이다. 더 명료하게 말하자면 저기 어딘가에 광장이 있었고, 그 광장을 누군가가 만들어냈고, 그 광장 덕분에 지금 한국 사회의 정치 지형이 만들어질 수 있었다는 찬란한 신화다.

물론 광장의 유산 위에 우리가 서 있다는 사실을 아는 것은 중요하지만, 내가 문제삼는 것은 잃어버린 광장의 신화가 만들어내는 효과다. 그것은 젊은 세대에게 책임을 묻지만, 상실을 증명하는 것은 상실했다는 주장이 아니라 남은 것들, 잔여물이다. 과연 '광장' 이후에 무엇이 남았는가? 골방을 박차고 나오라는 그 광장은 어디에 어떻게 존재하는가? 김현미는 2008년 촛불집회에 관한 분석을 통해 한국 사회의 통치 제제가 신자유주의적 경제 논리와 강력한 가부장적 집권자에 의존하는 권위주의적 정치 체제가 결합된 '신자유주의적 권위주의' 체제라고 말했다.[2] 국가를 원고, 국민을 피고로 한 촛불집회 관련 소송은 변호사를 선임하고 벌금을 배상할 수 있는 사람만 정치적 자유를 가질 수 있게 된 현실을 보여준다. 주거 지불 능력이 없는 사람이 고시원에 살게 되듯, 소송에 대응할 지불 능력이 없는 사람은 정치적 의사 표현도 할 수 없다. 정치적 영역은 이제 투명한 신념에 따른 자유로운 논쟁과 실천의 장이 아니라, 언제든 소송당할 수 있는 경제적 영역이 된다.[3] 모든 사람이 정치적 주체가 될 수 없는 조건에서 동원되는 골방 대 광장이라는 이분법은 그렇게 유용하지 않다.

따라서 필요한 것은 골방과 광장의 틈새에서 때로는 고통스럽게 때로는 용기 있게 살아가는 청년들의 위치를 정치적 실패가 아니라 오늘날 '정치적인 것'이 과연 무엇인지 되묻는 질문의 자리로 보는 것이다. 끊임없이 낮고 높고 좁은 방들 사이를 이동해야 하는 가난한 청년들의 삶의 조건은 불안정할 수밖에 없을까? 그렇다면 이 젊은이들이 원하는 것은 '안정'일까? 안정과 불안정의 경계는 어떻게 그어질까? 누구의 안정이고 누구의 불안정일까? 나는 이동성과 불안정성이라는 두 겹의 줄 위를 걷는 청년들의 삶에서 규범적 집에 관한 욕망과 모순적으로 뒤엉긴 어떤 웅성거림을 듣는다. 나는 그것이 새로운 정치학 또는 새로운 윤리학이라고 말하지는 않겠다. 다만 사람들과 만나면서 마주한 어떤 울림을 해석하는 과정에서 내가 발견한 정치학의 가능성의 조건을 공유하고, 그 조건에서 더 많은 논의를 시작하자고 제안하기 위해 이 글을 쓴다. 현실은 종종 지배적인 언어와 해석을 압도하며, 또 그것들 사이로 터져 흘러내리곤 한다. 규범적 집의 균열에서 다른 집 이야기들이 싹틀 수 있을까.

넘쳐나는 꿈, 빈곤한 언어들

집에 관한 질문은 단지 지금 어디에 살고 있는지 묻는 질문이 아니다. 그것은 '집'을 어떻게 상상하고 또 사유하는지에 관한 물음이기도 하다. 따라서 한국 사회에서 '집'이 무엇일 수 있으며 또 무엇이어야 하는지 이야기하는 더 넓은 논의로 확장될 수 있는 하나의 사회적 발화일 수도 있다. 그러나 이 발화는 예기치 않은 이질성들을 담아낸다. 호주 시드니의 홈리스 청년들을 연구한 로빈슨은 집에 머무는 것과 집을 열망하는 것 사이에서 역동적으로 움직이며 공간을 의미 있게 만드는 방식들, 즉 소속감의 미시전술들micro-tactics of belonging에 주목해야 한다고 제안한다.[4] 그렇다면 내가 만난 사람들에게 집은 어떤 머무름, 어떤 열망일까?

저는 뭐⋯⋯아파트? 어린 시절 살았던 아파트? 응응. **상태, 28세, 취업 준비**

집이라고 하면 어디가 제일 먼저 떠올라요? 지금 고향집이 제일 먼저 떠오르는데. (웃음) **왜 그런 거 같아요?** 엄마도 있고, 할머니도 있고, 가족도 있으니까. 지금 같이 사는 사람이, 룸메가 있긴 하지만 그 사람이 충족시켜 줄 수 없는 부분들이 워낙 많으니까⋯⋯제가 워낙 오래 [가족과] 떨어져 살았으니까 그리움이 크더라구요, 집에 대한 그리움. 제가 또 집에 자주 내려가는 것도, 거의 한, 두세 달에 한 번씩 내려가야 되고, 일 년에 많아봐야 한 여섯 번, 일곱 번 정도 보는 거라서 항상 집이⋯⋯엄마 생각이 많이 나니까 그런 거 같아요. 혼자 오래 살다보니까 사람이, 집이, 엄마가 많이 그리운 거 같아요. 거의 2001년부터 떨어져 살았으니까. 거 아직도 부모님이 계시는 곳이죠. 부모님이 계신 고향, 울산. **앞으로 결혼 하시면 그게 인제 집……?** 그게 집이 되겠죠. 그게 아니더라도, 만약에 뭐, 결혼 안하더라도 제가 지금은 기숙사에 있지만 나와서 독립적으로 뭐 하는 공간을 가지게 된다, 예를 들어서 고시원이……고시원은 아니겠 죠. 고시원은 아니고, 뭐 전셋집을 얻는다든가 그럴 수 있잖아요? 그렇 다면 거기는 또 제가 집이라고 할 거 같아요. 왜냐면 제가 이제, 뭐랄까, 경제적으로 독립을 했거든요. 제 스스로 이제, 준비가 됐다고 생각하고 있거든요. 만약 그렇게 따로 나가게, 살게 된다면 그건 집이라고 생각할 거 같지만 뭐, 지금 살고 있는 기숙사를 집이라고 생각하진 않죠. **앞으로 는 어떤……주거에 대한 전망 같은 거 갖고 계신지?** 뭐, 결혼을 해서 (웃 음) 평범한……사람들 다 그렇듯이 아파트 같은 데서 살고 싶은 거죠. 정 훈, 31세, 사무직

서울에서 10년 가까이 살아도, 다른 곳에서 서울로 이주해온 이주 민들인 이 청년들에게 집은 여전히 '고향'이다. 태어나고 자란 가족들이 여전히 살고 있는 마당 넓은 집이나 아파트다. 익숙하고 편안한 가족들 이 사는 곳이며 '엄마'가 있는 곳이다. 그 상상된 편안함을 뒷받침하는 구 조물은 운 좋은 상속이나 부모가 평생 동안 노동한 결과물일 것이며, 타 지 생활에 지친 몸과 마음을 달래주는 것은 엄마의 보이지 않는 가사노동 과 돌봄노동일 것이다. 그러나 무엇보다 이런 집의 의미는 회고적일 뿐이 다. 떠나온 가족의 집에 가끔 들를 수는 있어도, 그곳이 예전 같은 의미의 집일 수는 없다. 장소와 밀착하지 않은 시간이 길어질수록, 그리고 장소를

함께 점유하는 사람들 사이의 관계가 달라지면서 장소의 의미는 낯설게 변한다. 돌아갈 수 없는 어린 시절의 고향이 언제까지나 집일 수 없으며, 집이어서도 안 된다는 것을 이 청년들은 알고 있다. 취업-결혼으로 이어지는 독립을 할 것이라는 가족의 기대에서 자유롭지 않은 청년들은 계속해서 뒤를 돌아보지만, 다른 한편으로 끊임없이 앞으로 나아가라고 요구받는다. "평범한 사람들 다 그렇듯이" 미래의 가족과 함께하는 아파트로 집의 이미지를 새로 그려야 한다.

집이 뭐냐구요? 전원주택? (웃음) 집이 어떤 거냐고 물으니까……잘 모르겠다. 규태, 26세, 창작직

집은 책이 있는 곳이구요. 책을 읽을 수 있는 편안한 의자가 있는 곳이고, 차를 우려내서 느긋하게 마실 수 있는 곳이고, 찾아온 사람이 있으면 큰 방석을 내줘서 거기 앉혀서 같이 차를 마실 수 있는 곳이고, 그리고 음……빨래를 하면 빨래를 말릴 수 있는 공간이 별도로 있는 곳이고, 왜냐면 그렇지 않은 곳들이 너무 많아. (웃음) 또 근처에 산이나 아니면 그 유사한 어떤 풀때기라도 있어야 되고. 그리고 옆집에 사는 사람과 알은 체를 할 수 있는 곳. 다른 거는 다 일반적 속성들, 밥을 해 먹을 수 있고. …… **아까 그런 집은 아주 이상적인 집이잖아요, 어떻게 보면?** 이상적인 집은……딩징 구축힐 거라고 기내 안 해요. 적어도 20대에는 설대 안 이뤄질 거 같구요. …… 아마……한 서른다섯 살쯤이나 돼야 가능하지 않을까 싶구요. 그렇지만 집에 대한 애착은 되게 강해요. 심지어는 나중에 어떤 집에서 살고 싶다, 그런 그림도 되게 확실하게 그릴 수 있어요. 인테리어 이런 것까지 이미 확신을 가지고 있어요. (웃음) 이상향의 집

에 대해서. **좀더 그려줄 수 있어요, 이상향의 집에 대해서?** 아, 네. 얘기해 줄 수 있죠. (웃음) 산 속에 있구요, (웃음) 당연히. 그리고 이건 제가 꿈에서 꾼 집이에요. 꿈에서 본 집인데, 그 꿈 깨고 나서 너무 생생해서 딱히 적어놓지도 않았는데 지금까지 기억을 하고 있어요, 몇 년이 지났는데도. 음……2층 집이고 목재가 상당히 많이 사용됐어요. 1층은 응접실하고, 주방하고 그런 것이 있고 2층으로 올라가려면 나무로 된 계단을 이렇게 타고 올라가요. 계단을 올라가면은 이렇게 장방향의 네모난, 네모난데 길쭉한 방이 있고, 그 방의 한쪽 면은 다 유리인데 그 방에는 라탄으로 된 의자가 두 개가 있구요. 그 라탄 의자에는 린넨 비슷한 소재로 된 방석이 깔려 있고, 그런 커버가 씌워져 있어요. 라탄 의자가 되게 커요. 그리고 책장이 이쪽에, 저쪽에 이렇게 있고. 그래서 기본적으로 책장하고 라탄 의자 밖에 없는 그런 방이에요. (웃음) 그리고, 창문을 열고 밖으로 나가면 데크에요. 근데 데크가 베란다같이 생긴 데크인데 난간이 이렇게 있구요. 그래서 그 데크가 방의 한 세 배 정도 크기에요. 대빵 넓은 거죠. 데크 밑에는 이렇게 기둥이 꽂혀 있고, 그 데크로 나가면, 이 집 자체가 계곡에 위치하고 있기 때문에 산세가 이렇게, 병풍처럼 이 집을 감싸고 있는 게 보이고 햇살이 짱짱 잘 들고 그런 집. 거기에는 누군가 있어요. 그 사람의 얼굴은 기억 안 나지만 하여간 사람이 있어. 많지는 않지만, 사람이 있고. 한, 한두 명? 한두 명 정도 있는 거 같아요. 근데 누군지는 모르겠어요. 그런데 신기한 건 1층의 인테리어는 전혀 기억이 안 나는데, 2층의 인테리어는 너무 확실하게 기억나요. 아마 그게 제가 자주 가는 방이라서 그런 거 같아요. 아니면 좋아하는 방이거나. …… 어쨌든 풀때기 많고. (웃음) 네. 그래서 이 얘기를 친구한테 한 번 되게……조심스럽게 했다가 친구가 시큰둥하게 '그거 하려면 돈 많이 들겠다.' 하고 얘기를 해서 되게 속으로

삐쳤던 적 있어요. '아, 그래 넌, 그렇게 생각하는구나.' 영현, 27세, 사무직

'평범한' 집의 관념을 벗어난 열망은 현실과 지나치게 괴리되거나 넘칠 만큼 크다. 규태는 집이 무엇이라고 생각하는지 묻자 자신의 경험이 아니라 사회적으로 이상화된 집 이미지 중 하나인 전원주택을 떠올린다. 잡지나 드라마, 영화를 통해 확산된 전원주택의 이미지는 복잡하고 시끄러운 익명의 도시에서 벗어나 느긋하고 여유로우며 환경 친화적인 주거 환경으로 진입하려는 욕망을 대변한다. 그러나 규태의 머릿속에 떠오른 그 이미지와 욕망은 더 구체화되지 못하고 멋쩍은 웃음으로 끝난다. 그 이미지에는 실체가 없기 때문이다. 서울에 온 뒤로 늘 다른 사람과 함께 고시원, 반지하, 옥탑방 등 공간을 나눠 살아온 규태에게 '집'은 분열적인 관념이다. 그렇게 많은 방들을 거쳤지만 정작 그중 어떤 것도 집이라는 틀에 부합하지 않으며, 그 틀에 떡하니 자리잡은 것은 한 번도 살아본 적 없는 전원주택의 희미하고 실체 없는 이미지다. 그래서 곧 규태는 집이 무엇인지 모르겠다며, 전원주택의 이미지를 거둬들인다. 규태가 떠올린 집 이미지는 로또에 당첨되지 않는 한 규태에게 집이 돼줄 수 없다. 뒤집어 말해, 규태는 '집'에 관해 실체를 가진 상상을 하기 어렵다.

반면 영현은 자신이 생각하는 집을 매우 구체적이고 풍부하게 묘사한다. 그 집이 놓인 환경, 외관과 내부 장식, 그 소재와 볕이 드는 방향까지 생생하게 기술하는 영현의 집 이미지는 규태가 어렴풋이 떠올린 전원주택에 생기를 불어넣은 모습이다. 실제로 이 이미지의 일부는 영현의 실제 경험에 기반한다. 녹지 인근에 자리잡은 집, 책을 읽을 수 있는 의자와 책장, 이웃들과 맺는 인정 어린 관계, 친구와 함께 마시는 차 한 잔 같은 이미지는 영현이 유년기와 청소년기를 보낸 두 집에서 비롯된다. 주인집과

정원이 있는 마당을 공유하던 유년기의 전셋집, 어머니와 이웃들이 친밀하게 교류하던 청소년기의 전셋집.

그러나 동시에 그것들은 대학에 진학하며 자연스레 공간적 독립을 하게 된 뒤로 더는 실현할 수 없던 것들의 목록이기도 하다. 아파트 단지가 아니면 집 가까이에 나무와 풀이 없는 서울에서, 영현은 친구와 함께 산 작은 아파트와 기숙사를 빼면 공동 주거에서 오는 친밀함을 느낀 적이 드물고, 자주 이사해야 했기 때문에 끊임없이 가진 책을 줄여야 했고, 고시원에 산 뒤로 누군가를 초대할 수도 없었다. 영현이 살아온 공간들에는 때때로 빨래 건조실이 따로 없어 좁은 방에서 눅눅한 빨래를 말려야 했다. 그래서 영현의 집 이미지는 지금까지 살아온 공간의 이상적 요소들과 결여된 요소들이 모이고 뒤엉켜 만들어진 이념형ideal type이다. 그 이념형이 실현되는 공간이 현실이 아닌 꿈속이라는 점은 의미심장하다. 꿈속에서 무척 생생하게 펼쳐지지만, 현실에는 "그렇지 않은 곳들이 너무 많"은 이 집은 영현이 30대 중반 즈음에는 살고 싶은 꿈이며, 아직 오지 않은 미래에만 존재할 수 있는 것이다. 그래서 집에 관한 규태의 너무 적은 언어만큼 영현의 너무 많은 언어 역시, 현실의 집이 지닌 빈곤을 드러낸다.

앞으로 주거의 전망이 되게 불투명하다고 얘기하셨는데, 왜 불투명하다고 생각하세요? 그니까, 개념이 없어요. 뭐랄까, 재테크라든지 뭐 은행이라든지 그런 거에 대해 전혀 개념이 없어서. 얼마 전까지 주택 부금을 넣고 있었어요. 주택 청약 종합 저축인가? 작년인가에 되게 바람 불었던 거 있잖아요. 제 의사로 넣은 게 아니고, 여자친구가 하라 그래서 했거든요. 달마다 10만 원씩 그걸 넣었는데. 7월……6월 달인가에 깼어요. 7월 달인가. 가만히 생각해보니까 내가 아무리 생각을 해도 아파트를 분양받을 일이 없을 거 같아요, 평생. 그래서 이걸 하는 게 무의미할 거 같아서 깼고. 만약에 내가 아파트를 청약 받을 만큼 부자가 된다면 이게 없어도 청약 받을 수 있지 않을까, 사실 생각을 해요, 그 정도로 부자라면. 그래서 깼고. (헛기침) 얼마가 있어야 아파트에 들어갈 수 있는지 혹은 얼마가 있어야 방 두 개인 집에 들어갈 수 있는지를 모르겠어요. 지금 막연하게 생각하기로는 몇천만 원은 있어야 할 거 같은데. 적어도 제 여자친구가 전세로 살았던 방이 1억짜린데, 그게 아파트였거든요. 되게 오래된 아파트였는데, 방이 두 개였어요. 근데 그게 1억이었으니까. 내가 1억을 벌려면 지금 내가 취직을 해봤자, 많이 받아야 연봉 2500 받는다고 치면, 10년 이상 모아야 될 거 같은 거에요. 10년? 10년 동안 나는 계속 고시원에 살아야 되나? (웃음) 그런 생각이 들었어요. (침묵) 보통 은행에서 돈을 빌려서 집에 들어간다고 하더라구요. 근데 저는 그 생각은 한 번도 안 해봤어요. 은행에서 돈을 빌려서 뭔가를 한다는 거에 대해 한 번도 생각을 안 해봤어요. **부모님께 빌린다는 생각은 안 해보셨어요?** 집이 그렇게 넉넉한 편이 아니어서. (웃음) 집에서 줄지도 모르겠고, 줄 돈이 있을지도 잘 모르겠구요. 별로 받고 싶은 생각도 없구요. …… 저는……차 욕심 없고 다른 욕심은 없는데요. 집에 대한 욕심은 있어요, 진짜. 나중에, 아까 말했듯이, 서재 있고 (웃음) 놀이방 있고 침실 있고 거실 있고 그 정도의 집만 있으면 되게 행복할 거 같아요, 정말. 밤에 부엌 있으면 제가 들어가서 먹고 싶은 거 해 먹고, 그런 환상은 되게 많아요. 언젠가는 꼭 그런 집에 살고 싶어요. 내가 책장을 내 취향대로 정리하고, 벽에……벽에 뭘 붙이는 걸 되게 좋아해요 포스터 같은 거. 그래서 내 집에 내가 마음대로 뭐 붙이고 그러고 싶은 욕심이 되게 많아요. 그런 집 있으면 되게 행복할 거 같아요, 집에 들어갈 때마다. 제일 좋은 건 그거에요. 친구를 마음대로 부를 수 있다는 거. 친구 불러서 (헛기침) 요리해주고 같이 술 마시고 놀고 재워주고……. 그런 게 가능하다는 게 제일 좋을 거 같아요. **전망은 불투 명한데, 또 이런 구체적인 게 있으신 건데, 어떤 계획……?** 없어요, 계획 같은 거. (웃음) 일단 내가 얼마를 벌 수 있을지도 모르고, 수입을 봐서 어떻게 결정이 나겠죠. 어디에 살지는. **승강, 27세, 대학생**

그래서 청년들의 집에 관한 꿈과 현실은 많은 경우 모순적으로 뒤엉켜 있다. 여자친구가 권유해 주택 청약 부금을 넣었지만, 어느 날 승강은 청약 권리보다 집을 구매할 수 있는 지불 능력이 더 중요하다는 것을 깨닫고 그것을 해지한다. 아무리 생각해도 평범한 회사원의 연봉으로는 10년을 모아도 방 두 개짜리 허름한 전세 아파트를 구하기도 빠듯하다. 살 곳을 마련하기 위해서 은행이든 부모든 누군가에게 빚을 져야 한다. 빚지고 싶지 않다면 고시원에 살면 된다. "10년 동안 나는 계속 고시원에 살아야 되나?"라는 승강의 자문은 방이 곧 빚이 되는 서울에서 방살이와 빚 감당 사이를 위태롭게 오가는 청년들을 향한다. 이때 '고시원'은 고유 명사가 아니라 일반 명사다. 승강은 기숙사, 고시원, 잠만 자는 방, 옥탑방, 월세 공동 주택 등 자신이 살아온 주거 형태와, 더 나아가 앞으로 자신이 살게 될 것이라고 예상하는 주거 형태를 아우르는 일반 명사로 '고시원' 을 사용한다. 그러나 승강은 고시원에 살고 싶지 않다. 서재가 있고, 내 취향의 포스터가 잔뜩 붙어 있어서 친구들을 초대해 왁자지껄 떠들고 요리하고 재워줄 수 있는 그런 집을 갖고 싶다. 그러나 그 집은 결코 승강에게 '일반적'이지 않다. 승강에게 '일반적'인 현실은 불안정한 주거 공간의 일반 명사가 돼버린 고시원이기 때문이다.

아널드는 '집'이 배제와 포섭의 원리가 작동하는 과정이자, 주체와 타자가 형성되는 지점이며, 시민권이 발휘되는 정도가 작동하는 방식을 보여준다고 이야기한다.[5] 집에 관한 꿈과 현실이 쉽사리 만나지 못하는 균열의 틈에 끼어 있는 이 청년들에게 넘쳐나는 꿈은 자신의 시민권이 결코 손상되지 않아야 한다는 의지의 표명으로 읽힌다. 그러나 한쪽 끝으로 삐져나온 실밥을 잡아당기면 형체 없이 뭉그러지고 마는 이 꿈을 지탱하는 빈곤한 언어는 지불 능력이 없는 사람들에게 집을, 시민의 자격을 허용하지 않는 신자유주의 체제에서 이 청년들의 위치를 잘 보여준다. 그 과정에서 청년들의 생애 전망은 많은 경우 가족-이성애-재생산이라는 제도와 규범적인 집을 우위에 두면서 봉합된다.

그러나 꿈과 삶 사이를 진동하며 묵음 처리된 어떤 웅성거림은 계속해서 매끈한 규범성 위로 불쑥불쑥 고개를 내민다. 집/집 없음, 밀실/광장이라는 이분법의 통화권에서 이탈돼 있는, 그러나 계속해서 말해진 말들. 그 웅성거림에서 오늘날의 청년들이 자기 삶의 방향을 온전히 자율적으로 선택할 수 있는 것은 아니지만, 사회적 규범이 제약하는 선택 안에 매몰되지 않고 끊임없이 자신의 성장 경로를 협상하며 분투하는 흔적을 볼 수 있을 것이다. 집과 정치학에 관한 규범적인 전망으로는 포착하기 어려운 그 흔적을 다시 읽어냄으로써 규범적 시공간성이 어떤 삶의 조건에서 의문시되고 문제화되며 중단되는지, 그 사회적 함의가 무엇인지 고민해보자.

홈리스라는 트러블

상태는 얼마 전까지 한 사회적 기업에서 일하고 있었지만, 일주일

전 그만두고 새로운 일자리를 찾는 중이었다. 일본에서 태어나 고등학교를 졸업했지만, 재일교포 2세 아버지와 한국인 어머니 사이에서 어린 시절부터 한국 이름으로 불리며 재일교포 3세라는 정체성을 뿌리 깊게 자각한 상태는 한국에 관해 알고 싶어 한국으로 왔다. 한국의 대학에 진학했고, 더 공부하고 싶어 전공을 바꿔 대학원에 들어가 석사 논문까지 썼다. 상대적으로 평균 사회 진출 연령이 낮은 일본의 또래 친구들은 벌써 부장, 과장이 돼 월급 300~400만 원을 받고 결혼한 경우도 많다. 그런데 한국으로 유학 온 지 이제 곧 10년 차가 되는데 아직 신입 사원도 되지 못하고 이런저런 알바나 인턴을 전전하며 한 달에 100만 원 안팎의 수입으로 산다는 것이, 또 그중 40만 원 정도가 고시텔 주거 비용으로 나간다는 것이 상태는 부끄럽고 민망하다. 왜 내가 "아직까지 이러고 살고 있을까" 하는 생각으로 마음이 자주 술렁인다.

8월 말까지는 빅이슈 코리아라는 사회적 기업에서 일하고 있었어요. 뭐 하는 회사냐면은 원래 본사가 영국에 있는 텐데. 그, 홈리스들이 잡지를 판매하는 그런 회사에요. 근데 제가 어쩌다가 친구의 소개를 통해서 거기 문화사업국에서 일하게 됐는데, 거기서 일하면서 막 사람들이 하는 얘기가 뭐냐면은, "상태 씨도 홈리스예요." (헛웃음) 한국 무슨 주거복지법인가 뭔지 모르지만 거기에 비춰보면 고시원에 오래 사는 사람도 잠재적인 홈리스로 간주를 해서, 상태 씨도 홈리스로서 혜택을 어느 정도 받을 수 있다는 거야. (웃음) 그때부터 의식을 하기 시작했어. 내가……고시원에 산다는 게 한국 사회에서 그 정도의 의미가 있구나. 그래서 약간 우울하기 시작했어요. (침묵) 그래도 뭐 솔직히 말하면은, 뭐 ○○대에서 석사까지 나왔는데, 대학원에서 배울 만큼 배운 사람이 홈리스란 얘기 들으니까. 진짜 기분이 좀 이상하더라구요. (웃음) 물론 거기서 홈리스로 회사에 들어와서 잡지를 판매하시는 분들도 IMF 위기로 어쩔 수 없이 홈리스가 됐다거나 아니면은 뭐, 입양아 출신이라거나 아니면은 그 가족사, 생애사를 따져봤을 때 심리적인 상처가 너무 커서 사회적 복귀, 사회적 자립을 못 해서 어쩔 수 없어 홈리스가 된 사람들이 많아요. 사실은 홈리스라는 게 그 사람이 나태하거나 능력이 없어서 그렇다기보다는 정말 그 배경을 따지다 보면 그럴만한 이유, 어쩔 수 없는 사회적 구조의 이유가 있더라구요. 어떻게 보면은 사회적 폭력이라고도 볼 수 있는. 그래서 우리가 돌봐줘야 할 상황인데, 그래도 한국 사회에서는 홈리스를 바라보는 시선이 너무 아래로 바라보고 불쌍한 사람들로 바라보고 자기네들도 언제든지 홈리스가 될 수 있다는 그런 거를 자각하지 못하는 게 현실이거든요. 근데, 저도 그랬어요. 저도 홈리스 분들을 아래로 보고 있었고, 저하고는 다른 세상의 사람들로 보고 있었고. 그렇기 때문에 처음 제가 "상태 씨도 홈리스예요"라는 얘기를 그 사람들한테 들었을 때, 그 회사에서 열심히 일하는 사람들한테 그 이야기를 들었을 때, '뭐라고? 아니야'라고 말하고 싶었죠. 그때부터 좀 기분이 이상해지기 시작했어요. 머리로는 나도 홈리스고, 88만원 세대고, 돈 벌기 힘든 세대인 거는 알겠거든요. 근데……그런 현실과 나를, 내가 나를 바라보는 방식……조금 이상화하는 게 있어요. 날 이상화하는 그런 방식, 현실과 자의식 사이의 그 괴리를 엄청 크게 느껴서, 조금 네, 마음이 우울했던 거죠. 그리고 그걸 건디지 못해서 저는 그만뒀어요. …… 지금은, 또 사회의 초년생으로서 제가 능력을 마음껏 발휘하고 제가 자부심을 느낄 수 있는 그런 직장? 적어도 최소한의……보상을 받을 수 있는, 지금까지 공부해온 것들의 보상을 받을 수 있는, 그런……뭐라고 해야 될까요. 보람이 있는 회사? 찾으려고 노력을 하고 있어요. 그렇다고 빅이슈 코리아가 보람이 없는 회사라고 얘기하는 건 아니고 저한테는 그런 회사였다는 거죠. **상태, 28세, 취업 준비**

상태는 홈리스를 지원하는 사회적 기업에서 세 달 동안 일하면서 노숙인이 개인적인 병리, 즉 나태나 무능 때문이 아니라 사회 구조적 맥락 속에서 발생한다는 것을 배웠고, 노숙인들을 향한 동정이나 연민이 내포하고 있는 위선 또는 무지를 알게 됐다. 경제 위기 이후의 한국 사회에서 홈리스는 특별한 사건이 아니라 평범한 사람들 누구라도 "언제든지 홈리스가 될 수 있다"는 잠재적인 현실에서 누군가에게 할당되(어야 하)는 몫이다. 그러나 이해와 인정은 다르다. 정작 "상태 씨도 홈리스예요"라는 동료의 말을 듣고 상태는 충격을 받았다. 그것이 내 몫이라고? 대학원까지 졸업한 내가, 15만 원짜리 고시원도 아니라 41만 원짜리 고시'텔'에 살고 있는 내가 잠재적인 홈리스라고? 상태는 홈리스를 사회적 문제로 이해하고 있었지만, 그것이 자신에게 적용될 수 있는 현실이라고 한 번도 생각해본 적이 없었다. 자신이 비판해온 한국 사회의 지배적인 시선을 상태 역시 내면화하고 있던 것이다. 홈리스가 사회적 문제라는 상태의 깨달음은 자신이 그 사회 구조에서 무관한 위치에 있다고 믿을 때만 순순히 받아들일 수 있는 것이었다. 그 믿음의 일부는 한국 사회의 내부자가 아니라 '재일'이라는 관찰자의 위치에서 비롯됐을 것이며, 다른 일부는 일본의 기준으로도 평범한 가족 환경에서 어려움 없이 자라 대학원까지 졸업한 상태의 자존감에서 왔을 것이다.

그러나 그 믿음은 자신이 돕고 있는 '그 사람들(홈리스)'과 '나'가 그렇게 다르지 않다는 한 마디에 금이 갈 정도로 허약하다. 내가 홈리스가 아니라면 왜 여태 일본에 있는 친구들처럼 취업해서 넉넉한 연봉을 받지 못하고 있는 걸까? 일본의 또래 친구들이 대변하는 일본의 노동 시장과 사회 보장 제도에 준거를 둔 채 한국을 보는 상태는 관찰자의 시각을 취하고 있다. 그러나 한국에서 취업을 하고 삶의 전망을 모색해야 한다는 현실, 즉 자신이 한국에 발 딛고 있다는 명료한 현실 속에서 상태는 온전한 거리두기[distanciation]를 하기가 어렵다. 이미 상태는 관찰자인 동시에 참여자다. "홈리스고, 88만원 세대고, 돈 벌기 힘든 세대"를 단지 아는 게 아니라 자신의 현실로 받아들여야 하는 상황에 놓인 것이다. 그렇다면, 내가 홈리스가 될 리 없다고 생각한 그 강한 믿음이 현실이 아니라 이상이고 꿈일까? 그러나 상태는 자신이 홈리스라고 쉽게 인정할 수 없었기 때문에, 홈리스 지원 일을 그만두고 다시 취업 준비생으로, 백수로 돌아왔다. 재일교포 3세로서 한국에서 홈리스가 된다는 것은 단지 계급이나 학력과 연관한 자존감뿐만 아니라, 일본에서 태어났지만 한국으로 이주해온 상태의 선택과 삶의 정당성 그 자체를 위협하기 때문이다.

집이라고 하면 어디가 먼저 떠오르세요? 저는 뭐, 아파트? **어린 시절 살았던 아파트?** 응응. (침묵) 집이라는 느낌은 없어요, 고시원은. 잠자는 곳? **그럼 지금은 본인한테 집이 없는……?** 없죠. 집이 없……홈리스? (웃음) 네. (침묵) **그렇구나. 왜 집이 아니라고 느끼시는 거 같아요, 고시원은?** 뭐, 아까 얘기했던 이유들이에요. 좁고, 인간관계도……그렇게 좋지 않고, 그냥 짐자기에는 편하니까 여기서 미물고 있는 그런 느낌? 근데 이게 고시원이라서 이렇게 느끼는지, 제가 교포라서 이렇게 느끼는 건지는 좀 분간이 안 가요. 만약에 내가 원룸을 얻었다 하더라도 똑같이 집이 없다고 느낄지도 몰라요. 그거는 아직 잘 모르겠어요……. 약간 성격이, 어디 한 곳에 머물지 못하는 거 같아요, 제가. 항상 왔다갔다하면서 살 거 같아서. 아마 원룸을 얻었다고 하더라도 여기는 내 집이라고 느끼지 못할 수도 있어요. 아마 그럴 거 같아요. (침묵) **그러면 상태 씨한테 집은 어떤 거여야 해요?** 만약에 내가 결혼을 하고 애를 낳고 가족이 생겼을 때 '아, 여기는 내 집이구나'라고 느낄지도 몰라요. 그래서 나한테 집이란 거는 나를 반겨주는 가족이 있는 곳? 이게 집이 아닐까 싶어요. (침묵) 아파트도 괜찮고. 그렇죠 뭐. 고시원에서 가족들이 살 순 없잖아요. 상태, 28세, 취업 준비

그래서 상태는 자신을 '홈리스'로 불리게 한 고시텔에서 빨리 떠나고 싶다. 좁고, 어둡고, 답답한 이곳은 집이 아니며 집일 수도 없다. 여전히 어린 시절 부모와 함께 살던 일본의 아파트가 집이라고 하면 가장 먼저 떠오르는 이미지다. 그러나 그곳은 시간적으로도 공간적으로도 너무 멀리 있다. 그러나 자신의 집을 얻는 일도 그렇다. 고시텔을 떠날 취업이라는 티켓은 언제 어떻게 구하게 될지 확신할 수 없다. "능력을 마음껏 발휘하고 제가 자부심을 느낄 수 있는 그런 직장"이 요즘 어디 흔하던가. 그런데도 상태는 취업을 하고 고시텔을 떠난 뒤의 시나리오를 차례차례 읊을 수 있다. 결혼을 하고, 아이를 낳아 이른바 이성애 '정상' 가족을 꾸린 뒤 아파트에 사는 것. 이런 규범적인 생애 궤도가 홈리스가 되지 않고 '집'을 얻을 수 있는 방식이라고 상태는 생각한다. '홈리스'라는 명명은 상태에게 누가 홈리스이고 누가 아닌지 성찰을 시작하는 계기가 아니라, 자신이 홈리스가 아니며 아니어야 한다는 더 강한 부정 또는 망각으로 향하는 반동적인 계기가 됐다.

그러나 미래에 '집'이 올 것이라는 그 믿음은 역설적으로 현재의 자신은 '홈리스'라는 것을 결국 인정할 수밖에 없게 만든다. 상태가 당연하게

여기는 일련의 가정들, 예를 들면 자신은 규범적 시공간성의 궤도에 안착할 존재이며 지금은 비록 고시텔에 살고 있지만 곧 안정적인 주거 공간에서 가족을 꾸릴 것이라는 전망은, 그것이 실현될 때까지 현재의 집을 부정하게 만든다. 규범적 집을 얻으려면 지금 살고 있는 장소를 그 기준에 부합하지 않는다는 이유로 부정해야만 한다. 그래서 상태에게 과거의 집과 미래의 집은 있을지언정 현재의 집은 없다. 그러나 이 '집 없음'이라는 감각이 과연 고시텔이라는 주거 조건 그 자체에서 온 것인지 상태는 의심한다. 조금 더 비싸고 넓고 쾌적한 원룸으로 이사하면 그곳이 내 집이 될까?

어쩌면 불안정성은 주거 공간뿐만 아니라 재일교포 3세로 한국으로 이주해 살고 있다는 사실에서 오는 것일지도 모른다. 상태는 부모 세대의 갈등과 불화를 넘어, '재일'이라는 이중적 정체성을 통해 한국과 일본 사이에서 화해와 공존의 새로운 미래를 만들기 위해 한국에 왔다. 또한 일본에서 온전한 사회 구성원으로 인정받지 못하는 집단의 일원인 상태는 한국에서 시민으로 인정받고 그 위치를 보장하는 집을 얻고 싶다. 그러나 상태는 계속해서 취업이나 연봉, 결혼 같은 생애 과정에 관한 일본의 문화적 준거에 자신을 동기화한다. 이런 전망과 정체성 사이의 불일치는 상태가 가진 집 관념에 생긴 균열을 드러낸다. 상태에게 집은 곧 가족이며 아파트여야 하지만, 또한 그 가족과 아파트가 놓일 어떤 국민국가의 영토이기도 하다. 그러나 '재일'인 상태는 한국과 일본이라는 두 국민국가의 시민권 체계에서 동시에 주변화된 존재이며, 그 영토의 경계에 놓여 있다.

그래서 집과 집 없음의 경계에 놓인 고시텔에 살고 있는 상태의 현재는 이중적인 의미에서 '홈리스'이며, 또한 '홈리스'를 생산하는 서로 다른 이중 체계를 드러낸다. 국적과 민족 정체성을 관리하는 국민 국가가 그 한 축이라면, 시민권과 개인 정체성을 관리하는 규범적 집과 가족-이성애-재생산의 제도가 다른 한 축이다. 내가 만난 한국 출신의 젊은이들 역시 이런 이중 체계에서 어른/시민의 지위를 위협받는 불안정한 주거 공간에 살게 된 사람들이라는 점에서, 상태의 이야기는 단지 재일교포 출신 이주민의 특수한 사례가 아니다. 상태가 직면한 '홈리스'라는 갈등은 우리가 당연하게 받아들이는 규범적 집에 관한 감각 그 자체가 여러 겹의 불안과 공포, 모순과 균열이 뒤엉킨 갈등의 장소라는 것을 드러낸다. 비록 우리가 그것을 끊임없이 외면하려고 한다 해도 말이다.

삶을 잡아먹는 재개발과 주거/이동의 의미

어디에 살 수 있는지가 단지 선택의 문제가 아니라 주거 지불 능력을 구성하는 계급과 가족적 배경의 문제인 것처럼, 어디로 이동할 수 있는지 역시 물질적인 문제다. 작은 규모의 이주라 할 수 있는 이사는 단지 개인적 선호에 따른 이동이 아니라, 강남의 초호화 주상 복합 아파트를 정점으로 한 규범적 집의 서열 체계 속에서 이동할 수 있는 범위가 제한되는 사회적 사건이다. 더 중요한 것은 이동의 방향성이다. 서울에 집중된 교육, 노동, 문화 자원들이 서울로 향하는 이동을 추동하듯, 정부의 주택 정책과 도시 재개발의 효과인 최근의 전세 대란은 서울에 집을 소유하지 않은 사람들이 대규모로 이동하게 만들고 있다. 부동산 경기 회복이라는 명목으로 김대중 정부 이후 변함없이 지속된 부동산 규제 완화 정책과 맞물린 재개발 사업은, 끊임없이 일부 지역의 주택 가격을 폭등시키며 토지를 오늘날 이윤율이 가장 높은 상품으로 만들어왔다. 이제 그 상품을 구매하거나 대여할 수 없는 사람들, 지불할 수 없는 사람들은 서울의 가장자리로, 낮거나 높거나 좁은 곳으로 밀려난다.

반지하라서 곰팡이 같은 거 말씀드렸듯이 많고, 싱크대 밑으로 쥐가 올라온 적도 있고, 하수구에서 올라온 적도 있고. 올해가 되니까 바닥이 거뭇거뭇해지고, 되도록이면 조금 그런 거 신경 덜 써도 되는 곳으로 가고 싶은데. 책도 좀 늘어나고 직장 생활도 해보고 그러니까 내 자료도 좀 더 많아지고. 솔직히 생각은 이사할 때 박스 하나 들고 하고 싶은데 그렇게 할 수가 없을 것 같아서. …… 여기도 이 건물이 일단 85년 정도에 지어진, 80년대 건물이라고 하시면 될 거 같고, 반지하에는 여덟 가구가 살고, 위에는 여섯 가구 정도 되는 것 같은데. 이 동네도 아마 개발이 될 거 같아요. 주변에 보시면 알겠지만 역 주변부터 해 가지고……. 그냥, 어릴 때부터 제가 좀 왼쪽이라서 그런지 (웃음) 좀 가진 것도 없고 아파트……이런 거 또 경제적으로 거리가 멀어서 그런지, 그런 개발주의에 대해서 되게……뭐라고 해야 좋을지, 그런 느낌이 있거든요, 싫은 느낌이. …… 공덕동 같은 데 가보면, 지금도 뭐 계속 개발 중이지만 무슨, 래미안 동네 같다는 생각이. (웃음) 삼성동 같다는 생각이……다 무슨 삼성동인가? 아무튼 그것뿐만이 아니라 래미안, 롯데캐슬, 자이 같은 거 점점 합정 쪽에도 그렇잖아요? 그런 게……점점 더 심해질 거 같아서. 사실은 이 공간에 대해서도 불편한 것도 많고 조금 더 나은 공간에 가고 싶다는 생각도 있지만, 여기라도 개발 안 되고 이 정도라도 유지하면 좋겠다는 생각도 한편에는 있어요. 내가 경제 상황이 나아질 상황이 아니기 때문에. 회사를 다니면서 돈을 벌어서 대출 받아서 옮기고, 옮기고 이런 삶이 아니라서요, 저는. 개발이라도 안 됐음 좋겠다? 여기라도 유지했음 좋겠다……. **만약에 여기가 개발이 되면, 어떤 데로 옮길 것 같아요?
더 덜 개발된 여기 비슷한 곳으로?** 음……그러게요? 일단 약간, 경기도
나 이런 쪽으로 가고 싶은 생각은 없고. 덜 개발……일단 말씀드렸듯이
제가 돈을 늘려가고 있는 상황이 전혀 아니기 때문에, 비슷한 금액에, 불
편함이 조금이라도 덜한. 뭔가 곰팡이라든지 습기라든지 공동 생활이라
든지 화장실이라든지 이런 여러 가지를 따지고 봤을 때 조금이라도 조
건이 나은, 비슷한 금액의 옥탑이나 반지하로 다시 가지 않을까요. 다른
고향을 찾지 않을까요. 뭐 미래에는……모두 다 개발이……. (웃음) 그런
생각 들어요, 진짜. 다 땅 파고 있고. 사람 사는 주택 바로 옆에 구역 구
역을 점점 민둥산으로 만들어버리고 아파트가 어느새 지어지니까. 좀 이
상하고. 그게 왜 무섭다고 표현을 하냐면, 얼마 전에 영화 헌팅 다니다가,
그 영화[에 나오는] 탈북자인 청소년이 사는 데가 그런 지역이라서, 옥
수동이랑 아현이랑 다 가봤거든요. 심하다……. **심하다는 건 어떤?** 전체
적으로 이렇게 한쪽은 아파트, 중간 구역은 민둥산, 한쪽은 옛날 주택가.
주택가에 꼬마들이나 할아버지, 할머니……그런 정감 있는 가난과 공동
체적 느낌……그게 좋다는 게 아니라, 그런 사람 사는 분위기 있잖아요?
오래된 손길, 먼지들, 시간의 흔적 같은 것들이 삐까뻔쩍하게 순간적으
로, 도시 계획적으로 이렇게 막 바뀌는데, 점점 그렇게 삶 자체를, 삶 자
체가 그런 데로 편입되는 느낌? 그런 데서 삶을 잡아먹는 느낌? 그런 느
낌이 들죠. 여의도나 이런 데 건물 짓는 거 보면 주말도 없이 계속 돌아
가는 거 같아요. 신도림도 그렇고. **명한, 27세, 창작직**

작은 섬에서 태어나 지리산 자락에 있는 작은 학교에서 기숙 생활
을 하며 자연 가까운 곳에서 자란 섬세한 청년인 명한의 눈에 비친 서울은

모든 곳이 강남을 닮기 위해 성형수술을 하는 공사장이다. 물론 그 영토에 법적 권리를 가진 사람들은 그곳에 세 들어 사는 주민들이 아니다. 누구인지 모를 그 주인의 눈에 전세민 또는 월세민들은 쏙쏙 뽑아 제거해야 할 피지나 얼룩처럼 보일지도 모른다. 옛 주택가는 철갑 같은 회색 방진벽으로 둘러친 헐벗은 민둥산이 됐다가, 이내 과거의 흔적이나 잔해도 없이 번쩍번쩍한 아파트 단지나 상가로 말끔하게 다시 태어난다. 대학에 진학한 뒤 군대에 있을 때를 제외하고 명한이 지금까지 계속 살아온 동네 역시 뉴타운 대상 지역이다. 명한이 동생과 주거 비용을 분담하며 살고 있는 연립 반지하방으로 가는 길에는 건축 자재와 흙을 실은 포클레인과 대형 트럭이 다니려고 급조된 삭막한 도로와, 그 너머에서 누런 분진 사이로 드문드문 솟기 시작한 고층 아파트들이 하늘을 가리고 있었다. 아마 공사는 곧 명한이 살고 있는 전세 천만 원짜리 방의 푸르스름한 습기에까지 닿아, 그것을 집어삼킬 것이다.

동생이 서울에 있는 대학에 진학하면서 오랜 고시원 생활을 뒤로하고 학교에서 조금 떨어진 이곳 주택가로 함께 들어왔다. 명한이 수십 가지 아르바이트를 하면서 학교를 졸업하는 사이 등록금과 물가만 치솟은 게 아니었다. 집값도 마찬가지였다. 재개발이 자신의 삶을 침범하지 않기를 바라지만 명한은 아마도 곧 이곳을 떠나야 하고, 비슷한 조건의 주거 공간을 구하고 싶지만 그 어디에도 포클레인이 닿지 않는 곳이 없는 2010년대 서울에서 천만 원짜리 방은 천연기념물보다 더 희귀하다. 그러나 재개발을 대하는 명한의 태도와 이사에 관한 전망은 조금 복합적이다. 명한은 이제 더는 습기나 곰팡이, 공동 생활과 공용 화장실 때문에 더는 불편하게 살고 싶지 않아서 "조금 더 나은 공간"으로 이동하고 싶지만, 지금 걸어둔 전세 비용으로는 그런 편안함을 결코 얻을 수 없다는 것을 알기 때문에 차라리 재개발이 미뤄지기를 바란다. 도시 공간을 일률적으로 주조해 그 몫을 일부 부동산 자산가들만 가져가는 재개발에 이념적으로, 실제적으로도 반대하지만, 개발 뒤 들어설 모던한 카페와 말끔한 풍경이 명한은 무척 익숙하고 친근하다. 신개발주의가 명한을 서울에서 밀어내지만, 또한 그 개발의 번쩍이는 결과들은 명한이 서울을 떠나지 못하게 발목을 잡는다.

　내가 놀란 것은 자신의 모순적인 태도를 인정하는 명한의 방식이었다. 명한은 이제는 조금 덜 불편하고 싶다고, "짐이 늘어나고 조금씩 평수를 늘려가고 언젠가는 내 집을 갖게 된다는 게 일반적인 욕망이고, 나한테도 그런 현대적인 욕망이 있을 수 있"다고 이야기한다. 물론 안정적인 경제적 수입을 가질 수 없는 글쓰기나 촬영을 직업으로 삼은 명한은 자기 안에 똬리를 틀고 있는 그 '일반적인' 욕망이 자신의 삶에서 현실이 될 수 없다는 것을 잘 안다. 내가 만난 사람들을 포함해, 많은 사람들은 현실과 욕망, 집에 관한 꿈과 삶 사이의 차가운 거리를 외면하고 망각하거나, 그 거리를 절망으로 받아들이며 비관하고 냉소한다. 향할 데 없는 증오와 무기력이야말로 지금의 시대가 가장 혐오하는 동시에 강렬히 요구하는 것인지도 모른다. 또는 현재 자신의 삶이 자리한 장소와 관계를 집이 아닌 것으로 부정하며 '진짜 집'을 얻기 위해 규범적 시공간성의 궤도에 진입하기를 간절히 열망한다. 그래서 스펙을 쌓고, 대기업에 취직하고, 괜찮은 집안과 연봉의 이성과 만나 결혼하며, 청약 통장을 만들거나 대출을 신청한다. 그렇게 모든 사람이 이 신자유주의적 욕망의 체계에 연루돼 있으니, 공모자들은 모두 입을 닫으라고 한다.

　그러나 명한은 삶과 꿈 사이의 거리를 망각하지도, 비관하거나 냉소하지도 않고 직면하기를 선택한다. 이때 직면한다는 것은 단지 그 욕망을 간단히 신자유주의의 역겨운 산물로 비판하고 거부하며, 그것에 반대하는 투쟁을 선언하고 조직하는 것을 의미하지 않는다. 꿈과 삶의 관계는 그렇게 단순하지 않다. 삶을 제거한 꿈만큼 꿈을 몰아낸 삶도 신산한 것을. 삶과 꿈 사이의 거리를 직면한다는 것은 자신의 몸과 마음에 육화된 욕망을 인정하고 이해하는 것이며, 그것을 단지 승인하는 데서 그치는 게 아니라 현실에 견줘 상대화하는 것이다. 그 거리의 승인 불가능성에서 성찰이 시작된다. 명한은 자기 안에 들어와 있는 욕망의 정체를 간파한다. "회사를 다니면서 돈을 벌어서 대출 받아서 옮기고, 옮기고 이런 삶." 그리고 자신이 원하는 불편하지 않은 삶과 '일반적인' 안정된 삶이 결코 동의어가 아니라는 것을 안다. '일반적인' 안정성 또는 집의 규범성이 이런 방식으로 언어화될 때 그것은 더는 번쩍이지 않고 비루해진다. 재개발이 도시공간을 같은 격자로 계량하고 축조하듯, 규범적 시공간성을 향한 욕망도 삶을 우습도록 같은 꼴로 복제하고 있지 않은가. 명한은 아주 소수의 사람들만 실제로 획득할 수 있는 규범적 집을 손에 넣으려는 분투를 "옮기고, 옮기고 이런 삶"으로 해석하면서, 안정성을 향한 분투가 내재한 불안한 몸짓을 읽어낸다.

자신의 욕망을 직면할 때, 그 욕망은 삶을 지배하는 괴물에서 변화의 장소가 된다. 이곳 반지하방을 떠나 간 곳이 어떤 곳일지라도, 명한은 그 장소를 새로운 집, "다른 고향"으로 만들 것이다. 명문대에 진학하지 못하면, 스펙을 쌓지 않으면, 대기업에 취직하지 못하면, 아파트나 혼수를 마련할 수 있는 배우자와 결혼하지 못하면, '집'의 가장자리에서 여기저기 전전하게 될 것이라는 끊임없이 갱신되고 연쇄되는 사회적 위협에, 과연 명문대에 진학하고 스펙을 쌓아 대기업에 취직하고 성공적으로 결혼해 얻은 집은 얼마나 안정적일까 의문을 제기할 것이다. 영토와 안정성에 값을 매기고 집 없음에 관한 불안을 상품화하는 체제, 규범적 집에 관한 욕망을 볼모로 작동하는 체제가 명한의 삶에서는 추문이 될지도 모른다. 그리고 명한은 규범성의 주변에서 그 규범성의 실체를, 가난하지만 낯선 글과 영화로 기록할 것이다.

곧 대학원 과정을 수료하면서 생애 단계의 전환기를 맞았고, 재개발 때문에 이사를 준비하며 공간적 전환기에 있는 지언의 이야기는 집과 집 없음, 안정과 불안정에 관해 명한과 유사하지만 조금 다른 통찰을 보여준다.

그냥 이사만 한 게 아니라 같이 산 사람이 다 달랐잖아. 그니까 뭐, 옛날에는 엄마 아빠랑 같이 살다가, 외할머니랑 살다가, 친할머니랑 살다가, 다시 아빠랑 살았는데, 그때 겨우 일곱 살이었거든. 사는 사람도 계속 달라졌고, 왔다갔다 이사를 많이 했지. 그러고 나서 또 초등학교 들어가서 한 2, 3학년 때, 그 큰 한옥집으로 이사 갔을 때 대가족이었고, 그것도 사는 사람들도 되게 달랐어. 왜냐면 진짜 막 주말마다 마당에서, 식구들 많으니까 고기 구워먹고 그런, 대가족이 사는 그런. 그러다가 또 집이 잘 안돼 가지고 그렇게 한 3년 살다가, 5학년 때 또 이사를 해 가지고 반지하에서 살다가, 거기서 2년인가 3년 살다가 또 이사 간 거지. 아, 그래서 막 보통 사람들이 5년 이상 한 집에 사는 걸, 난 그런 경험을 못 해봤어. 그래서 이사를 가는 게 어렸을 때 되게 설렐 만도 하잖아. 근데 나는 별, 감흥은 없었던 거 같아. 그냥 뭐 비슷한 동네에……동네도 멀지 않았거든, 항상 5분 거리? 비슷한 동네에 비슷한 조건으로 이사를 가니까. 그냥 뭐, 별로 특별한 감은 없었던 거 같고. …… 그래서 그렇게 살다가 또 대학교 2학년에 올라와서 고시원에 온 거잖아. 그때 사실은 이사에 대한 그런 거랑⋯⋯이동한다는 거에 대한 것이기보다는. 집, 집도 아니지, 뭐라 그래야 되지? 나의 공간. 그거에 대한 생각은 아마 처음 하지 않았을까 싶긴 해. 그전에는 내가 사는 공간이긴 한데, 나의 의지에 따라 이동한 게 아니잖아. 아빠가 이사를 하면 쫓아가는 거고. (웃음) 우리 집이 망했대. 망했으면 뭐 또 쪼끄만 집으로 가는 거고. 방 두 개짜리로 가서 '아, 신난다' 하고 했지만 뭐, 쫓아다니고 내 의지가 없었던 거잖아. (헛기침) 고시원에, 선택을 하고, 그 이후로 내가 집을 알아보고⋯⋯그런 거는 거의 나 혼자 했기 때문에. 내 공간을 내가 고른다는 거 정도? **지언, 29세, 대학원생**

아마도 한국 지도를 펼쳐놓고 지언의 주거 궤적을 선으로 이어보면 크고 작은 지그재그로 얼기설기 기운 자국이 될 것이다. 이사 때마다 함께 사는 사람들이 달라졌고, 집의 의미도 변했다. 몇 년 동안 한 집에 머무는 그런 "보통 사람들"의 경험을 해본 적이 없다. 늘 비슷한 동네에서 비슷한 조건으로 맴도는 이사는 설레는 사건이 아니라, 조금 익숙해지고 장소와 관계에 마음을 주려 하면 손을 잡아끌어 다시 낯선 장소로 데려다 앉히는 사고 같은 것이었다. 이사도 집도 늘 지언이 어찌할 수 없는 어른들의 세계에서 벌어지는, 때로는 가족 사이에서 고성과 손가락질이 오간 결과이거나 원인이었다. 지언은 대학에 들어올 때까지 이동한 궤적을 "내 의지에 따라 이동한 게 아닌" 것으로 간단히 정리한다. 가족 안에서 가부장의 지위와 경제적 상황에 종속된 채 이동하고 살아야 하는 시절이었고, 집과 가족이 박음질돼 꼭 붙어 있던 시기였다.

아버지와 불화가 생겨 '출가'하게 되면서 살게 된 고시원은 지언이 처음 자신의 의지로 선택한 주거 공간이었다.

집은……아무것도 아닌데? 집은……어떤 의미에서 내가 잠깐 있을 수 있는 곳이기도 하고. 나는 어쨌든 집은 내가, 예를 들면 뭐 그런 걸 기대할 수 없는 곳이라고 생각을 하고. 예를 들면 안정, 지속적인 안정을 추구할 수 있는 곳일 수가 있잖아, 사람들에게. 여기서 뭐 평생 동안 알콩달콩 사랑하는 사람하고 뭐……여러 가지가 있을 수 있지. 아니 뭐 혼자 살아도 되고. 그렇지만 어쨌든 이곳에서 안정적으로 살았으면 하는 기대, 는 없어 나는. 그런 곳이 아닌 거 같아. 왜냐면 나는, 내가 이사를 계속……그니까, 지금은 좀 다른 느낌이긴 하지만. 월세 사는 거랑은 또 좀 다른 거 같긴 해. 월세보다 전세는. 그게 느낌 때문은 아닌 거 같고, 집주인이……관계? 그니까 뭐라 그러지? 월세와 전세를 구분하는 여러 가지 사회적인 뭔가 있잖아. 그런 것들 때문에, 전셋집은 좀 내 집 같은 생각이 들거든. 그럼에도 불구하고 내가 계속 옮겨 다녔던 거, 집……네가 얘기하는 집이 뭔지 모르겠지만, 그냥……장소를 옮겨 다닌 거거든. 그래서 내가 예를 들어 나의 집, 내가 '내 집'이라고 했을 때는 고시원이 제일 먼저 생각나. **정말?** 제일 먼저 생각나. 왜냐면은 내 집이라고 했을 때. 근데 그게 고착돼 있진 않잖아, 어쨌든. 왜냐면 나는 그때 '아, 빨리 창문 있는 집으로 방으로 이사를 가야지.' 그니까 나는 거기서 살면서 처음에는 내 물리적 조건 때문에 되게 안정적인 걸 느끼긴 했지만, 계속해서 어쨌든 '창문 있는 방으로 이사를 가야지'라고 생각했던 그 공간이 그 방이야, 내 고시원. 그니까 나는 지금도 사실 그렇거든. 내가 지금 집에 만족하지 않아서 그럴 수도 있어. '아, 베란다 있는 집으로 이사를 가야지, 해가 더 잘 드는 집으로 이사를 가야지.' 나는 그런, 어떤 욕구가 계속 있거든. 내지는, 지금 일반 주택이거든. 되게 오래 됐으니까 재개발하겠지. 근데 집 되게 괜찮아. 오래 안 돼 보여. 길어야 10년? 그런데도 이사를 가야 되겠지, 라고 생각을 해. 그렇다고 내가 그 집을 불안정하게 느끼진 않거든? 내 공간이니까. 그래서 이동을 계속 생각을 하면서도 머무를 수 있는 그런, 공간인 거 같아. 이걸 뭐라고 설명해야 할지 모르겠는데……. 그니까 이게, 내가 여기서 안정감을 느끼는 거랑 내가 여기서 '아, 이동해야겠다'라고 하는 계획이랑은 같이 있을 수 있는 거지. 나한테는 항상 같이 있었던 거지. 내가 '아, 여기 너무 편안하고 내 공간이고 내가 처음으로 내 명의로 얻은 내 집이고'라고는 하지만, 그래서 편안하고 안정감이 있고 되게 기뻐. 그렇긴 하지만, 항상, 그렇잖아. 좀더 나으면은 반지하가 아니라 2층으로 이사를 가야지, 2층으로 이사를 가면 '어, 베란다가 있는 집으로 이사를 가야지.' 계속 생각을 할 수 있지. 그니까 이동을 계속 생각하면서도 지금 있는 그 공간에 대해서는 굉장히 안정감을 느낄 수도 있고. 그런 거지. 그런 곳인 거지. 그니까, 하, 떠다니는 거지. (웃음) 뭐, 쉽게 말하면. 그게 더 쉽다 오히려. 어쨌든 내 경험, 그런 경험 때문에 내가 집, 내 집, 나 혼자 살았을 때 혹은 내가 살았던 공간이라고 했을 때는 고시원이 먼저 떠올라. **지언, 29세, 대학원생**

13만 원짜리 고시원 방은 한 평 남짓한 공간이나마 지언이 처음으로 가진 혼자만의 공간이고, 그래서 '집'이라고 할 때 가장 먼저 떠오르는 집의 원형적 이미지다. 고시원은 지언의 삶에 공간적 전환점이었다. 빈손으로 '출가'해 고시원에 살게 된 뒤, 지언은 각종 아르바이트를 하며 끊임없이 돈을 벌고 아끼고 모아 옥탑방으로, 보증금이 있는 반지하로, 다시 전세 반지하로, 이제는 또 전세 지상 빌라로 계속 이동을 기획하고 실천할 수 있게 됐다. 이동의 주체는 이제 아버지가 아닌 지언 자신이며, 각각의 이동과 주거는 지언의 의지가 투사돼 있는 집 만들기 과정의 일부가 된다.

계속된 이동은 지언을 불안하게 만드는 게 아니라 오히려 더 단단하게 했다. 스스로 살 곳을 선택하고, 비용을 치르고, 반려자나 반려동물을 정하고 또 늘리면서(지언은 오랜 기간 고양이들과 함께 살아왔다) "내 의지대로 공간을 만들 수 있었던" 이사의 연속은 지언이 스스로 집을 만들 능력과 자존감을 생성하고 또 확인하는, 그래서 살고 있는 장소와 맺는 관계를 통제하고 협상할 수 있는 주체, 즉 '집'의 주체로 자리매김해가는 과정이었다.

그래서 지언에게 주거와 이동은 안정 대 불안정으로 나뉘어 등식화될 수 있는 서로 다른 서사가 아니라, 공존하는 하나의 이야기다. 자신이 집의 주체인 한, 머무르는 공간이 비록 고시원이거나 반지하라도 안정감을 확보할 수 있다. 그렇다고 해서 이것이 꿈이 없는 삶 또는 지금의 가난이나 불편에 안주하고 자족하는 것을 의미하지는 않는다. 지언 역시 창 없는 고시원이 아닌 창문 있는 방으로, 퀴퀴한 반지하가 아니라 볕이 드는 2층으로, 베란다가 있는 곳으로 이동하고 싶다고, 끊임없이 더 나은 집을 꿈꾼다. 그러나 그 꿈은 강남의 자가 아파트를 소유하는 것을 정점으로 한 규범적 시공간성의 정언명령이 외삽되거나 이식된 결과물이 아니라 삶의 절실한 필요에서 온 것이다. 그래서 지언은 그 꿈에 지배당하지 않으며 이해하고 통제할 수 있게 된다. 그래서 지언에게 '집'은 "아무 것도 아니"다. 평생의 안정성을 향한 규범적 집의 특권은 지언에게 별 것 아닌 것이다. 역설적으로, 그렇기 때문에 지언에게는 고시원 이후의 모든 장소와 관계들은 규범적 집의 이상에 닿지 못한 불충분한 결여의 지대가 아니라, 모두 "내 공간", "내 집"이 될 수 있다.

나는 집을 사거나 이런 거에 되게……그럼 안 된다고 생각해. (박수 치면서 크게 웃음) 땅을 사고 파는 (웃음) 이거는 하늘을 사고파는 것과 똑같다, 알겠지? (웃음) 그래서 나는 별로, 돈을 모아서 집을 사야겠다, 이런 생각은 지금도 없어. 그니까 나는 그냥, 월세가 오르고 전세가 올라서 쫓겨날지언정, 어쨌든 나는 약간의 돈을 모아서 그냥 내가 있을 만한 공간, 나 혼자 자율적으로 쓸 수 있는 집만 구하면 된다고 생각하지, 그 공간을 내가 사적으로 사야겠다는 생각은 사실, 지금도 없거든. 그래서 계속 옮겨 다닌다고 하는 게……별 거 아냐. 별 거 아냐……. …… 근데 지금은 좀 그런 게 있어. 이사를 또 가야 되거든. 주말에 집을 보러 갈 거야. 왜냐면은 또 재개발을 한대~. (연구자 웃음) 나만 가면 재개발을 하는 거지. 집값이 싼 데를 가니까 어쩔 수 없는 거지. 그렇다. 그래서 재개발을 또 한대. …… 재개발해서 8월까지 집을 비워달라는 거야, 엊그제. 어, 좀 정확하게 된 건 8월 달에. 왜냐면 그전부터는 '곧 재개발을 하니 이사를 알아보세요'라고 했는데, 8월까지 비워달라고 하는 거지. 근데 뭐, 생각해 봐. 학기 끝나면 6월, 7월 초인데. 그때 집 알아보고 사실, 이사하려면 한 달이 필요하잖아. 근데 막, 내가 재개발 지역을 자주 가봐서 알지만 '8월까지 비워주세요' 하면 7월 말 되면 집이, 동네가 휑하고 다 때려부서 있거든. 빨리 나가야 되잖아. 내가 뭐, 철거 투쟁을 할 것도 아니고 (웃음) 난 나갈 거라고. (웃음) 그러면 빨리 집을 알아봐야 되는 거야 지금. (헛기침) 근데, 근데 잘 모르겠어. 나이 들어서 그런 건지, 잘 모르겠고. 내가 졸업을 해야 되는 지금, 사회적인 위치의 변동 상황에 있어서 그런지는 모르겠지만, 좀 인정적인 데를 갔으면 좋겠나는 생각은 지금은 늘어. …… 어쨌든 지금은 좀, 안정된 공간. 이사를 많이 다니지 않았음 좋겠다는 건데. 그거는 뭐냐면은, 그런 건 있는 거 같아. 유지할 게 되게 많아지는 거야. 고양이들도, 식구들도 있고. 같이 사는 사람도 있고. 그 다음에, 짐이 있잖아, 되게 많아졌어. 책이 막 거의 한 벽면을 차지한다, 우리 집 가면은? 이 짐들을 옮기는 게 너무, 너무 걱정이 되는 거야. 그래서 앞으로 좀더 가면 갈수록 그런 건 있을 거 같아. 이동을 자주 하는 게 부담이 될 거 같아. 금전적인 부담도 있을 거 같고. 그 담에, 기존에는 되게 가벼웠었거든. 학교만 다니면 되기 때문에. 뭐 학교 근처에 아무 데나 싼 방을 얻어서 쉽게 이동할 수 있었는데. 지금은 그렇지가 않잖아. 좀, 정착을 해야 될 것 같다는 생각도 들고. 경제적으로든 어떤 측면으로든. 그런 생각이 있지. **지언, 29세, 대학원생**

지언이 '집'을 상상하는 방식은 집을 사야 한다는 강박, 집을 사기 위한 저축이나 대출과 다른 궤도에 있다. 집은 삶의 필요와 머무름의 자리여야 한다. 지언은 영토와 주거 공간을 통해 이윤을 창출하는 (재)개발 자본주의가 의존하고 재생산하는 자가 소유의 욕망에 의문을 제기한다. 그것이 과연 내가 바라고 내게 필요한 안정성의 출처일까? 오히려 지언은 주거와 이동을 스스로 기획하고 실천하는 과정에서 갖게 된 확신을 기억한다. 적어도 지언의 경험은 어떤 장소에 뿌리내리는 것이 아니라 장소와 관계의 의미를 조직하는 데 발휘되는 능력이야말로 '집'과 안정성에 닿아 있다고 증명한다. 어쩌면 자가 소유를 향한 부풀어 오른 사회적 욕망은 한국 사회에 '집'과 안정성이 부재하는 현실을 가리기 위한 이데올로기적 부충물일 것이다. 그래서 지언은 공간의 소유와 정박이 안정성을 보증하는 것이 아니라고, 이동이 불안정의 다른 얼굴이 아니라고 이야기한다. 자가 소유자와 전세 난민을 대치시켜 공고하게 유지될 수 있는 규범적 시공간성은, "계속 옮겨 다닌다고 하는 게 별 거 아니"라는 선언 앞에서 무력해진다.

물론 여전히 재개발은 지언의 삶을 물리적으로 위협한다. 이사 온

지 2년 만에 또 들려온 재개발 소식에 다시 이사를 준비하지 않으면 안 된다. 집값이 싼 지역을 골라 다닐 수밖에 없으니, 재개발은 늘 지언의 뒤를 바싹 좇는 그림자다. 이제 지언의 '집'은 좁고 어두운, 그래서 가벼울 수 있었던 고시원 방의 규모가 아니라, 벽을 빼곡하게 메운 가구와 책들, 그리고 늘어난 '식구'들을 포함하는 규모가 됐다. 이사는 비용과 감정을 적지 않게 소모하는 일이다. 대학원 과정을 수료하고, 더는 학교에 의존적일 필요가 없는 자신의 삶을 꾸려야 하는 생애 분기점에서 지언은 안정과 불안정에 관해 새롭게 묻는다. 집에 관한 열망은 동의나 거부로 딱 잘라 이야기할 수 없는 복잡한 좌표축에 놓여, 계속해서 새로운 집 이야기를 쓰게 한다. 이 이야기들은 규범적 집의 완전무결함에 흠집을 내면서, 때로는 그 흠집을 집으로 삼아 다른 사유와 해석의 방식들로 이어질 수 있을지도 모른다. 중요한 것은 집에 관한 우리의 욕망의 분열과 모순, 양가성을 직면하는 것이며, 그것들을 고려하면서 집에 관한 어떤 사회적 서사가 가능한지 질문하는 것이다.

고아들의 해석적 연대

한국에서 신자유주의 통치성에 관한 논의를 주도해온 어느 학자가 자기계발 담론에 관해 강연한 뒤 이어진 질의응답 시간에 나온 질문을 기억한다. "선생님, 그렇다면 자기계발 담론의 외부는 없는 것인가요? 심지어 이 강연을 듣고 지식을 구하려고 하는 것도 일종의 자기계발인가요? 그렇다면 우리는 신자유주의를 어떻게 해야 하나요?" 이 막막한 질문에 강연자가 어떻게 대답했는지 잘 기억나지 않지만, 나는 이렇게 대답이 불가능한 질문이 나오는 맥락이 그동안 신자유주의에 관해 이야기해온 학자들이 의도하지 않게 생산한 효과라고 생각한다. 주로 교육이나 복지 관련 제도와 정책, 또는 푸코를 중심으로 한 통치성 학파의 이론에 집중된 이 연구들은 사회적 에토스이자 문화 논리로서 신자유주의 통치성이 작동하는 거시적 방식을 강조한다. 심층 면접이나 민속지학을 통해 실제 사람들의 목소리에 귀를 기울이는 작업들 역시 그 거시적 방식을 사람들의 삶 속에서 재확인하고, 그 작동 방식의 공고함을 학문적으로 승인하는 태도를 취해왔다.

가족을 신자유주의적 주체 형성의 주요한 장으로 이해하는 박소진은, 자녀의 교육을 관리하는 어머니들을 분석하며 자기 관리와 가족 경영 담론의 확산을 살핀다. '괜찮은' 아내나 어머니가 되기 위해 고군분투하거나 불안해하는 여성들의 삶은 "구조적 불평등과 사회적 지원의 문제를 가리면서 스스로 자기계발과 자기 관리의 짐을 어깨에 짊어진 신자유주의적 주체의 불안한 삶의 단상"으로 읽힌다.[6] 이제 아무도 계급이나 구조, 불평등에 관해 이해하거나 인지하지 않으며, 모든 사람이 끊임없이 계급 상승 이동의 가능성을 강조하는 담론과 실천의 궤 안으로 편입돼 들어온다는 것이다. 한국의 신자유주의 통치 체제와 공간성에 관해 연구해온 송제숙 역시 비슷한 주장을 펼친다. 송제숙은 서울과 부산에 사는 20대 후반에서 30대 후반 사이 비혼 여성들의 공간적 삶과 독립의 서사를 분석하면서, 경제 위기 이후 공간적 자율성에 부착된 의미들은 신자유주의적 주체성과 인적 자본 담론의 자산으로 변환된다고 일갈한다. 독립된 주거 공간을 확보할 수 있는 능력 그 자체가 자본화된 사회에서, "독립적이거나 자기 충족적인 개인은 자아를 돌보는 신자유주의 담론으로 포섭되었다"는

것이다.[7]

이런 논의에서 느껴지는 암담함은 이 논의들이 신자유주의라는 논리를 설명하는 데 골몰해 정작 현실을 살아가는 사람들에 관한 해석을 놓치고 있다는 데서 온다. 그러나 엄기호는 대학에서 학생들과 나눈 대화를 통해, 신자유주의 문화 논리에 가장 짓눌려 있다고 여겨지는 사람들의 삶을 '탈정치화'나 '소비주의적' 또는 '개인주의적'이라는 도덕적 판단의 언어로 가늠할 수 없다는 것을 알려준다.[8] 책상에 앉은 이론가들이 '신자유주의적'이라고 재단하는 젊은이들의 일상, 학교와 가족, 알바와 소비, 연애를 가로지르는 삶은 생존과 인정을 향한 투쟁, 사회에 보내는 불신과 냉소 사이에서 빚어지는 나름의 합리성과, 때때로 그 합리성에 균열을 내는 열정과 깨달음의 순간들로 가득 차 있다. 주체가 만들어지는 담론의 장소는 통치 권력의 일방적이고 즉각적인 효과에 따라 결정되지 않는다. 그것은 그 권력을 알아차리고, 모른 체하고, 순응하고, 협상하며, 저항하는 복합적이고 역동적인 현장일 것이다.[9] 엄기호의 말처럼, 주체란 자신의 언어라고 생각하던 것이 사회적으로 주어진 언어라는 사실을 깨달은 뒤 자신의 언어에 긴장하면서 취하는 만큼의 거리에서 탄생하는 어떤 존재일 것이다.[10]

내가 만난 청년들도 모순적이고 고통스러운 현실을 직면하며, 끊임없이 자신들의 삶을 설명하고 해석하려 애쓴다. 많은 경우 그것은 기성의(보수적이든 진보적이든) 언어라는 외피를 쓰고 있다. 그러나 우리는 가끔 그 외피를 비집고 나오는 어떤 얼굴들, 표정들, 주름들을, 그것들이 우리에게 말을 걸어오는 마주침의 순간들을 만난다.

근데, 나는 항상 그렇게 생각해요. 그니까, 내가 서울에 왔고, 너무나 돌아갈 수밖에 없는 상황들이 많았어요. 이건 내 개인적인 얘긴데, 논문에 도움……안 될 거 같지만. 내 개인적으로 너무 돌아가야 되는 상황들이 많았는데. 나도 부산에 살았던 경험들이 있었고 그런 경험들이……내가 절대로, 뭐라고 해야 되나, 돌이키고 싶지 않다고 해야 하나, 다시 돌아가고 싶지 않은? 그런 거죠. 나는 서울에 있으면서 돌아갈 기회가 너무 많았지만, 기회라기보다는 상황들이 너무 많았지만. '다시 돌아갈 곳이 있다'라는 생각을 해본 적이 없는 거 같아요. 약간 어떻게 보면, 맥락은 다르지만 이주 노동자들이 딱 그렇잖아요, 보면. 자국에 돌아가고 싶고 더 이상 여기 있고 싶지 않아도, 그 사람들은 사실 돌아가도 똑같은, 마찬가지잖아. 달라지는 게 없잖아. 맥락은 다르지만, 나는 어쨌든 그런, 뭐라고 해야 되지, 그런 게 있는 거지. 사회학적으로나 사회적으로는 뭐 어떨지 모르겠는데 이론적으로는. 내 개인적으로는 그런 사람들이 가지고 있는 감수성이 되게 고아 감수성이라고 생각하거든요. 고아 감수성. 그니까 집도 없고, 부모도 없이 그냥 타지에서 살아온 어떤 경험들이 계속 쌓이면서 어떤……그 고아 감수성이 길러진다고 해야 되나, 그런 게 생기는 거 같아요. 의지할 곳이 없고. 그런 사람들이 요즘에 많은 거 같아요. 이게 아까 말한 뭐, 이주 노동자가 이동한달지……이주? 이주라는 게 막 계속 생기면서 그런 감수성을 지닌 사람들이 많이 있을 거 같아요. 심지어 뭐, 대학생이라고 없겠어요, 이게. 타향살이라는 게. 다들 있지. 타지살이를 되게 여유롭게 하는 사람이 아니면은, 혹은 아주 행복하게 여기 사는 게 아니면은. 떠돌아다닌다는 그런 게, 되게 작은 규모잖아요. 부산에서 서울에 온다는 거는 이동 규모가 되게 작잖아요. 근데 그럼에도 불구하고 그거 자체가 자기를 되게, 디아스포라처럼 느껴지게 하는 그런 게 있는 거 같아요. 돌아갈 곳이 없고……강제 출국당한 느낌이라고 해야 하나. **왜 돌아갈 곳이 없다고 생각해요? 거기가 싫어서 여길 왔는데**

내가 왜 거길 가겠어요. 사람마다 다를 수 있는데, 저는 그래요. 그니까 나는, 내가 아무리 지치고 힘들고 죽고 싶은 감정이 들어도 다시 돌아갈 곳이 있다는 생각을 해본 적이 없어요. 부산이 내가 다시 돌아갈 수 있는 곳이라고 생각을 해본 적이 없어요. 부산이라고 하기보다는 고향, 집, 부모님 집? (담배에 불을 붙인다) …… 상대적인 관점에서는 그 사람들[이주 노동자]이 나는, 더 힘들다고 생각할 수밖에 없지. 왜냐면, 그건 사실 따지기 힘들잖아요. 그니까 따질 수가 없는 문제이기도 한 거 같은데. 진짜 그쪽은 강제적으로 노동을 할 수밖에 없는 어떤 상황, 맥락이 있는 거잖아요. 지금처럼 자본화된 사회에서는. 나는 그거를 어떤 객관적인 상황으로 따지기보다 어떤, 그러면서 자기가 기르게 되는 어떤 감수성? 생기게 되는. 내가 부산에서 평생 살았으면 이런 감수성이 있지 않았을 거 아냐. 고아, 물론 고아 감수성이 있을 수도 있지. '내가 고아처럼 느껴, 나는 우리 집이 싫어, 우리 부모님이 싫어' 이랬으면. 근데, 되게 그, 이동을 하면서 생기는 어떤 경험이라는 거는, 되게 그 감성이. …… 내가 그런 생각 많이 하거든요. 저는 고아는 아니고, 뭐라고 해야 하지. 부모님도 살아계시고 그렇지만. 그리고 아직까지 한국에 있지만, 태어난 국가에. 뭔가 계속 그런 떠도는 생활 자체에서 오는, 그런 경험들이 되게 나 자신을, 어떻게 보면 감수성 자체가, 어떤 디아스포라적인 그런 게 생기는 거 같아. 그런 사람들에 내가 관심이 있고, 내가 하는 일도 그렇고. 규태, 26세, 창작직

빈곤에서 벗어나려고 부산에서 서울로 혼자 이주해온 규태는 경제적으로 보면 학창 시절까지 자신을 짓누르던 가난에서 그렇게 멀리 벗어나지 못했다. 규태는 가난한 예술가가 됐다. 작품 한 편을 만드는 데 1년이 넘는 시간이 걸리지만, 그것은 대개 상업적 가치를 지니지 못한다. 주

거 공간 역시 마찬가지다. 때로는 고시원이기도 하고 때로는 연립 반지하 방이거나 옥탑방인, 그러나 대개는 누군가와 함께 살아야 하는 그 방들은 놀랍도록 규태가 부산에서 살던 벌집 같은 연립주택의 음습함을 닮았다. 낯선 대도시에서 좋은 친구들과 동료들을 만났지만, 그런데도 외로워지는 순간들이 있었다. 가난한 삶에 품는 회의가 목 끝까지 차서, 뭉근하게 끓 여진 절망이 혀끝에 고여서 부산의 부모님 집으로 돌아가지 않으면 안 될 순간들이 종종 용역 깡패처럼 들이닥쳤다. 그러나 규태는 자신에게 "다시 돌아갈 곳"이 있다고 생각하지 않았다. 비록 부산의 집-가족을 떠나기로 결정한 것은 자신이지만, 그 떠남을 규태는 "강제 출국"처럼 여긴다. 집-가 족을 떠난 뒤 변한 맥락은 회복될 수 없기 때문일 것이다.

규태는 지금 살고 있는 서울에서 겪는 불안정과 떠나온 곳으로 다 시 돌아갈 수 없는 상황 사이에서 빚어지는 정서를 "고아 감수성"이라는 언어로 포착한다. 물론 규태는 부모를 여의거나 부모에게 버림받지 않았 다. 부모를 떠난 것은 그 자신이다. 규태를 버린 것은 규범적 집이다. 태어 나고 자란 부산의 연립주택도, 서울에 와 수없이 머무르고 이동한 무수한 방들도 규태에게 집일 수 없었다. 서울에서 규태는 난민이고 홈리스이며 고아다. 안정되게 살 집도, 경제적 지원이나 돌봄을 제공할 부모도 없는 낯선 땅에서 분투해야 하는 경험의 축적과 반복이 규태를 고아로 만들었 다. 고아孤兒는 미아迷兒와 다르다. 미아가 자신을 잃어버린 부모를 찾아 집 으로 돌이기기를 기다리고 준비한다면, 고아는 필연적으로 자신을 버렸거 나 자신이 버린 집-가족과 단절하는 계기를 통해 탄생한다.

규태가 단절해야 한 또는 단절하려고 하는 것은 자신이 떠나온 고 향-집-가족이자, 부모와 결부돼 있던 가난하고 무력한 과거다. 서울에서 겪은 가난이 잘 보여주듯, 단절의 대가는 혹독하다. 그러나 규태는 끝내 자신에게 "다시 돌아갈 곳"이 없다는 사실을, 그래서 "떠돌아다닐" 수밖에 없는 자신의 삶의 조건을 부정하거나 외면하거나 또는 냉소하거나 비관하지 않고 힘겹게 직면한다. 그래서 고아는 우연히 주어진 단절의 상태가 아니라 단절에 관한 의지의 결과다. 고아는 버려진 존재인 동시에 자신이 뿌리에서 분리되고 탈구됐다는 것을 자각한 존재다. 고향-집-가족이 삶의 시간과 공간, 방식과 궤도를 지배적으로 조직하는 규범적 시공간성의 은유이자 구현물이라 할 때, '고아 되기'는 규범적 집에서 주변화된 현실을 직시함으로써 그 현실의 고통을 위반으로 전환하는 주체화의 방식이다. 고아는 뿌리 없는 불안정한 존재인 동시에, 뿌리의 속박에서 자유로운 존재다. 주어진 뿌리를 고향으로 여기는 게 아니라, 자신의 뿌리를 생성하고 뻗어나가며 이질적인 것들을 엮고 자신의 고향을 창안하는, 제 발로 선 존재다.

그래서 규태에게 '고아'는 갈등이 아니라 삶의 조건이며, 해석을 추동하는 국면이 된다. 규태는 자신의 경험의 맥락을 설명하기 위해 국경을 넘어 이주해온 이주 노동자와 고향을 잃어버린 디아스포라, 서울로 유학와 타향살이를 하는 대학생을 끌어들인다. 이 사람들은 모두 다시 돌아갈 곳도, 지금 안정적으로 살 곳도 없다. 고아는 단지 '나'의 구체적 삶을 설명하기 위한 언어가 아니라, 끊임없이 방과 방, 지역과 지역, 국가와 국가를 넘나들며 반복적인 이동과 불안정성이라는 삶의 조건에 놓인 존재들, 규범적 집에게 버려지고 탈구된 존재들을 엮는 추상적 언어다.[*] 자신의 삶

---

[*] 놀랍게도 규태가 말하는 "고아 감수성"이라는 날것의 언어는 한 저명한 정치철학자의 주장과 공명한다. 아널드는 도시화와 지구화가 격렬하게 전개되는 한편, 자본주의 축적 체제가 점차 불안정해지고 국민국가가 강화되는 오늘날의 시대에 점차 커지고 있는 사회적 불안을 포착하려 한다. 아널드는 언뜻 보기에 전혀 다른 조건에 놓인 홈리스와 이주민, 그리고 난민을 인식론적으로 연결하며, 이 사람들이 사회적 탈구를 경험하고 있을 뿐만 아니라 국민 국가의 포섭과 배제의 역학 아래 놓임으로써 시민권의 영역과 그 작동 방식을 드러낸다는 점에서 동일한 지평에 놓여야 한다고 주장한다(Arnold, 2004).

의 조건을 설명하고 해석하기 위한 규태의 시도는 어느 순간 자신을 넘어선다. 뿌리를 잃고 고아가 된 사람들이 스스로 실뿌리가 돼 서로 엮여 새로운 뿌리를 만들듯, 규태는 고아라는 해석의 계기를 통해 전혀 다른 삶의 지평에 놓인 사람들을 연결하고, 이 사람들이 놓인 공통의 지반인 사회적 탈구와 탈장소화의 논리를 간파하고 그것에 이름을 부여한다.

이 지점에서 '고아'는 외롭고 쓸쓸한 존재, 세계 앞에 홀로 선 단독자가 아니라 공감과 연대의 언어로 확장된다. 신자유주의 문화 논리는 성공과 실패, 생존과 죽음의 문제를 개인에게 전가하고 그 개인들을 위계화된 분류표 위에 배치해서 경쟁하게 하면서 강력하게 유지된다. 이 시대에 공감은 인터넷 게시판의 '추천'이나 트위터의 '리트위트' 버튼 하나로 간단하게 처리된다. 그러나 이 공감은 안타깝게도 '나'와 유리된disembodied 공감이다. 내가 선 위치와 만나지 않는 무수한 사실과 의견의 조합은 '나'에게 흔적을 남기지 않는다. 그러나 규태가 제안하는 '고아'라는 주체 위치는 세계에 '나'를 기입하는 적극적이고 체현된embodied 공감을 동반하며, '나'와 '그 사람들' 사이의 상대적인 좌표를 고려하면서도 그 좌표가 놓이는 좌표축의 공통성을 이해하려고 하는 해석적 연대interpretive solidarity를 시도한다. 이것은 '나'의 경험 세계에서 출발했지만 그 세계를 넘어 확장된 상상을 전개하며, 주거와 이동, 집과 집 없음, 안정과 불안정의 의미를 다시 맥락화하고, 불안정한 삶의 조건에 놓인 사람들을 가로지르는 공통의 맥락을 짚어내는 사유의 가능성이다.

내가 만난 청년들이 삶에서 길어낸 질문과 해석들이 대안이라고 이야기하지는 않겠다. 나는 또 하나의 도덕적인 답안을 내밀 생각이 없다. 어떤 사람의 삶의 절실한 국면에서 비롯된 통찰을 맥락 없이 복제하는 것이 가능하다고 생각하지도 않는다. 누구나 덜 가지고, 조금 가난해도, 늘 이동하는 삶의 조건에 놓여 있어도 괜찮다고 생각할 수는 없을 것이다. 모든 사람들이 '나' 자신의 삶을 해석하고, 서로 다른 맥락에 놓인 '나'와 '나'를 '우리'로 연결하는 사유를 할 수 없다는 것도 잘 안다. 우리를 '나'라는 협소하고 무한한 골짜기로 끊임없이 분절해 밀어 넣는 것이 우리 시대의 광포한 윤리일 것이기 때문이다. 다만 나는 해석과 공감, 연대의 불/가능성이 자리한 낮고 높고 좁은 방들에서 오는 언어와 사유들이야말로 가장 정치적인 장소라는 것을 되새기려 한다. 매끈하게 봉합된 규범적 집과 가족을 향한 열망, 그것을 손에 넣지 못한 홈리스나 고아나 난민이어서는 안 된다는 불안, 때때로 공포와 절망에서 나오는 질문들. 광장이 정치적 성공의 환유가 아니라 정치학의 장소를 가리키는 것이라면, 집에 관한 열망과 불안이야말로 우리 시대의 가장 떠들썩한 광장일 것이다.

여러 죽음들이 배회하는 계절에 나는 왠지 땅에 파묻힌 게 아니라 이야기 속에 박제된 돼지들을 떠올린다. 애들아, 너희들도 제법 컸으니 이제부터 혼자서 살아보렴. 혼자 살라고요? 집도 없는데요? 이제부터 너희들 일은 너희가 알아서 해야지. 어린 돼지 형제들은 각자의 짐을 꾸려 숲속으로 떠난다. 잘 알다시피 잠자고 먹는 것만 좋아하던 첫째와 둘째는 지푸라기와 나뭇가지로 집을 지었고, 어디선가 나타난 늑대의 드센 입김에 그 집들은 홀라당 날아가버리고 만다. 이야기의 판본에 따라 다르지만 이 돼지들은 늑대에게 잡아먹히거나, 달아나서 막내의 집으로 옮겨갔다. 게으른 형들과 달리 무슨 집을 지어 살지 지혜롭게 고민하고 열심히 땀 흘려 벽돌집을 지은 막내는 늑대의 입김에도 안전했고, 겨우 살아남은 형들에게 자비를 베풀며 게으른 형들을 교화한다. 우리 곁의 죽음들이 그렇듯, 19세기 영국에서 만들어진 이 우화가 어린 독자들에게 전달하려 한 메시지 역시 명확하다. 막내 돼지의 성실한, 즉 자본주의적 근면을 본받아야 한다는 것. 그리고 자신의 생존을 지킬 수 있는 단단한 집이 필요하다는 것.

이 익숙한 이야기는 곰곰이 따져볼수록 낯설고 섬뜩하다. 지푸라기나 나뭇가지를 얽어 만들었을지언정 다른 사람에게 의존하지 않고 자신이 살 곳을 스스로 만든, 그래서 그곳을 집이라고 믿은 두 형제에게 닥친 이 불운이 말이다. 잡아먹히건 타인에게 신세지건 그것은 잃어버릴 만한,

집 같지도 않은 집을 지은 무지 또는 나태가 자초한 것이라는 싸늘하고 단순한 명제가 말이다. 자기 생존을 지킬 수 없는 사람들은 언제 무시무시한 늑대가 나타나 집을 덮칠지 모르는 숲 속 세계에 살 가치가 없는 사람들, 그 세계의 비시민들이다. 그리고 그 생존은 어디에나 뒹구는 짚이나 검불이 아니라 구하기 힘든 벽돌을 이용할 수 있는 능력에 달려 있다. 물론 집 밖에서는 막내 돼지도 안전할 리 없으므로, 샘에 물을 길러 가는 길에 예기치 않은 습격을 받게 될지 모른다. 그래서 이 우화는 사실 두 가지 법칙을 전제한 세계에서 작동한다. 강자가 약자를 잡아먹는 비정한 숲 속 세계, 그리고 생존의 우연성. 늑대는 애초에 집을 지을 필요가 없다. 대신 발길 닿는 대로 숲 속을 떠돌다 먹잇감을 발견하면 사냥에 나선다. 누가 먹잇감이 될지는 알 수도, 알 필요도 없다.

'제대로 된' 집을 가지지 못한 사람들의 생존은 아주 우연적이어서, 죽음이 어느 날 등을 툭툭 칠지 모를 숲 속 아기 돼지들의 삶은 어쩐지 대도시 서울의 삶 또는 죽음과 겹친다. 물론 우화 속 숲이 도시의 삶으로 치환되듯, 의인화된 늑대가 지금 한국의 현실에서 지시하는 바는 따로 있다. 나는 그것이 이른바 신자유주의적인 동시에 권위주의적인 통치 체제의 은유가 될 수 있다고 생각한다. 저렴하고 불안정한 노동력을 유연하게 산출하고 조정해 (초국적) 자본의 이윤 축적과 공모하는 국가는 노동 인구의 생애 주기를 조절하는 기능을 한다. 그리고 그 핵심에는 영토, 즉 주거 공간의 분배와 가족 형성, 다시 말해 '집'이 놓인다. 토지를 상품화하는 부동산 투기 자본, 금리 생활자들의 이윤 축적을 적극 보장하는 부동산 정책, 유자녀 이성애 가족을 중심으로 편성된 주택 정책은 교묘하게 맞물려 있다. 일종의 산업 예비군을 재생산할 수 있는 조건을 갖춘 가구에만 주택을 보장하며, 그 가구들에게 끊임없이 전월세 생활의 공포를 주입하고 수도권에 내 집을 마련해야 한다는 욕망을 조장해서 국가는 (신)개발주의 자본 축적의 조건을 형성한다.

　　삶의 불안정성을 일상화하고, 사람들의 전 생애를 생존 경쟁의 연속으로 재편하는 체제는 위기의 체제다. 국가가 경찰력과 치안을 강화해 통치의 정당성을 선전하려 하고, 자본과 결탁하고 언론 장악에 몰두하는 동안, 삶과 죽음을 관리하는 기능은 개인과 가족에게 전가된다. 가족이 신자유주의 통치의 핵심적 매개이자 완충지로 동원된 결과 생애 과정을 규범적으로 구축하는 데 드는 사회적 비용이 증대하며, 늘어난 비용은 계급 유지와 상승을 위한 강화된 가족적 전략을 통해 충당된다. 위기의 체제에서 불안해진 안정성 또는 생존을 향한 열망은 규범적 집, 즉 아파트-자가 소유-정상 가족을 확보하기 위한 분투로 이어진다. 규범적 집을 구성하는 요소들 사이의 강화된 결합은 곧 신자유주의 체제에서 공간화된 통치 기획이 실현되는 장소이자 그 결과다. 그래서 오늘날 고시원을 비롯한 장소들에 자리한 '집 없는' 사람들의 죽음은 국가와 자본이 결탁한 배제의 예기치 못한 비극이 아니다. 오히려 그 결탁이 필연적으로 산출하는 불안정성을 떠안은 몸들이 부여받은 공간화된 훈육과 빈곤의 결과이며, 통치 기획의 잔혹한 성공이다.

　　그러나 오늘날 사람들이 위기로 경험하는 이 체제는 역설적으로 그 체제 자체의 위기를 보여준다. 밥 제솝Bob Jessop은 체제 안의 위기crisis는 일상적인 것이며, 국제 또는 국내 정책을 포함한 익숙한 위기 관리의 방식이나 어느 정도의 체제 혁신을 통해 조정됨으로써 다시 안정된다고 이야기한다. 실제로 많은 위기들은 그 위기의 효과를 노동 시장이나 젠더 체계에서 취약한 집단(들)에는 위협적으로 분배하고 상대적으로 안정된 위치에 있는 집단에는 덜 위협적으로 분배한다. 그 결과 상존하는 불평등 구조를 강화해서 위기의 충격을 완충하고 위기를 체제 내화함으로써 체제의 속성을 유지한다. 그러나 더 큰 위기는, 위기를 관리하는 국가 능력 그 자체의 위기다. '위기 관리의 위기crisis of crisis-management'는 인구의 시간성과 공간성을 예측하고 관리하는 국가 정당성에 제기되고 축적된 사회적 불안의 정도와 상응한다. 오늘날 집을 둘러싼 불안과 열망은 삶에서 어디까지 불안정이고 어디부터 안정인지 가르는 경계 자체가 분명하지 않은 현실, 즉 안정과 불안정의 기준 그 자체가 붕괴한 현실을 보여준다. 다시 말해, 위기의 체제가 거둔 성공이 곧 체제의 위기의 징후가 됐다. 늑대는 어쩌면 벼랑 끝에서 더욱 광포하다.

나는 이 책에서 하나의 집을 떠나 또 다른 집을 만들라는 기대를 받는 사회 집단인 청년 세대의 주거 경험을 통해, '집'이 물리적 구조물이나 공간을 화폐화한 자산, 또는 공간에서 비롯되는 안정성의 자연적인 근거 이상이라고 주장하려 했다. 집은 경제 위기 이후 한국 사회에서 시작된 고용 불안정과 생애 단계의 변동, 주거 불평등의 증대 같은 구조적 변화와, 여전히 존속하거나 더 강화되는 생애 과정의 규범성이 교차하고 집적되는 물적이고 상징적인 지점이다. 그러나 또한 집은 그 장소에서 살아가고 이동하는 구체적인 행위자들의 삶과 경험, 그리고 의미화 실천 속에서 형상화되는 곳이며, 그 삶이 속한 사회의 현실과 불안, 그리고 변화의 가능성을 동시적이고 모순적으로 내포한 지대이기도 하다. 평생 노력해도 규범적 집을 확보할 수 없는 사람들뿐 아니라, 가족적 전략을 통해 아파트-자가 소유-정상 가족이 결합된 규범적 집을 어느 정도 확보할 수 있는 사람들에게도 집은 종착역이 없는 욕망과 불안의 경주다. 고시원은 안정과 불안정, 영토적 정박과 탈영토화라는 이항등식 그 자체가 무너지는 이위기의 체제이자 체제의 위기를 가장 분명하게 드러내는 시대적 장소이며,

이 위기'들'의 역학 자체를 되물을 수 있는 상징이자 현실일 것이다.

이 책은 2000년대 후반을 살아가는 젊은이들의 삶의 자리들을 드러내는 작업이기도 했다. 사회가 요구하는 독립의 시한이 다가오지만 정작 불안정한 청년기에서 이행하거나 탈구되는 것이 대단히 특권적인 일이 된 사회에서, 이 젊은이들은 어른/시민을 승인하는 사회적 시간의 체제가 변화한 현실에 내던져진다. 집을 갖는 것으로 응축되는, 이른바 '정상적'이고 규범적이라고 여겨지는 삶의 궤도에서 벗어나지 않기 위한 가족적 투자와 경쟁은 청년기를 더 효율적이고 빠르게 단축해 안정성을 확보하려는 다툼이다. 동시에 이것은 소비와 축적을 향한 경쟁의 자유를 적극적으로 체현한 이 시대의 어른/시민과 그렇지 않은 비시민을 구별하는 통치 기획과 연루된 과정이다. 따라서 청년기는 단지 특정한 연령대의 사람들이 살아가는 '특수한' 시간대가 아니다. 한국 사회에서 심화되는 '집'을 둘러싼 열망과 불안, 고통과 부정, 그리고 모순과 균열이 교차하는 동시대적 시공간, 따라서 이 시대의 가장 첨예한 정치의 자리로 이해해야 한다. 나는 청년 세대의 주거와 이동 경험을 들여다보면서 이 세대를 가로지르고 교차하는 공간, 문화, 권력의 역학을 드러내고, 그 벌어진 상처를 함께 나누려 했다.

유독 명한과 만나 대화를 나눈 반지하방이 기억난다. 입구에는 '지하방 해방단'이라는 문패가 걸려 있었다. 청년이라는 단어가 그렇듯 해방이나 꿈이라는 딘어도 이느새 낡고 닳았지만, 어떤 청년들은 어전히 해방을 꿈꾼다는 사실이 낯설고 놀라웠다. 어쩌면 그 해방의 꿈은 반지하방이나 옥탑방, 고시원의 낮고 높고 좁은 문을 비집고 나오는 것일지도 모른다. 어휘들을 고루하고 식상한 수사라는 죽음에 이르게 해 사유를 무력화하는 시대, 자기 자신의 어휘를 잃고 '이론'이라는 짙은 분칠로 덧씌워진 말쑥하고 해사한 사유만을 지식이라고 오인하는 시대, 삶도 생각도 어쩌면 더 많은 자리에 이미 존재하며, 또 그곳에서 와야 하고, 그곳으로 향해야 한다. 삶과 꿈 중 하나만 선택할 것을 강요하는 시대에, 삶에서도 꿈에서도 밀려난 광장이 미지의 어딘가에 있는 정치적 장소나 신화 속에 박제돼서는 안 된다고 이야기하고 싶다. 오히려 지금 자신이 서 있는 삶의 자리를 광장으로 만들어야 한다고, 우리의 몸, 마음, 그리고 위치가 우리가 살아가고 맞서고 협상해야 하는 우주라고. 그래야 그 우주가 자신의 우주를 비집고 나와 다른 우주와 만날 것이라고. 삶과 꿈은, 하나를 팔아 다른 하나를 메울 수 있거나 하나를 포기해야 다른 하나를 성취할 수 있는 관계가 아니다. 우리는 더 많은 집을, 살고 또 상상해야 한다.

참고문헌

1. 한국어 문헌

강수돌 · 홀거 하이데. 2009. 《자본을 넘어, 노동을 넘어 ― 자본의 내면화에서 벗어나기》. 이후.

경향신문 특별취재팀. 2010. 《어디 사세요? ― 부동산에 저당 잡힌 우리 시대 집 이야기》. 사계절출판사.

권김현영. 2001. 〈차이에 대해 말하기, 기억과 치유의 정치학을 위하여 ― '영 페미니스트'가 말하는 계급과 문화 정체성〉. 《당대비평》 제15호. 233~244쪽.

권여선. 2009. 〈용산, 그곳은〉. 《작가세계》 제21권 4호. 330~344쪽.

권오혁 · 윤완섭. 1991. 〈서울시 아파트의 공간적 확산과 주거지 분화〉. 《사회와 역사》 제29권. 94~132쪽.

김경아. 2008. 〈최근 청년층 노동시장의 불평등 현황과 요인에 관한 연구〉. 《산업노동연구》 제14권 1호. 25~51쪽.

김광중 · 윤일성. 2006. 〈도시재개발과 20세기 서울의 변모〉. 서울시정개발연구원 엮음. 《서울 20세기 공간 변천사》. 서울시정개발연구원. 559~615쪽.

김성윤. 2010. 〈대학생, 대학생문화, (불)가능성의 조건〉. 《역사비평》 제92호. 105~132쪽.

김수현 · 이현주 · 손병돈. 2009. 〈거리의 빈곤: 노숙인〉. 《한국의 가난 ― 새로운 빈곤, 오래된 과제》. 한울아카데미. 101~120쪽.

김안나. 2003. 〈대학입학 수능 성적 분포의 변화추이를 통해 본 고등교육의 서열화 구조〉. 《교육사회학연구》 제13권 3호. 89~108쪽.

김예란 · 김효실 · 정민우. 2010. 〈광장에 균열내기 ― 촛불 십대의 정치 참여에 대한 문화적 해석〉. 《한국언론정보학보》 제52호. 90~110쪽.

김왕배. 2000. 《도시, 공간, 생활세계 ― 계급과 국가 권력의 텍스트 해석》. 한울.

김원. 2006. 《여공 1970, 그녀들의 反역사》. 이매진.

김유경. 2005. 〈상실의 관점에서 본 노숙인 문제 ― 집을 잃고 거리에서 생활한다는 것의 의미는 무엇인가?〉. 《아세아연구》 제48권 2호. 151~179쪽.

김진미. 2005. 〈거리노숙 진입과 탈노숙의 장벽〉. 《아세아연구》 제48권 2호. 87~115쪽.

김현미. 2009. 〈신자유주의적 권위주의 국가와 생활정치〉. 《창작과 비평》 제145호. 94~113쪽.

_____. 2010. 〈여는 글: 우리 곁의 신자유주의〉. 김현미 외. 《친밀한 적 ― 신자유주의는 어떻게 일상이 되었나》. 이후. 6~14쪽.

김현미 · 강미연 · 권수현 · 김고연주 · 박성일 · 정승화. 2010. 《친밀한 적 ― 신자유주의는 어떻게 일상이 되었나》. 이후.

김형국. 1989. 〈불량촌 형성의 한국적 특수사정과 공간이론의 적실성〉. 《사회비평》 여름호. 62~85쪽.

김홍수영. 2005. 〈시민성을 기준으로 조명한 사회적 소수자의 권리 ― 노숙인 사례를 중심으로〉. 《경제와 사회》 제65호. 179~200쪽.

김홍중. 2009. 〈육화된 신자유주의의 윤리적 해체〉. 《사회와 이론》 통권 제14집. 173~212쪽.

나윤경 · 박은실 · 강미연 · 서정미. 2009. 〈기혼자들의 '외도'를 통해서 본 한국 사회의 가족, 그 평생교육학적 의미〉,《평생교육학연구》15권 4호. 387~412쪽.

남기철. 2009. 〈비주택 거주민·홈리스에 대한 접근과 모색〉,《비주택 거주민 인권현황 및 개선방안에 대한 정책토론회 자료집》. 국가인권위원회 정책교육국 인권정책과. 125~132쪽.

남원석. 2004. 〈도시빈민 주거지의 공간적 재편과 함의〉,《문화과학》통권 제39호. 85~101쪽.

노미선. 2008. 〈고학력 30대 비혼여성의 성별/나이의 위치성에 관한 연구〉. 이화여자대학교 대학원 여성학과 석사학위 논문(미간행).

노승철·이희연. 2009. 〈주거이동을 통한 주거 불안정성 변화에 관한 연구 — 저소득층을 대상으로 하여〉.《한국경제지리학회지》제12권 4호. 507~520쪽.

더지. 2010. 〈주거제도와 비혼자 차별〉. 가족구성권연구모임·상상연구소.《2010 제5차 가족정책포럼 '주거제도와 가족상황차별—전세자금대출문제를 중심으로' 발표문》. 6~11쪽.

류연택. 〈서울의 하위주택시장과 주택 매가 및 전세가의 공간적 차이(1988-2000)〉,《한국도시지리학회지》제13권 1호. 89~108쪽.

박서영. 2004. 〈거주민의 경험으로 본 상암동의 역사적 변화〉. 연세대학교 대학원 문화학협동과정 석사학위 논문(미간행).

박소진. 2009. 〈'자기관리'와 '가족경영' 시대의 불안한 삶 — 신자유주의와 신자유주의적 주체〉,《경제와 사회》통권 제84호. 12~39쪽.

박소진·홍선영. 2009. 〈주거를 통한 사회적 과시의 한국적 특수성 — 일본과의 비교〉,《담론 201》제11권 4호. 35~61쪽.

박혜경. 2008. 〈신자유주의적 주부주체의 담론적 구성과 한국 중산층가족의 성격 — 미디어 담론분석 및 면접조사를 바탕으로〉. 이화여자대학교 대학원 여성학과 박사학위 논문(미간행).

백종국. 2010. 〈학문의 수도권 집중과 지방대학의 황폐화〉,《역사비평》통권 제92호. 158~184쪽.

보건복지부. 2004. 〈숙박업 형태의 고시원 관리대책〉.

서동진. 2003. 〈백수, 탈근대 자본주의의 무능력자들 — 속도의 삶으로서의 능력〉.《당대비평》제23호. 100~112쪽.

_____. 2009a.〈신자유주의 분석가로서의 푸코 — 미셸 푸코의 통치성과 반정치적 정치의 회로〉.《문화과학》통권 제57호. 315~335쪽.

_____. 2009b[2005].《자유의 의지 자기계발의 의지 — 신자유주의 한국사회에서 자기계발하는 주체의 탄생》. 돌베개.

서종균. 2009. 〈비주택 거주민 인권개선 방안〉.《비주택 거주민 인권현황 및 개선방안에 대한 정책토론회 자료집》. 국가인권위원회 정책교육국 인권정책과. 73~97쪽.

손낙구. 2008.《부동산 계급사회》. 후마니타스.

송시형. 2009. 〈주거지 현황을 통해 본 주거공간의 양극화 현상〉.《극동사회복지저널》제5권. 59~79쪽.

신광영. 2004.《한국의 계급과 불평등》. 한울.

_____. 2005. 〈한국사회의 양극화와 노동계급의 현재〉.《역사비평》통권 제71호. 114~139쪽.

_____. 2006. 〈중산층 살리기는 사회양극화의 해소의 해법인가?〉,《한국사회학회 중산층 역할과 사회발전 제1차 포럼 자료집》. 19~28쪽.

_____. 2008. 〈현대 한국 불평등 구조의 변화 — 민주화, 세계화와 새로운 사회적 위험〉,《현대사회와 문화》제27호. 5~33쪽.

안수찬·전종휘·임인택·임지선. 2010.《4천원 인생 — 열심히 일해도 가난한 우리 시대의 노동일기》. 한겨레출판.

엄기호. 2009.《아무도 남을 돌보지 마라 — 인문학의 눈으로 본 신자유주의의 맨 얼굴》. 낮은산.

엄기호. 2010.《이것은 왜 청춘이 아니란 말인가》. 푸른숲.

여성가족부. 2010.《2010년 제2차 가족실태조사 연구보고서》.

오찬호. 2010. 〈88만원세대를 읽어내는 딜레마 — 세대'내'경쟁에서 패배한 이들의 목소리를 들을 수 없는 이유〉.《문화과학》제63호. 107~123쪽.

오호영. 2007. 〈대학서열과 노동시장 성과 ─ 지방대생 임금차별을 중심으로〉. 《노동경제 논집》 제30권 2호. 87~118쪽.

이규호. 2006. 〈청년실업시대, 대학생들의 불안과 인적자본의 기획 그리고 글로벌 교육산업에 대한 연구 ─ 말레이시아 유학 사례를 중심으로〉. 연세대학교 대학원 사회학과 석사학위논문(미간행).

이나영. 2006. 〈초/국적 페미니즘 ─ 탈식민주의 페미니스트 정치학의 확장〉. 《경제와 사회》 제70호. 63~88쪽.

이나영 · 정민우. 2010. 〈탈/식민성의 공간, 이태원과 한국의 대중음악 ─ 이태원 '클럽'들의 형성과 변화 과정을 중심으로(1950-1991)〉. 《사회와 역사》 제87권. 191~229쪽.

이두휴. 2007. 〈대학서열체제의 구조와 해소방안 연구〉. 《교육사회학연구》 제17권 3호. 131~157쪽.

이병희. 2003. 《청년층 노동시장 분석》. 한국노동연구원 보고서.

이상길. 2004. 〈일상적 의례로서 한국의 술자리 ─ 하나의 문화적 해석〉. 《미디어, 젠더 & 문화》 제1호. 39~77쪽.

_____. 2010. 〈문화연구의 연구문화 ─ 언론학계에서의 제도화 효과에 관한 성찰." 《민족문화연구》 제53호. 1~63쪽.

이성균. 2009. 〈한국사회 청년층의 사회적 배제 ─ 청년실업문제를 중심으로〉. 《한국사회학회 2009 국제사회학대회 자료집》. 569~581쪽.

이소정. 2006. 〈판자촌에서 쪽방까지 ─ 우리나라 빈곤층 주거지의 변화과정에 관한 연구〉. 《사회복지연구》 제29권. 167~208쪽.

이영민. 2008. 〈서울 강남 정체성의 관계적 재구성 과정 연구 ─ 지역 구성원들의 내부적 범주화를 중심으로〉. 《한국도시지리학회지》 제11권 1호. 1~14쪽.

이정봉. 2006. 〈빈곤의 형성과 재생산에 관한 연구 ─ 고시원 거주 도시빈곤층의 사회적 배제를 중심으로〉. 성공회대학교 대학원 사회복지학과 석사학위 논문(미간행).

이현재. 2009. 〈여성의 이주, 다층적 스케일의 장소 열기 그리고 정체성 저글링〉. 《여성문학연구》 제22권. 7~36쪽.

임덕영. 2009. 〈비주택 거주민의 유형별 생활 및 지역별 특징〉. 《비주택 거주민 인권현황 및 개선방안에 대한 정책토론회 자료집》. 국가인권위원회 정책교육국 인권정책과. 37~69쪽.

임석회. 2002. 〈IMF 경제위기 이후 경제재구조화와 지역격차〉. 《한국지역지리학회지》 제8권 4호. 513~528쪽.

임석회 · 이용우. 2002. 〈사회적 양극화와 공간적 특성 ─ 서울의 사례〉. 《한국지역지리학회지》 제8권 2호. 270~279쪽.

장세훈. 2007. 〈주택소유의 관점에 입각한 중산층의 재해석〉. 《경제와 사회》 제74호. 199~226쪽.

전상인. 2009. 《아파트에 미치다: 현대 한국의 주거 사회학》. 이숲.

전상진 · 정주훈. 2006. 〈한국 후기 청소년 세대의 발달경로와 성장유형 ─ 서울지역 대학생을 중심으로〉. 《한국사회학》 제40집 6호. 261~285쪽.

정보공개시스템(www.open.go.kr). 2010. 〈2007~2009년 서울 · 경기지역 고시원 현황〉.

정원오 · 남기철 · 장기성. 2004. 〈도심지 취약계층의 생활실태 보고서 ─ 서울 도심지 고시원을 중심으로〉. 성공회대학교 사회복지연구소.

조성주. 2009. 《대한민국 20대, 절망의 트라이앵글을 넘어 ─ 대학등록금 1000만 원, 청년실업 100만 명, 사회의 오해와 무관심》. 시대의창.

조은. 2008. 〈신자유주의 세계화와 가족 정치의 지형 ─ 계급과 젠더의 경합〉. 《한국여성학》 제24권 2호. 5~37쪽.

조은진. 2006. 〈상류층 주거지에서 나타나는 새로운 배제의 방식 ─ 강남 타워팰리스 주거 공간 및 공간 경험 분석〉. 《경제와 사회》 제76호. 122~163쪽.

조형근. 2007. 〈녹두거리와 녹두거리 아닌 것 ─ 한 대학가/고시촌의 공간 읽기〉. 《문화과학》 제52호. 364~376쪽.

최병두. 2009. 〈도시 주택시장의 변동성과 부동산 정책의 한계 — IMF 위기 이후 서울을 중심으로〉.《한국지역지리학회지》제15권 1호. 138~160쪽.

최은영. 2004. 〈학력자본 재생산의 차별화와 빗장도시의 형성〉.《대한지리학회지》제39권 3호. 374~390쪽.

_____. 2006. 〈차별화된 부의 재생산 공간, 강남의 형성 — 아파트 가격의 시계별 변화(1989~2004년)를 중심으로〉.《한국도시지리학회지》제9권 1호. 33~45쪽.

통계청. 2006.《2005 인구주택총조사보고서》.

통계청. 2010.《인구동태통계연보》.

한경혜. 1998. 〈중년기 남성의 역할 중요도와 일/가족 갈등〉.《가족과 문화》제10집 2호. 93~113쪽.

한윤형. 2010. 〈월드컵 주체와 촛불시위 사이, 불안의 세대를 말한다: 강제로 규정된 청년세대의 복잡미묘함에 대해〉.《문화과학》통권 제62호. 72~91쪽.

현시웅·최시경. 2008. 〈노숙인의 발생원인별 유형화와 정책대안〉.《한국행정논집》제20권 4호. 1153~1178쪽.

홍인옥. 2009. 〈비주택 거주민의 일반적 인권 현황〉.《비주택 거주민 인권현황 및 개선방안에 대한 정책토론회 자료집》, 국가인권위원회 정책교육국 인권정책과. 1~34쪽.

황정미. 2005. 〈'저출산'과 한국의 모성의 젠더 정치〉.《한국여성학》제21권 3호. 99~132쪽.

2. 외국 문헌 번역본

그로츠, 엘리자베스. 2001. 임옥희 옮김.《뫼비우스 띠로서 몸》. 여이연.

렐프, 에드워드. 2005. 김덕현·김현주·심승희 옮김.《장소와 장소상실》. 논형.

마르크스, 칼. 2006. 강유원 옮김.《경제학-철학 수고》. 이론과실천.

맥도웰, 린다. 2010. 여성과공간연구회 옮김. 2010.《젠더, 정체성, 장소 — 페미니스트 지리학의 이해》. 한울.

바슐라르, 가스통. 2003. 곽광수 옮김.《공간의 시학》. 동문선.

바우만, 지그문트. 2009. 이일수 옮김.《액체근대》. 도서출판 강.

_____. 2009. 함규진 옮김.《유동하는 공포》. 웅진씽크빅.

발렌타인, 질. 2009. 박경환 옮김.《사회지리학 — 공간과 사회》. 논형.

쉴링, 크리스. 1999. 임인숙 옮김.《몸의 사회학》. 나남.

줄레조, 발레리. 2007. 길혜연 옮김.《아파트 공화국 — 프랑스 지리학자가 본 한국의 아파트》. 후마니타스.

차크라바르티, 디페쉬. 2001. "인도 역사의 한 문제로서 유럽(Europe as a Problem of Indian History)." 김은실·문금영 옮김.《흔적(Traces)》제1권. 63~91쪽.

톰린슨, 존. 2004. 김승현·정영희 옮김.《세계화와 문화》. 나남.

하비, 데이비드. 2007. 최병두 옮김.《신자유주의 — 간략한 역사》. 한울.

하이데거, 마르틴. 1998. 이기상 옮김. 1998.《존재와 시간》. 까치.

홀, 스튜어트. 2007. 임영호 옮김.《대처리즘의 문화정치》. 한나래.

3. 외국어 문헌

Ahmed, Sara. 2000. *Strange Encounters: Embodied Others in Post-Coloniality.* London and New York: Routledge.

Alcoff, Linda. 1997[1988]. "Cultural Feminism versus Post-Structuralism: The Identity Crisis in Feminist Theory." in Nicholson, Linda (ed.). *The Second Wave: A Reader in Feminist Theory.* New York:

Routledge. pp. 330~355.

Arnett, Jeffrey Jensen. 1997. "Young People's Conceptions of the Transition to Adulthood." *Youth & Society* 29(1): 3~23.

Arnold, Kathleen. 2004. *Homelessness, Citizenship, and Identity: The Uncanniness of Late Modernity*. New York: State University Press of New York.

Augé, Marc. 1995. *Non-places: Introduction to an Anthropology of Supermodernity.* London: Verso.

Barnett, Clive, Nick Clarke, Paul Cloke, and Alice Malpass. 2008. "The Elusive Subjects of Neo-liberalism." *Cultural Studies* 22(5): 624~653.

Bauman, Zygmunt. 2000. *Liquid Modernity.* Cambridge: Polity Press.

_____. 2006. *Liquid Fear.* Cambridge: Polity Press.

Bhattacharyya, Gargi. 2002. *Sexuality and Society: An introduction.* London and New York: Routledge.

Brah, Avtar. 1996. *Cartographies of Diaspora: Contesting Identities.* London and New York: Routledge.

Butler, Judith. 1990. *Gender Trouble: Feminism and the Subversion of Identity.* New York and London: Routledge.

Carsten, Janet and Stephen Hugh-Jones. 1995. "Introduction." in Carsten, Janet and Stephen Hugh-Junes (eds.). *About the house: Lévi-Strauss and beyond.* Cambridge: Cambridge University Press. pp. 1~46.

Chernaik, Laura. 1996. "Spatial Displacements: Transnationalism and the new social movements." *Gender, Place & Culture* 3(3): 251~276.

Clifford, James. 1989. "Notes on Theory and Travel." Inscriptions, 5: 177~188.

_____. 1992. "Travelling Cultures." in Grossberg, Lawrence, Cary Nelson and Paula Treichler (eds.). *Cultural Studies.* New York and London: Routledge. pp. 96~116.

Crang, Philip, Clair Dwyer, and Peter Jackson. 2003. "Transnationalism and the spaces of commodity culture." *Progress in Human Geography* 27(4): 438-456.

Dirlik, Arif. 2001. "Place-based Imagination: Globalism and the Politics of Place." in Prazniak, Roxann and Arif Dirlik (eds.). *Places and Politics in an Age of Globalization.* Oxford and New York: Rowman and Littlefield. pp. 15-51.

Elder, Jr., Glen. 1994. "Time, Human Agency, and Social Change: Perspectives on the Life Course." *Social Psychology Quarterly* 57(1): 4-15.

Elias, Norbert. 1993. *Engagement et distanciation.* Paris: Fayard.

Eng, David L. and David Kazanjian. 2003. "Introduction: Mourning Remains." in Eng, David L. and David Kazanjian (eds.). Loss: *The Politics of Mourning, Berkeley and Los Angeles.* University of California Press. pp. 1-25.

Escobar, Arturo. 2001. "Place, Economy, and Culture in a Post-Development Era." in Prazniak, Roxann and Arif Dirlik (eds.). *Places and Politics in an Age of Globalization.* Oxford and New York: Rowman and Littlefield. pp. 193-217.

Foucault, Michel. 1978. *The History of Sexuality*: An Introduction, Volume 1. New York: Random House.

Game, Ann. 1995. "Time, Space, Memory with Reference to Bachelard." in Featherstone, Mike, Scott Lash and Roland Robertson (eds.). *Global Modernities.* London: Sage. pp. 192-208.

Gordon, Avery. 1997. *Ghostly Matters: Haunting and the Sociological Imagination.* Minneapolis: University of Minnesota Press.

Grewal, Inderpal. 1996. *Home and Harem: nation, gender, empire and the cultures of travel.* Durham and London: Duke University Press.

Grosz, Elizabeth. 1992. "Bodies-Cities." in Colomina, Beatriz (ed.). *Sexuality and Space.* New York: Princeton Architectural Press. pp. 241-254.

Grosz, Elizabeth. 1994. *Volatile Bodies: Toward a Corporeal Feminism*. Bloomington and Indianapolis: Indiana University Press.

Halberstam, Judith. 2005. *In a Queer Time and Place: Transgender Bodies, Subcultural Lives*. New York and London: New York University Press.

Hall, Stuart. 1988. *The Hard Road to Renewal: Thatcherism and the Crisis of the Left*. London: Verso Books.

_____. 1989. "Ethnicity, Identity and Difference." *Radical America* 23(4): 9~20.

Hamnett, Chris. 1995. "Home-ownership and the Middle Classes." in Butler, Tim and Mike Savage (eds.). *Social Change and the Middle Classes*. London: University College London Press. pp. 257~272.

Harvey, David. 1989. *The Condition of Postmodernity: An Enquiry into the Origins of Cultural Change*. Oxford: Blackwell.

_____. 2005. *A Brief History of Neoliberalism*. New York: Oxford University Press.

hooks, bell. 1991, *Yearning: Race, gender, and cultural politics*. London: Turnaround Press.

Irwin, Sarah. 1995. *Rights of Passage: Social Change and the Transition from Youth to Adulthood*. London: UCL Press.

Kaplan, Caren. 1996. *Questions of Travel: Postmodern Discourses of Displacement*. Durham and London: Duke University Press.

Keith, Michael and Steve Pile. 1993. "Introduction Part 1. The politics of place..." in Keith, Michael and Steve Pile (eds.). *Place and the Politics of Identity*. London and New York: Routledge. pp. 1~21.

Marx, Karl. 1844[1981]. *Ergänzungsband, Schriften Manuskripte Briefe bis 1844*. Dietz Verlag: Berlin. pp. 465~588.

Massey, Doreen. 1984. *Spatial Divisions of Labour*. London: Macmillan.

_____. 1985. "New Directions in Space." in Gregory, Derek and John Urry (eds.). *Social Relations and Spatial Structures*. London et al.: Macmillan. pp. 9~19.

_____. 1992. "Politics of Space/Time." *New Left Review* 196: 65~84.

_____. 1994. *Space, Place and Gender*. Cambridge: Blackwell.

Matrix. 1984. *Making Space: Women and the Man Made Environment*. London: Pluto Press.

McDowell, Linda. 1983. "Towards an Understanding of the Gender Divisions of Urban Space." *Society and Space* 1(1): 59~72.

_____. 1999. *Gender, Identity and Place: Understanding Feminist Geographies*. Cambridge: Polity Press.

Merleau-Ponty, Maurice. 1968. *The Visible and the Invisible*. Lingis, Alphonso (trans.). Evanston: Northwestern University Press.

Mohanty, Chandra Talpade. 1987. "Feminist Encounters: Locating the Politics of Experience." *Copyright* 1: 30~44.

_____. 2003[1991]. "Cartographies of Struggle: Third World Women and the Politics of Feminism." in *Feminism without Borders: Decolonizing Theory, Practicing Solidarity*. Durham and London: Duke University Press, pp. 43~84.

Olwig, Karen Fog. 1998. "Epilogue: Contested homes: Home-making and the Making of Anthropology." in Rapport, Nigel and Andrew Dawson (eds.) *Migrants of Identity: Perceptions of 'home' in a World of Movement*. London: Berg, pp. 225~236.

Ong, Aihwa. 1999. *Flexible Citizenship: The Cultural Logics of Transnationality*. Durham and London: Duke University Press.

_____. 2006. *Neoliberalism as Exception: Mutations in Citizenship and Sovereignty*. Durham: Duke University Press.

Park, So Jin and Nancy Abelmann. 2004. "Class and Cosmopolitanism: Mother Management of English

Education in South Korea." *Anthropological Quarterly* 77(4): 645~672.

Relph, Edward. 1976. *Place and Placelessness*. London: Pion.

Robinson, Catherine. 2002. ""I Think Home is More than a Building": Young Home(less) People on the Cusp of Home, Self and Something Else." *Urban Policy and Research* 20(1): 27~38.

Sassen, Saskia. 2002. "Global Cities and Survival Circuits." in Ehrenreich, Barbara and Arlie Russell Hochschild (eds.) *Global Woman: Nannies, Maids, and Sex Workers in the New Economy*. New York: Metropolitan Books. pp. 254~274.

Shilling, Chris. 1993. *The Body and Social Theory*. London: Sage.

Soja, Edward W. 1985. "The Spatiality of Social Life: Towards a Transformative Retheorisation." in Gregory, Derek and John Urry (eds.) *Social Relations and Spatial Structures*. London et al.: Macmillan. pp. 90~127.

_____. 1989. *Postmodern Geographies: The Reassertion of Space in Critical Social Theory*. London: Verso Press.

Somerville, Peter. 1992. "Homelessness and the meaning of home: rooflessness or rootlessness." *International Journal of Urban and Regional Research* 16: 529~539.

Song, Jesook. 2006a. "Family Breakdown and Invisible Homeless Women: Neoliberal Governance during the Asian Debt Crisis in South Korea, 1997-2001." *Positions: East Asia Cultures Critique* 14(1): 37~65.

_____. 2006b. "Historicization of Homeless Spaces: The Seoul Train Station Square and the House of Freedom." *Anthroplogical Quarterly* 79(2): 193~223.

_____. 2010. "'A room of one's own': the meaning of spatial autonomy for unmarried women in neoliberal South Korea." *Gender, Place and Culture* 17(2): 131~149.

Tomlinson, John. 1999. *Globalization and Culture*. Cambridge: Polity Press.

Urry, John. 1985. "Social Relations, Space and Time." in Gregory, Derek and John Urry (eds.) *Social Relations and Spatial Structures*. London et al.: Macmillan. pp. 20~48.

Valentine, Gill. 2001. *Social Geographies: Space and Society*. Harlow and England: Prentice Hall.

Veness, April. 1993. "Neither Homed nor Homeless: Contested Definitions and the Personal Worlds of the Poor." *Political Geography* 12(4): 319~340.

Wardhaugh, Julia. 1999. "The Unaccommodated Woman: Home, Homelessness and Identity." *Sociological Review* 47(1): 91~109.

White, Naomi Rosh. 2002. ""Not Under My Roof!": Young People's Experiences of Home." *Youth & Society* 34(2): 214~231.

1장

1 정원오·남기철·장기성, 2004; 이정봉, 2006; 홍인옥, 2009; 임덕영, 2009; 서종균, 2009.

2 남기철, 2004: 97; 김진미, 2005: 111; 홍인옥, 2009: 9~10.

3 노승철·이희연, 2009: 511.

4 Robinson, 2002: 31.

5 Foucault, 1978: 89~90.

6 Ong, 1999: 5.

7 Massey, 1985; 1993; Urry, 1985; Soja, 1985; 1989; Keith and Pile, 1993.

8 Massey, 1992.

9 Chernaik, 1996; Dirlik, 2001; Escobar, 2001.

10 Dirlik, 2001; Crang, Dwyer, and Jackson, 2003.

11 Massey, 1994: 4~5; 맥도웰, 2010: 30.

12 Hall, 1989.

13 이현재, 2009: 18.

14 Kaplan, 1996.

15 Clifford, 1989: 182.

16 Mohanty, 1987; 1991.

17 Kaplan, 1996: 184.

18 Alcoff, 1988.

19 이나영, 2006: 75~76.

20 맥도웰, 2010: 165.

21 박소진·홍선영, 2009: 40.

22 조은진, 2007: 127~128; 이영민, 2008: 11~12.

23 박서영, 2004.

24 하이데거, 1998; 바슐라르, 2003; 렐프, 2005; hooks, 1991; Somerville, 1992; Game, 1995; Hamnett, 1995; Wardhaugh, 1999; 김유경, 2005.

25 톰린슨, 2004: 170~171.

26 렐프, 2005: 97.

27 Somerville, 1992: 532.

28 렐프, 2005: 290~291.

29 톰린슨, 2004: 154.

30 같은 책, 50~51.

31 바우만, 2009: 164~170.

32 Massey, 1994: 164.

33 McDowell, 1983; Massey, 1984; Matrix, 1984.

34 Eng and Kazanjian, 2003: 5.

35 Brah, 1996: 192.

36 Kaplan, 1996: 153.

37 송시형, 2009: 67.

38 〈국민주택 규모, 85㎡가 된 속사정은 뭘까?〉, 국토해양부 블로그 행복누리(http://blog.daum.net/
    mltm2008/8558228).

39 〈처음 손대는 '국민주택규모'…바뀌면 파장 클 듯〉,《아시아경제》, 2010년 12월 3일. 관련 기사에 따르
    면 정부는 최근 용역 사업을 통해 국민주택 규모와 관련 제도 적용의 적정성을 검토해 국민주택 기준
    을 변경하겠다고 발표했다.

40 프랑스의 지리학자인 발레리 줄레조(Valérie Gelézeau)는 한국의 아파트 단지를 "권위주의 산업화의
    구조와 특성, 여기서 비롯된 계층적 차별 구조와 획일화된 문화 양식을 가장 잘 보여주는 사례이자
    그 산물"이라고 정리한다(줄레조, 2007: 147). 줄레조에 따르면 한국의 아파트는 주택 소유 정책, 도시
    계획법 등의 도시·주택 정책, 재벌 기업에 관한 관리와 통제, 국민에 관한 선전을 통한 국가의 권위주
    의적 개발 모델, 그것에 적극적으로 조응한 재벌기업, 그리고 상품이자 재테크의 수단으로서 아파트
    에 열광함으로써 중간 계급으로 편입되고 혜택을 보장받은 중간 계급의 복합적인 상호 역학의 결과
    다.

41 김유경, 2005; 신광영, 2005; 박소진·홍선영, 2009.

42 장세훈, 2007: 205.

43 장세훈, 2007: 223.

44 한국은행 집계에 따르면 예금 취급 기관 가계 대출 잔액은 총 652조 4500억 원이며, 가계 대출의 큰
    부분을 차지하고 있는 주택 담보 대출 규모(총 275조 4000억 원)도 최근 들어 급격히 증가하고 있다
    고 한다(〈주택담보대출 급증세 지속…7월중 2.2조 증가〉,《경제투데이》, 2010년 8월 11일).

45 송시형, 2009: 62.

46 신광영, 2005: 120.

47 한경혜, 1998; 신광영, 2004.

48 현시웅·최시경, 2008: 1157.

49 김수현·이현주·손병돈, 2009: 103~104.

50 Somerville, 1992; Veness, 1993.

51 Arnold, 2004.

52 Veness, 1993.

53 Brah, 1996; Olwig, 1998; Ahmed, 2000.

54 Ahmed, 2000.

55 Arnold, 2004: 60.

56 Kaplan, 1996: 186~187.

57 Elder, 1994: 5~6.

58 Irwin, 1995; Arnett, 1997.

59 Halberstam, 2005.

60 차크라바르티, 2001: 71~72.

61 Halberstam, 2005: 10.

62 천명관의 소설《고령화 가족》(2010)이 바로 이런 이야기를 다루고 있다.

63 남원석, 2004: 100.

64 더지, 2010: 9.

65 신광영, 2006: 23.

66 2002년 기준 OECD 국가들의 평균 근속 연수는 일본이 12.2년, 벨기에 11.6년, 프랑스 11.3년, 독일 10.7년, 스웨덴 10.5년, 영국 8.1년, 미국 6.6년(1997) 등이다(신광영, 2006: 23).

67 전상진·정주훈, 2006.

68 신광영, 2006; 2008.

69 신광영, 2008: 12.

70 같은 글: 16.

71 신광영, 2006: 22.

72 통치성은 후기 푸코의 저작들에서 주요하게 제기된 개념으로, 18세기를 전후해 등장한 새로운 권력 관계의 특성을 가리키기 위해 제시한 통치(govern)의 개념에서 통치의 속성, 즉 행동 방식에 관한 통솔(conduct of conduct)을 통한 권력의 작용을 가리킨다(서동진, 2009a: 320~321). 통치는 인구(population)에 관한 것으로, 크게 1) 법률-사법적 체계, 2) 규율 메커니즘, 3) 치안 장치로 구성된다. 법률-사법적 체계는 법적 코드를 통해 확정된 허용/금지의 이분법을 통해 작동하며, 규율 메커니즘은 특정한 성향이나 기질, 행위, 습관, 신체적 특성을 문제 삼고, 이것을 감시, 진단, 규정하는 광범위한 테크놀로지를 결합시킴으로써 규범을 생산하며, 치안 장치는 금지와 제재, 감시와 규율이 아니라 '정상성'의 범위를 생산, 규정함으로써 인구를 순환시키고 통치하는 방식을 가리킨다(임동근, 2008: 20~21; 서동진, 2009a: 325~326). 요컨대 통치성은 "통치가능한(governable) 혹은 지배할 수 있는 현실을 구성하고 그와 관계맺는 행위의 조건 혹은 행위 방식을 유도하고 평가하며 보상하는 지식과 테크놀로지, 윤리의 복합적인 결합체"이다(서동진, 2009a: 333).

73 J. Song, 2006a; 2006b; 김홍중, 2009; 박소진, 2009; 서동진, 2009a; 2009b.

74 J. Song, 2006a: 54.

75 홀, 2007.

76 김홍중, 2009.

77 Ong, 2006: 14; 서동진, 2009b.

78 하비, 2007.

79 김현미, 2010: 8~9.

80 김현미 외, 2010.

81 김예란·김효실·정민우, 2010.

82 이현재, 2009: 12.

83 Butler, 1990.

2장

1 이 글은 〈탈/식민성의 공간, 이태원과 한국의 대중음악 — 이태원 '클럽'들의 형성과 변화과정을 중심으로(1950-1991)〉(이나영·정민우, 2010)라는 논문으로 출간됐다.

2 2009년 9월부터 12월까지 보도된 이 특별기획은 《4천원 인생 — 열심히 일해도 가난한 우리 시대의 노동일기》(한겨레출판, 2010)로 출간됐다.

3 〈서울인구 1% 고시원에 산다〉, 〈호텔 고시원 vs 쪽방 고시원〉, 《한겨레》, 2010년 1월 26일.

4 방법론적으로 이것을 이론적 포화(飽和)라고 설명하기도 한다.

3장

1 권오혁·윤완섭, 1991; 김광중·윤일성, 2006; 줄레조, 2007; 전상인, 2009.

2 최병두, 2009.

3 줄레조, 2007.

4 임석회·이용우, 2002; 최은영, 2004; 2006; 손낙구, 2008.

5 최은영, 2006; 류연택, 2010.

6 장세훈, 2007: 210.

7 임석회, 2002.

8 한윤형, 2010: 78~79.

9 손낙구, 2008: 205.

10 노승철·이희연, 2009: 510.

11 같은 글.

12 〈'통큰 치킨'과 청년 실업, 무슨 관계일까?〉,《프레시안》, 2011년 1월 7일.

13 Harvey, 1989.

14 김왕배, 2000: 207~209.

15 이병희, 2003: 29: 이성균, 2009: 573에서 재인용.

16 이성균, 2009: 574.

17 〈취업 의욕마저 잃은 '니트족' 한국(인구 5000만명) 30만명, 日(인구 1억2700만명) 44만명〉,《조선일보》,
   2010년 12월 14일.

18 조성주, 2009: 91.

19 김성윤, 2010.

20 오찬호, 2010: 109~110.

21 전상진·전주훈, 2006.

22 통계청, 2010.

23 〈직장 불안한데 집값 치솟고…결혼못한 이유있네〉,《매일경제》, 2010년 12월 22일.

24 통계청, 2006.

25 조은, 2004.

26 이규호, 2006.

27 〈감성다큐 미지수 ─ 청춘의 방, 하숙촌 이사 분투기〉, KBS, 2010년 2월 27일.

28 백종국, 2010: 161~162.

29 김안나, 2003: 이두휴, 2007.

30 오호영, 2007: 87.

31 백종국, 2010: 168.

32 김경아, 2008.

33 문화체육관광부, 2009; 백종국, 2010: 162에서 재인용.

34 백종국, 2010: 162.

35 기숙사는 대학 재학 기간이라는 한정된 시기 안에 주로 해당 지역 비거주민이나 성적이 우수한 일부
   학생들에게 부여되는 주거 서비스이다. 민영 자본을 끌어들여 학교마다 교내나 교외 기숙사를 갖추기
   시작한 요즘하고는 달리, 기숙사라는 제도가 한국의 대학에 본격적으로 도입된 것은 겨우 1980년대
   들어서의 일이다.

36 〈감성다큐 미지수 ─ 청춘의 방, 하숙촌 이사 분투기〉, KBS, 2010년 2월 27일.

37 〈뉴타운 광풍, 20대들 "어디서 살지?" 먼동네, 지하방, 고시텔로 연쇄이동〉,《레디앙》, 2010년 9월 24일.

38 경향신문특별취재팀, 2010: 15~19.

39 Arnold, 2004: 62.

40 Sassen, 2002.

41 Park and Abelmann, 2004; 조은, 2008.

42 Ong, 1999.

4장

1 박순원, 〈용문고시텔 3〉,《주먹이 운다》, 서정시학, 2008.

2 Gordon, 1997: 8.

3 여기서 제시하는 구체적인 자료들은 보건복지부(2004), 정보공개시스템(www.open.go.kr)에서 공개된 자료인 〈2007~2009년 서울·경기지역 고시원 현황〉, 서울시와 경기도의 소방재난본부 자료를 참조해 재구성한 것이다.

4 〈서울인구 1% 고시원에 산다〉,《한겨레》, 2010년 1월 26일.

5 〈벌집 강남에 우후죽순: IMF 이후 100여 곳 생겨 성업〉,《문화일보》, 1998년 9월 26일.

6 서울 구로구 가리봉동 일대 노동자들의 주거지로 형성된 '벌집촌'은 판자촌이나 쪽방촌과 구분되지 않는 용어로 사용됐다.

7 김형국, 1989: 72~73.

8 〈21세기 하꼬방, 냉혹한 고시원이여〉,《한겨레21》, 2006년 8월 8일.

9 이소정, 2006.

10 남기철, 2009; 홍인옥, 2009.

11 남기철, 2004: 97; 김진미, 2005: 111; 홍인옥, 2009: 9~10.

12 정원오 외, 2004; 이정봉, 2006.

13 조은, 2008.

14 〈두 평의 둥지 고시원 각광, 한 달 10만~30만원에〉,《경향신문》, 1998년 8월 27일; 〈벌집 강남에 우후죽순: IMF 이후 100여 곳 생겨 성업〉,《문화일보》, 1998년 9월 26일.

15 통계청의 '2010 인구주택총조사' 잠정 집계 결과에 따르면, 2010년 전국 1인 가구의 규모는 403만 9000여 가구다. 이것은 2000년 222만 4000가구, 2005년 317만 1000가구에 이어 급속한 증가 추세를 보여주는 것으로, 전체 가구 가운데 1인 가구가 차지하는 비율은 23.7퍼센트에 달한다(〈홀로 사는 서러움, 홀로 죽는 안타까움〉,《조선일보》, 2011년 1월 22일).

16 〈화려한 싱글 우울한 독방 1인 세대〉,《시사저널》, 2009년 2월 18일.

17 〈20대에게는 '주거권'이 없다〉, 〈21세기형 쪽방에 저당잡힌 청춘〉,《시사IN》, 2008년 10월 14일.

18 〈화려한 싱글 우울한 독방 1인 세대〉,《시사저널》, 2009년 2월 18일.

19 〈21세기 하꼬방, 냉혹한 고시원이여〉,《한겨레21》, 2006년 8월 8일; 〈21세기 쪽방, 고시원 코리아〉,《한겨레21》, 2008년 10월 31일; 〈20대에게는 '주거권'이 없다〉, 〈21세기형 쪽방에 저당잡힌 청춘〉,《시사IN》, 2008년 10월 14일; 〈서울인구 1% 고시원에 산다〉,《한겨레》, 2010년 1월 25일; 〈호텔 고시원 vs 쪽방 고시원〉,《한겨레》, 2010년 1월 26일; 경향신문특별취재팀, 2010: 31.

20 〈호텔 고시원 vs 쪽방 고시원〉,《한겨레》, 2010년 1월 26일.

21 사회학자인 크리스 쉴링(Chris Shilling)은 이것을 이르는 유사한 개념으로 몸 관용구(body idiom)라는 표현을 제안한다(쉴링, 1999: 125).

22 이상길, 2004: 47~48.

23 실제로 물건에 관한 수집욕이 극단화된 경우를 수집 강박(compulsive hoarding)이라는 명칭의 강박 장애로 분류한다고 한다. 물론 심리학 등을 동원해 사회적 규범에서 조금이라도 벗어나거나 그 규범을 위협하는 행위를 병리화하는 현대의학의 행태를 나는 여기에서 의심하고 있다.

24 Arnold, 2004: 66.

25 나오미 화이트(Naomi White)는 호주 젊은이들의 '집'에 관한 경험을 분석하면서 부모의 집에 머무르는 청년들에게 '집'이 부모의 규칙과 시선이 지배하는 장소라고 밝히고 있다(White, 2002). 청년들은 "내 집에선 (섹스가) 안 돼(Not under my roof!)"라는 부모의 암묵적인 규칙에 직면하면서, 공간에서 허용 가능한 것의 범위와 경계를 규정하는 권력을 알아차리게 된다.

26 Grosz, 1992; 맥도웰, 2010: 123에서 재인용.

27 Carsten and Hugh-Jones, 1995: 2; 맥도웰, 2010: 166에서 재인용.

28 Merleau-Ponty, 1968: 134~135; 그로츠, 2001: 216~217에서 재인용.

29 한 언론 보도에는 고시원에서 혼자 숨진 뒤 며칠이 지나서야 발견된 이들에 관한 몇몇 제보가 실려 있다(〈홀로 사는 서러움, 홀로 죽는 안타까움〉,《조선일보》, 2011년 1월 22일).

30 김홍수영, 2005: 192.

31 김원, 2006.

32 김홍수영, 2005: 189.

33 노베르트 엘리아스(Norbert Elias)는 이런 유명한 말을 남겼다. "'폴이 피에르에 관해 말할 때, 그는 우리에게 피에르에 관해서보다 자기 자신에 관해 더 많은 것을 알려준다'는 이야기가 있다. 이것을 좀 풀어보자면, 피에르에 관해 말하는 폴은 언제나 자신에 관한 무언가를 말하는 셈이다"(Elias, 1993; 이상길, 2010: 8에서 재인용).

34 바우만, 2009: 157.

35 서동진, 2003.

36 아널드는 서구 사회에서 홈리스가 누구나 순식간에 실직자가 되는 등 공포스럽고 예측 불가능한 방식으로 전락할 수 있다는 무의식적 공포를 환기시키는 "익숙한 타자(familiar Other)"라고 분석한다(Arnold, 2004: 82).

37 Gordon, 1997: 15.

38 강수돌·하이데, 2009; 엄기호, 2009: 104.

5장

1 Clifford, 1992: 108.

2 언론 보도가 사회적 시선을 고스란히 반영하는 것은 아니지만, 다음 기사들은 최소한 그런 시선의 존재를 보여주고 있다고는 할 수 있겠다. 〈'한평 공간'의 삶도 서러운데… 주위선 '위험한 사람들' 낙인〉, 《경향신문》, 2010년 9월 2일; 〈반지하·고시원 없애야 좋은 도시?〉, 《머니투데이》, 2010년 10월 1일; 〈외지인 들락날락, 성범죄 공포… 초등교 옆 고시텔 논쟁〉, 《중앙일보》, 2010년 10월 6일.

3 Kaplan, 1996: 1.

4 Grewal, 1996: 6.

5 톰린슨, 2004: 213.

6 Brah, 1996; Olwig, 1998; Ahmed, 2000.

7 Augé, 1995: 78.

8 톰린슨, 2004: 159~160.

9 바우만, 2009: 166~167.

6장

1 White, 2002.

2 맥도웰, 2010: 136~138; 발렌타인, 2009: 109.

3 통계청, 2010.

4 조형근, 2007: 369~370.

5 전상진·정주훈, 2006: 263~264.

6 황정미, 2005; 박혜경, 2008; 조은, 2008; 나윤경 외, 2009.

7 S. J. Park and Abelmann, 2004; 박혜경, 2008; 박소진, 2009.

8 Ahmed, 2000.

9 여성가족부, 2010

10 노미선, 2008.

11 권김현영, 2001: 241.

12 엄기호, 2010: 130.

13 같은 글, 2010: 127.

14 Ong, 2006.

15 같은 글, 19.

16 김현미, 2009: 103~104.

17 고시원 업자들의 이익 단체인 한국고시원협회(http://www.krgosiwon.org)의 다음 공지사항에서 이 점을 확인할 수 있다. 〈고시원업 합법화 축하 ∨ ∨ 건축법시행령 일부개정령 공포〉, 2009년 8월 13일.

7장

1 톰린슨, 2004: 49.
2 김현미, 2009.
3 같은 글, 100~101.
4 Robinson, 2002.
5 Arnold, 2004: 55.
6 박소진, 2009: 35.
7 J. Song, 2010: 144.
8 엄기호, 2010: 27.
9 Barnett et al., 2008: 김예란 외, 2010: 95에서 재인용.
10 엄기호, 2010: 23.